全球要事报告

Analysis of Important Global Affairs 2016/2017

2016-2017

主　编◇王宪磊

副主编◇张焕波/吕　欣/张大璐

时事出版社

序：自变量

科学技术是第一生产力、是自变量。经济增长、社会进步是科技进步的因变量。牛顿科学技术体系与量子科学技术体系的科技自变量与经济社会因变量的属性相同、映射各异，具有百年级差异。

一、新思想新认识

全球格局正在发生重大战略调整趋向大平衡，遇到了世界科学技术“量子纠缠”及其在世界经济复苏进程中的映射“经济量子纠缠”两个百年问题。“量子纠缠”则意味着两个纠缠在一起的量子就像有心电感应的双胞胎，不管两个人的距离有多远，当哥哥的状态发生变化时，弟弟的状态也跟着发生一样的变化。作为映射“经济量子纠缠”这个百年问题，2008 年全球金融危机已过去 8 个年头世界经济复而不苏。IGAB 分析显示，由于科学技术整体提供的动力不足，也就是说牛顿科学技术体系支撑的经济业态动力不足，牛顿科技体系拉动经济增长、推动社会进步的力量已到筋疲力尽、难以拉动全球经济复苏，需要量子科学技术体系来支撑全球经济复苏与新一轮长周期的低碳绿色可持续发展的经济量子态。

二、新研究新观点

2016—2017年度《全球要事报告》使用“全球要事基线指标”（英文简称：IGAB），对今明两年全球已经发生和预计发生的“大事要事”进行了综合定性和集成定量分析，取前10位的大事要事作为总报告研判预判分析的路线图。其中，前三位虽都发生在中国但深深影响着全球，这三件大事是：第一是“墨子号”成功发射——中国发射世界首颗量子卫星，第二是人民币加入SDR，第三是杭州G20峰会。首先，科学技术进步实现量子成果走入世界最前沿，在世界科技舞台中国量子翩翩起舞。以世界首颗量子卫星“墨子号”在我国成功发射为代表的世界最新科学成就，量子的科学、技术、工程和产业获得颠覆性突破，量子家族的新成员中子、质子等也已应用，前景海量网速辉煌。第二，对外开放大业实现人民币“入蓝”走入全球金融货币中心舞台。我国实现了人民币加入SDR，这是我国近百年发展史上在“入世”加入WTO之后的更大的重要突破。第三，杭州G20峰会为全球改革创新成功提供了“中国方案”。杭州G20“构建创新、活力、联动、包容的世界经济”的主题主旨与中国的创新、协调、绿色、开放、共享的新发展新理念相得益彰、交相辉映，为世界经济复苏乏力、科技动力不足、国际秩序缺乏科学公正合理的活力等动平衡问题发出了“中国声音”、弘扬了中国特色。

三、新方法新结论

今年《全球要事报告》显示，当今世界格局正在发生重大调整趋向大平衡。这个“大平衡”是从牛顿属性中走来，现在是量子属性、至少是五态叠加复合的动平衡。第一状态是发达国家和地区、新兴市场国家和地区与欠发达国家和地区的新发展动平衡；第二状态是贸易自由化、投资便利化与经济全球化分化和聚集的新秩序动平衡；第三状态是贡献中国方案、实现合作共赢与建设人类命运共同体的新格局动平衡；第四状态是再工业化、新型城镇化与低碳绿色可持续发展的新生态动平衡；第五状态是牛顿科学技术之前的经典科学技术体系、牛顿科学技术体系与量子科学技术体系的新科技动平衡，也是全球经济的科学技术大平台大载体。这个五态叠加复合的动平衡，自 2008 年以来遇到了世界“经济量子纠缠”这个百年问题，这是世界经济复而不苏的根本原因。

四、新展望新愿景

全球大平衡要以科学、公正、平等为基础，走出“经济量子纠缠”就是要走出牛顿科学技术体系支撑的各种经济业态，着力号召动员全球科学家来创新发展完善量子科学技术体系这个自变量，以中国成功发射世界首颗量子卫星为导向，崇尚量子科学技术体系支撑的各种因变量的新业态，到达“经济量子态”，才能彻底实现全球经济的新一轮长周期的低碳绿色新增长。

五、历次研究报告回顾

本研究报告的作者，从 2012—2013 年的第一部研究报告开始，皆是具有国内外学习和工作经历的、年轻的博士与博士后们。正为建设人类命运共同体，实现中华民族伟大复兴持续发力。其中，不少学者已开始走向了世界中心舞台，越来越好地发出“中国声音”、提出“中国倡议”、提供“中国方案”，展现了中国创业者的自信自强与大智慧，破解过不少世界性的难题，展现了“中国特色”的“时代特色”，促进了全球“合作共赢”。

第一部《全球要事报告》围绕 2012—2013 年度当时“全球新变化”这条主线，从总论与战略变化、经济热点、金融焦点、贸易投资、科技政策、政府采购、安全军事、人才政策、能源形势等 9 个方面，让国内外学养深厚的读者们听到“中国声音”、看到了“中国倡议”、了解到“中国方案”，凸显十八大后的“时代特色。”

第二部《全球要事报告》是以 2013—2014 年度“全球新格局”为主线，深入探讨全球的新格局与战略变化、经济热点、金融焦点、贸易投资、政府采购、科技政策、网络安全、军事调整、人才政策、能源形势等 9 个领域，针对十八届三中全会后的新形势新任务新要求，研判 2013 年全球整体形势，预判 2014 年世界新格局走向，来提升年轻创业者们的全球大事要事的研判预判能力，显示了十八届三中全会后的“理论自信”。

第三部《全球要事报告》是 2014—2015 年“全球新调整”的研判和预判。研究领域拓展到全球的新调整及战略、经济、社会、信息、科技、安全、军事、能源、资源、文化、跨国公司和生态等12个专题，十八届四中全会的法制理念贯穿其中，弘扬了依法治国的“新常态”。

第四部《全球要事报告》是2015—2016年“全球大秩序”的研究和预判。研究报告凸显战略安全、发展改革、升级转型、经济热点、生态文明、人才社会、能源资源、信息网略、国防军事、开放合作、货币金融等11个领域的大事要事。十八届五中全会的”十三五”规划建议的五大发展——即创新发展、协调发展、绿色发展、开放发展、共享发展”贯穿其中，彰显了全面建成小康社会的决战决胜的信心和决心。

第五部2016—2017年度的《全球要事报告》，博士后们认真学习贯彻落实十八大六中全会精神，紧密团结在以习近平同志为核心的党中央周围，把握时代大势，回应实践要求，着力研判预判全球量子动平衡。用了新思想、新方法，发出“中国声音”提出了新观点新结论。这些新观点新结论虽然还是初步的不成熟的，甚至存在不正确的观点结论，尚如抛砖引玉。

由于团队的水平和能力有限，恳请亲爱的读者批评指正。

主编：王宪磊

2016年11月于北京

目 录

总论

战略安全篇

经济热点篇

发展改革篇

货币金融篇

能源资源篇

信息网络篇

国防军事篇

开放合作篇

总　论

大平衡

（中国生物技术发展中心国际合作处副研究员）张大璐
（中国国际经济交流中心博士后站主任、教授）王宪磊

［摘　要］依据 IMF 和联合国近 10 年数据采用 IGAB 分析显示，全球大平衡遇到世界科学技术“量子纠缠”在世界经济复苏进程中的映射“经济量子纠缠”进入“量子动平衡”。10 件大事是：第一是“墨子号”成功发射——中国发射世界首颗量子卫星；第二是人民币加入 SDR；第三是杭州 G20 峰会；第四是美国大选及当选总统特朗普对我国影响和对策；第五是欧洲难民问题与英国脱欧公投；第六是“一带一路”建设早期成果超出预期；第七是中美率先同时批准《巴黎协定》引领世界世界低碳绿色可持续发展；第八是中东、南海、东北亚、乌克兰等地缘政治问题；第九是世界经济复苏徘徊与世界科技新发展；第十是决战决胜——我国“十三五”时期全面建成小康社会元年走起等。上述 10 件全球大事要事，条件充分而必要、影响巨大而深远，充分显示全球格局正在发生深刻变革，改革创新缔造着全球新格局迎来动平衡。这个“大平衡”从牛顿属性中走来具有量子属性、至少是五态叠加复合的动平衡。自 2008 年以来遇到了世界“经济量子纠缠”这个百

年难题，这是世界经济复而不苏的根本原因。

［关键词］经济量子纠缠　动平衡　量子科学技术体系

今年的《全球要事报告》具有浓浓的中国特色，使用“全球要事基线指标”（英文简称：IGAB），对今明两年全球已经发生和预计发生的“大事要事”进行了综合定性和集成定量分析，取前10位的大事要事作为总报告研判预判分析的路线图。这10件大事是：第一是“墨子号”成功发射——中国发射世界首颗量子卫星；第二是人民币加入SDR；第三是杭州G20峰会；第四是美国大选及当选总统特朗普对我国影响和对策；第五是欧洲难民问题与英国脱欧公投；第六是“一带一路”建设早期成果超出预期；第七是中美率先同时批准《巴黎协定》引领世界世界低碳绿色可持续发展；第八是中东、南海、东北亚、乌克兰等地缘政治问题；第九是世界经济复苏徘徊与世界科技新发展；第十是决战决胜——我国“十三五”时期全面建成小康社会元年走起等。

上述10件全球大事要事，条件充分而必要、影响巨大而深远，充分显示全球格局正在发生深刻变革，改革创新缔造着全球新格局迎来大平衡。研究得出，这个“大平衡”从牛顿属性中走来具有量子属性、至少是五态叠加复合的动平衡。第一状态是发达国家和地区、新兴市场国家和地区与欠发达国家和地区的新发展动平衡；第二状态是贸易自由化、投资便利化与经济全球化分化和聚集的新秩序动平衡第三状态是贡献中国方案、实现合作共赢与建设人类命运共同体的新格局动平衡；第四状态是再工业化、新型城镇化与低碳绿色可持续发展的新生态大平衡；第五状态是牛顿科学技术之前的经典科学技术体系、牛顿科学技术体系与量子科学技术体系的新科技动平衡，第五态也是全球经济的科学技术大平台大载体。这个五态叠加复合的动平衡，自 2008 年以来遇到了世界“经济量子纠缠”这个百年难题，这是世界经济复而不苏的根本原因。部分研究成果如下：

一、世界经济复苏遇到“经济量子纠缠”

据 IMF 和联合国数据 IGAB 分析显示，全球大平衡遇到世界科学技术“量子纠缠”在世界经济复苏进程中的映射“经济量子纠缠”。“量子纠缠”则意味着两个纠缠在一起的量子就像有心电感应的双胞胎，不管两个人的距离有多远，当哥哥的状态发生变化时，弟弟的状态也跟着发生一样的变化。作为映射“经济量子纠缠”这个百年难题，2008 年全球金融危机已过去 8 个年头，联合国《2016 年世界经济形势与展望》最新报告说，全球经济增长持续疲软，预计 2016 年和 2017 年世界经济将分别增长 2.4% 和 2.8%。IGAB 要素分析显示：由于科学技术提供的动力不足，也就是说牛顿科学技术体系提供的科技动力已不足以拉动全球经济复苏。联合国经济和社会事务部报告显示，2016 年全球经济增长预计仅为 2.4%，比 2015 年 12 月发布的预测下调了 0.5 个百分点。报告认为，发达经济体总需求的持续疲软将继续拖累全球经济增长。大宗商品价格低迷、财政和经常账户日渐失衡、政策收紧等对非洲、独联体、拉美及加勒比地区许多大宗商品出口经济体的前景带来负面影响。恶劣天气、政治挑战和资金大量外流也在许多发展中国家和地区加剧了经济增长的负面影响。预计最不发达国家今明两年的经济增长将分别为 4.8% 和 5.5%，远低于可持续发展目标中“至少 7% 的 GDP 增长”。出现了“量子纠缠”与其映射“经济量子纠缠”所致。这可能影响在教育、卫生和应对气候变化方面急需的公共开支，以及减贫进展。按人均计算，许多发展中国家和地区的 GDP 增长放缓尤为明显。在非洲，人均 GDP 的增长预计在 2015 年至 2017 年期间仅能达到每年 0.4% 的平均水平。

政要们繁忙的身影，折射出全球动平衡的“经济量子纠缠”烦恼。德国总理默克尔繁忙的时间表让她没有时间休息：一周之内，默克尔完成了 2 万公里的飞行，是一个不折不扣的空中飞人。她的行程表为：柏林—基辅—柏林—莫斯科—慕尼黑—柏林—华盛顿—渥太华—柏林—明斯克—布鲁塞尔。今年 61 岁的默克尔曾表示，她身上具有骆驼的品质，当别人都累垮时，她能继续工作，虽然无眠的夜晚令她显得有些憔悴。乌克兰危机的阴云还未散去，涌入欧洲的难民问题、英国脱欧等问题都困扰着这位“骆驼”总理。不但是德国总理，2016 年世界各国的总理们都感觉到了经济的持续低迷和徘徊。以美国为首的西方国家难以走出经济泥潭，美联储步入预期加息周期、原油等大宗商品价格急剧下挫、地缘政治危局、欧洲难民潮、英国“脱欧公投”及美国总统大选等多种因素对于经济的冲击，世界经济增长率在 2016 年表现低于预期。中国虽也受全球经济环境影响，经济增长虽然减速但并不失速，提出了带领世界经济走出困局、解决世界经济增长根本问题的一系列中国思路、中国方案。

（一）欧洲难民问题经济的“经济量子纠缠”

为应对“经济量子纠缠”，欧盟各国领导人已于 9 月 22 日以多数票表决通过 12 万难民的分摊措施，根据提案，12 万入境意大利、希腊和匈牙利的难民，将由欧盟成员国参考人口规模、国内生产总值、难民申请数量、失业率等权重强制性分摊接收。成员国每接收 1 名转移安置的难民，可获得 6000 欧元的补助；无法参与接收难民的成员国，可能会被要求向欧盟作出最高占国内生产总值0.002%的财务补偿。欧盟还表示，准备在现有应对移民问题的战略框架下，加大对摩洛哥、阿尔及利亚、突尼斯、利比亚、埃及、约旦、黎巴嫩、叙利亚等国的援助，以从源头上管控移民进入、打击非法移民，防范地区动乱引发更大移民潮。欧盟委员会呼吁欧盟要拿出一个更加完善的合法移民方案，开通合法移民通道，使难民有更多、更安全的方式通往欧洲，更好地控制移民问题。对欧洲来说，应对这场难民危机，现在才刚刚开了个头。而就算难民潮减退，难民问题的消化起码要持续一两代人。

1. “经济量子纠缠”加大欧盟各接收国的财政负担

以德国为例，2015 年共有 110 万难民进入德国，这相当于德国总人口的 1.6%。预期 2016 年将有 80 万难民涌入，在 2017 年将有 50 万难民，这意味着到了 2017 年，共有超过 210 万难民将进入德国。

德国科隆经济研究所（IW）的最新研究报告，在 2016 年和 2017 年，德国政府需要在建造难民营、提供饮食以及运输难民等方面支出近 500 亿欧元。根据 IW 的研究，2016 年德国在安置难民方面需要约 221 亿欧元，在 2017 年需要约 276 亿欧元。基尔世界经济研究所（IfW）做出的预测更高一些。根据 IfW 的预测，在未来两年中，根据难民数量变化，德国所需安置难民费用在 520 亿—630 亿欧元之间。IW 的研究显示，仅在住房、食品和福利方面，德国每年将在每个难民身上花费 1.2 万欧元，如果将每个难民的语言和融入课程费用计入在内，德国每年总共将在每个难民身上投入 1.53 万欧元左右，极大地加剧了德国的财政负担。

欧盟委员会主席容克表示，欧盟成员国在移民问题上承诺的资金尚存在 22 亿多欧元缺口，他指责成员国的信用“有问题”，实际情况可能更糟。根据欧盟委员会提交的移民问题落实情况报告，成员国需要承担的资金总额为28亿欧元，现在的资金缺口高达25亿欧元。

2. “经济量子纠缠”将为老龄化欧洲带来可观的劳动力资源

世界银行行长金墉称，“在正确的政策指引下，这种人口变化可以成为经济增长的动力，如果人口老龄化的国家能够建立让难民和移民参与经济的途径，所有人都会获得益处。”IMF首席经济学家莫里斯·奥伯斯法尔德说：“这一变化可能需要时间，但最终将对欧洲的经济增长有利。”

德国联邦统计局数据显示，由于“经济量子纠缠”今年上半年在德国申请避难的难民中，80%的人在35岁以下，而同样年龄段的德国人仅占总人口的36%。德国以实业立国，年轻壮劳力可以填补企业用工缺口，为老龄化的德国社会注入活力。德国多家经济研究所表示，从长远看，难民的到来必将推动德国经济发展。据德国贝塔斯曼基金会统计，德国每年至少需要输入35万人才能维持稳定的劳动力。

3. “经济量子纠缠”催生了恐怖主义狂潮和政治海啸

德国《经济数据》表明，由于“经济量子纠缠”截至2016年5月，难民状告联邦移民与难民局“不作为”的案子已经近6000件，伴随着犯罪数量迅速飙升的是难民与本地民众、难民与难民之间的剧烈冲突。2016年1月，德国科隆发生难民对德国本地民众的大规模性侵；2016年9月，德国萨克森州包岑镇发生当地民众和难民之间的大规模斗殴。而类似的事件在现今的德国已数不胜数。

与此同时，德国恐怖袭击频发：2016年7月，德国仅在一周之内就发生了4起恐怖袭击，频率之高超乎想象。最终，难民危机全面重创了德国传统政治力量的权威，并为激进政治势力的觉醒制造了足够的道德土壤。

德国民众已经意识到德国不可能再有效遣返难民了，这激起了他们对于默克尔政权的反感。激进反穆斯林的德国政党 AFD，正在迅速崛起。默克尔领导的基督教民主联盟已经先后在前东德地区举行的地方性议会选举中，遭遇了历史性的溃败，得票率跌到了二战后的最低水平，基督教民主联盟在德国的执政党地位已经岌岌可危。

公元 376 年，居住在多瑙河下游的西哥特日耳曼人遭到匈人的杀掠，大量的日耳曼难民跪伏在罗马帝国边境祈求庇护，罗马皇帝瓦林斯为了彰显自己的仁慈，不顾边境将领的反对，准许这些难民部落进入。仅仅两年之后，由于难以忍受罗马帝国的生活境遇，群居的西哥特人发动叛乱，并成功取得在帝国境内自由迁徙的权利，这掀开了罗马帝国的崩溃进程。灭亡西晋的五部匈奴就是逃避北匈奴和鲜卑的难民；窃据河西走廊的西夏党项人是逃避吐蕃的难民；而灭亡明朝的建州女真就是逃避朝鲜迫害的难民。

历史是否会在 1600 年后重演？目前尚不得而知，但难民问题必将长时间困扰欧洲各国政治和经济发展。

（二）由于“经济量子纠缠”带来英国脱欧

1. “经济量子纠缠”表现出的欧债危机和欧洲难民潮是英国脱欧的主要原因

由于“经济量子纠缠”，欧债危机显著拖累了英国的经济增长，并且作为欧盟的成员国，英国不得不拿出大量的资金援助其他成员国。根据英国财政部 2013 年的数据，英国对欧盟的净财政贡献达到了 86 亿英镑，约占英国 GDP 的 0.53%。

欧洲难民危机更是加重了英国脱欧的意愿。中东和非洲的政治动荡使得越来越多的难民涌入欧洲。在移民问题上，欧盟各国迟迟不能达成统一意见，也进一步恶化了欧盟的内部矛盾。英国眼看自己的邻国德国和法国饱受难民问题困扰，不但在经济上有所损失，甚至波及了社会治安、恐怖事件，更有潜在政治风险，英国人民毅然选择了脱离欧盟。

2. 由于“经济量子纠缠”英国脱欧可能会选择的三种模式

一是挪威模式。挪威不是欧盟成员国，只是欧洲经济区（EEA）成员国。作为EEA的成员国，挪威与欧盟之间签署了自由贸易协议，这使得挪威与欧盟的贸易可以免关税。并且由于挪威处于申根区，所以与欧盟间人口自由流动一直是常态。此外，挪威还是欧洲统一市场的成员国，需要遵循统一市场的政策和规制。二是瑞士模式。瑞士不是EEA成员国，主要是通过和欧盟签订一系列双边协定的方式，参与到欧洲统一市场。在统一市场内，瑞士也必须遵循欧盟的管制措施。此外，瑞士也允许劳动力的自由流动。但是瑞士与欧盟之间并无服务自由贸易的协定，这对一向以服务业见长的英国来说非常不利。三是WTO模式。若英国完全脱离欧盟，两者的贸易将适用于WTO规则，关税则采用WTO最惠国待遇的标准。与挪威模式和瑞士模式相比，WTO模式显然将使得英国与欧盟的贸易面临更高的关税壁垒；并且作为一个非欧盟经济体，英国也将面临更多的非关税壁垒如边境管制、不同的技术标准和环保标准、配额限制等。

3. “经济量子纠缠”造成英国脱欧的经济分析

由于“经济量子纠缠”，IMF在6月的报告中，评估了英国脱欧的经济后果。若选择EEA模式，英镑将贬值5%。与留欧相比，英国2016—2021年的实际GDP将分别损失0.2%、1%、1.3%、1.4%、1.4%和1.4%。WTO模式下，英镑将贬值15%，与留欧相比，2016—2021年得实际GDP将分别损失0.8%、

3.7%、5.2%、5.6%、5.2%、4.5%。在所有行业中，英国的金融业和高附加值的制造业受冲击最大。

英国脱欧除了会影响自身经济外，还将对其他经济体产生外溢效应。其中，首当其冲的就是欧盟各经济体。脱欧增加了英国与欧盟各经济体之间双边贸易往来的关税与非关税壁垒，将导致双方贸易的“两败俱伤”。根据伦敦政经学院的测算，挪威模式下，英国脱欧将在短期内对其他欧盟国家带来约0.12%的GDP损失，约为116亿英镑；而WTO模式下的损失约占GDP的0.29%，即281亿英镑。但英国脱欧对于非欧盟国家的GDP的冲击则较小。

从英国与欧盟各国的贸易额占该国GDP的比重来看，爱尔兰、比利时和荷兰等国的经济与对英贸易的联系更为密切。因此，一旦英国脱欧，从贸易的角度，受冲击最大的也将是这些国家。其中，爱尔兰受到的损失最为明显。根据伦敦政治经济学院的测算，若英国脱欧并选择了挪威模式，给爱尔兰带来的人均收入损失约为1%，在WTO模式下带来的损失则高达2.3%以上。

4. “经济量子纠缠”显示英国脱欧不仅是经济问题

如果仅从经济利益来看，由于“经济量子纠缠”，继续留在欧盟应该是英国的理性选择。但英国与欧盟的关系向来就不仅止于经济层面。Lord Ashcroft Polls在2015年底的一项民意调查显示，在移民、难民和安全；自由和主权；经济和贸易三个方面，支持退欧者更关注移民，而支持留欧者则把经济置于首要位置。

移民问题是影响英国“脱欧”公投的热点。出于民族认同、国家安全和文化等考虑，英国很多民众对于欧盟允许劳动力自由进入英国心存芥蒂。近年来愈演愈烈的难民危机更是加重了英国脱欧的情绪。中东和非洲的政治动荡使得越来越多的难民涌入欧洲。在移民问题上，欧盟各国迟迟不能达成统一意见，也进一步恶化了欧盟的内部矛盾。此外，一系列的恐怖主义行为也使得欧盟更加步履维艰。而在主权问题上，一方面退欧有助于英国摆脱欧盟的一系列法律限制和商业规制，但另一方面，退欧之后英国将丧失在欧盟事务的话语权，并可能会降低英国的国际地位。

就其结果而言，英国脱欧的影响也不仅仅限于经济。从政治上，英国脱欧或导致苏格兰的独立。因为大部分苏格兰人希望留在欧盟，若英国脱欧，苏格兰或会选择独立公投。此外，英国脱欧将进一步削弱欧盟的影响力，并将产生示范效应，使得疑欧声音再起，或导致欧盟进一步的分裂，从而对世界政治格局产生深远影响。

5. “经济量子纠缠”对资本市场和货币政策的影响

如果英国脱欧，欧盟及全球的资本市场将明显受到英国脱欧的冲击。由于“经济量子纠缠”，脱欧支持率曾大幅攀升并超出留欧支持率，就导致了英镑的大幅贬值和全球风险偏好的急剧恶化，各发达经济体股市均出现大幅波动。对国内市场而言，脱欧一方面将通过风险偏好的恶化冲击股市和债市；另一方面，脱欧也将使得英镑和欧元贬值、美元走强，使得人民币汇率承压，市场利率面临资金流出的冲击。

就货币政策而言，为了对冲资金流出的压力以及经济面临的下行压力，可以预期无论是欧元区还是英国都将采取更加宽松的货币政策。全球金融市场的风险加剧，美联储的货币政策也将更加谨慎。同时，鉴于美元的避险需求将大幅攀升，将会出现美元短缺的局面，也需要各国央行与美联储之间强化货币互换。中国也有可能通过降准降息来应对，保证合适的流动性和利率水平。

二、中国为世界“经济量子纠缠”贡献中国方案

“经济量子纠缠”影响全球经济形势，全球经济政策出现分化和巨大不确定性。中国社会普遍认为中国经济陷入“L”型增长，在投资下滑、房地产泡沫膨胀和政策稳定性等主要不确定因素的影响下，中国经济三季度GDP数据同比增长6.7%，持平于2009年初以来最低水平，中国经济增长虽减速但不失速。

令人欣慰的是中国成功发射世界首颗量子卫星，量子科学技术体系的重大突破，打开了解决“经济量子纠缠”的大门。量子科学技术领域的改革创新成果，推动了“一带一路”和“创新驱动发展”两大国家级战略，计划通过深化供给侧改革，释放经济新活力，培育经济新动能；加快实施创新驱动战略，以创新驱动和引领未来经济发展；加强宏观经济政策协调与预期管理；有效激发民间投资的巨大潜力和发展活力等手段积极应对国内外经济发展难题，并取得丰硕成就。尤其在今年我国主场外交“二十国领导人峰会”上“构建创新、活力、联动、包容的世界经济”为主题，为摆脱当前世界经济困局提供了中国思路，为深化国际经济合作提供了中国规划，体现了习主席推动的解决世界经济增长所面临根本问题的中国方案。

（一）二十国领导人杭州峰会成果丰富

2016年9月2日至5日，习近平主席在杭州主持二十国集团领导人第十一次峰会并举行有关活动。杭州峰会是今年我国最重要的主场外交，也是新中国成立以来我国主办的层级最高、影响最深远的多边峰会。杭州峰会以“构建创新、活力、联动、包容

的世界经济”为主题，发表了具有里程碑意义的领导人公报，核准了《创新增长蓝图》等28份含金量十足的成果文件。国际舆论高度关注杭州峰会，普遍认为这是二十国集团历史上成果最为丰富的一届峰会，会议主题议题和成果有雄心、有视野、有创新，具有开创性、方向性、标志性意义，为摆脱当前世界经济困局提供了新思路，为深化国际经济合作指明了新方向，体现了习主席推动的解决世界经济增长所面临根本问题的中国方案，融汇了习主席倡导的构建人类命运共同体以及完善全球经济治理的中国主张，并将这些理念、方案、主张上升为国际共识。

1. 直面“经济量子纠缠”深化结构性改革，加强政策设计和协调，增强全球治理话语权

金融危机过去8年，世界经济仍然复苏艰难。应对当前世界经济的挑战，促进世界经济强劲、可持续、平衡、包容增长，需要标本兼治，综合施策，既要运用好货币政策和财政政策等政策工具做好短期风险防范，也要通过结构性改革来挖掘中长期增长潜力；既要保持总需求力度，也要改善供给质量。做到短期与中长期兼顾，需求侧与供给侧改革并举。峰会通过的《二十国集团深化结构性改革议程》，确定了改革的优先领域、指导原则和指标体系，是G20促进强劲、可持续、平衡增长努力的一部分，有助于提高潜在增长，使G20经济体更具创新性、强劲、有韧性，向国际社会传递了共同促进全球经济增长的积极信号，极强地提振了全球市场信心，维护了全球金融市场稳定。

《二十国集团领导人杭州峰会公报》序言中“着眼长远、综合施策、开放创新、包容发展”的原则开宗明义，在此基础上提出的各领域具体行动面向实效，把结构性改革置于前所未有的突出位置，努力找到从根本上打开增长之锁的金钥匙。通过在“引领世界经济实现强劲、可持续、平衡增长”的核心任务中加入

“包容增长”，增加了发展的视角和权重，拓展了国际经济合作的新内涵。通过汲取国际金融危机爆发 8 年来的经验教训，“从头痛医头、脚痛医脚”转向标本兼治、综合施策，指明二十国集团从危机应对向长效治理机制转型的新方向。《二十国集团领导人杭州峰会公报》丰富了国际社会关于全球经济治理和国际经济合作的共识，获得二十国集团各方广泛支持，是二十国集团发展史上的重要里程碑。

2. 创新驱动发展，为世界走出“经济量子纠缠”注入新动力

促进经济增长始终是 G20 峰会的核心议题。G20 杭州峰会提出创新增长驱动经济增长战略，也正对应我国《国家创新驱动发展战略纲要》这一国家级战略纲要。《二十国集团创新增长蓝图》以科技创新为核心，紧紧抓住创新、新工业革命、数字经济等新要素新业态带来的新机遇，带动发展理念、体制机制、商业模式等全方位、多层次、宽领域创新，推动创新成果交流共享，从根本上寻找世界经济持续健康增长之道。

本次峰会不仅首次通过了 G20 创新增长战略，还从创新机制入手，紧抓新工业革命的机遇，结合数字经济等领域，提出一系列全方位的 G20 全球创新增长行动计划，让创新增长做到理念上有共识、行动上有计划、机制上有保障。这将最大程度激发创新，挖掘世界经济中长期增长潜力，为全球创新增长开辟出新的路径，形成长效创新机制，推动实现世界经济的强劲、可持续、平衡和包容增长。

3. 提高世界经济抗风险能力，完善全球经济金融治理

本次峰会一致同意继续推动国际金融机构份额和治理结构改革，扩大特别提款权的使用范围，完善国际货币体系，强化全球金融安全网，提升国际货币体系稳定性和韧性。峰会同意在加强国际金融监管合作，防范金融风险方面进一步加强全球金融安全

网。峰会还首次提出在普惠金融、绿色金融及气候资金领域进行合作，将金融治理深入到支持实体经济增长当中，将金融应用于气候变化、反腐、反恐当中，并深化全球合作，加强金融协同效应，共同维护国际金融市场稳定。

本次峰会为进一步加强以强劲的、以份额为基础的、资源充足的国际货币基金组织为核心的全球金融安全网，提升金融治理有效性打下了坚实基础。对于防范金融风险，加强金融支持实体经济增长，提升全球经济金融治理结构的平衡性、机制的可靠性、行动的有效性都将起到促进作用，完善了全球金融治理方面的“中国方案”。

4. 重振贸易和投资两大引擎，建设开放型世界经济格局

贸易和投资是世界经济增长的重要引擎。一段时期以来，全球贸易增长乏力，增速已连续4年低于全球经济平均增速，多边贸易谈判步履维艰。双边和区域自贸协定层出不穷，并出现碎片化、封闭化趋势。国际投资对GDP的拉动作用不断下滑，各国保护主义有所抬头，对外来投资的监管力度更趋严格。国际投资领域被3200多个双边协定所分割，不利于开展跨境投资合作。

今年G20开了首个G20贸易部长会议，而且将贸易部长会和贸易投资工作组机制化。杭州峰会再次重申了反对贸易保护主义，强调将促进全球贸易与投资强劲增长。峰会制定的《二十国集团全球贸易增长战略》承诺促进包容协调的全球价值链发展，继续支持多边贸易体制，重申反对保护主义承诺，以释放全球经贸合作潜力，扭转全球贸易增长下滑趋势；制定的《二十国集团全球投资指导原则》是全球首个多边投资规则框架，填补了国际投资领域空白。这些都为整合碎片化的经贸投资规则做出了贡献。

峰会还承诺构建包容协调的全球价值链；支持采取措施确保

企业特别是中小企业能从全球价值链中受益，并鼓励发展中国家在更高水平、更多附加值上参与并提升全球价值链。在二十国集团的共同努力下，将推动强劲的国际贸易和投资增长，世界经济将重新焕发活力，经济全球化进程将继续蓬勃发展。

5. 体现中国特色，推动包容和联动式发展

G20 杭州峰会决定推动包容和联动式发展，传递了一个重要的信号，那就是 G20 关注的不仅是本国人民福祉，更是全人类的共同发展，要让 G20 合作成果惠及全球，让世界人民共享发展新红利。

作为最大发展中国家，中国高举发展旗帜，对发展问题的关注和重视贯穿办会始终。在中方精心设计和全力打造下，杭州峰会成为二十国集团历史上发展中国家参与最广泛、发展特色最鲜明、发展成果最突出的一次峰会，实现了二十国集团历史上的多个“第一次”，得到广大发展中国家的高度赞赏和充分肯定：第一次将发展问题置于全球宏观政策框架的核心位置；第一次制定《落实 2030 年可持续发展议程行动计划》，率先在落实 2030 年可持续发展议程上迈出步伐；第一次就支持非洲工业化采取集体行动，发起《支持非洲和最不发达国家工业化倡议》，助力非洲减贫和实现可持续发展。此外，峰会还邀请了东盟主席国老挝、非盟主席国乍得、非洲发展新伙伴计划主席国塞内加尔、七十七国集团主席国泰国以及埃及、哈萨克斯坦等国家与会，发展中国家的代表性超过历届二十国集团峰会。习主席在峰会发言中多次强调发展问题的重要性和迫切性，呼吁各方加快落实 2030 年可持续发展议程，不让一个发展中国家掉队，为各方积极呼应。

本次峰会首次将发展问题置于全球宏观政策框架的突出位置，首次就落实联合国 2030 年可持续发展议程制定行动计划，具有开创性意义。峰会通过“全球基础设施互联互通联盟倡议”，

有助于加强全球互联互通，促进全球的联动式发展。峰会首次发起《二十国集团支持非洲和最不发达国家工业化倡议》，希望促进非洲及最不发达国家的工业化，及促进基础设施建设和互联互通，将为发展中国家人民带来实实在在的好处，从根本上促进这些地区经济增长，有助于解决全球经济增长不平衡的问题，从而为实现2030年可持续发展目标做出重要贡献。

6. 应对全球大平衡，重申平等合作与共同行动

G20杭州峰会对气候变化等其他最重大、最突出的问题也高度重视，体现了G20在解决人类共同面临的严峻挑战面前的集体领导力和智慧。中美两国牵头G20一致同意在落实气候变化《巴黎协定》方面发挥表率作用，并推动《巴黎协定》于年内生效，这将为全球提供可持续发展新的稳定框架。G20号召多边开发银行和发展融资机构将应对气候变化的行动纳入发展战略，并鼓励多边开发银行提交应对气候变化的行动计划。在中方推动下，二十国集团发布历史上第一份气候变化问题的主席声明，各成员国一致承诺率先签署和落实气候变化《巴黎协定》，声明作为第一次走入联合国的二十国集团文件在联大向所有会员国散发。在中方推动下，杭州峰会公报呼吁各方共同努力，促使《巴黎协定》早日生效。峰会期间，中美两国领导人还共同向联合国秘书长潘基文交存了《巴黎协定》批准文书。这些均彰显了中国在国际气变合作上的贡献和领导力。

峰会还从原则、机制、行动等层面努力推进构建三位一体的反腐败合作格局。具体来说，就是核准追逃追赃高级别原则、设立追逃追赃研究中心、制定反腐败2017—2018年行动计划。这将有助于实现跨国的联合反腐，解决世界反腐难题。

7. 中国主场外交，主动加深中国与各国的双边关系

二十国集团汇聚了世界主要国家。杭州峰会期间，习主席密

集开展33场双边会见活动，积极运筹大国关系，同周边国家和发展中国家领导人共商合作，取得突出效果。

习主席在中美《上海公报》协议达成地西湖国宾馆会晤美国总统奥巴马，双方同意继续共同努力构建中美新型大国关系，一道把握方向、增进互信、拓展合作、管控分歧，共达成35项合作成果。两国元首对外释放了中美共同利益远大于分歧、两国致力于加强合作的积极信号，西湖长谈和庄园会晤、瀛台夜话、白宫秋叙一道，成为习主席同奥巴马交往的标志性事件。习主席同俄罗斯总统普京举行年内第三次会晤，双方就深化中俄全面战略协作伙伴关系深入交换意见，一致同意扩大贸易、投资、能源等重点领域合作，推进“一带一路”和欧亚经济联盟建设对接。在金砖国家领导人非正式会晤中，习主席引导金砖国家坚定信心，保持定力，加强团结，把金砖合作做实做强，得到各方积极响应。在会见哈萨克斯坦、印度、印尼、韩国等周边国家领导人时，习主席与各方就增进互信、管控分歧、扩大合作、维护周边和平稳定大局达成广泛共识。习主席密集会见埃及、土耳其、南非、塞内加尔、乍得、巴西等发展中国家领导人，继续深化同各国友好合作，高举发展旗帜，凸显杭州峰会的发展成果。

8. 杭州峰会获得国际媒体高度赞誉，在国际外交舞台树立了良好大国形象

俄新社称中国通过给全球经济和地缘政治提供解决方案，展现了大国智慧和担当。加拿大《新闻报》认为，杭州峰会对中国来说是展示自我的重要机会，足以证明中国是一个能够与全球主要力量和谐相处的负责任大国。法国《费加罗报》称，杭州峰会对中国来说是一个转折点，继“一带一路”、亚洲基础设施投资银行后，世界再度倾听中国声音。许多国外媒体和学者认为，中国的改革发展理念正在成功“全球化”，加强创新与结构性改革

是中国为世界经济开出的“中国药方”，这一理念基于中国自身发展理念与经验，同峰会主题以及中国的五大发展理念一脉相承。不少欧洲媒体认为，中国以既权威又公平的方式主导会议进程和成果文件磋商，最终形成了一份公平的会议公报，使所有二十国集团成员国欣然接受。面对复杂困难形势，中方不负众望，针对世界经济最突出、最紧迫的挑战提出了解决方案，峰会成功推动各方在全球关键性议题上展现合作精神，取得大量共识和成果，中方对国际事务的引领和驾驭能力令人钦佩，正在成为全球治理的引领者。

正如王毅外长在《人民日报》撰文所写道：“杭州峰会已载入史册。但它的影响犹如气势磅礴的钱塘大潮，将推动中国改革开放奋勇前行，推动中国在更高层次、更广范围、更深程度上参与全球经济治理，推动二十国集团实现转型发展，推动着世界经济走上强劲、可持续、平衡、包容增长轨道”。

（二）“一带一路”建设早期成果超出预期

在现实中，多数国家是以充满矛盾的心态看待中国的开放。总体上，他们期待并肯定中国的扩大开放。这些国家一方面希望得到更多中国的资金、技术、无偿援助，希望能将本国的产品出口到中国巨大的消费市场中，另一方面又担心顾虑本国的进一步开放会造成对中国的更大依赖。我国经济总量位居全球第二，体量之庞大，资源消耗之巨大，发展速度之快，让许多国家在亲近中掺杂着畏惧和担忧。东盟国家对中国“海上新丝路”计划、中亚国家与俄罗斯对“丝绸之路经济带”规划、非洲国家对中国资源政策，都存在不同的疑虑、担心和质疑。西方国家的舆论不遗余力地炒作“中国威胁论”加剧了我们推进开放战略的难度。“一带一路”途经的地区是世界自然资源的主要产区，也具有战略上的重要性，复杂的宗教与民族冲突，动荡不安的地区局势，在一定程度上反映了大国在这一地区的激烈争夺。涉足这一地区的既有地区大国，如俄罗斯与印度，也有区域外的大国，如美国、日本、欧盟等。这些国家或多或少都有自己地区开发的构想。例如，美国有“新丝绸之路”战略，他们意图以阿富汗为中心，把中亚和南亚连接起来。日本提出了“新丝绸之路外交”，希望在这一地区抗衡中国和俄罗斯的影响；欧盟提出了“欧盟与中亚：新伙伴关系战略”要求积极介入中亚事务，通过重塑中亚国家的发展方向来实现“一个更加安全世界里的欧洲”的整体目标；俄罗斯和印度更是分别把中亚和印度洋视作自己传统的势力范围，因此对任何外来国家都充满了天然的疑虑与抗拒。

然而经过三年多的建设，“一带一路”已经成为中国对外展示大国形象的新名片，取得了实实在在的建设成果。具体体现在，过去三年，“一带一路”成果出人意料多；国内外积极性出奇高；阻力没有想象那么大，美国无法反对；风险没有想象那么大。

1. “一带一路”建设早期成果超出预期的多方面原因

从大的方面讲，面对世界掀起的保护主义、孤立主义和民粹主义等各种反全球化浪潮，“一带一路”正在挽救全球化，使之落地生根，更包容、更可持续，更公正合理。“一带一路”以政策、设施、贸易、资金、民心的互联互通，正予以纠偏，以三大统筹——陆海统筹、内外统筹、政经统筹，实现内陆地区—沿海地区、国内外及政治—经济发展的再平衡，改变了广大发展中国家的二元经济结构，通过共同打造绿色丝绸之路、健康丝绸之路、智力丝绸之路、和平丝绸之路，抓住发展这个最大公约数，不仅造福中国人民，更造福沿线各国人民。

在 TTIP、TPP 和再工业化等无果而终或遥遥无期的情形下，

“一带一路”倡议就成为全球金融危机后最可行、最有影响的国际合作倡议，引领了世界经济走出低迷、振兴国际和区域合作的大方向，也给全球投资者带来了希望。

2. “一带一路”推动世界分享中国模式

从中观层面而言，“一带一路”彰显中国模式的魅力，折射出世界对欧美西方模式的失望。“一带一路”是非常中国特色的提法，具有丰富的中国模式与中华文化内涵。先说“带”，是经济带、经济走廊与经济发展带，是中国改革开放模式经验的体现。“以点带面，从线到片，逐步形成区域大合作”的“丝绸之路经济带”是中国国内改革模式的延伸，是开放的、包容的。

像乌兹别克斯坦这样的双重内陆穷国，按市场经济是很难获国际金融机构贷款的，但是习近平主席的访问，就让乌兹别克斯坦获得了大量中国国家开发银行贷款，基础设施先行，逐步培育市场经济所需的外需环境。这就是“一带一路”见证的中国模式威力！“政府加市场”双轮驱动，使乌兹别克斯坦既获中国国开行，又获亚投行贷款！

3. “一带一路”助推中国提供公共产品

从现实层面讲，“一带一路”的成功折射出时代矛盾——世界公共产品供给缺口日益扩大，美国领导能力、意愿、诚信全面下滑，这在亚投行问题上充分表现出来。亚洲基础设施有 8 万亿美元的巨大缺口，中国倡导成立的亚投行才会取得如此成功，美国的反对不仅无效还自取其辱。不仅如此，“一带一路”旨在解决人类重大关切，实现联合国 2030 年可持续发展议程，这使得它获得了最高合法性。比如，世界上 11 亿人没有用上电，国家电网长距离、特高压输电网，实现成本最小化，推动人类共同现代化。美国彭博社预测，到 2050 年“一带一路”沿线国家和地区将新增 30 亿中产阶级。

总之，世界日益增长的国际公共产品的需求与落后的供给能力之间的矛盾，就是建设“一带一路”的动力，也是“一带一路”建设进度和成果超出预期的根本原因。“一带一路”倡导共商共建共享原则和利益、责任、命运共同体理念，超越一战殖民体系，二战联盟体系，引领21世纪以合作共赢为核心的新型国际关系，正在打造开放、包容、均衡、普惠的区域经济合作架构，补全球化短板，推动全球化从“部分全球化”（partial globalization）到“包容性全球化”（inclusive globalization）方向发展，体现了崛起中国的全球担当。

4. “一带一路”建设成果丰硕

随着中国“一带一路”倡议的持续推进，越来越多的沿线国家开始了解并积极响应中国的“一带一路”倡议，共商、共建、共享的和平发展、共同发展理念不胫而走，沿线100多个国家和国际组织积极响应参与，并与他们各自的发展战略积极对接。习近平指出：“‘一带一路’贯穿欧亚大陆，东边连接亚太经济圈，西边进入欧洲经济圈。无论是发展经济、改善民生，还是应对危机、加快调整，许多沿线国家同我国有着共同利益。”国际社会越来越肯定习近平主席的观点，越来越欢迎中国提出的“一带一路”建设方案，国际共识正逐步形成。习近平指出：“目前，已经有100多个国家和国际组织参与其中，我们同30多个沿线国家签署了共建‘一带一路’合作协议、同20多个国家开展国际产能合作，联合国等国际组织也态度积极，以亚投行、丝路基金为代表的金融合作不断深入，一批有影响力的标志性项目逐步落地。”

外国政要高度评价。联合国经济与社会事务部政策研究司司长洪平凡表示，联合国对“一带一路”建设给予高度评价和积极关注，认为有利于促进沿线各国经济繁荣与区域经济合作，联合国希望将“一带一路”建设与联合国《2030年可持续发展议程》结合起来，更好推动“一带一路”建设有序开展。巴基斯坦参议员穆沙希德·侯赛因认为，古老的丝绸之路始于中国，通过文化、商贸联通亚洲、中东、欧洲。巴基斯坦人民非常支持中国的“一带一路”倡议，这将改变亚洲人民的命运，将亚洲与世界紧密相连。匈牙利外交和对外经济部副部长萨博表示：“‘一带一路’倡议的特点是互信共赢，我认为这一倡议和匈牙利的‘向东开放’战略相一致，我们已经开启了北京和布达佩斯的第一条直达线路，布达佩斯铁路计划会成为中国和中东欧国家合作的样板项目之一，希望它能够为未来的合作创造典范。”黑山副总理兼信息社会和电信部长拉佐维奇指出：“区域层面的合作能够帮助我们更好地缓解经济危机所带来的影响，能够促进在经济层面上的对话，除了一些建设项目之外，在经济合作上又获得一个新的动力，就是中国提出的21世纪海上丝绸之路和丝绸之路经济带的倡议。”波兰经济部副国务秘书德哈指出：“我们的合作还有很大的潜力，在‘一带一路’的倡议下，我们非常愿意将技术、以及使用技术的经验和中国伙伴分享，中国企业家可以更加积极地参与捕捉这些在中东欧出现的新机会。”

外国媒体广泛关注。“美国之音”网站2014年7月8日发表题为《中国建造新丝绸之路》的文章。称，新丝绸之路将扩大中国影响力。中国正通过对外援助和投资，特别是在非洲地区，将影响力扩展到更远的地方。澳洲网2014年9月16日发表题为《中国新思路打通外交“新丝路”》的文章指出：就长远来说，共同建设丝绸之路经济带的倡议不仅惠及中亚地区，而且不可避免地会影响到整个世界经济格局的改变。总之，丝绸之路经济带是中国极具战略性、全局性和创新性的重大外交布局，体现了新一届中国最高领导层的政治智慧和外交新思路。西班牙《阿贝赛报》2014年11月25日的报道称，“新丝绸之路”为中国的国际新角色奠定基础。“义新欧”班列的开通是铁路运输史上的里程碑，将亚洲的最东端与欧洲的西端连接起来，是重拾丝绸之路的商业精神。虽然世界贸易大部分是通过海运完成的，但习近平希望恢复古老的丝绸之路，推动陆路运输，为国家想要扮演的国际新角色奠定基础。

外国学者一致好评。韩国湖西大学中国研究院教授全家霖认为，打造21世纪海上丝绸之路，有助于增进地区间政治互信，在文化交流领域将呈现更大的包容性和开放性，而在经济全球化趋势下，21世纪海上丝绸之路必将对本区域内的经济发展起到至关重要的作用，为沿线各国经济增长提供强大驱动力，为各国人民带去福祉。俄罗斯财政部财政研究所首席研究员萨文斯基认为，现在世界人民已经看到“一带一路”是一个开放、公平、务实的平台，让沿线国家享受到发展的福利。尤为重要的是，这种发展是全面的、新型的发展，在推动基础设施建设和工业的同时，兼顾到人文、科技、环境各个领域，这将让沿线国家更早、更好地享受现代化成果。巴基斯坦伊斯兰堡战略研究所所长马苏德·汗认为，“一带一路”倡议旨在通过推动相关国家多领域基础设施的建设与改造升级，提升亚洲与欧洲、非洲等区域国家间的互联互通，将提升各国经济发展水平，改善人民生活。印度德里大学经济学教授拉尔表示，当前世界经济持续低迷，中国以“一带一路”建设为契机，开展跨国互联互通，提高贸易和投资合作水平，推动国际产能和装备制造合作，本质上是通过提高有效供给来催生新的需求，实现世界经济再平衡，最具可行性和操作性。

5. 各领域合作不断深入

自“一带一路”倡议提出以来，中国对“一带一路”相关国家的投资累计已达511亿美元；与沿线国家新签承包工程合同1.25万份，累计合同额2790亿美元；中国企业在相关国家建设的经贸合作区达52个，为东道国创造了9亿美元的税收和近7万个就业岗位。习近平指出："丝绸之路是各国人民的共同财富。""一带一路"建设的持续推进不仅有效地促进了中国与沿线国家的合作不断深入，而且也向沿线国家以及全球传递共建"利益共同体"和"命运共同体"的理念。

各领域合作的不断深入有赖于一揽子合作协议的签署。中国同30多个国家签署了共建"一带一路"的合作协议，同20个国家签署了产能合作协议，同"一带一路"沿线17个国家共同建设了46个境外合作区。据中国国家发展和改革委员会发布的消息，中国与俄罗斯签署了《丝绸之路经济带建设和欧亚经济联盟建设对接合作的联合声明》，与匈牙利签署了政府间关于共同推进"一带一路"建设的谅解备忘录。乌法峰会期间，中蒙俄三国签署了《关于编制建设中蒙俄经济走廊规划纲要的谅解备忘录》。有关部门还与塔吉克斯坦、哈萨克斯坦、卡塔尔、科威特等国签署了共建"一带一路"的谅解备忘录，中哈重大产能合作共签署了28个项目文件。我国还与土耳其、捷克、波兰、沙特等国签署了《关于加强"网上丝绸之路"建设合作谅解备忘录》，与塞尔维亚签署了关于共同推进产能合作的谅解备忘录，与联合国亚太经社会委员会签署了首份与国际组织间共建"一带一路"合作文件。

各领域合作的不断深入有赖于各项合作协议的真正落实。首先，基础设施建设领域先行。"要想富、先修路"。大部分"一带一路"沿线国家的基础设施落后，极大地限制了他们的经济发展。而中国在基础设施建设领域经验和技术均位于世界前列，这种输入与输出需求的无缝对接，促使中国与"一带一路"沿线国家在港口建设、航空港建设、铁路建设等基础设施建设领域开展了大量合作，有效提升了沿线国家的基础设施建设水平，取得了远远超出预期的成果。其次，中国与“一带一路”沿线国家的产能合作不断深化。截至目前，各类双边、多边产能合作基金规模已经超过了1000亿美元。中国已与法国、德国、韩国、英国、西班牙等国就共同开拓“一带一路”沿线第三方市场达成重要共识。与俄罗斯、哈萨克斯坦、巴基斯坦、伊朗等国开展核电合作，推动中国自主三代核电技术“华龙一号”等核电技术走出国门。与此同时，以亚投行、丝路基金为代表的金融合作也在不断深入。中国的金融服务业正在积极地走出去，与东南亚、南亚、中东欧等区域的国家开展合作，实现资金之间的融通。目前，中国人民银行已与21个沿线国家央行签订了双边本币互换协议。亚洲基础设施投资银行已开业运营，丝路基金还将继续加大金融支持力度，为“一带一路”建设提供充足的金融保障。2014年11月8日，习近平在“加强互联互通伙伴关系”东道主伙伴对话会上指出：“中国将出资400亿美元成立丝路基金，为‘一带一路’沿线国家基础设施、资源开发、产业合作和金融合作等与互联互通有关的项目提供投融资支持。丝路基金是开放的，可以根据地区、行业或者项目类型设立子基金，欢迎亚洲域内外的投资者积极参与。”

6. 标志性项目逐步落地

工程项目建设是“一带一路”的重要组成部分，在稳步推进“一带一路”建设进程中，需要确定并实施支撑“一带一路”的标志性项目，并使其尽快真正落地开花，为“一带一路”建设打下坚实的基础。习近平指出：“‘一带一路’建设不是空洞的口号，而是看得见、摸得着的实际举措，将给地区国家带来实实在在的利益。在有关各方共同努力下，‘一带一路’建设的愿景与行动文件已经制定，亚洲基础设施投资银行筹建工作迈出实质性步伐，丝路基金已经顺利启动，一批基础设施互联互通项目已在稳步推进。”

标志性项目有效对接沿线国家的相关规划，使“一带一路”的标志性项目真正落地。很多国家的发展规划同“一带一路”的标志性项目有天然的亲近性，如老挝“变陆锁国为陆联国”战略、哈萨克斯坦“光明之路”计划、韩国“欧亚倡议”、俄罗斯“欧亚经济联盟”、印尼“全球海洋支点”发展规划、澳大利亚“北部大开发”计划、英国北方经济引擎规划等等。如果双方能有效对接，当项目成为精品，就会产生一定的区域带动效用、项目标杆效应。中央党校赵磊教授认为，目前，英国的北方经济引擎规划与“一带一路”对接的基础较好，可率先打造成为中欧合作的标志性项目。

一批标志性项目全面开花。作为“一带一路”建设的旗舰项目，中巴经济走廊建设已有不少项目取得了重大进展，巴基斯坦喀喇昆仑公路二期、卡拉奇高速公路开工建设，拉合尔轨道交通橙线等一批重点项目完成融资。巴基斯坦恰希玛和卡拉奇核电项目进展顺利。中国—中亚—西亚经济走廊建设全面进行，中吉乌铁路“安格连—帕普”铁路隧道项目（乌境内）竣工通车，塔吉克斯坦“瓦赫达特—亚湾”桥隧项目一号隧道贯通。中国—中南半岛经济走廊也正在加快建设，雅万高铁启动先导段建设，中老铁路建设进展顺利。境内玉溪—磨憨铁路项目正在加快建设。另外中塔公路二期、中亚天然气管道 D 线等项目正在加快推进，莫斯科至喀山高铁、中老铁路、中泰铁路、中缅皎漂港等项目建设有序推进，中白工业园全面动工。

“一带一路”是古老的中华民族在 21 世界拥抱世界的臂膀，是维护世界和平的臂膀，是推动世界发展的臂膀。习近平指出：

"总结经验、坚定信心、扎实推进，聚焦政策沟通、设施联通、贸易畅通、资金融通、民心相通，聚焦构建互利合作网络、新型合作模式、多元合作平台，聚焦携手打造绿色丝绸之路、健康丝绸之路、智力丝绸之路、和平丝绸之路，以钉钉子精神抓下去，一步一步把'一带一路'建设推向前进，让'一带一路'建设造福沿线各国人民。"

（三）人民币加入 SDR，中国正式拥抱全球金融市场体系

美国当地时间 11 月 30 日，国际货币基金组织（IMF）执行董事会完成对特别提款权（SDR）货币篮子五年一度的审核，执行董事会认为人民币已符合加入特别提款权货币篮子的现有标准，会议决定，2016 年 10 月 1 日起，人民币将正式加入特别提款权货币篮子。

1. 中国经济融入全球金融体系的里程碑

国际货币基金组织总裁克里斯蒂娜·拉加德认为："执行董事会关于将人民币纳入特别提款权货币篮子的决定是中国经济融入全球金融体系的重要里程碑。它是对中国过去多年来在改革货币和金融体系方面取得的成就的认可。中国在这一领域的持续改革将推动建立一个更加充满活力的国际货币和金融体系，这也将支持中国和全球经济的稳定和发展"。

美国各大媒体纷纷对此进行报道、评论，几乎都用了"里程碑"来形容。《华尔街日报》称，"星期一，中国塑造了一个经济里程碑，国际货币基金组织把人民币纳入特别提款权货币篮子"。《纽约时报》报道，"星期一，人民币成为世界精英货币之一，这是国际货币基金组织的一个里程碑式的决定，是对中国上升的金融以及经济实力的重视。"报道还认为，此举将有助于为人民币在金融与贸易活动中更广泛的使用铺平道路，确保中国的

全球性经济大国地位。《洛杉矶时报》认为，国际货币基金组织此举认可了人民币足够稳定、可以广泛地作为资产的避风港。

有学者认为，国际货币基金组织此举是对中国在国际金融体系中不可或缺地位的认可。美国塔夫茨大学经济学教授严尼斯·M. 伊安尼德斯（Yannis M. Ioannides）表示，国际货币基金组织决定将人民币纳入特别提款权货币篮子，“这是正常的，此举不仅对中国有利，而且对世界也有利。中国将会承担更多责任，中国的举措也会被更加认真对待”。他还表示，因为人民币的加入，世界面临的风险将减小，因为国际金融体系的一个重要力量不再被忽视。

2. 人民币国际地位获认可

国际货币基金组织对一国货币加入特别提款权货币篮子规定了两个条件：一是该国出口货物和服务总量位居所有成员国前列；二是该国货币应“可自由使用”，即可以广泛使用和交易。5年前，国际货币基金组织执行董事会否决了中国加入特别提款权货币篮子，认为人民币不符合“可自由使用”的条件。此次国际货币基金组织审核通过人民币纳入特别提款权货币篮子，主要是认为人民币已实现“可自由使用”。

2016 年 8 月初，国际货币基金组织发布《特别提款权估值方法评估——初步考虑》报告，认为“不同的指标显示，人民币已经在国际贸易以及使用中具备显著地位”。报告强调人民币近几年在跨境支付以及在全球金融市场中，作为一个活跃的交易货币的地位迅速提高，近 20% 的中国货物贸易以人民币结算。

还有学者认为，加入特别提款权货币篮子，会继续促进人民币市场化改革。事实上，为了加入“篮子”，中国政府已经采取了一系列改革举措，比如向外国央行开放在岸债券市场以及外汇市场等。

美国布鲁金斯学会高级研究员、美国前联邦储备委员会主席本·伯南克（Ben Bernanke）表示，人民币成为“篮子”货币不仅是对中国经济实力的认可，也是对中国在过去多年来为满足金融监管的国际准则、提高市场对人民币价值的决定作用而采取的开放资本市场举措的认可。

3. 推动“篮子”更具世界代表性

国际货币基金组织认为，将人民币纳入特别提款权货币篮子，使得货币篮子更加多样化、更具吸引力，也更能代表世界主要货币。此举是1980年以来，篮子货币的一次重要变化。

学者普遍认为，将人民币纳入国际货币基金组织特别提款权货币篮子，对于中国而言，是人民币走向国际化的标志性事件，而且这与它在全球经济中的重要地位也是相匹配的。

美国智库彼得森国际经济研究所高级研究员、中国经济问题研究专家尼古拉斯·拉迪（Nicolas Lardy）表示，这件事对中国来说确实很重要，但从经济层面来说，短期不会有太大影响。他认为，加入特别提款权货币篮子确实有助于提高人民币形象。可能再过几年、几十年，各国央行以人民币结算的金融资产会增加，但是短期内，只会有少数几个国家的央行会根据“篮子”改变它们的货币储备构成，大部分则完全自主决定。

哈佛大学经济系教授、美国前副国务卿理查德·库珀（Richard Cooper）表示，“特别提款权”只用于国际货币基金组织成员国货币权威机构之间的交易，有时也用于两个权威货币机构的交易，但是第二种情况很少见。因此，特别提款权货币篮子对实际的国际金融体系以及国际贸易短期影响并没有那么明显。库珀认为从世界经济层面来看，此举具有象征性意义。但从明年10月决定生效之日起，也会有一些实质性变化。比如，日常的特别提款权货币的估价以及支付利率会受到人民币汇率及其短期利率的影响；一些国家的央行可能会被鼓励储备、持有中国债券，如果数量增加显著可能会导致人民币升值，这将反过来阻碍中国出口，而鼓励其他国家出口。

三、结论

全球大平衡要以科学、公正、平等为基础，走出“经济量子纠缠”就是要走出牛顿科学技术体系支撑的各种经济业态。着力号召动员全球科学家来创新发展完善量子科学技术体系这个自变量，以中国成功发射世界首颗量子卫星为导向，崇尚量子科学技术体系支撑的各种因变量的“经济量子态”，彻底实现全球经济的新一轮长周期的低碳绿色新增长。

走出“经济量子纠缠”实现“经济量子态”就是要增加新兴市场国家和发展中国家代表性和发言权，更加平衡地反映大多数国家意愿和利益。以开放为导向，就不能自我孤立和以邻为壑，不能搞远近亲疏和排他性安排，不能以意识形态和价值观划线，要坚持理念、政策、机制开放；以合作为动力，就是要发扬同舟共济的伙伴精神，加强沟通和协调，照顾彼此利益关切；以共享为目标，就是要使增长和发展惠及所有国家和人民，不搞一家独大或者赢者通吃。正像习近平主席在 G20 峰会上提出了全球经济治理的重点，即共同构建公正高效的全球金融治理格局，维护世界经济稳定大局；共同构建开放透明的全球贸易和投资治理格局，巩固多边贸易体制，释放全球经贸投资合作潜力；共同构建绿色低碳的全球能源治理格局，推动全球绿色发展合作；共同构建包容联动的全球发展治理格局，以落实联合国 2030 年可持续发展议程为目标，共同增进全人类福祉。

Quantum Great Balance

Zhang Dalu　Wang Xianlei

Abstract: According to IMF and the United Nations' data, IGAB analysis result shows the world's great balance meet "quantum entanglement" which reflected in the world economic recovery process is the "economic quantum entanglement". The top 10 events are: Firstly, successful launch of Mo – tse – China launch the world's first quantum satellite; Secondly, RMB join SDR; Thirdly, G20 Hangzhou summit; Fourthly, U. S. presidential election, the elected president's influence and countermeasure of China Fifthly, is the refugee problem and Britain exiting from the EU; Sixthly, is the early results of "The Belt and Road" construction Initiative exceeded expectations; Seventhly, China and U. S. and approved the "Paris agreement" to lead the world low carbon green sustainable development; Eighthly is the Middle East, the South China Sea, Northeast Asia, Ukraine and other geopolitical issues; Ninthly, world economic recovery linger and new development of world science and technology; Tenthly is the decisive victory of China "in 13th Five – Year" period building a well – off society. As top 10 global events, these events have sufficient and necessary conditions, with a huge and far – reaching impact, fully display the global pattern is undergoing profound changes, reform and innovation create a new pattern of global balance. This "Great balance" from the Newton property comes with quantum properties, at least five configuration superposition compound large balances. Since 2008, the world's "economic entanglement" has been encountered in this century, which is the root cause of the world economic downturn.

Keywords: Economic Quantum Entanglement　Great Balance　Quantum Science and Technology System

战略安全篇

全球发展战略态势与分析

（中国国际经济交流中心副研究员）张焕波

[摘　要] 无论是政治，还是经济，全球都处于最大不确定性的状态之中。全球化和去全球化都在上演，长期看全球化的趋势不可逆转，但短期是不确定的。财富的创造和分配不协调，有人认为是国家与国家之间的财富分配需要重新调整，这是新的贸易保护主义兴起的原因；有人认为是上层和中下层之间的问题，特别是中等收入群体分配受到影响，劳动与资本的关系开始重新探讨。要解决这些问题，需要勇敢面对，而不是退缩，G20 杭州峰会是具有里程碑式的探索，为全球发展指出了正确的方向。

[关键词] 全球化　贸易保护　G20

当今世界形势正在发生深刻复杂变化，地缘政治冲突加剧，地区焦点、难点问题不时出现；世界一些主要国家和地区出现逆全球化潮流，贸易和投资保护主义抬头，全球化处于徘徊阶段、面临更多的不确定性。尽管新一轮产业革命和技术革命正在兴起，但全球仍缺乏持续强劲的有效需求，全球经济仍在缓慢复苏并面临较大下行压力，在这样的大背景下，和平、发展、合作、共赢的时代潮流更加强劲。

一、美国大选新思潮涌动历史罕见，特朗普当选总统预示全球化进程进入新阶段

本届美国大选的复杂程度反映了国际金融危机后美国民众迫切寻求变革的愿望，预示着美国经济社会结构将发生很大的变化。从美国大选候选人的辩论来看，美国的贸易观正在发生变化，从过去的自由贸易主义向贸易保护主义转变。无论是民主党还是共和党，候选人在辩论中都持有保护主义立场。贸易保护主义的强度和广度可能持续相当长一段时期。美国国内面临的主要问题是底层民众对工资低不满意，各候选人的政策提议主要是考虑民众的这一不满情绪。底层民众的诉求将成为新一届政府和国会的重要任务。特朗当选美国新一届总统与英国脱欧有内在的一致性，反映了当下民众对全球化的反思。这一去全球化浪潮与2008年国际金融危机是密不可分的。金融危机已经过去八年多，而全球经济没有出现根本好转，下行压力持续增大，各种社会问题凸显。这说明过去的全球化模式出现了问题，过多地考虑了跨国公司的利益，而底层民众的利益没有得到保护。受经济危机影响最深的恰恰是这些最底层的生活在平均线下的民众。没有考虑民众的因素，过多考虑资本的因素，这正是导致危机的根源，也是不能走出危机的根源。去全球化不是全球化的退步，而是在新的阶段全球化的另一种表现模式，这种模式需要改进，需要探索，目前还不知道路要走向何方，但是对“新全球化模式”的盼望是特朗普能够上台的重要原因。

二、英国脱欧影响深远，欧盟一体化短期受阻，长期不可逆转

英国脱欧带来了太多的不确定性。英国脱欧，意味着欧洲一些非理性的民族主义力量在上升。欧盟极力挽救欧洲一体化，希望聚在一起往前走，但民族国家的力量一直是牵绊，有的时候往前推，有的时候往后拉。英国脱欧存在两种可能：一是硬脱欧，即英国彻底快速地离开欧盟，而且和欧盟在服务贸易和货物贸易方面的谈判会非常艰难；二是软脱欧，意味着英国在脱离欧盟的同时，会和欧盟在服务和货物贸易方面达成一些相对较友好的协议，包括金融服务。如果硬脱欧，经济的影响可能会比较明显，是长达十几年的影响。如果是软脱欧，经济上的损害会比较小。脱欧谈判会非常艰巨，也有很多戏剧性。如果英国和欧盟之间形成对抗性的局面，对双方都不利，不是一个长期的选择。英国近期不会启动《里斯本条约》第 50 条，可能需要做很长时间的准备。

英国脱欧受影响最大的是英国自身。尽管英国脱欧可能会带来各种各样的危机，但不会导致欧盟的解体。欧盟在货币联盟方面需要进一步一体化，确保金融的稳定，包括提供存款保险等。欧盟一体化还会继续，不会因为脱欧或者公民的不满而改变。可能还会有一两个国家，仿效英国的举行公投。英国脱欧不会导致欧盟解体，但暴露出欧盟的一些弱点和一体化进程在近年碰到的一些问题，需要欧盟领导人给出答案，决定欧盟往何处去。

英国脱欧意味着欧洲政治生态的变化。移民问题和极端政治势力上升问题处理不好，欧洲政治生态就会有麻烦。如果欧洲地

区再次陷入混乱，整个世界将极大受影响。在安全方面，欧盟面临两个问题：恐怖主义和难民，这两个问题可称为边界问题。边界问题不是任何一个成员国能够独立解决的，欧盟非常清楚地认识到，目前是欧盟建立欧盟外部边界的机会。建立外部边界有利于欧盟内部的统一，就等于一体化要往深里走。独立防务在英国撤出的条件下，恰好给欧盟留了一个空档。欧盟抓住了英国脱欧的机会，把安全提得特别高，正紧锣密鼓地在建这个欧盟独立防务。

英国脱欧对中国贸易影响不是太大，投资有一定影响，但英国具备长期投资吸引力，中英金融合作空间巨大。由于英国在与欧盟的谈判定下来后才能真正与其他国家就一些贸易协议进行谈判，中英的贸易投资谈判可能受到影响。英国脱欧后英国和欧盟金融竞争加剧，中英金融合作空间巨大，应深化双方金融合作，加快构建离岸人民币的金融市场体系。英国脱欧和难民问题也为中欧合作开辟第三方市场创造了条件，英国维护全球海外利益经验值得借鉴。欧盟认为周边没有很好的环境，国内也不会安定，所以现在非常重视非洲投资，中欧在非洲进行的第三方合作有很大空间。欧洲传统上有很多殖民地，不管是英国还是法国，包括葡萄牙、西班牙，利用欧洲的技术加上中国的生产制造能力，以及相应的资金配套，在第三方开拓市场潜力巨大。

三、日本“安倍经济学”或许成为长期战略，重视与俄罗斯深化经济关系

2012 年上台后，为了提升日本的竞争力，以提振日本经济，日本首相安倍晋三三管齐下，实施了大胆的货币宽松、灵活的财

政政策和增长策略，尽管这一策略导致日元走低、股市上涨，但2%的通胀目标却依然遥不可及。2015年9月，安倍首相在连任自民党总裁后的第一次记者会上，突然抛出了所谓新“三支箭”。其具体内容是：“实现名义GDP600万亿日元”、“希望出生率达到1.8”和“实现护理人员零离职率”。客观来说，日本经济正在走出停滞，但远没有恢复到可持续增长的轨道。为此，日本央行还将在必要的时候采取更多宽松政策。2016年11月1日，日本自民党召开总务会，批准将党章中规定的“最多两届六年”的总裁任期延长为“最多三届九年”，并决定将在2017年3月5日召开的自民党大会上正式修改党章。党章修改后，2018年9月任期结束的日本首相、自民党总裁安倍晋三将能作为候选人力争第三次当选，安倍最长将执政到2021年。这也意味着安倍经济学在日本将有更长的执行期，一定程度反映了经济层面和社会民众希望有连续稳定的政策来支撑复苏。

在区域经济战略上，日本开始重视发展同俄罗斯的经济关系。日俄经贸合作长期处于较低水平，日俄贸易额占日本对外贸易总额的1.6%。受原料价格下跌、卢布贬值等因素影响，两国贸易额去年同比下降31%，今年上半年同比下降36%。日本在努力改善同俄罗斯的关系，谋求推进两国缔结和平条约的谈判。两国已经挑选出大约30个优先发展的经济合作项目，双方将加快审批，争取在2016年12月中旬以前落实。

四、韩国经济存在恶化可能，政治危机前景难料

“韩进海运”为韩国国内最大、世界排名第七的海运公司，运营着全球60多条定期和不定期航线，每年向世界各地运输货

物上亿吨，在世界经济、港口和物流网中占据重要地位。但由于不堪债务压力，“韩进海运”于2016年8月最后一天申请破产保护。“韩进海运”申请破产保护后，世界各大港口唯恐收不到资金，拒绝“韩进海运”的船舶出入港，相关装卸企业也拒绝卸载货物。韩进海运破产危机对韩国经济带来巨大冲击的可能性进一步增高，出口形势恶化已不可避免。韩国银行对2016年韩国国内生产总值增速展望有可能进一步下调。如果“韩进海运”最终破产清算，几十年间建立起的这个韩国品牌将消失，其间所建立的物流网络也将瞬间毁灭，将成为韩国航运业的最大危机。据推测，此次受“韩进海运”破产危机直接或间接影响的韩国企业有289个，从业者约1.2万人。同时，韩国三星手机召回事件将进一步恶化韩国经济。

韩国经济危机还在发酵，紧接着在10月韩国总统朴槿惠作为国家领导人，私用闺蜜“干政”乃至影响人事布局，陷于“闺蜜危门”。从目前局势来看，韩国国会和民间的质疑声都超过了支持声，执政党内部也出现让朴槿惠下台的声音。朴槿惠陷于“干政危机”导致的大范围人事变动会导致严重的权力真空，朝核问题、经济问题和部署“萨德”反导系统引发的紧张地区形势将使得韩国面临重大考验。

五、中国“一带一路”建设深入推进，主办G20杭州峰会成为世界经济创新发展的里程碑

“一带一路”倡议提出3年以来，沿线各国和地区积极参与，获得国际社会广泛认可和支持，激活了沿线经济发展活力，成为沿线各民族交往的大平台，已是具有广泛影响的国际合作框架。

目前，已有70多个国家和组织表达了支持和参与，34个国家和国际组织与中国签署了共建“一带一路”政府间合作协议；丝路基金与亚洲基础设施投资银行先后成立并开始投资项目。互联互通网络逐步成型，一批高铁、高速公路建设正在推进。产能合作加快推进，已与20个国家签署了协议，中方设立的各类多双边产能合作基金已超过1000亿美元。中方同“一带一路”沿线17个国家共同建设了46个境外合作区，为当地创造6万个就业岗位。经济走廊建设取得重要进展，中俄蒙三国签署《建设中蒙俄经济走廊规划纲要》，中巴经济走廊已实质性启动一批重大项目建设，新亚欧大陆桥经济走廊、孟中印缅经济走廊的建设也在稳步向前推进。中欧班列品牌业已形成，已成功开行1500多列，成为沿线国家经济、文化、科技和旅游交流的大动脉。沿线区域贸易和投资增长迅猛，年均增速高于全球平均水平近一倍。人文合作取得了积极成果，丝绸之路联合申遗取得成功，设立了“丝绸之路”中国政府奖学金，沿线国家互办文化年、艺术节。

2016年中国在杭州主办的G20峰会成果受到国际社会高度评价。拉加德认为这次峰会非常强调创新和包容，过去的G20主席国从未像这样强调创新。创新在所有的主题中就像是一条红线，更多的增长，更多的包容性增长需要由贸易驱动，由创新支持，而所有的国家也需要合作来实现这些目标。俄罗斯远东研究所所长卢加宁认为，中方设置的峰会议题强调增长方式上的创新、国际贸易和投资领域的包容和联动，这充分反映出北京在全球经济发展方向上的新的思考和思路。2015年土耳其安塔利亚峰会B20协调人萨普·卡尔坎认为，中国经过30多年的发展，已成为世界经济体系中的重要组成部分。贫困、不平等与收入分配鸿沟等问题仍然困扰着世界经济，中国作为今年G20轮值主席国提出“强劲、可持续和平衡增长”目标，对这些问题进行了有力回应。以色列资深金融与创新战略专家吉尔·霍德表示，这是第一次在中国举办 G20 峰会，标志着中国已经成为世界经济的中心，中国日程将成为全球经济议题的基础。

六、讨论与建议

一是要推动贯彻落实 G20 峰会成果，这是经济走出低谷的根本举措。G20 杭州峰会取得了一系列丰硕成果：第一次制定结构性改革优先领域、指导原则和指标体系；第一次就落实联合国 2030 年可持续发展议程制定行动规划；第一次制定《20 国集团全球投资指导原则》；第一次发起支持非洲国家和最不发达国家工业化合作倡议；第一次制定《20 国集团创新增长蓝图》，20 国集团首次围绕创新采取行动，彰显出各国携手应对挑战的共同意志。承诺和共识固然重要，但行动力更将决定成败。各方只有采取务实行动，做到“知行合一”，才能将成果落到实处。

二是要以加快区域贸易协定谈判推进全球化，反对贸易保护主义。从美国大选看，反对自由贸易声音成为主流，所有候选人都不支持 TPP。应加快推进 RCEP 完成谈判，与加拿大、墨西哥等国家尽早开展自由贸易区谈判。

三是要策略性推动我国企业“走出去”。经过 30 多年的积累，我国相当一部分分企业已经积累了走出去的资本和经验，“走出去”开始进入爆发期。但是，面对这一突然变化，国际社会一时难以接受，一些国家对中国企业的大规模收购存在抵触。部分国家开始考虑改变投资规则，专门针对中国企业收购制定特别规定。有些国家还要求我国进行对等开放。为此，中国企业“走出去”要讲究策略。同时，要以自贸区试点和开放型经济新体制综合试点为基础，加快国内投资环境的完善，加快开放范围和力度。

四是要把提供更大规模更高质量的公共产品和公共服务作为重要抓手。要扩大有效供给，提高供给结构适应性和灵活性，实现由低水平供需平衡向高水平供需平衡的跃升。个人消费资料和生产资料在诸多领域虽然存在产能过剩的情况，但公共产品供给短缺。公共产品包括环境、交通、教育、医疗、信息、文化、体育、市政建设等，通过 PPP 模式的推广，把银行贷款和社会资本引入到这些公共产品的供给上来，可以启动一大批的需求。要加强部门之间的协调来推动 PPP。要激活环保市场，发展环保产业，必须改变环保治理模式。要改变原来谁污染谁治理的方式，采取第三方治理方式，谁污染谁出钱。谁污染谁治理，导致治理弄虚作假，造成环境污染。强化第三方治理，建立新的治理机制，颁布排放标准，省以下的环保部门垂直领导，赋予环保部门强有力的手段去监管。

Global Development Strategy Situation and Analysis

Zhang Huanbo

Abstract: whether in politics or economy, the world is in the midst of the greatest uncertainty. Globalization and De – globalization are staged, the trend of globalization is irreversible, but the short term is uncertain. Wealth creation and distribution coordination, some people think it is the distribution of wealth betweencountries and the need to readjust, this is the reason of the rise of new trade protectionism; some people think that is between the upper and lower problems, especially the middle income group is affected by the distribution, the relationship between labor and capital began to explore. To solve these problems, the need to brave the face, rather than retreat, G20 Hangzhou Summit is a landmark exploration for the global development, pointed out the right direction.

Keywords: Global　Trade Protection　G20

“英国脱欧”带来的影响分析

（北京交通大学中国产业安全研究中心博士后）黎杰生
（中国国际经济交流中心博士后）胡颖

[摘　要] 受欧债危机、移民问题和恐怖主义的影响，英国脱欧公投最终结果是脱欧派胜出，超出了此前国际社会的预期。“英国脱欧”将对英国经济和欧洲经济产生冲击，直接给英国和欧洲经济带来损失；短期直接导致了全球金融市场的动荡；虽然对中国经济的直接冲击有限，但是对中欧合作、中国在英国的投资、人民币的国际化和香港金融市场产生负面影响；中央企业的海外投资、海外债券将受到影响，同时也面临着新的合作和发展机遇。

[关键词] 脱欧　影响　经济　金融市场

北京时间6月24日14：00英国382个区全部公布投票结果，“退欧”派以近127万票的优势胜出。其中支持“退欧”1741万人，占比51.9%，支持“留欧”1614万人，占比48.1%。英国首相卡梅伦已经发布“引咎辞职”声明，虽然现在就断言英国和欧盟从此一刀两断，还为时尚早，但全球经济和金融市场将遭遇很大的影响已经毋容置疑。全球股市应声下挫，英镑暴跌，美元、日元和黄金现货暴涨。本文将就一事件进行分析。

一、英国脱欧的原因分析

英国民意调查机构 Lord Ashcroft Polls 在 2015 年底的一项调查显示，在移民、难民和安全，自由和主权，经济和贸易三个方面，支持退欧者更关注移民，而支持留欧者则把经济置于首要位置。这次看来是前两方面起到了主导作用。

（一）欧债危机的影响

欧债危机的爆发使得英国国内的疑欧情绪迅速发酵。欧债危机的爆发显著拖累了英国的经济增长，并且作为欧盟的成员国，英国不得不拿出大量的资金援助其他成员国。根据英国财政部 2013 年的数据，英国对欧盟的净财政贡献达到了 86 亿英镑，约占英国 GDP 的 0. 53%。

此外，欧盟为应对危机而出台的措施也损害了英国的利益。譬如，欧盟通过的“财政契约”规定：主要从事欧元交易业务的清算所必须设在单一货币区内，意味着大量金融机构和金融活动不得不从伦敦转出到巴黎或法兰克福。此外，欧盟还于 2014 年 1 月开征金融交易税，鉴于伦敦的金融中心地位，这一政策将显著增加伦敦的税负支出，使伦敦每年多支付 260 亿英镑。

（二）移民问题和恐怖主义的影响

移民问题也是影响英国“脱欧”公投的热点。出于民族认同、国家安全和文化等考虑，英国很多民众对于欧盟允许劳动力自由进入英国心存芥蒂。居住在英国的其他欧盟成员国国民大约有 300 万，其中有 2/3 在英国工作。

近年来愈演愈烈的难民危机更是加重了英国脱欧的情绪。中东和非洲的政治动荡使得越来越多的难民涌入欧洲。根据欧盟委员会公布的数据，2014 年约有 62.6 万名难民向欧盟申请国际保护，创下 1992 年以来最高纪录。据欧盟边境机构 Frontex 的统计，2015 年 1—7 月就有 34 万非法移民进入欧洲。在移民问题上，欧盟各国迟迟不能达成统一意见，也进一步恶化了欧盟的内部矛盾。此外，一系列的恐怖主义行为也使得欧盟更加步履维艰。

二、英国脱欧可能带来的影响

（一）对全球经济的影响

1. 对英国经济的影响

根据国际货币基金组织（IMF）的最新预测，“脱欧”可能会导致英国经济规模到 2019 年缩减 5% 以上，其在报告中称：“在短期内，经历一个复杂而未经考验的退出过程带来的不确定性可能会给（英国的）投资、消费和就业造成破坏。”据英国工业联合会估计，到 2020 年，“脱欧”将给英国经济带来 1000 亿英镑（1 英镑约合 9 元人民币）的损失，相当于国内生产总值（GDP）的 5%。乔治·索罗斯近日在英国《卫报》上撰文认为：“脱欧”以后，在英国经济完全稳定之前的大约 5 年时间里，英国每个家庭每年会出现 3000 到 5000 英镑的经济损失。

北京时间 25 日凌晨，穆迪投资者服务公司周五维持英国“Aa1”的主权评级不变，但将该国的评级展望从“稳定”下调至“负面”。

2. 对全球经济的影响

英国脱欧除了会影响自身经济外，还将对其他经济体产生外溢效应。其中，首当其冲的就是欧盟各经济体。增加了英国与欧盟各经济体之间双边贸易往来的关税与非关税壁垒，将导致双方贸易的“两败俱伤”。根据伦敦政经学院的测算，挪威的欧洲经济区（EEA）模式下，英国脱欧短期内将对其他欧盟国家带来约0.12%的GDP损失，约为116亿英镑；而世界贸易组织（WTO）模式下的损失约占GDP的0.29%，即281亿英镑。但英国脱欧对于非欧盟国家的GDP的冲击则较小。

（二）对金融市场的影响

1. 短期内对资本市场带来较大影响

“退欧”事件大超市场预期，引发全球金融海啸。6月24日美股低开低走。截至收盘，道琼斯工业平均指数暴跌610点，跌幅3.39%，报17399.86点，创2015年8月份以来最大收盘跌幅；纳斯达克综合指数重挫4.12%，报4707.98点，创2011年以来最大收盘跌幅；标普500指数收跌3.60%，报2037.30点，回吐2016年以来的涨幅。

欧洲股市收盘重挫6%，创8年来最大跌幅，欧洲主要股市均大幅收跌。欧洲泛欧绩优300指数周五收盘下跌6.36%；英国富时100指数收跌3.15%，报6138.69点；德国DAX30指数收跌6.82%，报9557.16点；法国CAC 40指数收跌8.04%，报4106.73点。

亚洲区内主要股市应声大幅下挫。香港恒生指数盘中曾暴跌近980点，跌幅近4.7%。日本股市盘中暴跌，日经225指数一度下跌8.3%，而相关指数期货因下跌8.1%，触发熔断机制，暂停交易10分钟。此外，韩国首尔综合指数下跌3.83%，台湾海峡指数跌2.36%，全球大部分市场均受波及。

表1 全球主要国家/地区股市当日表现情况

股票市场	指数	收盘涨跌幅	振幅
美国股市	道琼斯工业平均指数	-3.39%	3.28%
	纳斯达克综合指数	-4.12%	2.03%
	标普500指数	-3.60%	3.37%
欧洲股市	欧洲泛欧绩优300指数	-6.36%	
	英国富时100指数	-3.15%	8.67%
	德国DAX30指数	-6.82%	4.82%
	法国CAC40指数	-8.04%	10.89%
亚洲股市	香港恒生指数	-4.7%	6.57%
	日经225指数	-8.3%	9.39%
	韩国首尔综合指数	-3.83%	5.48%
	台湾海峡指数	-2.36%	3.65%
	上证指数	-1.30%	3.18%

受英国公投“退欧”推动金价周五大幅攀升，市场恐慌导致黄金作为较安全投资目标的吸引力大增。美市主力期金8月合约大涨59.30美元，涨幅4.7%，收于1322.40美元/盎司，创下2014年7月以来的近两年新高。

短期全球金融市场受英国“退欧”负面冲击料将持续，避险情绪升温，风险资产偏好下降，欧美市场面临动荡，但是美联储和欧洲央行可能会采取措施，避免陷入大规模的动荡，因此陷入危机的可能性不大。但是索罗斯认为此次冲击的力度可能会超过1992年英镑退出欧元区的影响。

2. 中长期对金融市场存在较大不确定性

英国公投“退欧”只是开始，后面还面临着诸多的不确定性，之前希腊等国出现过公投，但是并没有遵循公投的结果。并且根据《里斯本条约》第50条规定，有“退欧”意向的成员国需要与欧盟进行为期两年的协商，如果两年谈不拢，只有全部成员国同意才可延长谈判期。考虑到欧盟担心产生多米诺效应，德法或在谈判“退欧”条件的时候提出苛刻条件，达成新协议的可能性比较低。因此英国“退欧”的影响不会短时间内完全释放，长期影响会逐渐显现。

复苏乏力的世界经济将面临更大的不确定性。作为世界第二大经济体的欧盟，面临着分崩离析的风险，英国“退欧”对欧盟和欧元的国际信誉产生负面影响，进一步恶化欧盟和欧元区经济的复苏，这是未来很长一段时间内，世界经济关注的重要问题。同时世界经济的全球化和一体化面临倒退的风险，全球的贸易结构和资本流动都会进行调整，世界经济和政治的格局也会发生变化，这些都是未来中长期面临的挑战。

虽然短期有所释放，但是欧盟和欧元区的不稳定性、世界经济复苏的不确定性导致全球金融市场前景不明。

3. 推动强势美元，影响汇率市场走势

脱欧使得英镑和欧元贬值、美元走强，使得人民币汇率承压，市场利率面临资金流出的冲击。6月24日，英镑兑美元跌至31年来最低，主要英国银行股录得2008年金融危机以来最大单日跌幅，英镑和欧元受到重挫，美元一度大涨近4%，创三个月高点至96.71。截止周五收盘，美元指涨幅2.34%，报95.51；欧元兑美元跌2.29%，报1.11157；英镑兑美元跌8.09%，报1.3666；澳元兑美元跌1.89%，报0.7470；美元兑人民币涨0.18%，报6.5776。英镑和欧元暴跌将会给中国带来新一轮投资收购欧洲资产的机会，特别是等这一轮资产抛售到高潮时选择一些优质资产去抄底。

表2　全球主要货币汇率变化情况

货币种类	收盘涨跌幅
美元指数	+2.34%
欧元兑美元	-2.29%
英镑兑美元	-8.09%
澳元兑美元	-1.89%
韩元兑美元	-2.63%
日元兑美元	+3.51%
人民币兑美元	-0.18%

就货币政策而言，为了对冲资金流出的压力和以及经济面临的下行压力，可以预期无论是欧元区还是英国都将采取更加宽松的货币政策。全球金融市场的风险加剧，美联储的货币政策也将更加谨慎。同时，鉴于美元的避险需求将大幅攀升，将会出现美元短缺的局面，也需要各国央行与美联储之间强化货币互换。

如果需要，我国也有可能通过降准降息来保证合适的流动性和利率水平（6月24日下午，中国人民银行发表声明表示，央行将继续实行稳健的货币政策，进一步完善人民币汇率市场化形成机制，保持人民币汇率在合理均衡水平上的基本稳定）。未来人民币贬值压力可能再起。首先，美国经济状况一直在改善，2月核心PCE通胀水平已经回升至1.68%，3月新增非农就业21.5万，也好于预期，美联储加息只会迟到不会缺席。其次，英国脱欧会推升美元指数。

4. 对中国金融市场影响有限

直接冲击不大，连锁影响不容忽视。英国是中国重要的贸易伙伴，但对英国的贸易量仅占中国出口总量不到3%，因此，英国“退欧”并不构成对中国的直接冲击。但从长期来看，“退欧”对欧盟经济甚至世界经济不利，而欧盟又是中国第一大贸易伙伴，同时欧盟也是中国第四大投资来源地。因此，“退欧”对中国经济的间接冲击不可忽视。主要通过三大渠道：一是贸易渠道，英国“退欧”对全球经济前景不利，不利于中国出口；二是资本流动渠道，随着人民币不断贬值，中国资本外流；三是风险偏好渠道，“退欧”事件增强避险情绪，但是我国资本账户没有开放，影响只是心理层面，不构成实际影响。因此，短期心理层面的冲击不可避免，证券市场、外汇市场将承受考验；长期的间接影响将逐渐显露。

5. 对香港证券市场有一定冲击

香港作为全球知名的金融中心之一，凭借高度自由和开放的金融市场，成为全球十大证券交易所之一。截止 2015 年 3 月，香港证券交易所的总市值为排名全球证券交易所的第 7 位，在亚洲排名第 3，仅次于东京和上海证券交易所。

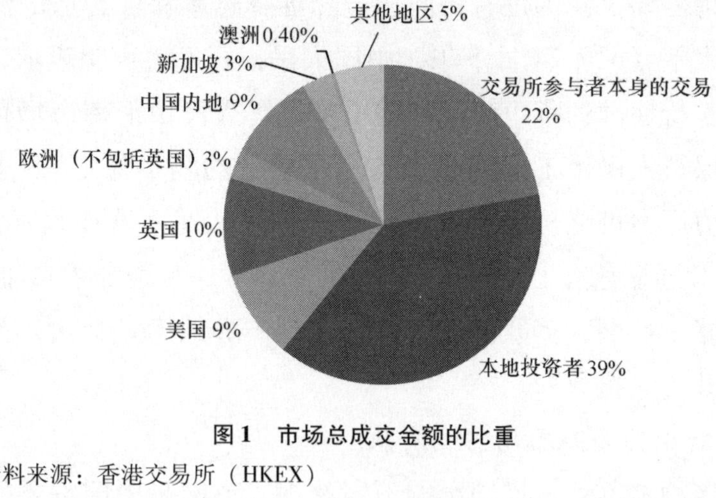

图 1　市场总成交金额的比重

资料来源：香港交易所（HKEX）

香港作为远东的重要的国际金融市场，其投资者主要来自英、美等发达国家，英国占 10%，美国和中国内地投资者占 9%，国际投资占据了香港证券交易的四成。避险情绪的上升，必然导致抛售所持港股股票，因此对香港的冲击更为直接和明显。短期来看，香港市场仍将面临着投资者的抛压，紧随欧美金融市场而波动。中长期面临着较大的不确定性，香港市场证券投资应该趋于谨慎。

目前香港证券市场面临着下行的压力，存在分化严重，流动性差的问题，加上近年香港发生的一系列负面事件，香港的投资吸引力有一定下降。

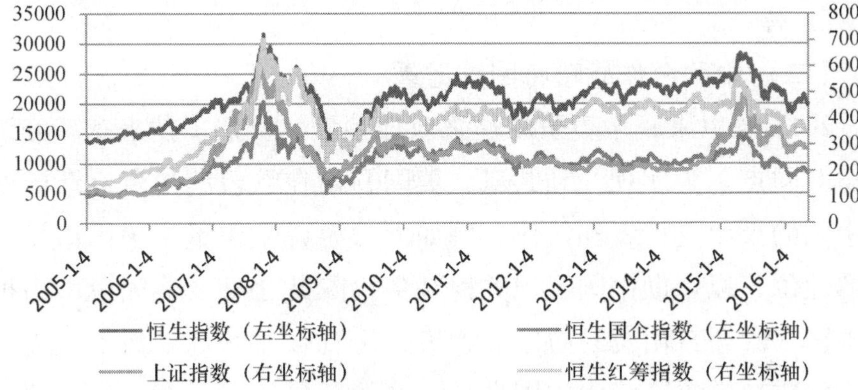

图 2　2005—2016 年香港主要证券交易指数走势

三、英国脱欧对中国的直接影响

（一）对中国的总体影响有限

直接冲击不大，连锁影响不容忽视。英国是中国的重要贸易伙伴，但对英国的贸易量仅占中国出口总量不到 3%，因此，英国“退欧”并不构成对中国的直接冲击。但从长期来看，“退欧”对欧盟经济甚至世界经济不利，而欧盟又是中国第一大贸易伙伴，同时欧盟也是中国第四大投资来源地。因此，“退欧”对中国经济的间接冲击不可忽视。主要通过三大渠道：一是贸易渠道，英国“退欧”对全球经济前景不利，不利于中国出口；二是资本流动渠道，随着人民币不断贬值，中国资本外流；三是风险偏好渠道，“退欧”事件增强避险情绪，但是我国资本账户没有开放，影响只是心理层面，不构成实际影响。因此，短期心理层面的冲击不可避免，证券市场、外汇市场将承受考验；长期的间接影响将逐渐显露。

（二）中欧合作战略将困难重重

2015 年以来，中英贸易往来愈加频繁，创造了越来越多经济利益共同点。为实现互利共赢，英国开始在欧盟的角色逐渐转变为中国的重要支持者和伙伴，例如大力游说欧盟承认中国市场经济的地位，以帮助中国实现关税减免。除此之外，英国也大力推动中国—欧盟自由贸易协定。如果这份资金总额达到数十亿美元的协定成功签署，将为中国带来巨额的贸易订单，有助于全面打开欧洲市场。这份贸易协定成功实施或将会对美国支持的泛大西洋贸易投资造成巨大冲击，成为中国应对美国逐渐收紧的对华政策重要措施。

然而，英国脱欧成功，中国通过英国加强与欧盟合作的战略计划将会变得困难重重。英国脱离欧盟无异于间接打破中国和欧盟无形的合作纽带，使得中国不得不另外选择其他方式加紧和欧盟的合作，而前期铺垫的各种政策贸易的影响也很有可能大打折扣，成为高额的沉没成本。

（三）众多中国企业的贸易投资可能从英国转移

中国在欧洲市场有将近5亿的潜在客户，具有强大的发展前景。然而，经过几十年的发展，欧洲市场已经高度一体化，形成自己成熟的市场模型，本土品牌间合作紧密，将许多中国企业拒之门外。

面对这种情况，很多中国企业选择“曲线救国”的战略，先打入对中国企业相对宽松的英国市场，然后以其为基础打入欧洲市场。许多中国企业已经在英国建立分支甚至是总部，希望通过英国和欧盟的联系获得其他欧盟国家的关税优待政策。此外，已经有不少中国企业将触角伸向价值制造链，期待和英国的合作可以扩大中国与英国甚至和欧盟之间技术转移的可能，打破美国等国建立的高精尖技术贸易壁垒，其中不乏大型企业。

英国脱欧，无异于封锁了那些期待打入欧洲市场的中国企业的战略。中国首富王健林就曾评论称如果英国脱离欧盟，将会失去不少来自中国企业的贸易投资。他在近期访问英国时警告称，如果英国退出欧盟，中国公司可能会考虑将其欧洲总部迁往别处。正如他所预测，许多中国企业已经暂停了和英国投资合作的谈判，等待公投结果再做下一步打算。

（四）或打乱人民币国际化步骤

如今，人民币刚刚加入国际货币基金组织的一揽子货币计划，迈出人民币国际化的重要一步。中国正推动和主要贸易合作国实现人民币结算的政策，从而巩固和加强人民币的国际影响力。英国在这一方面为中国提供了大力支持——伦敦已经成为仅次于香港的第二大人民币离岸结算中心。

然而英国脱欧，这项货币红利就不复存在，人民币通过英国在欧洲推广的战略所带来的成本也大大增加。相较之下，英国不再是推进人民币国际化的最佳战略伙伴。英国和欧盟间将会在接下来的两年中签订各领域的“分家”合同为经济运转带来极大不稳定性。这就意味着中国需要重新制定更谨慎战略以推动和欧盟的合作。

四、中央企业机遇与挑战并存

（一）面临的挑战

在过去发展策略中，一些中央企出于语言等方面的原因，将在欧洲的区域总部设在了英国。英国脱欧之后，则需要重新考虑这一问题，是否要削减英国总部的权限，或是将总部迁移到欧洲大陆。以往“依托英国，面向欧洲”的策略需要进行调整。

中央企在开展国际化业务过程中，发行了不同币种的海外债券，包括美元债、欧元债、英镑债等等。英国脱欧引起了国际汇率的变化，如6月24日上午，英镑兑美元汇率跌幅超过10%。同时，英国脱欧会对欧元的世界货币地位也将产生影响。在这样的背景下，中央企在海外债务和国际市场方面，也不可避免将受到一定的冲击。

由于英国一直被视为经济自由主义的代表，德国、法国则相对集权。因此，拥有英国的欧盟，相对而言更市场化。英国脱欧之后，这一局面则可能会发生变化。再考虑到未来一年欧盟主要国家纷纷进入大选，政治不确定性进一步提升，因此可能会激发贸易和投资保护主义。而中央央企由于不同的社会制度和所有制背景，可能会受到影响甚至是攻击。

（二）面临的机遇

英国脱欧之前，是一个一体化的欧洲，现在一分为二，将来还可能一分为三。相对而言，一些地域、政治影响更小的国家，可能都希望和崛起的中国保持良好的关系。所以，虽然短期来看，中央企业面临区域总部调整、汇率变动、海外债务和海外市场的影响等，但从长期来看，也蕴藏着更多的合作和发展的机会。中央企业在投资决策、风险规避，以及运营中心、研发中心的设计等方面，都需要进行更审慎、更前瞻性的思考。

An Analysis of the Brexit's Influences

Li Jesheng　Hu Ying

Abstract: Affected by the impact on European debt crisis, immigration and terrorism, the UK voted by 52% to 48% to leave the European Union after 43 years in an historic referendum. The outcome shocked many within Britain and across the world. The decision to quit the EU means Britain and Europe face many uncertainties. The British vote caused turmoil in financial markets around the world. Stocks went down in Europe, Asia and the United States. Although the direct impact on China's economy is limited, it has a negative impact on China - EU cooperation, China's investment in the UK, internationalization of the Renminbi and Hong - Kong's financial markets. Overseas investment and overseas bonds of the central enterprises will be affected, however, they will also face new opportunities for cooperation and development.

Keywords: Brexitin Iluence　Economy　Financial Markets

中国与联合国难民署合作中存在的问题及其应对

（中国国际经济交流中心博士后）陶满成

[摘　要] 中国与联合国难民署在印支难民问题和促进国际难民救助事业的正常运转等方面进行了良好的合作。但是现行合作模式也有一些问题需要解决。比如 1. 寻求庇护者被当作一般外国人管理而形成的规则层面的冲突；2. 涉稳及计划生育问题人员到难民署总部及其驻外机构申请政治避难；3. 难民公约执行与谋求中国国家利益存在取舍问题；4. 部分国人借申请庇护之名行移民之实。针对中国难民体制的主要问题，提出以下几点建议：1. 建立更加完善的外国人管理及移民制度；2. 与难民署加强合作，解决涉稳人员及计划生育人员申请政治避难问题；3. 抓紧调研和调整中国难民问题相关规则；4. 加强难民和国际问题研究，逐步构建起难民问题的风险评估和危机预防体制。

[关键词] 中国　难民署　合作　问题

联合国难民事务高级专员公署（联合国难民署）是全世界最重要的人道主义机构之一。该署根据 1950 年第 5 届联合国大会决议于1951年1月1日在日内瓦成立。1971年我国恢复在联合国的合法席位后，联合国难民高专执委会于1972年终止了台湾当局的执委资格。之后我国于1979年6月恢复了在执委会的活动，每年派团出席执委会届会，并派部长级代表团出席了多次有关难民问题的国际会议。此外，自1978年以来，中国政府本着人道主义精神先后接收了28.3万印支难民。难民署也于1979年下半年开始向在华印支难民提供援助并设立了驻华任务代表处。1982年9月，我国加入《1951年难民地位公约》和《1967年难民地位议定书》[①]。1995年12月1日，难民署驻华任务代表处升格为代表处；1997年升格为地区代表处，主管中国大陆、香港、澳门、蒙古和朝鲜的难民事务。2014年蒙古国业务调整代表处管辖范围。双方合作总体良好，但是联合国难民署作为保持中立的政府间国际组织，及《1951年难民地位公约》和《1967年难民地位议定书》的执行者，与中国这样一个拥有独立主权的重要地区大国，在外国人管理问题上也确实存在着一些冲突。

一、中国与联合国难民署的主要合作

中国与难民署保持了十分良好的合作关系，尤其是在解决印支难民危机问题上（中国曾安置28.3万印支难民，这是国际难民史上最大的一次难民安置行动之一）。双方相互协调、共同磋商，努力寻找解决问题的根本方法，建立了相互信任的友好合作关系。中国参加了难民署组织的多次会议，并数次承办有关救助

① The State of the World's Refugees—Fifty Years of Humanitarian Action, United Nations High Commissioner for Refugees (UNHCR) 2000, Oxford University Press, p. 302.

难民的国际会议，一直在为国际社会解决难民问题做出积极贡献。中国也在考虑如何改进、完善有关法律体系，以进一步体现中国致力于解决难民事务的态度。随着实力的不断增强，中国将在国际难民救助领域发挥更突出的作用。中国与联合国难民署的合作主要包括：

（一）在华印支难民问题

1975 年越共在革命胜利后采取激进措施，在 20 年内迫使 300 万人离开越南、老挝和柬埔寨，造成了著名的印支难民问题[①]危机。70 年代末至 80 年代初，其中超过 28 万难民离开越南涌入中国（90%是华裔）。自 1978 年以来，中国政府本着人道主义精神先后接收了 28.3 万印支难民。此外，在 1981 年和 1982 年，中国为来自泰国难民营的 2500 名老挝难民和为数不多的柬埔寨难民提供了重新安置，中国从而成为世界上接收印支难民最多的国家之一。1979 年 11 月，我国和难民署签订该署援助在华印支难民的项目协议。为执行援华项目，难民署自 1979 年 10 月起在华设立任务代表处，与中国合力进行印支难民救助事务。在过去的 20 多年中，联合国难民署援建了 105 所中、小学，供难民儿童接受基础教育。更多的难民儿童融入到当地中国学校，接受与中国学生同样的教育。难民署还提供了小额奖学金，鼓励那些有学习能力的学生接受高等教育。

来华印支难民被分别安置在广东、广西、福建、海南、江西六个省和自治区。20 余年来，中国政府本着“一视同仁、不予歧视、同工同酬”的政策，向他们提供了有效的庇护，对他们的

① The State of the World's Refugees—Fifty Years of Humanitarian Action, United Nations High Commissioner for Refugees (UNHCR) 2000, Oxford University Press, p. 79.

生活、生产、就业、教育、医疗等基本权利给予充分的保障。为此，中国政府付出了巨大的人力、物力和财力，至 1998 年底，仅中国中央财政的专项投入已超过 7.5 亿美元。与此同时，难民署援华项目发挥了积极作用，累计提供了 9000 多万美元的援助，实施了各类项目近 600 个，使 90% 以上的在华印支难民不同程度受益。从 1994 年开始，难民署将援华项目集中在最贫困的难民群体上，并对项目实行周转金式管理，回收后的资金继续为难民创办新的就业创收项目。1999 年为难民署向在华难民提供周转金项目资金的最后一年，之后周转金项目自行运转，并签署援助资产移交书。

从 1992 年到 1997 年，约 3700 名老挝难民（包括他们的大家庭成员）表示希望从中国返回老挝。联合国难民署会同有关政府为他们的自愿遣返作了安排，并为他们返回老挝后重新融入社区提供了援助。另有 5 个柬埔寨难民家庭和 800 多名老挝难民留在了中国云南省，与当地人融为一体。如今四分之一多个世纪过去了，这些华裔难民和他们的子女已经事实上完全融合到当地社区，这个群体成员的社会经济地位似乎与当地的中国人不相上下。为了确保他们长期而持久地融入当地社会，联合国难民署目前正继续与中国政府合作，寻求印支难民的最终入籍。

（二）日常难民业务

中国政府与难民署驻华代表处密切合作，保护在中国的来自不同国家的由于畏惧迫害而不能回国的难民和寻求庇护者。中国政府配合难民署驻华代表处，为这些难民提供临时保护，直至帮助他们能够重返家园或安置到第三国。近年来，中国周边的缅甸、巴基斯坦及非洲的索马里等国、中东地区部分国家危机频繁发生，导致这些国家的部分国民通过各种途径进入中国，成为在中国向难民署驻华代表处申请政治庇护者的主体。

比如在对于非洲和中东难民的过程中，中国政府和难民署驻华代表处就进行了较好的合作，在缅甸难民问题上也有了较好的合作基础。联合国难民署2009年8月28日表示，由于缅甸政府军同少数民族武装在中缅边境地区发生武装冲突，自8月8日以来已经有近3万缅甸难民逃入中国云南省；难民署赞赏中国政府接济了这些缅甸难民。根据联合国电台记者黄莉玲的报道：难民署对约3万名因武装冲突逃入中国云南省的缅甸难民表示关切。该署正在与相关当局联系，以了解出逃难民的需求。难民署发言人马赫西奇（Andrej Mahecic）表示，难民署已了解到，云南地方政府已经向缅甸难民提供了紧急庇护所、食品和医疗保健服务。马赫西奇说："中国是亚洲为数不多的几个签署了1951年《难民公约》的国家，我们赞赏中国对难民不推回原则的尊重。难民署重申，愿意为相关当局提供支持，以满足缅甸难民的需求。"缅甸政府军和少数民族武装在该国掸邦果敢地区的对峙和冲突开始于8月7日，出逃的缅甸难民目前逗留在云南省镇康县南伞镇由地方当局划定的区域内。[①] 在冲突期间，难民署方面就这个问题加强与中国政府的沟通协调，难民署总部应急协调员也曾经数次访问中国。

（三）共同促进国际难民救助事业的正常运转

作为联合国难民署执行委员会的成员国，中国多年来一直积极参与确定难民署工作方针和批准其年度预算的工作。此外，中国同时也是难民署全球人道主义行动的捐助者。中国参加了难民

① 黄莉玲，联合国纽约总部报道，http：//www.unmultimedia.org/radio/chinese/，上网时间2016年10月1日。

署组织的多次会议，并数次承办有关救助难民的国际会议，一直在为国际社会解决难民问题作出积极贡献。中国也在考虑如何改进、完善有关法律体系，以进一步体现中国致力于解决难民事务的态度。例如1999年10月4—8日，中国驻日内瓦代表团乔宗淮大使率中国代表团出席联合国难民执委会第50届会议。香港特区保安局助理局长苏锦成作为中国代表团成员与会。乔大使在会上发言阐述我有关立场和主张，强调国际社会成员在解决难民问题中应各尽其责，分工合作。难民来源国、庇护国、安置国和捐助国之间应建立互信互谅的合作伙伴关系，资源互补，各自承担义务。国际社会应平等对待各地难民，避免采取双重标准和歧视性作法，任何国家都不应抱政治偏见和私利处理难民问题。乔大使还介绍了我国为28万印支难民提供援助和保护的情况。苏锦成在会上介绍了香港特区为越南难、船民提供保护情况。11月23—26日，联合国难民署捐助募集处处长嘎巴丹访华。嘎巴丹分别与民政部印支难民办公室、外经贸部援外司和外交部国际司等有关单位官员举行了会谈。

（四）其他合作

中国和难民署还在难民法宣传和救济物资采购等领域开展了卓有成效的合作。联合国难民署承担着在中国宣传难民法的任务，以提高政府有关部门，学术机构和公众对难民、联合国难民署的职责，以及难民保护的认识。在中国人民大学校方的支持下，联合国难民署驻华代表处的第一个志愿者队伍于2001年5月在人大成立。这些志愿者不仅参与联合国难民署的工作，组织了形式多样的活动，还在同学和社区中宣传有关难民的基本知识。在救济物资采购合作方面，2005年8月25日，联合国难民署义乌采购信息中心在义乌国际商贸城挂牌成立。目前，难民署拟进一步加强在中国的采购工作，并准备招聘专职协调员。

二、现行合作模式

根据《联合国宪章》和《世界人权宣言》所确认的人人享有基本权利和自由而不受歧视的原则，为保证难民可以最广泛地行使此项基本权利和自由，并考虑到难民地位问题需要通过国际合作才能得到满意的解决而不致成为国家之间紧张的原因，联合国大会于1951年7月在日内瓦召开了一次各国的全权代表会议，讨论并通过了《难民地位公约》（共46条），并于1961年以议定书形式进行了补充和修正。中国第五届全国人民代表大会常务委员会第二十四次会议决定：中华人民共和国加入《关于难民地位的公约》和《关于难民地位的议定书》，中国政府于1982年9月24日交存加入书；同年12月23日该公约对中国生效。中国同时声明对下列条款予以保留：对《公约》第14条后半部分、第16条和《议定书》第4条作出保留。《公约》第14条“艺术权利和工业财产”规定：“关于工业财产的保护，例如对发明、设计或模型、商标、商号名称，以及对文学、艺术和科学作品的权利，难民在其经常居住的国家内，应给予该国国民所享有同样的保护。他在任何其他缔约国领土内，应给以他经常居住国家的国民所享有的同样保护。”这一问题涉及到世界知识产权方面的问题，我国虽已加入世界知识产权组织，但对有关的公约却尚未加入，该条后半部分涉及其他国家的规定，我国不一定能全部接受，所以提出保留。《公约》第16条“出席法院的权利”第（三）款规定：“难民在其经常居住的国家以外的其他国家内，就第（二）款所述事项，应给以他经常居住国家的国民所享有的待遇。"这里所说第（二）款所述事项系指有关出席法院的事项，包括诉讼救助和免予提供诉讼担保在内，其他国家的诉讼条例我国不一定能全部接受，所以提出保留。《议定书》第4条"争端的解决"规定："本议定书缔约国间关于议定书解释或执行的争端，如不能以其他方法解决，应依争端任何一方当事国的请求，提交国际法院。"我国一贯未承认国际法院的强制管辖，而且也不主张只要一方请求即可将争端提交国际法院，所以对此条提出保留。

虽然中国签署了1951年《难民地位公约》和1967年《难民地位议定书》，但是中国至今尚无关于提供庇护的正式立法或行政条文。一般来说，联合国难民署可以接触在北京的寻求庇护者和进行难民地位甄别。根据联合国难民署的章程被确定为难民的人被准许暂时留在中国，并由联合国难民署为他们寻求持久的解决办法——多数情况是重新安置到第三国。非印支难民和寻求庇护者在中国期间一般都被视为普通外国人，由中国公安机关负责日常管理，没有工作权利，因此他们的食宿由联合国难民署帮助解决，他们的医疗保健费用也由联合国难民署支付。

中国和联合国难民署在中国国内有关难民事务的现行合作模式是：由联合国难民署驻华地区代表处进行难民登记、初审、二审工作，代表处还负责难民和寻求庇护者的服务工作。中国外交部负责处理与联合国难民署及其驻华地区代表处有关的外交事项，比如履行相关公约、代表处职能调整、外交官的人事变动及接受抗议、进行交涉等事项。中国公安部门负责外国人的在华居留和管理工作（将难民和寻求庇护者视作一般在华外国人），也对于第三国安置等事项给予必要的支持。民政部门继续负责印支难民问题，也包括与难民署进行采购和救济等方面的合作。广西等六省区还设有专门的印支难民安置办公室。在朝鲜"脱北者"

问题上，中国和难民署的现行合作模式是：1. 中国公安机关对部分朝鲜脱北者进行遣返处理，难民署得知相关信息后通常要进行抗议；2. 难民署在一定的群体中执行国际难民认定和救助标准；创造渠道提供给一些北朝鲜人，使他们通过中国到其他邻国，以便得到保护和安置；和韩国合作进行一些救助活动。

三、中国在现行难民事务模式上面临的主要问题

由于各个主权国家基于自己国家利益的考虑，中国既加入了难民公约但是却未通过相应的国内立法导致的一些法律问题，以及西方对于中国的误解，逐渐形成了中国在难民领域面临的主要问题：

（一）寻求庇护者被当作一般外国人管理而形成的规则层面的冲突

根据国际难民法的规定，寻求庇护者由于其所受的危险状态，依不推回原则，是有权滞留在所在国境内的。但是根据中国国内的外国人管理法，对于非法入境人员中国方面有权利将其驱逐出境或者遣返。正是因为这个原因，中国公安机关和联合国难民署各执一词，每当有申请庇护者被遣返或者驱逐出境，联合国难民署方面都要向中国外交部进行外交抗议。近年来，这个现象数次发生，而且主要集中在朝鲜脱北者问题。

20 世纪 90 年代初期，中苏停止对朝鲜贸易的优惠，朝鲜由于缺乏燃油、原材料，工农业产能萎缩，于 1990 年代中期爆发了大饥荒，导致 60 万—250 万朝鲜人饿死。由于饥饿、缺药或政治原因，很多朝鲜人背景离乡走上了脱北的道路。根据朝鲜的地

形，朝鲜居民可通过陆路和海路逃离。陆路包括逃往朝中、朝俄边境以及越过朝韩军事分界线进入韩国，于是中国的朝鲜脱北者问题应运而生。1989 年以前进入韩国的脱北者只有 607 人，1999 年全年也只有 148 人，到了 2009 年居住在韩国的脱北者数量已超过 1.5 万名，这当中有很大一部分是经过中国转路到韩国的。中国为此在中朝关系上承受了很大的压力。当然也有一部分朝鲜脱北者被中国方面以非法入境者名义遣返回国，而这部分人对于联合国难民署方面来说，依据有关决议，又属于申请庇护者，难民署认为，中国作为难民公约的缔约国，这些脱北者应该享受不推回原则而暂时留在中国境内。

在朝鲜脱北者问题上，联合国难民署和中国对于朝鲜脱北者的不同立场形成了双方基本的和长期的分歧。在过去几年里，双方就中国的关注点和难民署的保护义务，进行了建设性的讨论。包括人道主义救济区等创造性的建议都没有能够解决双方的分歧。中国认为，朝鲜人在中国的事务应由中朝两国双边解决，虽然不排除中国与韩国的一些合作。实际上，这也显示了中国从韩国立场上考虑问题的一个更加积极的立场。任何朝韩之外的国家的介入都被中国政府视为挑战主权的行为。偶发得到难民署救助的朝鲜人的情况，中国接受将这些案例交给难民署自己处理。朝鲜作为中国的一个邻居，中国当局认为难民署不能公开对脱北者进行救助或者支持。同样，中国政府认为不能干涉朝鲜对于这些脱北者的处理，因为朝鲜是一个中国不能控制的主权国家。

而联合国难民署坚持认为，朝鲜脱北者应该被授予难民地位。尽管许多朝鲜人因为经济的原因离开家乡，但是难民署相信，依据 1951 年难民公约，许多在中国的非法离开家乡的朝鲜人，应该作为难民对待。主要根据是：1. 朝鲜极度恶化的人权状况；2. 朝鲜对于没有授权出境的人采取刑罚处理的实际情况；3. 前述有联系的韩国方面的NGO、教会组织、外国外交使团或联合国机构等实践过程中形成的不同概念；4. 过高刑罚的实际可能性，有时监禁或强迫劳动时间过长，甚至有时有死刑现象；5. 监狱或劳改营里极端没有人权的情况。由于缺乏更加具体的一手信息等原因，不能完全列出脱北者回国后遭遇监禁风险的情况、状况和标识，脱北者回国后被逮捕和刑讯是非常明显的。

（二）涉稳及计划生育问题人员到难民署总部及其驻外机构申请政治避难

近年来，部分国内涉稳人员在境内外向难民署申请政治避难、告洋状问题比较突出。其中境内部分因违反难民署“不在当事人国籍国进行难民地位认定”的基本原则而被拒绝，尽管如此，申请避难人员仍源源不断。原本联合国驻华机构开发计划署所在地常年有上访人群出现。现在上访人群有向难民署等人权类机构进行转移的迹象。

此外，和经济等领域一样，由于中国影响力的扩大，中国问题国际化的趋势明显。“蒙独”、“疆独”、“藏独”人员大量在境外向难民署申请政治避难。一些国家对中国缺乏了解，也有一些误解，进一步加剧了这个问题的复杂化。加拿大政府处理中国人申请避难的做法就带有明显偏见。由于加中政治制度差异很大，彼此间沟通、了解不够，负责审查难民资格的加拿大政府官员往往先入为主地相信申请者的避难理由，因为他们认为，实行另一种政治体制的中国是可能迫害这些申请者的。据当地一些移民顾问和律师透露，近年来中国人申请难民的最常见理由为“法轮功”学员、地下教会成员和“受到计划生育迫害不能生第二胎”[1] 者，其中不少人是挂羊头卖狗肉，根本经不起审查推敲，但获批准率很高：连续3年华人难民申请批准率均为49%，比平均批准率高两个百分点[2]。

中国由于人口众多且增长趋势明显，被迫从20世纪80年代开始把计划生育作为一项基本国策实施。但是却遭到了一些西方国家的攻击，这些攻击也影响到了难民领域。一些国家基于偏见，对中国籍“难民”采取了大开绿灯的做法。究其根源主要是由于不同文化和背景的差异。地广人稀、鼓励生育犹恐不及的加拿大，许多人感受不到中国巨大的人口压力，也很难体会到计划生育的正面意义，从而将“只生一个”的政策当做一种对人权的迫害，所以很多人以“不能生二胎”为由申请庇护，获得批准的几率竟然相当高[3]。2001年9月6日至8日，难民国际保护问题全球磋商第三次专家研讨会在葡萄牙里斯本举行，秦华孙大使与会。会议讨论了与《关于难民地位公约》相关的“从属于某一社会群体”、“基于性别的迫害”、“内部逃亡的选择”等议题。秦大使指出了个别专家在论文中把中国的计划生育政策片面理解为“一孩政策”的错误，并指出逃避“计划生育”不构成申请难民地位的理由。秦大使还剖析了从属于某一社会团体所应有的基本特性，对某些主张细化社会团体的概念、甚至将家庭作为社会团体的提议提出不同意见，认为这不利于《难民公约》的实施。

---

① 当然，“受到计划生育迫害不能生第二胎”等超生人员的申请政治避难的数量随着强制手段使用率的减少下降很快，特别是十八届五中全会全面放开“二胎”后，因被计划生育而申请避难人员减少的趋势会更加明显。

② http：//news. sina. com. cn/w/2007 - 04 - 09/080111598511s. shtml，上网时间2016年10月6日。

③ http：//news. sina. com. cn/w/2007 - 04 - 09/080111598511s. shtml，上网时间2016年10月6日。

（三）难民公约执行与谋求中国国家利益存在取舍问题

如何处理敏感人员到难民署驻华代表处申请政治避难，也是重要的争议问题。比如朝鲜、古巴或者越南等社会主义国家公民、曾为中国政府服务过的外籍人员等。这些都是比较特殊的情况，不仅中国存在，任何缔结难民公约和难民议定书的国家和地区也都存在这个问题。这是本国国家利益与难民问题国际法原则冲突的外化。中国作为《1951 年难民地位公约》和《1967 年难民地位议定书》的缔约国，应按照条约规定从事难民救助事务。但是在朝鲜、古巴、巴基斯坦和缅甸等国家非法进入中国国境人员申请政治庇护及进行难民地位甄别的问题上，存在基于传统国家关系或者国家利益，需要做出与《1951 年难民地位公约》和《1967 年难民地位议定书》不相符行为的选择。比如在朝鲜问题上，中国要维护朝鲜政权的稳定，这样朝鲜脱北者问题就成为了朝鲜半岛局势的重要组成部分。尽管中国在处理朝鲜半岛问题时困难越来越多，面临着给予传统盟友支持和应对朝鲜过分行为挑战的两难境地，还有越来越大的国际压力。但是中国在多个场合显示出了去除影响地区问题因素的努力。试图救助在中国的朝鲜脱北者的行为通常被视为对于地区稳定的挑战。

美国在上述一二三项中从本国利益和价值观出发进行积极的干涉活动，作出专门预算和系统安排①，迫使中国拿出更大的精力和资源来进行应对。比如2011 年12 月19 日，美国国务卿希拉里—克林顿就朝鲜国防委员长金正日逝世发表声明称：“随着国防委员会委员长金正日的逝世，朝鲜民主主义人民共和国正处在

① Foreign Relations Authorization for Fiscal Year 2000 – 2001：Refugees and Migration，U. S. Government Printing Office，Washington：1999，p. 1.

举国哀悼的时期。在这个困难时期，我们对朝鲜人民的安康深为关切，并且我们的心和祈祷与他们同在。我们希望朝鲜新的领导层通过信守朝鲜的承诺，改善与其邻国的关系，并尊重其人民的权利，选择引领他们的国家走上和平道路。美国随时准备帮助朝鲜人民，并敦促新的领导层与国际社会共同努力，迎来朝韩半岛和平、繁荣和持久安全的新时代。”该声明虽与之前白宫作出的有关表示不完全相同，但都显示了对于朝鲜民众开展工作的迹象。该声明与之前数年，美国、韩国、日本合力运作朝鲜脱北者救助的背景结合起来，可以看出美国必定会抓住当前时机开展一些有关朝鲜脱北者问题的事项。12 月 29 日，美国国务院人口、难民与移民局宣布，美国 2012 年度向联合国难民署捐款 1.25 亿美元。而其 2011 年度的捐款为 6900 万美元。2012 年的捐款当中，1550 万美元用于亚洲和太平洋地区难民救助，412.5 万美元用于紧急救助。

（四）部分国人借申请庇护之名行移民之实

毋庸讳言，部分中国人对于向西方发达国家移民情有独钟。而西方国家对移民虽有诸多限制，但是由于这些国家在人权问题上对中国执行特殊政策，所以部分移民人员开始选择借申请庇护之名，行移民之实。据加拿大 CTV 电视台报道，中国成为加拿大第二大难民来源国。这不禁让人迷惑，中国虽然存在这样那样的不足和问题，但近年来发展势头良好，何以会产生如此多的难民？而且这些难民又何以舍近求远、跑到隔着一个太平洋的加拿大去避难？主要原因在加拿大难民政策过于宽松。根据国际公约，难民是指“一切由于种族、宗教、民族、加入某一社团，或因政见不同等原因，不能获得原籍国保护；或原无国籍，现在原居住国之外，不能或不愿回原居住国的人”，他们是“国际社会一个特殊的群体，是由于战争、种族迫害与部族矛盾、国家领土的变动、政治避难、自然灾害及经济极度恶化等原因造成的”。而在加拿大，包括中国人在内、每年数以万计的各国难民（去年审结总数为19828宗，其中9252宗被批准，占47%）中，许多并不具备上述特质，不少当地法律界人士都指出，相当多“难民”的真实意图是移民，是在达不到合法移民资质要求前提下所采用的变通手法。不仅如此，加拿大难民资格申请手续简便，审批制度宽松。以安大略省为例，一个难民申请者在入境当天就可向移民及难民局的办事处申请难民面试，并在面试当天拿到难民证明，凭该难民证明，即可享受加拿大难民救济，凭租房收据申领福利金支票，并具备打工和免费医疗资格，还可免费上政府的英语或其他类型学校，如果经济条件不够，可以申请法律援助，用来支付难民聆讯的法律费用。8—12个月后将参加聆讯，聆讯通过率一般接近五成，即使不通过，风险评估的过程也可以拖上好几年，在此期间一切待遇维持不变，申请人在这几年时间内可以想出各种办法继续留下来，从而达到合法定居的目的。[①]

四、几点建议

针对国际难民领域的现状及主要发展趋势，以及中国难民体制和中国在难民领域面临的主要问题，提出以下几点建议：

---

① http://news.sina.com.cn/w/2007-04-09/080111598511s.shtml，上网时间2016年10月6日。

（一）建立更加完善的外国人管理及移民制度

近年来，随着全球化趋势的不断加强，以及中国越发全面地融入到世界体系之中，中外人员交往越发频繁，既有大量的国人出境，也有为数众多的外国人进入中国。而大量外国人涌入中国，在为中国带来巨大机遇的同时，也形成了很多问题。目前已发生多起非法滞留中国境内的外籍人员滋事的情况。应该对非法入境人员的处理原则①进行认真地调查研究，逐步建立起有中国特色的外国人管理及移民的管理制度②。中国目前正在讨论修改外国人管理及出入境管理的法律，除规定进行指纹采集等生物信息外，还将对“非法入境、非法滞留和非法就业”外国人的处理进行明确规定。有关难民问题的规定是：申请难民地位的外国人，在难民地位甄别期间，可以凭公安机关签发的临时身份证明在中国境内停留；被认定为难民的外国人，可以凭公安机关签发的难民身份证件在中国境内停留居留。”目前来看，主要措施是遣返出境，并可限制其 5 年内不得入境。建议对外国人在华活动及移民有关的问题进行调整，适当时候出台有关外国人管理及移民问题的国内专门立法，贯彻宽严相济原则，既保护国家利益，又维护基本人权。

（二）与难民署加强合作，解决涉稳及计划生育问题人员申请政治避难问题

中国的幅员、地理位置以及综合国力，决定了中国在亚洲乃

---

① 梁淑英著：《国际难民法》，知识产权出版社，2009 年 6 月第 1 版，第 152—162 页。

② 梁淑英著：《国际难民法》，知识产权出版社，2009 年 6 月第 1 版，第 162—167 页。

至世界的重要地位。而亚洲是难民的重镇，从 1980 年到 1999 年间，亚洲产生的难民每年都在 400 万以上[①]。难民署在亚洲实现难民事务的良好运作离不开中国的支持，这就是中国和难民署能够实现较好合作的基础所在。

中国应该利用与难民署合作开展项目及活动的诸多机会，促其理解中国国情、文化和特色，尽量使难民署，并通过难民署促使相关西方国家在难民问题上，减少偏见，客观认识涉及中国的难民问题，促进这些问题的公正解决。

（三）抓紧调研，调整中国难民问题相关规则

中国到底应该建立一种什么模式的难民制度？应该既考虑中国的实际情况，又考虑难民问题的基本规律。如何贯彻执行不退回原则[②]？按难民公约精神进行难民地位登记、甄别和认定事务？建立难民营，或者委托专门的福利机构对在中国申请庇护者和难民进行专门的管理和保护工作都需要认真研究。

按照现行模式，难民署全面负责难民甄别工作，对于中国来说回旋余地较大。能够使中国避免既要考虑友好国家实际情况，又不得不按《1951 年难民地位公约》和《1967 年难民地位议定书》规定进行难民地位甄别的情况。建议在全面掌握中国涉及外国人（包括难民和寻求庇护者）在华活动的基础上，对美国、欧盟、日本、东盟等主要地区的难民制度进行系统的调查研究，发现可以借鉴的好经验好做法。此外，还应对将难民申请一审由中

---

① The State of the World's Refugees—Fifty Years of Hhuanitarian Action, United Nations High Commissioner for Refugees (UNHCR) 2000, Oxford University Press, p. 310.

② 中国国务院总理李克强 9 月 19 日出席了在纽约总部举行的联大“应对难民和移民大规模流动问题高级别会议”，明确指出联合国关于难民地位的公约确定的不退回原则应当得到充分尊重。

国公安机关（或专门的移民机关）管辖进行论证，以有效解决目前的涉稳问题。

（四）加强难民和国际问题研究，逐步构建起难民问题的风险评估和危机预防体制

依据联合国难民署的统计，从1980年到1999年间，来自中国的难民至少都在26万以上[①]。此外，中国周边是亚洲难民多发地带，难民问题在所难免是中国周边外交的重要组成部分，因此加强难民问题研究分析势在必行。尤其对中国周边的朝鲜、缅甸、巴基斯坦国情及主要问题亦要加强研究，客观进行风险评估。

此外，更应该有效地进行危机预防。如朝鲜脱北者问题：应当针对中朝边境地区由于朝核问题可能出现难民潮的情况，从完善国家法律体系入手，对诸如难民的入境、检疫、医疗、供给、安置、难民待遇的给予以及国际社会的协作与支持等方面做好必要的准备。

综上所述，中国与联合国难民署在印支难民等问题上进行了良好合作，但是因为难民署贯彻西方价值观以及中国把难民作为一般外国人管理等原因，导致了一些冲突的产生。这需要我们既要搞好中国难民问题的调查研究，也要做好周边及世界主要国家难民制度的比较研究，逐步探索形成符合中国实际的难民制度。在现行体制下，要加强资料和信息搜集，提升与联合国难民署的

① The State of the World's Refugees—Fifty Years of Hhuanitarian Action, United Nations High Commissioner for Refugees (UNHCR) 2000, Oxford University Press, pp. 311 – 312.

合作，逐步解决现行制度运行而导致的一些问题。

The Problems and Suggestions of the Cooperation between China adn UNHCR

Tao Mangcheng

Abstract: China has good cooperation with the United Nations High Commissioner for Refugees (UNHCR) in the matter of Indo - Chinese refugees problem and promoting the international refugee relief normal operation. However, the current mode of cooperation also has some problems need to be solved. For example: 1. to seek asylum as foreigners in general management. 2. the people with the problem of involving steady or birth control go to the office of UNHCR and it's agencies abroad to apply for political asylum. 3. there is a trade - off problem between the implementation of the refugees Convention and seeking China's national interests. 4. some Chinese people apply for asylum, but their goal is to immigration. According to the main problems of Chinese refugees law and culture, putting forward the following suggestions: 1. the establishment of more perfect foreigner management and immigration system. 2. to strengthen cooperation with UNHCR to address the issue of the application of political asylum in the involving steady or birth control. 3. put forward research and adjust the relevant rules of the Chinese refugees problem. 4. to strengthen the study of refugees and international issues, and to gradually build a risk assessment and crisis prevention system.

Keywords: China UNHCR Cooperation Problem

新型恐怖主义的全球化及其危害

（中国国际经济交流中心战略研究部博士）陈迎春

［摘　要］新型恐怖主义正在以“伊斯兰弧带”为策源地向全球扩散，其中欧洲是新型恐怖主义扩张的前沿，亚洲则成为新型恐怖主义的重灾区。相对于传统的恐怖主义，新型恐怖主义具有一些新的重要特征，比如“网络圣战”的兴起，“独狼”式恐怖主义渐成常态，动员能力和蛊惑力强，“外籍战士”比例剧增，以及核生化恐怖主义危险急剧攀升等。因此，新型恐怖主义的危害性也更大，比如极端反人类，引发全球地缘政治冲突，阻碍全球化，危及世界经济复苏等。

［关键词］新型恐怖主义　“伊斯兰弧带”　“伊斯兰国”　地缘政治

随着2011年“基地”组织最高首领本·拉登的毙命、“博科圣地”等新型恐怖组织开始向欧洲和亚洲蔓延，并出现了一些迥异于传统恐怖主义的新动向，标志着国际恐怖主义进入蜕变以及全球化扩张的新阶段。这些超越不同文明和国家地理界限的新型恐怖主义，正在威胁整个人类的安全和世界经济的稳定，值得国际社会高度警惕。

一、新型恐怖主义势力和思潮呈现全球化之势

（一）“伊斯兰弧带”成为全球新型恐怖主义的策源地

“伊斯兰弧带”其实是一个地理政治概念。从地理分布上说，所谓“伊斯兰弧带”，是指从北非到中东、再到西亚和中亚直至东南亚的条状弧型区位地带（或者“穆斯林新月形地带”）。在“伊斯兰弧带”，穆斯林信徒占绝大多数。其中，中东—北非地区是“伊斯兰弧带”的核心区域。“伊斯兰弧带”矛盾集中，引爆点多，历来就是全球安全的“火药桶”。

2014年以来，“伊斯兰国”（从2015年11月开始，西方国家、联合国统一用“达伊沙”名称取代“伊斯兰国”，以避免激怒温和派穆斯林——作者注）开始崛起。“伊斯兰国”的前身是“伊拉克与黎凡特伊斯兰国“（ISIL）”，后更为现名“伊拉克与叙利亚伊斯兰国”（ISIS）。自本·拉登毙命后，“伊斯兰国”一举成为中东穆斯林世界最强大的暴力生力军，崛起为全球伊斯兰激进分子的新轴心和“圣地”，其最高领导人巴格达迪自命为“伊斯兰国王”，被外界称为“新本·拉登”。在国际社会的打击下，“伊斯兰国”的力量不断下降，但仍然伺机向中东—北非地区的也门等国扩张。

除了“伊斯兰国”，“基地”组织叙利亚分支“努斯拉阵线”给世界带来的长期威胁可能更大。“努斯拉阵线”曾经是“基地”组织分支，然而2016年7月，已宣布与“基地”组织分裂。为了赢得民众的支持，“努斯拉阵线”采取了很多社会救助措施，比如以超低价向当地民众供应燃气、面包、水和其他主食。

除了众所周知的极端恐怖组织“伊斯兰国”（即“达伊

沙”)、“博科圣地”和“基地”组织之外，目前仍然活跃的恐怖组织有13个，即伊斯兰团结组织、伊斯兰圣战组织、圣战者运动、拉什卡—塔伊巴组织、菲律宾阿布沙耶夫组织、“先知的信徒”组织、索马里青年党、塔利班巴基斯坦运动、塔利班、阿赫托尔信托基金会、逊尼派穆斯林激进组织、穆罕默德军、胜利阵线。从数量上看，现在发生的各类地区冲突、恐怖袭击、局部战争的60%左右，都与这些传统的老牌恐怖组织相关，表明它们进入了更加活跃的时期。

（二）欧洲是新型恐怖主义扩散的前沿

ISIS公开在欧洲招募穆斯林教徒，表明它不仅要在中东—北非地区实现穆斯林国家的联合，还要在非穆斯林的欧盟地区扩展自己的影响。随着中东难民的涌入，恐怖主义分子很可能混迹其间并借机进入欧盟各国。作为“伊斯兰弧”地理上较为接近的周边区域，欧洲已成为恐怖主义扩散的最前沿。

根据法国官方和荷兰海牙国际反恐中心的估计，在欧洲约有5000人与恐怖组织有密切联系，有4200多名欧盟成员国公民赴中东参加“圣战”，这些外籍战士主要来自法国、英国、德国和比利时等国，其中大约1/3返回欧洲，成为潜在的危险分子。近两年来发生的一系列有组织有计划地恐怖袭击，即所谓连环袭击，比如巴黎血案、布鲁塞尔爆炸案，都发生在欧洲的心脏地带，甚至是欧盟总部所在地。有评论认为，多年来富足、安定的布鲁塞尔正成为“恐怖主义之都”。

（三）亚洲是新型恐怖主义渗透的重灾区

亚洲地区穆斯林人口大约为10亿，大部分为温和派，但2016年以来一系列恐怖袭击事件表明极端主义在亚洲迅速蔓延。

与政局持续混乱的中东相比，过激派虽然在亚洲活动有限，但各国政府仍应加紧防范。

一是南亚和东南亚的恐怖主义活动进入密集爆发期。近年来印尼、印度、菲律宾、泰国、中国、巴基斯坦等国都发生过恐怖袭击。印尼拥有世界上最多的伊斯兰教徒，近年来该国出现了很多个宣誓效忠“伊斯兰国”的组织，并派精干人员赴中东地区接受训练。这些受训人员一旦归国，将会成为恐怖袭击的骨干力量。

巴基斯坦是近年来中国周边恐怖主义活动爆发最为频繁的区域。根据联合国的通报，2016 年 1 月 20 日，帕夏汗大学发生一起恐怖袭击，造成至少 19 人死亡，数十人受伤。2016 年 3 月 27 日，巴基斯坦塔利班分支在巴基斯坦第二大城市拉合尔制造一起自杀性爆炸袭击，造成包括妇女和儿童在内的至少 63 人死亡，另有 300 多人受伤。

二是中亚地区恐怖主义开始复苏。在过去很长一段时期内，中亚地区穆斯林教徒绝大多数属于逊尼派，世俗化的政治体制占据主流，并且在苏联时期受到苏联共产主义意识形态的压制。但是，随着伊斯兰极端主义分子的渗透，中亚地区恐怖主义思潮开始抬头。中亚地区存在着数十个大大小小的老牌恐怖组织，比如已形成相当规模和影响力的以“乌兹别克斯坦伊斯兰运动”、“伊斯兰解放党”和“东突厥斯坦伊斯兰运动”等。此外，近年来中亚地区还出现了一些新兴的恐怖组织。

三是亚洲恐怖主义与其他地区的恐怖组织呈互相呼应之势。例如，2015 年 1 月“伊斯兰国”在巴基斯坦推动成立“呼罗珊分支”，与巴本土恐怖组织“巴基斯坦塔利班运动”、“伊斯兰军”等保持着密切联系。再比如中亚地区的伊扎布特，本来是中东地区一个影响力较小的恐怖组织，但是传入中亚地区后，成员迅速扩大，组织结构稳定，拥有十几万教徒，不遗余力地支持暴力恐怖活动[①]。从地缘上看，南亚和东南亚地区是“伊斯兰新月地带”的外延区域，如果它和中东地区的极端组织形成内外呼应之势，必将对亚太区域构成极大的安全威胁。

二、新型恐怖主义的主要特征

（一）以“网络圣战”为特征的网络恐怖主义成为反恐新难题

尽管新型恐怖主义的主张停留在中世纪，毫无疑问是反现代反人类的，但其宣传极端主张的方式却显得很现代化。ISIS 擅长利用现代网络，比如脸书（Facebook）、推特（Twitter）等现代社交软件宣传极端主义主张，对网络的熟悉和掌控能力甚至要超过现代政府。他们还制作影像产品，分别用阿拉伯语、英语、俄语、法语、德语等多种语言，向世界各地受众推送，消除与不同文化背景的受众之间的语言障碍。

除了传统的网络，ISIS 还开发出手机软件 APP，实时发布圣战消息。这种极具现代流行色彩的传播方式，对年轻人具有很大的吸引力，以至于联合国安理会不得不担忧“越来越多的外国战士加入 ISIS”。

（二）“独狼”式恐怖主义渐成常态

“独狼”式恐怖主义指的是激进分子独立采取行动的恐怖行动，这些恐怖分子不属于任何组织，而仅仅宣称自己接受了某个

① 贾国栋：“伊扎布特：由中东输入中亚的极端组织”，《当代世界社会主义问题》2016 年第 2 期，第 120 页。

组织（特别是“基地”组织）的极端思想。最近几年来，在欧洲和美国发生的一系列恐怖袭击，大部分都属于“独狼”所为。特别需要警惕的是，欧美很多青年由于面临失业和边缘化的困境，对民主体制产生不满而逐步蜕变为“独狼”。基地组织就曾经号召美国的“独狼”袭击美国富人，比尔·盖茨、巴菲特等富翁均在袭击目标名单之列。“独狼”成为当前发展最快的恐怖主义形态，标志着恐怖主义成功实现了本地化，并将成为常态。这对传统的恐怖主义治理带来了较高的难度，因为情报系统难以对它实施有效监控，对此类恐怖主义的治理难度空前加大。

表1 “独狼式”恐怖主义的类别及其动机

一级分类	二级分类	恐袭动机
种族和宗教优越主义	反犹太主义	出于对犹太人的偏见而实施攻击。
	白人优越主义	种族主义的世界观，与德国纳粹和意大利“3K党”相似。
个体问题	个体问题	个体出于某些主观动机而开展恐袭，比如获取社会关注、攻击者本人具有的特殊信念，或者在毒品或者精神疾病的影响下而产生的特殊错觉。
伊斯兰原教旨主义	“基地”组织蛊惑	受“基地”组织的影响，但“基地”组织不参与的攻击行为，目的是扩大“基地”组织的意识形态影响。
	“伊斯兰国”蛊惑	受“伊斯兰国”的影响，但“伊斯兰国”并不参与的攻击行为，目的是扩大“伊斯兰国”的影响。
	吉哈德主义	受到伊斯兰原教旨主义的蛊惑而采取的暴力行为。攻击者本人可能受到某些伊斯兰组织的蛊惑，但可能更专注于暴力的“吉哈德主义”。

续表

一级分类	二级分类	恐袭动机
政治	反对美国	攻击者反对美国及其盟国的某些外交政策和其他行动。
	反政府	反对威权主义而实施攻击行为，包括攻击警察局、税务局、邮局及其他政府机构。无政府主义者也通常被包括在此列。
	民族主义	受到民族主义思想的鼓动，包括分离主义。

资料来源：IEP，“positive peace report 2016”.

（三）动员能力和蛊惑力强，“外籍战士”比例剧增

“伊斯兰国”对那些对现实心存不满的激进年轻人，包括妇女和女童很有影响力，并善于通过互联网和社交媒体散播邪恶理论。根据联合国秘书长潘基文的报告，截至目前，超过3万名来自世界各地的外国恐怖主义战斗人员加入“达伊沙”，在叙利亚和伊拉克境内参加军事活动。恐怖主义研究组织［The Soufan Group（TSG）］指出，来自全球至少有86个国家的外籍战士潜入叙利亚和伊拉克，其中外籍战士最大的来源国依次为突尼斯（6000人）、沙特（2500人）、俄罗斯（2400人）、土耳其（2100人）和约旦（2000人）。就地区而言，中东和北非地区是外籍战士的最大来源地，其次为西欧地区（图1）。

（四）核生化恐怖主义危险急剧攀升

尽管目前尚未证实恐怖主义组织拥有大规模杀伤性武器的消息，但是，各种渠道表明，“伊斯兰国”已经募集了一些生化武器专家，组建了生化武器研发机构，而且很可能拥有放射性或者核武器材料。因此，2016年5月，联合国秘书长潘基文不无担忧

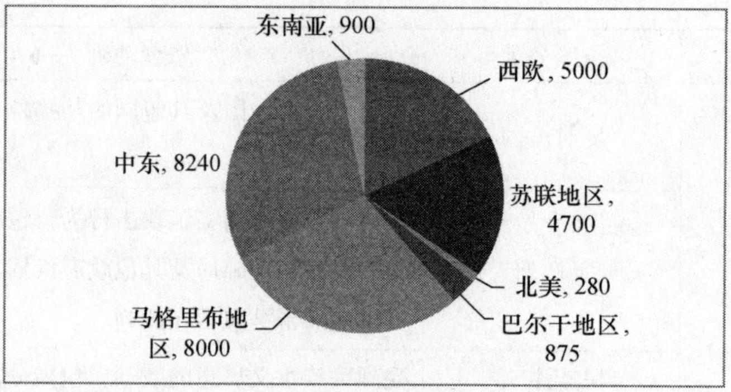

图1　在叙利亚和伊拉克参战的外籍战士来源地和数量（人）

资料来源：the Soufan Group.

地指出，“恐怖分子可能拥有化学、生物、放射性甚至核材料的风险与日俱增”。

生物和化学武器具有成本低、易携带的特点，难以预防和监控，而现代核武器也出现了小型化的趋势，一旦为恐怖组织获取，将会加剧大规模杀伤性武器的扩散。此外，恐怖分子如果对核设施进行破坏，很可能造成核泄漏，给整个人类和地球带来灭顶之灾。

三、新型恐怖主义全球化的重大危害

（一）极度反现代、反人类

全世界穆斯林人口为16亿，其中62%的人口年龄在30岁以下。因此，穆斯林世界的人口结构非常年轻。但是，如果伊斯兰原教旨主义在整个穆斯林世界持续蔓延和强化，那么整整一代人都将面临极端主义的威胁。[①] 因为在这些宗教暴力分子眼里，“杀人和伤害并没有别的原因，只是因为受害者可以被杀死和被伤害”，暴力不再是手段，从肉体上消灭“敌人”甚至平民成为唯一的目的，而那些公认的禁止伤害平民的国内法规和国际法律则起不到任何作用。

“伊斯兰国”竭力隔绝世俗文明，鼓吹极其残忍和愚昧的生活方式。为了实现它们的主张，“伊斯兰国”在其掌控的区域内，强行推行伊斯兰教法；学校男生女生必须分开；妇女必须佩带面纱；法庭实施严酷的法律，比如对犯有通奸罪的人判处石刑；禁止音乐；公开抢劫和掠夺，甚至贩卖女性和儿童，强迫年轻未婚女性以出卖肉体的方式献身“圣战”。由于“伊斯兰国”过于残忍，就连本·拉登生前也曾警告“基地”组织与其断绝联系。2016 年 10 月，军事上节节败退的“伊斯兰国”恐怖分子仍然在伊拉克摩苏尔地区杀害 232 名平民。

当前，比“伊斯兰国”更加激进的极端组织——“博科圣地”（正式的名称是“伊斯兰国西非省”），在西非的尼日利亚开始崛起，它成立于 2002 年，其阿拉伯名称意思是“致力于宣传先知教诲和圣战的人”，起初只是反对西方教育，竭力在本国清除西方文化。但是来自联合国官网的资料显示，从 2009 年起，“博科圣地”开始实施军事行动，宣称要推翻尼日利亚现政府；2014 年，它在其控制的地区建立“哈里发”，即政教合一的国家，禁止穆斯林参与一切西方化的政治活动或社会活动，包括在选举中投票、穿衬衫和裤子以及接受世俗化教育等。

为制造恐怖氛围，“博科圣地”屠杀的对象通常为手无寸铁

---

① Farah Pandith and Juan Zarate, “winning the war of ideas,” *CSIS*: *Global Forecast 2016*, p. 134.

的平民，比如妇女和儿童，手段极其血腥，经常一次性枪杀数百甚至数千名受害者，对平民进行有组织的斩首则是家常便饭，成为全世界最残忍、最血腥、最嚣张的恐怖组织，给尼日利亚民众带来极大的灾难。

（二）引发全球地缘政治冲突

新型恐怖主义的全球蔓延，不仅会对人类文明进程带来危害，也有可能引发全球地缘政治冲突。具体来看，围绕恐怖主义和反恐问题而产生的地缘政治冲突可以分为三类：

第一类是土耳其追求在伊斯兰世界的领导地位，导致欧亚大陆地缘政治格局充满了不确定性。在中东地区，作为世俗化最突出的伊斯兰国家，土耳其成为北约成员国，也一直在申请加入欧盟，并且成为欧洲海关联盟的成员国，经济发展水平属于上中等收入国家，在伊斯兰世界居于前列。20 世纪 20 年代至 30 年代，土耳其政治家凯末尔以威权主义的手段把土耳其从一个宗教国家变为世俗主义国家，并延续至今。但是从 20 世纪 70 年代以来，土耳其的政治伊斯兰势力日益壮大，开始挑战世俗政权，此外它申请加入欧盟的入盟进程也几乎停滞。

土耳其的意图是做穆斯林世界的领袖国家。在对待“伊斯兰国”的问题上，土耳其一直在谨慎地避免与其发生正面的、直接的对抗，态度不甚明朗。因此，国际上有观点认为土耳其有成为恐怖分子后备基地的风险。从地缘政治角度看，作为中东难民前往欧洲的重要通道，土耳其是划分动荡中东与欧洲之间的缓冲区，也是极端主义运动与和平文明社会的隔离带。当前，土耳其处在历史转折点上。一个民主的、欧盟化的土耳其可以充当穆斯林世界改革和现代性的桥梁。[①] 因此，土耳其当局对恐怖主义的态度，以及各国对土耳其政策的变化，都格外值得关注。

第二类是俄罗斯通过打击恐怖主义，在中东地区开展地缘政治争夺。俄罗斯强势介入打击恐怖主义的目的有三：一是竭力支持盟友叙利亚的阿萨德政府，保护俄罗斯在中东的关键利益，并伺机扩展自己的势力范围；二是增加俄罗斯在中东伊斯兰地区的影响力，特别是与欧盟和美国争夺土耳其；[②] 三是打击“伊斯兰国”，防止源自本国的极端分子返回到俄罗斯发动恐怖袭击。

第三类是国际社会围绕打击恐怖主义而开展的博弈，目前的重点是打击“伊斯兰国”。鉴于恐怖主义是人类面临的共同威胁，主要国家在合作打击恐怖主义问题上目前已经基本达成共识。截至到 2016 年 10 月，在伊拉克政府军、库尔德武装等联合力量的围剿下，“伊斯兰国”节节败退，军事上败局已定。然而，由于反恐是一个高度政治化的敏感领域，各国在安全认知、地缘政治、意识形态以及国家利益等方面存在较大的差异，国际社会在彻底击败“伊斯兰国”以及战后中东秩序的安排问题上没有取得突破性进展。

（三）阻碍全球化，危及世界经济复苏

恐怖主义会对一个国家的经济体系带来持久的负面影响，比如投资减少、公共基础设施破坏和居民财产的重大损失等。澳大利亚经济与和平研究所的报告指出，2014 年恐怖主义造成的经济损失高达 529 亿美元。国际货币基金组织的研究也表明，中东地

① Carl Bildt, “Taking Turkey Seriously”, https：//www. project - syndicate. org/commentary/turkey - geopolitical - importance - by - carl - bildt - 2016 - 08.

② Guy Verhofstadt, “Putin’s Turkish Delight”, https：//www. project - syndicate. org/commentary/erdogan - visit - to - russia - by - guy - verhofstadt - 2016 - 08.

区的冲突造成经济增长的下降，通货膨胀，高额的财政赤字，外汇储备的减少和金融体系的削弱，最终使那些无法跳出“冲突陷阱”的国家在经济上走向瘫痪。

此外，恐怖主义经济体系也会阻碍全球化进程。当前，世界经济正处于缓慢的复苏之中，但是复苏进程充满了不确定性，而新型恐怖主义就是造成这种不确定的重要来源之一。根据世界银行的研究，一个国家连续发生的恐怖主义事件，它与邻国的双边贸易大约会降低4%。而一旦恐怖主义利用全球市场，残忍的极端主义分子将会通过走私、逃税、贩毒、洗钱，甚至在欧洲从事非法的货币交易，扰乱全球金融秩序。

The Globalization of New – type Terrorism and Its Harmful Consequence

Chen Yingchun

Abstract: The new – type terrorism is taking Islamic arc zone as the source of the global spread, which is the new frontier of European terrorism expansion, and Asia has become the hardest hit by terrorism. Compared with the traditional model of terrorism, terrorism has some new characteristics, such as establishing Jihad network , the rising of lone – wolf type of terrorism which has become the norm, more mobilization and demagogic, the number of foreign fighters increasing, and dangerous CBRN terrorism rising sharply. Therefore, the harmful consequence of new terrorism is also greater, such as extremely anti – human, triggering a global geopolitical conflict, impeding globalization, endangering the world economic recovery and so on.

Keywords: new – type terrorism　Islamic arc zone　ISIS　Geopolitics

《巴黎协定》后的全球气候治理与中美气候合作

（中国社会科学院城市发展与环境研究所博士后、中国社会科学出版社副编审）许琳

[摘　要]《巴黎协定》的签订及生效标志全球气候治理已发生结构性变革。《巴黎协定》后全球气候治理呈现多主体参与、多层次治理、自下而上推进、自我约束管控的多元共治特征。中美作为当今世界温室气体的主要排放国和最主要经济体，扮演着《巴黎协定》从签署到生效全过程的关键推动者角色，而《巴黎协定》后全球气候治理格局又为中美气候合作提供了诸多积极动因，双方合作的动力增强、共识提高、领域扩展，同时，将面临新的分歧和障碍。

[关键词] 全球气候治理　《巴黎协定》中国　美国　气候合作

2015 年年底，在法国巴黎召开的联合国气候变化框架公约第 21 次缔约方大会上，各国代表经过艰苦的谈判达成了新的全球气候协议《巴黎协定》。2016 年 4 月 22 日，170 多个国家在联合国

总部签署了《巴黎协定》。2016 年 11 月 4 日，《巴黎协定》正式生效。《巴黎协定》的签订和生效，是全球气候治理进程中的里程碑式的事件，对未来全球气候治理的制度安排进行了新的设计，它为激励全球性地有效地提供减排这一全球公共产品打开了希望的大门。在《巴黎协定》签订及生效的过程中，中美找到了控制分歧和有效合作的“交汇点”，并以此为基础推动了全球气候治理模式最顶层设计，为全球形成气候治理合力打下了基础。《巴黎协定》生效后，全球气候治理的基本面貌及发展趋势如何，在这一背景下，中美气候合作将面临怎样的机遇和挑战？这些都是本文关注的核心问题。

一、《巴黎协定》后的全球气候治理的结构性变革

1992 年《联合国应对气候变化框架公约》成立后，全球应对气候变化合作主要以主权国家为主体、以多边国际谈判为主导，在这种合作模式下，气候谈判是各国政治协商和权力博弈的主阵地。2009 年哥本哈根气候大会之后，全球应对气候变化合作发生了根本性的变化：一方面，在《联合国应对气候变化框架公约》下的多边气候谈判中，各国利益分化与博弈依旧激烈，联合国多边气候合作下的气候治理进展与气候变化问题的紧迫性不相匹配；另一方面，公约谈判外，涵盖国际、跨国、地区间、国家、次国家、非政府及其他层面的气候合作的制度安排和制度创新不断涌现。气候合作呈现一种以《联合国气候框架公约》为核心，且超越多边主义模式的，主体上呈现多元化态势，结构上趋

向多层次、多极化[①]，议题上走向分散化、碎片化[②]，更为实质性的、参与更广泛的、更具深度的全球气候合作图景。虽然参与的主体不断增加，气候治理主体也嵌入了许多多边、双边议题中，私人企业和非政府组织的行为日益活跃，但其在解决全球协调一致行动、释放减排需求，形成有效减排供给、防止碳泄漏的能力还非常有限，效果与气候变化危机的严峻形势极不匹配，继续进行创新转型。

《巴黎协定》进一步确立了全球控温的目标，确立了“自下而上”的减排机制以及评估机制，将全球所有国家囊括进来。《巴黎协定》为框定和释放减排这一全球公共产品的巨大潜在需求提供了基础，将改变全球气候治理的模式和进程。

（一）《巴黎协定》实现了真正意义上的全面参与

《巴黎协定》建立起了一套“自下而上 ”设定行动目标与“自上而下 ”的核算、透明度、遵约规则相结合的体系。“自下而上 ”设定行动目标有利于激发各国的积极性，根据国家的发展阶段、国家能力和历史责任，自主确定行动目标，有助于实现应对气候变化行动的全球覆盖；而“自上而下 ”的核算、透明度、遵约规则，则确保了各国有一个通用的对话、行动进展跟踪的平台，从而有助于各国交流行动经验，开展评估与自我评估，促进提高行动力度，综合评估全球行动力度与进展。然而可以预

① Frank Biermann, “Beyond the Intergovernmental Regime: Recent Trends in Global Carbon Governance”, *Current Opinion in Environmental Sustainability*, Vol. 2, No. 4, 2010, pp. 284 – 288.

② Frank Biermann, Philipp Pattberg, Harro van Asselt and Fariborz Zelli, The Fragmentation of Global Governance Architectures: A Framework for Analysis, Global Enverionmental Politics. Vol. 9, No. 4, 2009, pp. 14 – 16.

见的是，《巴黎协定》建立的全球气候治理体系，仍然不具有强的法律约束力，不可能迫使任何一个缔约方采取行动或强化行动。因此即便《巴黎协定》建立了较强的透明度和遵约规则，其对缔约方的约束力仍将主要表现在程序性约束，而对于行动的内容，则仍将依赖于缔约方的自主行为。从目前的情况看，《巴黎协定》在促进包容性和实现全面参与上的成功是空前的。不仅发达国家，发展中国家也提出自己的减排承诺，已经有188个缔约方提交了“国家自主决定的贡献”，接近全球排放的100%。

（二）将“1.5℃温控目标”引入全球气候治理的目标中

《巴黎协定》在《公约》和“巴厘行动计划”的基础上，正式将减缓、适应、资金支持作为并列的应对气候变化全球合作目标。其中进一步将“2℃温控目标”深化为“1.5℃温控目标”，表示要“把全球平均气温升幅控制在工业化前水平以上低于2℃之内，并努力将气温升幅限制在工业化前水平以上1.5℃之内”。这也是“1.5℃温控目标”首次成为全球共识，展现了国际社会对全球气候治理力度的期待。同时，还首次明确要“使资金流动符合温室气体低排放和气候适应型发展的路径”，这为实现全球减缓与适应目标提供了努力的方向，也体现了近年来在绿色金融等国际治理议题方面的进展。

（三）确立评估核算机制

《巴黎协定》引入“以全球盘点为核心，以5年为周期”的更新机制。之前，全球气候治理体系的主要问题是缺乏更新机制，以致于每隔一段时间就需要启动新的谈判进程来更新各方承诺。

《巴黎协定》基于《公约》框架下20余年来的实践，在为发展中国家提供必要灵活性、向发展中国家提供履约和相应能力建设支持的基础上，强化了对各国的透明度要求。这些要求主要表现在三个方面：一是各国都需要定期报告全面的行动与支持信息；二是各国都要接受国际专家组审评，并参与国际多边信息交流；三是专家组将对各国如何改进信息报告提出建议，同时分析提出发展中国家的能力建设需求。尽管目前《巴黎协定》尚未明确这些透明度规则的具体内容、操作程序、相应后果，还需后续谈判制定操作指南时确定，包括发展中国家如何适用灵活性安排，但总的来说，无论是框架性要求，还是帮助发展中国家增强相关能力，全球气候治理的透明度机制在保持发展中国家灵活性的同时又向着通用规则演进。

（四）资金流动模式的改变

《巴黎协定》首次将全球气候治理的资金与减缓、适应并列为行动目标，但与《公约》所不同的是，《巴黎协定》将《公约》、《京都议定书》、“巴厘行动计划 ”中发达国家向发展中国家提供资金支持，演变成了所有国家都要考虑应对气候变化的资金流动，一方面模糊了资金支持对象，另一方面也将各国国内的资金流动纳入了考虑。

与此同时，《巴黎协定》还扩展了资金支持的提供主体。按照《公约》第4 条第3 款规定，列入《公约》附件二的发达国家缔约方应当为发展中国家提供应对气候变化的资金支持。《京都议定书》第 11 条第 2 款，以及“巴厘行动计划 ”下历次会议决议都延续了这一规定。《巴黎协定》第 9 条第 1 款也延续了这一规定，但将提供支持的主体扩展到了所有发达国家，而不仅仅是《公约 》附件二所列的发达国家；同时第 9 条第 2 款规定鼓励其他缔约方自愿或继续向发展中国家提供资金支持。

二、《巴黎协定》后全球气候治理的发展趋势

《巴黎协定》为释放减缓温室气体排放全球公共产品的潜在需求提供了基础，《巴黎协定》后全球气候治理将围绕释放需求、增加气候产品供给，细化《巴黎协定》框架下的规则，落实各项协议内容，并在多个具体领域展开合作和博弈。

（一）《巴黎协定》后续谈判将聚焦资金、透明度和减缓的“落实”上

《巴黎协定》还是一份框架性的国际协议，包括贡献目标的监督和执行机制、目标更新机制、资金机制、能力建设机制等要点和内容还有待继续细化、制度化。关于这些机制的具体设计，如目标、执行方式、措施、任务、考核等内容，都将成为巴黎会议后国际谈判中的焦点问题。前文所提到的气候谈判中的关键分歧如南北国家责任义务区分的问题、目标考核和更新中自上而下的问题、发展中国家出资等问题，仍将存在于巴黎会议后的谈判进程中。所以，《巴黎协定》并不是国际气候谈判的终点，它是一个里程碑，标志着关于2020年后国际气候制度的谈判进入了制定细节的阶段。平行于国际气候谈判，各国按照贡献目标部署国内行动，积极开展国际合作行动则构成了后《巴黎协定》时期国际气候治理的重点。

（二）全球碳市场迎来发展机遇期

《巴黎协定》下各国确定资助减排贡献，为全球碳市场发展提供了巨大的机遇，各国碳市场的发展速度会进一步加快，2014

年，联合国和世界银行数据显示，近200个国家和地区中，有超过50个已经拥有或正在考虑建立碳交易市场。尤其是中国、印度排放大国有望建立国内碳市场。

碳市场的连接融通也将加快，欧盟碳排放交易体系（EU－ETS）2012年1月1日正式实施，是世界上最大的碳排放交易市场，在世界碳交易市场中具有示范作用，这使欧盟拥有最多的碳交易市场权力。除了欧盟外，美国加州和加拿大魁北克正在探讨打通双方的碳排放交易机制，这将是自欧盟碳排放交易市场启动起来的第一次国际连接，这一举措增加了美国和加拿大在全球碳市场建立过程中的权力。另外，澳大利亚在多哈气候大会上明确加入《京都议定书》第二期，以便顺利地进入国际碳排放交易市场，此举为澳大利亚争取碳市场权力奠定了基础。

（三）碳金融的全球格局正加快形成

围绕碳交易形成的碳金融的发展也将加快。在碳金融市场上，除了供需双方企业之外还包括商业银行和投资银行等金融机构、政府部门以及国际组织，它们根据各自的业务定位和需求在其中扮演着重要的角色。可以说，随着排放交易计划和监管措施的实施，碳金融市场已成为当今实现应对气候变化、环境治理与可持续发展的重要举措。全球范围内逐渐形成了欧盟、美国、澳大利亚等多个分割的区域碳金融市场。从未来发展看，根据彭博新能源金融的预测，2013—2020年，全球碳信用供给将达到31.30亿吨。联合国和世界银行预测，全球碳金融市场潜力巨大，有望超过石油市场成为世界第一市场。

（四）围绕新能源技术和市场竞争将更加激烈

2014年，彭博新能源财经（BNEF）在全球多地同步发Climatescope 2014 研究报告指出，发展中国家的清洁能源投资规模迅速崛起，清洁能源发电装机容量的增长速度比发达国家更快，过去 5 年（2009 至 2013 年间）增长了 1 倍多，总计新增 142 吉瓦，超过法国目前的装机量，增幅达到 143%。相比之下，经合组织国家（OECD）同期新增装机 213 吉瓦，增长 84%。其中，中国 2013 年在清洁能源方面投资了近 545 亿美元，居世界第一位。市场转移必然导致结构性权力的转移，在清洁能源市场上，以中国为代表的发展中国家的结构性权力迅猛增长，对传统的领先国家——欧盟（特别是德国）和美国的结构性权力优势带来了威胁。整体而言，德国、美国、欧洲一如既往，在科研方面的投资仍然明显高于发展中国家中的新兴大国，但是德国、美国、欧洲在太阳能工业方面的科研投资在下降。

三、中美气候合作的前景及对策建议

《巴黎协定》开启了全球气候治理的新模式，中美在推动全球治理模式变革的过程中，不断寻求双方的利益交汇点、控制可能分歧，为推动全球气候治理形成“多元共治”，增强全球治理的合力发挥了关键作用。纵观中美在气候变化问题上的冲突与合作的历史，我们可以发现，中美的气候合作逐渐形成了多元主体、多层治理、多领域合作的局面，这为我们把握中美气候合作提供了新的范式。

（一）中美气候合作的前景

美国在 2015 年巴黎联合国气候变化大会中的作用凸显，成为《巴黎协定》达成的主导力量之一，同时美国国内近年来在气候变化议题上行动也为其重新主导全球气候治理提供基础。2014年6月，美国总统奥巴马推出《总统气候变化行动计划》，该计划以能源利用方式的调整为中心，借助美国能源创新和能效革命，提升了美国减排能力和竞争力。美国政府要求电力部门在2005年基础上到2030年实现减排30%；美国电力行业中煤炭比例下降，美国交通行业中天然气大幅度上升，到2035年，这两个行业天然气替代增加接近20%。在过去5年中，美国的能源消费总量降低了5%，单位GDP能源强度降低了9%。为了推动产业结构的新能源发展，奥巴马推出一个四年能源审查计划，目标是到2020年使当前的绿色能源的使用翻倍。奥巴马还在2015年预算中为应对气候变化的各项措施专门拨款，包括应对海平面上升和风暴，并设立了气候基金。这些使美国在能源领域和气候适应领域的结构性权力大大增加。另一方面，奥巴马政府一改消极态度，改变了行动的策略，在全球气候治理领域转为高调猛进和主动出击，积极谋求主导地位。

1. 在联合国气候谈判和落实《巴黎协定》上仍存在诸多不确定性和消极因素

在联合国气候谈判和落实《巴黎协定》的问题上，中美在协定中的很多方面也存在矛盾和竞争，核心是对“共同但有区别的责任”原则的理解与运用上，尤其是在减缓、适应、资金、损失损害等方面，尤其在非常关键的资金问题上，针对规则制定、落实，会有新一轮的博弈。

2. 联合国机制外的小多边机制扩展中美合作的空间

在2016年9月的杭州G20峰会开幕前，中国全国人大常委会批准中国加入《巴黎协定》。随后，中国国家主席习近平和美国总统奥巴马先后向联合国秘书长潘基文交存了中国和美国气候变化《巴黎协定》批准文书。世界前两大经济体正式批准加入

《巴黎协定》使协定的生效时间大大提前。此举说明在小多边等联合国机制外的国际机制中，中美合作的空间不断扩大。

3. 次国家主体、企业间有较大合作前景

次国家主体和企业已经成为中美气候合作的主体之一，未来中美在次国家行为体方面的合作也将对双边气候合作产生积极影响。在美国，尽管各州行动受到联邦立法以及宏观政策的影响，但它们仍然在气候变化问题上拥有广泛的自主权，通过发挥地方的特长、运用地方的权限来影响国家气候政策，有些影响甚至超越美国本土而对全球气候治理产生重要作用。① 2015 年 9 月 15 日，第一届中美气候智慧型低碳城市峰会在洛杉矶开幕，这有力推动中美两国绿色低碳发展最佳实践的经验交流和气候变化领域的合作，为建立中美新型大国关系、推动两国可持续发展、应对全球气候变化作出积极贡献。②

（二）对策建议

1. 合作推动联合国气候谈判进程

虽然中美在联合国气候谈判中分歧较大，但中美作为国际气候谈判的关键参与者，应本着缩小分歧的立场出发，积极加强沟通、对话和磋商，为《巴黎协定》相关内容的细化和落实发挥建设性作用。除了减排目标外，还应该把如何支持发展中国家适应气候变化、如何向发展中国家提供资金、技术、能力建设等支持作为“自主决定贡献”的重要组成部分，双方可以在透明度方面进行具体合作。而对于美国来说，帮助中国进行这方面的能力建

① 参见潘亚玲：“美国气候外交中的地方参与”，载《美国研究》2015 年第 5 期，第 74—90 页。

② “首届中美气候智慧型/低碳城市峰会在洛杉矶举行”，中国新闻网，2015 年 9 月 16 日，http：//www. chinanews. com/gn/2015/09 - 16/7525991. shtml。

设，看到以中国为代表的发展中国家在透明度方面取得实际进展，而不是拘泥于承载规则的文字本身。而且，中美应该继续加强在碳捕捉、碳排放贸易机制、可再生能源等方面的具体合作。

要避免其成为一纸空文，我们不能只着眼于《巴黎协定》本身，而要把《巴黎协定》看做应对气候变化努力的有机组成部分之一，要发挥不同机制不同群体的力量，广泛协同，充分体现代表性和广泛性的统一。代表性的关键是大国和大国集团的领导力。近年来中美在气候变化上紧密合作已经发挥了显著的作用。下阶段，类似 G20 这样的小多边平台或将可能成为确保《巴黎协定》成功落实的关键。广泛性体现在应对气候变化不但是各国的责任，还需要社会各界的行动，包括私营部门、地方政府、非政府机构之间的广泛合作，这才是构成实现《巴黎协定》目标的关键基石。

2. 长期来看，应推动全球建立统一的减排机制，强化法律约束力

一方面，中国需要认真履行自己的承诺，为全球气候治理作出表率；另一方面，中国也需要在未来的气候治理中把握治理的议程设定，强化规则意识，与《公约》的执行机构和有关附属机构一道，促进气候治理“硬法”的完善，推动或引领气候治理方式向“自上而下”的适度回归。维护并加强《巴黎协定》各种执行机构的权威，落实《巴黎协定》的各项规定，完善相关的运行机制，以全球气候治理的总目标和《巴黎协定》提出的温升目标为准绳，维护全球气候正义，促进国家间的公平，逐步缩小全球排放差距，增进人类共同利益。正如 2014 年 3 月习近平主席访问德国时发表的演讲所指出的：“我们将从世界和平与发展的大义出发，贡献处理当代国际关系的中国智慧，贡献完善全球治理的中国方案，为人类社会应对 21 世纪的各种挑战作出自己的

贡献。”

3. 加大减排投资，提高减排能力，扩大减排供给

在全球绿色发展转型方面，欧、美、日等发达国家正在进行深刻的经济结构调整，打造以低碳能源技术为核心的竞争力，试图抢占未来低碳经济高地。中国也面临着巨大的国际竞争压力和严峻的挑战。当前我国经济当务之急是通过结构调整和提质升级发展，拓宽经济增长与环境改善的双赢之路。

4. 建立碳市场及多层次的碳金融体系

中国计划于 2017 年启动的全国碳排放交易体系，将覆盖钢铁、电力、化工、建材、造纸和有色金属等重点工业行业。目前碳交易市场已在我国一些城市进行试点，但由于市场机制的不完善与对配额需求的缺乏并未在全国进行推广，此次巴黎气候大会的召开对碳交易市场的完善是新的契机，我们应当抓住机会利用市场自主竞争的方式控制碳的排放，但同时碳排放交易体系的形成也是一个循序渐进的过程，其中的细节对我们来说也是一个不小的挑战。

5. 尝试建立跨国碳市场，进而推动全球碳市场的建立和完善

在现有碳排放权交易市场建设的基础上，我国应充分利用《巴黎协定》新的“国际转让的减缓成果”机制，提前探索构建多边碳排放权交易市场的可行性。比如，与美国已有的碳市场进行尝试性对接。这将有利于我国在未来全球碳排放权交易市场（乃至全球气候治理体系）的规则制定中处于主导地位。

6. 激励企业、公民参与中美气候合作

鼓励企业、非政府组织和公众等多元主体参与全球气候治理行动。中国政府应加大对企业气候治理行为的政策力度和资金支持，支持企业的气候投资、自主减排，提高企业在气候领域全球价值链上的竞争力；应鼓励和支持中国的企业、非政府组织积极

地参与气候变化谈判，鼓励非政府组织参与国际同行的互动，在互动中提高中国气候治理的话语权；增强全社会对低碳发展的共识，将“低碳”这个概念真正纳入到社会经济生活的各个方面。

Global Climate Governance and Sino – U. S. Climate Cooperation in the Post – Paris Agreements Era

Xu Lin

Abstract: Paris Agreement signed and effective marked structural changes in global climate governance. Global climate governance have the characteristics of Multiple co governance, such as multi participation, multi level governance, bottom – up advancement, self constraint management . As the world's two largest economies and greenhouse gas emitters, cooperation and exchanges between China and the United States have played a positive role in facilitating the 2015 Paris climate conference and the subsequent Paris climate deal. The global climate governance pattern will provides a lot of positive motivation in the climate – cooperation of Sino – U. S. Cooperation between the two sides will enhance consensus, improve the field, at the same time, will face new differences and obstacles.

Keywords: Global Climate Governance Paris Agreement Sino – U. S. Climate Cooperation

经济热点篇

世界经济新变化、新预期

（中国社科院荣誉学部委员、中国国际问题研究基金会世界经济研究中心主任）谷源洋

［摘　要］按IMF统计标准，2016年全球GDP增长率不应低于上年的3.1%。在世界经济版图持续变化和全球经济动力转型的重要时期，世界经济仍将面临众多不确定性，风险、挑战、矛盾、投机等无处不在——美联储步入加息周期；原油等大宗商品价格急剧下挫；新兴市场国家特别是中国经济持续下行；地缘政治危局造成经济破坏；欧洲难民潮对经济的冲击；英国“脱欧公投”及美国总统大选等多种因素。但与世界经济增长紧密相关的几个重要因素出现了值得关注的新变化：一是全球量化宽松的“盛宴”尚未散席；二是国际原油市场供需关系逐渐趋于平衡；三是新兴市场国家初现经济复苏迹象；四是经济全球化和经济区域化“逆风而行”。

［关键词］世界经济　新变化　新预期

步入“十三五”开局之年，对世界经济增长预期大体有三种判断：一是全球GDP增长率稍高于上年；二是全球GDP增长率与上年持平；三是全球GDP增长率低于上年。由于世界经济金

融权威机构的统计方法存有差异以及对世界经济不确定性的认知不同，各方提供的数据亦有所差别，其趋同性是 2016 年世界经济增长率低于预期，主要依据是美联储步入加息周期；原油等大宗商品价格急剧下挫；新兴市场国家特别是中国经济持续下行；地缘政治危局造成经济破坏；欧洲难民潮对经济的冲击；英国“脱欧公投”及美国总统大选等多种因素。然而，年内上述抑制性因素并未都朝着恶化方向发展，与其世界经济增长紧密相关的几个重要因素出现了值得关注的新变化：

一、全球量化宽松的“盛宴”尚未散席

美日欧等发达国家为走出国际金融危机困局，先后启动 QE 购债措施。量化宽松的货币政策成为美日欧经济复苏的“动力”，然而，各国宏观经济形势不同，致使各国货币政策迥异，加剧货币政策分化程度，具体表现是：

美联储已于 2014 年 10 月结束了资产购买计划，丢掉“QE”拐棍只是紧缩货币的起步，远非宽松政策的终结。日本央行和欧洲央行与美联储相比，不仅没有任何收缩银根迹象，且出现了加码宽松之势。日本央行年度资产购买规模已从 70 万亿日元扩大到 80 万亿日元，但仍没能实现 2% 的通胀目标，负利率政策也未出现理论意义上的日元持续走软，相反日元滑向升值通道。英国脱欧后，日元作为避险货币一度升值到 1 美元兑换 100 日元，给日本出口企业造成冲击。安倍首相和黑田行长宣称“必要时会毫不犹豫地进一步加大 QQE 力度和规模”，而市场却普遍认为在安倍经济学被指“已达到极限”的背景下，新出台的 28 万亿日元的经济景气刺激计划依旧难以看到日本经济增长的前路。预计

2016 年日本实际 GDP 增长率为 0.5%—0.9%，低于 1 月预估的 1.7%。为此日本央行不得不放弃两年内把通胀率提高到 2% 的时间表，采取“利率曲线控制”的所谓新政，亦即通过调整长短期不同的债券利率替代货币增发政策。

欧元区经济表现稍好于日本，欧盟统计局的数据显示，2016 年首季度，欧元区 GDP 环比增长 0.6%，其增速是上年第 4 季度的 2 倍，约为 2.5 万亿欧元，标志着欧元区已基本恢复到危机前的水平，但欧元区经济有波动，第 2 季度增长率仅为第 1 季度的一半。欧洲央行于 2016 年 3 月 10 日把每月购买债券规模从 600 亿欧元增至 800 亿欧元，并推行其“负利率”政策，力争保持 2011 年以来的渐进式增长趋势。欧洲央行行长德拉吉强调在一段较长的时间内欧元区的利率都要维持在低位，而且维持低利率的时间甚至远远超过资产购买计划结束的日期。

发达国家利率政策呈现差异化，分为三种类型：央行降息。自 2008 年 9 月美国雷曼兄弟公司破产以来，全球已降息 654 次，全球利率处于历史最低点。全球各银行已购买资产金融债务 12.3 万亿美元，全球央行的资产负债表高达 23.4 万亿美元，相当于美国与日本 GDP 之和①，其中有超出 13 万亿美元的负利率债券。澳大利亚、新西兰、加拿大等国曾多次宣布维持现有利率不变，但最终还是维持不住，不得不先后降息。英国脱欧公投后，英国央行于 8 月初把资产购买规模从 3750 亿英镑增至 4350 亿英镑，并将其利率从 0.5% 降至 0.25%，加入了降息的行列；央行实施负利率。正式宣布实施负利率的国家，已从 2015 年的 5 个国家增加到 2016 年的 6 个国家。日本央行和欧洲央行分别于 2016 年

① 美银美林研究报告：“全球利率几乎处于历史上最低水平”，《北京参考》，2016 年 6 月 20 日。

2月和6月实施负利率政策，考虑到国际社会反应，没敢轻易再加码负利率，但依旧存在扩大负利率空间的可能。值得关注的是有不少新兴市场国家，由于通胀率高于存款利率，银行利率追不上通胀水平，成为“实际负利率国家”；央行启动加息进程。美联储结束资产购买计划后，立刻释放加息预期，并于2015年12月首次加息0.25个基点，但随后受多种因素变化驱使，美联储由“鹰派”立场转向“鸽派”立场，放缓了加息节奏，年内加息预期由3—4次变为1次。主要原因：一是美国经济不稳定，不支持美联储过快实现利率正常化。2016年美国实际GDP增长率不及2%，低于2015年的2.4%（IMF的数据为2.6%），美联储只好放慢加息节奏，但尚不会终止利率正常化进程，进而滑向实施负利率通道。二是加息推动美元指数上扬，不利于美国经济增长。美元升值削弱其产品国际竞争力，抑制其出口；美元走高使其进口商品价廉，不利于提升通胀率；美元走强增加企业借贷成本，影响企业获利性；美元升值意味着债务利息的增值，加重约19万亿美元债务偿债负担。在美联储结束资产购买计划、释放加息预期及启动加息的三重作用下，美元指数曾几次突破100大关。据美国彼得森国际经济研究所的研究成果，每当美元指数上涨10%，美国贸易赤字就增加2000亿美元。英国脱欧后，全球避险情绪增强，资金流向美国购买美元资产，加速推动美元指数上扬。然而，从历史经验看，美联储步入加息周期期间，美元指数多是走软而非走强。这次美元指数走向变化也大体如此，在美联储释放加息预期的14个月里，美元指数升值幅度最高，而加息后的美元指数则上下波动，升值幅度不及加息释放期。从理论层面看，美联储如再加息，美元指数仍有上涨的空间，但不太可能较长时间停留在100的高位，更不会像有学者所说的美元指数将升至120。三是美元走强导致国际油价处于低价位，使美国核心通胀率回升缓慢。四是美联储首次加息后，遭遇到外部的强大压力。IMF 总裁拉加德以美国存在着劳动生产率下降及收入分配进一步两极分化等“逆风”，警告美国不要再“突然加息”。世界大型企业研究会提供的数据显示，2011 年至 2015 年间，美国年均劳动生产率增幅仅为 0.34%，远低于 1990 年到 2010 年间的 18%。美联储主席耶伦出席参议院的听证会时也曾表示，困扰美国经济增长的劳动生产率增速低迷的状况可能还要持续下去，此外美国经济还受到劳动力供给下降、社会贫富差距扩大及贫困人口占比处于高位等结构性问题困扰。美联储货币政策正常化，已不再单纯取决于美国自身“经济数据”变化，加息的频率还要受制于国际环境，美联储不大可能在外部环境不好的情况下脱离现实去考虑加息，而是要在国内经济与非美经济之间进行权衡。

负利率成为 2016 年全球金融界关注的重要话题。从理论层面看，负利率政策对实体经济发展有正面作用，包括降低企业借贷成本，刺激企业投资欲望，促使货币贬值，增加出口，又有逆向反作用，包括银行业收入减少甚至亏损，养老金投资收益率下降，家庭储蓄意愿低落，大量囤积现金，加剧通缩压力。负利率的实质是经济增长乏力，负利率不一定能对经济产生刺激作用，负利率也不一定能使流动性进入实体经济。相反负利率将加剧流动性泛滥，促使货币贬值，债券收益率降低，加大金融风险和推高资产价格泡沫。最直接的受害者是负利率货币的现金持有者和货币基金的持有者，由于“负利率困局”，使推行负利率的国家，包括欧盟和日本内部已出现了意见分歧。

当前，发达国家抑或新兴市场国家，其货币政策空间日趋收窄，继续依赖于非常规的货币政策和单一货币政策已难以激励经济增长。经合组织警告“货币政策已超载”，高盛公司则认为货币政策在一定程度上已陷入凯恩斯提出的“流动性陷阱”，各国央行需要考虑与其他政策配合使用，平衡的货币和财政政策组合要比单独使用货币政策工具对经济的提振作用或许会更好。因此，在中国召开的G20财长和央行行长会议以及G20领导人峰会强调要使用各种政策工具，包括货币政策、财政政策及结构性改革带动各国经济和全球经济增长。鉴于货币政策边际效应递减，财政政策将会在支持经济增长和结构性改革中发挥越来越重要的作用。需要警惕的是全球货币宽松及负利率导致全球债务持续膨胀，152万亿美元的全球债务规模埋下了日后引爆危机的火种。

二、国际原油市场供需关系逐渐趋于平衡

自2014年中期开始，国际油价直线下跌，到2016年1月，油价降至每桶26美元。与20世纪70年代以来国际油价经历的5次大跌相比，这次油价下跌的更深、持续的时间更长。国际油价下跌的原因是多重的、复杂的，包括国际原油市场供大于求；多种因素推动美元指数升高；国际资本的不断恶性炒作；欧佩克内部严重失和，沙特与伊朗博弈加剧；沙特从以往的“减产保价”转向加速生产与出口，扩大原油市场占有份额。沙特石油策略变化使美国油井数量持续减少，原油产量从2015年5月日产960万桶降至2016年8月的860余万桶。低油价导致美国失业人口增加，并影响美国通胀率上升。

油价是经济的风向标，是市场关注的焦点。油价下跌的本质是一种国际财富的转移，亦即从原油出口国向原油进口国转移一部分经济利益。IMF预测2015年，中东“石油美元”减少了3900亿美元，2016年石油收入及其他经济损失将高达5000亿美元。石油收入锐减转化为预算赤字增加及经济下行或衰退。海湾

合作委员会六国的经济增长率已从2015年3.3%放缓至2016年的1.8%。尽管产油国富有，拥有巨额“石油美元”，但也难以承受低油价长期化。沙特2015年财政预算赤字高达980亿美元，2016年将升至1000亿美元。由于陷入财政困境，沙特被迫首次面向国际市场发售175亿美元债券，以阻止经济下行。油价变动走势现已不是主要由经济因素主导，而是受政治因素左右，是欧佩克内部、欧佩克与非欧佩克，尤其是沙伊、沙美之间的一场意志较量，因而油价变化莫测，令人难以捉模，油价涨跌预期大相径庭，许多著名投行对油价的预测均陷入“预测漩涡”。

国际原油市场依然存在油价持续下跌与反弹上涨的两种趋势博弈。油价有涨就有跌，有跌就有涨，供求关系总是在不平衡中走向平衡，在平衡中走向不平衡。油价跌、产量增是短期“逆规律现象”，无疑是不可持的。当前，国际原油市场正在逐渐接近供需平衡的初期阶段，预期油价已接近底部的声音越来越强，国际能源署等机构认为2017年油价可能触及谷底。主要依据是伊拉克、伊朗重回国原油市场，伊朗日产原油已接近制裁前水平，欧佩克油产量已达到8年来的高点，未来持续增产可能性较小，另一方面非欧佩克原油产量减幅超过欧佩克增产幅度，特别是美国原油产量稳定下降，一些高成本的油井正在自然检修和关闭，原油产量的增产效应递减。油价暴跌导致国际原油领域投资骤降，与此同时，全球依然保持货币宽松的局面，美联储既便是再加息，美元指数也难以狂升，更为重要的因素是世界经济仍在继续复苏和增长，新兴经济体和发展经济体对原油需求旺盛。欧佩克和国际能源署已将2016年秋2017年全球原油需求增长预期调升至每日120万桶到124万桶，只要产油国不再增产，就具备了油价上涨的理由。

沙特和俄罗斯分别占全球原油产量的13%和12.4%，年内两国多次接触，联手推动产油国“冻产”甚至“限产”。9月28日，在阿尔及尔国际能源论坛后召开的非正式会议上，欧佩克达成共识，同意将日产出目标设定在3250万至3300万桶。不管“冻产”或“限产”最终能否成为现实，以及产油国能否遵守“冻产”或“限产”协议，国际原油市场最坏的时期已过。预计2016年平均油价将高于2015年，大约在每桶40至50美元区间上下浮动，没有出现高盛、摩根斯坦利所预测的国际油价将跌至每桶20美元以下、更没有出现渣打银行所预测的跌到10美元的状况。但市场主流观点认为一旦油价长期维持在每桶60美元以上，就必然会刺激页岩油重新增产。国际原油市场由供给方和需求方组成，需求方需要供给安全，供给方需要需求安全，维持“中性油价”对产油国、消费国以及世界经济均为有利。

三、新兴市场国家初现经济复苏迹象

2016年新兴市场国家依然面临不确定性，但与其年初相比已发生许多变化。中国经济基本面依然看好，在上年增长6.9%的基点上，2016年又可增长6.6%—6.8%，对世界经济增长的贡献率在25%以上。可以预期一旦渡过“三期叠加”的特殊时期，中国经济将会变得更好，继续发挥“经济航空母舰”发动机的关键作用。值得关注的是伴随经济结构调整的进行及国际油价一定程度的回暖，2016年俄罗斯和巴西经济状况有所改善。巴西财政部认为在连续两年陷入衰退后，企业和消费者信心的增强已对多个经济领域产生了促进作用。2016年尽管巴西经济仍为负增长，但其衰退幅度收窄，小于2015年的负3.8%，2017年或2018年，巴西经济将会“触底反弹”，但通胀率和基准利率尚高，通过货币政策、财政政策及结构政革重振经济并不容易。

2016年俄罗斯经济形势强于巴西，主要有三点变化：首先，经济增速加快。越来越多的人认为“俄经济衰退正在结束，即将出现缓慢的经济增长态势”。俄经济发展部预测2016年经济增长率为0.2%，远高于2015年的负3.7%，而俄央行专家则认为2016年经济仍将下降1.8%，但2017年经济恢复到正增长的概率增大；其次，债务规模和财政赤字不大，外汇储备有所增加。随经济形势改善及国际油价回升，扭转了前两年外汇储备锐减和卢布大贬的颓势。据俄央行公布的数据，截至2016年8月1日，俄外汇储备约3940亿美元。卢布兑美元汇率从暴跌转向稳定回升；再次，粮食产量增加。2016年俄粮食产量预计达到1.14亿吨至1.16亿吨，与其2014年粮食产量基本持平，但高于2015年的1.05亿吨[①]。俄罗斯粮食联盟预计2016年7月1日到2017年6月30日，俄粮食出口量将达3850万吨[②]。上述新变化为俄社会安定和市场稳定创造了必要条件，使俄应对欧美制裁更加有底气。

尤为令人关注的是2016年新兴市场国家资金状况发生了系列新变化：

全球市场对资金从新兴市场国家撤离的担忧程度降温，信心增强，资金净流入规模扩大，致使新兴市场国家的流动性处于近几年来的最好水平；

新兴市场国家股市和债市的收益率高于发达国家。英国脱欧公投结束后，新兴市场国家债市、股市依然表现较好，国际投行加速进入寻求高收益投资。美国媒体宣称“新兴市场不是天堂，

① 俄罗斯连塔网，2016年8月16日。

② 同上。

但它们是一个有吸引力的选择”[1]；

受全球货币宽松预期影响，新兴市场国家货币看涨，自2016年1月至9月，除少数新兴市场国家货币下跌外，其他国家货币普遍上涨或保持相对平稳。但一些新兴市场国家央行通过降息等途径向市场注入流动性，以及美联储加息预期增强，美国股市仍具吸引力等因素，使新兴市场国家货币难以延续强势；

出于对投资报酬率的追求，资金的避险投向发生改变，包括欧洲的一些国家和对冲基金原先主要把资金投向美元和日元债券进行避险，而如今避险资金却涌向新兴市场国家，新兴市场国家高收益债券成为资金投资的避险港湾；

新兴市场国家的外汇储备经历18个月下滑后开始恢复增长。摩根士坦利的数据显示，2016年1月至7月，31个新兴市场国家的外汇储备总和增加了1000多亿美元，外汇总储备达到6.75万亿美元[2]。

鉴于上述利好新变化，IMF已把2016年新兴市场国家的经济增长率预期从4.1%调升到4.2%，高于2015年的4.0%，而把发达国家的经济增长率从2015年的2%下调到2016年1.6%。法国《世界报》撰文称“南北之间的经济增长差距自2011年以来持续缩小，但如今再度拉大”[3]。新兴市场国家和发展中国家今后仍将会受到来自多方面的冲击，但“南高北低”的增长趋势不会逆转。

① 美国《华尔街日报》网站：“为什么新兴市场发展得顺风顺水”，2016年7月22日。

② 英国《金融时报》网站：“新兴市场外汇储备下滑18个月后恢复增长”，2016年8月17日。

③ 法国《世界报》：“新兴国家重新吸引外资”，2016年8月17日。

四、经济全球化和经济区域化“逆风而行”

国际经济金融机构把英国脱欧视为世界经济复苏与增长的不确定性因素。IMF 官员称如果没有英国脱欧公报，他们原本打算上调世界经济增长预期，但英国脱欧拖累了世界经济。

来自各方面的评估报告显示，英国“脱欧”造成三重经济影响：第一金影响是对英国经济影响。欧盟委员会评估报告预计“脱欧”将使英国经济“大幅减速”，2016 年 GDP 增长率为 1.3%—1.6%，2017 年降至 1.1%。IMF 评估报告认为 2016 年和 2017 年英国 GDP 增长率分别为 1.7% 与 1.3%，比公投前预测值降低 0.2 和 0.9 个百分点。德意志银行发布的《全球宏观经济展望》报告则将今明两年英国 GDP 预期下调至 1.7% 和 0.9%。所有评估报告提出的增长数据均低于英国 2015 年 GDP 增长 2.2% 的水准；第二重影响是对欧元区经济影响。欧盟委员会认为英国“脱欧”通过“不确定性、投资、贸易和难民”等渠道抑制欧元区经济增长，预计 2016 年欧元区 GDP 增长率为 1.5%—1.6%，2017 年为 1.3%—1.5%，两年增长预期都低于脱欧公投前发布的数据；第三重影响是对世界经济影响。“脱欧”公投结果发布后，IMF 已将 2016 年和 2017 年世界经济增长预期各下调 0.1 百分点，分别为 3.1% 和 3.4%。其他评估报告提供的数据同上述数据并无多大差异，但各评估报告显示出四个趋同点：一是“脱欧”对英国经济的负面影响大于对其他经济体的影响；对欧元区的经济影响大于对美国、日本和新兴经济体的影响；“脱欧”作为区域性事件加大了世界经济的不确定性，但其影响力较为有限；二是“脱欧”在 2016 年对英国、欧元区乃至世界经济的抑制作用稍为轻些，但2017年“脱欧”之影响将加重；三是“脱欧”进程缓慢，不确定性持续时间越长，各相关方付出的过渡成本就会越高。不管英国选择“软脱欧”还是“硬脱欧”，都势必促发资产外流、通货膨胀上涨、债务负担加重、经常项目赤字增加及英镑走软，但英国出走欧洲大家也绝非只有其害而无其利；四是英国脱欧加剧全球化和区域化两大趋势的受挫感。

经济是保障欧洲一体化的基石，继美国金融危机之后，欧洲不时出现债务危机，以及一波又一波的难民潮，加重欧洲困局，包括高失业率、低增长率、低通胀、民众生活水平下滑，已将欧盟和欧元区推入信任危机。英国脱欧派指责欧盟人口自由流动政策导致英国工作岗位流失及社会福利减少，卡梅伦首相利用脱欧派指责，进行“脱欧”或者“留欧”公投的“政治赌局”，旨在施压欧盟给予英国更多的优惠。实际上长期以来，英国作为欧盟成员一直在与布鲁塞尔“讨价还价”。

2016年7月，美国民主党和共和党先后公布了竞选纲领，民主党纲领宣称“反对不支持美国就业、增加工资和改善国家安全的贸易协定”，共和党纲领说得更加直白“美国经济最伟大的资产是辛苦劳动的美国人，共和党的首要工作就是创造就业，帮助他们回到工作岗位”[①]。基于上述思想，一向秉持“小政府”执政理念的共和党在其纲领中改变了对自由贸易一贯支持的立场，给自由贸易加上了不少限制条件。特朗普指责TPP没有能够保障美国的国家利益和民众利益，因而不支持国会通过TPP。希拉里出任国务卿时曾把TPP描绘成为自由贸易协定的“黄金标准”，并把TPP作为美国重返亚洲战略的一个经济跳板。但在总统选举

① 陆振华：“从新党纲看美国两党贸易政策”，《21世纪经济报道》，2016年8月3日。

期间，希拉里对 TPP 的态度发生了 180 度大转变。英国《金融时报》撰文称“美国领导的全球化伴随 TPP 一同死亡”①。实际上，TPP 关于知识产权、劳工标准及原产地等条款已经充分体现了美国的国家利益及跨国公司利益，提高了新兴市场国家和发展中国家市场准入门槛，然而，希拉里和特朗普等人仍认为这尚远远不够。共和党纲领指出“我们需要将美国放在第一位来谈判更好的贸易协定。当那些协定没有充分地保护美国利益、美国主权时，那就拒绝它们”②。特朗普甚至公开表明“美国主义，而非全球主义，将成为我们的信条”③。特朗普等人的言论与欧洲民粹主义隔海呼应，将反全球化和区域化的浪潮推向了新浪头。

反全球化和区域化的实质是美国主导的全球化和区域化遭受到的挫折。但我们必须正视反全球化和反区域化现象，认真总结全球化和区域化的教训，推动全球化和区域化沿着正确方向发展。我们需要动员全球力量反对形形色色的贸易和投资保护主义，支持贸易和投资自由化、便利化；我们需要动员全球力量建立共享、协调、开放、包容的经济全球化和经济区域化机制，把区域自由贸易和全球多边贸易统筹起来，加快构建以全球价值链为指向的贸易治理体系；我们需要动员全球力量加强全球金融监管，力促金融监管政策的国际协调与合作，提高国际金融市场韧性和应对突发事件的挑战能力；我们需要动员全球力量坚定对全球化和区域化信心，继续推动全球化和区域化深入发展。欧盟依然是全球经济、贸易、投资发展及金融秩序调整的重要力量。英

① 爱德华·卢斯：“美国领导的全球化随着 TPP 死亡而死亡”，英国《金融时报》网站，2016 年 7 月 27 日。

② 陆振华：“从新党纲领看美国两党的贸易政策”，《21 世纪经济报道》，2016 年 8 月 3 日。

③ 西班牙《国家报》网站，2016 年 8 月 20 日。

国与欧盟是打断骨头连着筋的关系，新首相特雷莎·梅已表示将寻求英国和欧盟“机遇最大化”，因而不必担忧英国“脱欧”会像美国金融危机那样迅速演化成为国际金融危机，不必担心欧盟和欧元区解体。欧元地位趋于下降，但欧元尚不会消失。然而，欧盟和欧元区需要重视并解决经济增长乏力、失业高企、债务膨胀、难民流入、恐怖袭击或威胁，以及南北欧发展不平衡等问题。2017年法国和德国将进入选举年，右翼党派和其他类似政党有可能利用业已存在的种种问题，加深民众对欧洲一体化的反感与疑虑，将欧洲推向较长时间的动荡期。

经济全球化和经济区域化是世界经济发展的客观趋势，欧美出现的“逆全球化和区域化”现象，其实是全球化和区域化进程中的利益再平衡，而不是真正否定和反对全球化和区域化。然而，今后一段时期，经济全球化进度将不如以往那么快速，经济区域化会出现局部反复甚至倒退，使全球化和区域化将迎着“逆风而行”，但不会发生实质性变化而“成为过去”。

基于上述分析与判断，按IMF统计标准，2016年全球GDP增长率不应低于上年的3.1%。在世界经济版图持续变化和全球经济动力转型的重要时期，世界经济仍将面临众多不确定性，风险、挑战、矛盾、投机等无处不在。重要的是世界经济形势越是复杂多变，越是需要有信心，没有信心比失去黄金更危险。李克强总理8月22日同世界银行、国际货币基金组织、世界贸易组织及经合组织领导人举行圆桌对话会时说“尽管当前全球经济面临的不稳定和不确定因素增多，但世界市场有潜力、人类有智慧攻坚克难，把发展经济、改善民生放在优先位置，把实现强劲、可持续、平稳增长作为一致努力的目标”。G20领导人杭州峰会公报更是指出“我们坚信，二十国集团建立更紧密伙伴关系，携手行动，将为世界经济增长传递信心，提供动力，增进合作，促进普遍繁荣，造福各国人民”。今后两年世界经济或许会出现世人期待的改善。

New Changes and New Expectations in the World Economy

Gu Yuanyang

Abstract: According to IMF statistics, the global GDP growth rate of 2016 should not be lower than 3. 1% of the year previous. In the important period that world economic layout continued changes and global economic power transformation, world economic still would be faced many uncertainty—risk, challenge, contradictions, and speculation. The uncertainty is almost everywhere—Fed goes into raised interest rates cycle: crude oil and other bulk commodity price sharply fell, emerging market national especially China economic continue down, geo political crisis caused economic damage, the impact of European refugees tide on economic, United Kingdom "off Ou Gong voted" and the United States President election, variety factors. But there have been notable changes closely related to several important factors in the world economy: first, the global quantitative easing "feast" would be lasted, second, the International crude oil market supply and demand balance gradually increase, third, the early signs of economic recovery, emerging in new market countries, forth, economic globalization and regionalization move forward hardly.

Keywords: World Economy　New Change　New Expectation

全球经济停滞背景下的中国经济前景与政策展望

（中国国际经济交流中心信息部部长、研究员）王军

［摘　要］当前，全球经济正陷入长期停滞的泥潭，随着全球化退潮、“反全球化”逆袭，全球经济政策出现分化和巨大不确定性。与此同时，“L”型增长已成为中国全社会的一致“悲观”预期，中国经济陷入“L”型预期下“资产负债表衰退”的风险在加大。未来中国经济面临的主要不确定性在于：投资下滑、房地产泡沫膨胀和政策稳定性减弱。展望今后的宏观经济政策，货币政策料将维持“中性”基调，财政政策扩张空间仍然较大，供给侧结构性改革则需加快步伐。因应全球长期停滞、保持中国经济持续稳定增长，需要在以下五大方面着力：真正落实五大发展理念，彻底放弃制定GDP增速预期目标；通过深化供给侧改革，释放经济新活力，培育经济新动能；有效激发民间投资的巨大潜力和发展活力；加强宏观经济政策协调与预期管理；加快实施创新驱动战略，以创新驱动和引领未来经济发展。

［关键词］长期停滞　反全球化　供给侧结构性改革

一、世界经济面临长期、全面停滞和去全球化的巨大挑战

（一）长期、全面停滞主要表现和典型特征

2016年以来，世界经济走势如果可以用一个关键词来概括，那就是长期停滞。所谓长期性停滞，是指全球储蓄远超过全球投资，只有实际利率降到显著为负的水平，才能重新实现全球储蓄与投资的平衡。然而，一方面全球范围内通货膨胀水平很低，另一方面名义利率下调面临零利率下限，因此全球实际利率降不下来，这就使得全球投资持续低于充分就业投资水平，最终导致全球经济增速可能长期低迷。

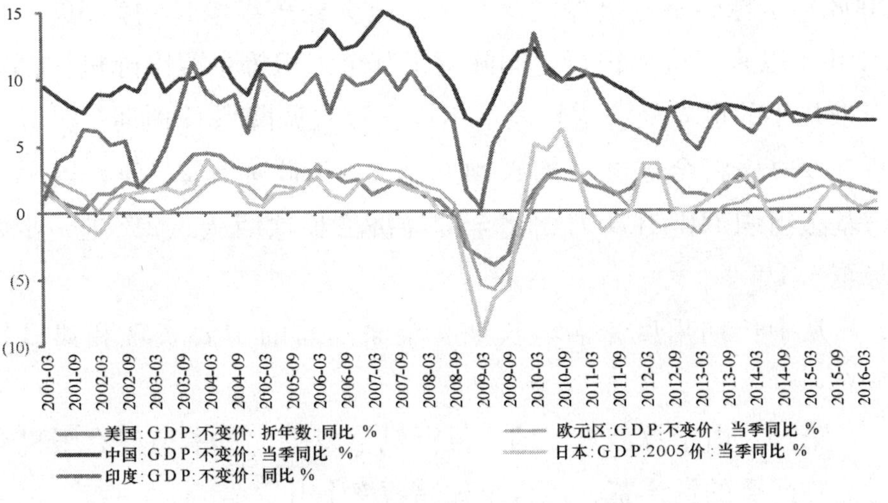

图1　全球主要经济体GDP同比增长情况

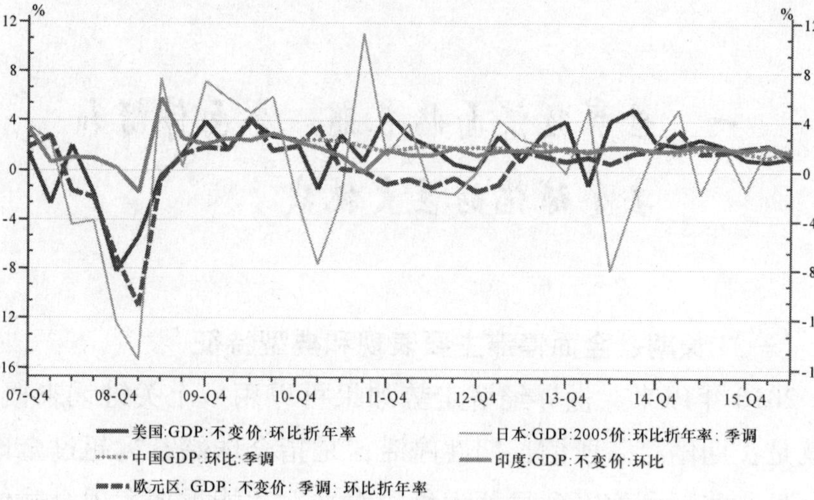

图 2　全球主要经济体 GDP 环比增长情况

数据来源：Wind 资讯。

近年来，大宗商品价格低迷、发达经济体增速放缓、贸易疲弱及资本避险情绪上升等因素始终影响世界经济增长预期。在 2008 年全球金融危机爆发前 5 年，全球经济年增长约为 5%，但 2016 年以来，世界银行、国际货币基金组织等主要国际机构都对未来几年的世界经济增长表示担忧，数次调降增长预期。世界银行在 6 月份将全球经济增长预期从 2.9% 调降到 2.4%；国际货币基金组织 IMF 在 7 月份将全球经济增长预期从 3.2% 进一步调降至 3.1%。

从中长期角度来看，长期、全面停滞的主要表现和典型特征有：

第一，由于总需求萎缩，投资机会减少，资本追逐有限机会时面临严重的资产荒，使得全球储蓄率上升。

第二，全球老龄化已成为事实，这既包括发达经济体，也包括中等收入经济体，再叠加投资需求萎靡和房地产需求不足，全球的资本回报和创新活力都呈下降趋势。

第三，技术进步整体上处于相对停滞的状态，全球范围内全要素生产率趋缓甚至下降，各主要经济体的潜在增长率下降，广为传播和报道的所谓第三次产业和科技革命或工业革命事实上也是被广泛质疑的。进入新世纪以来，除了计算机和互联网领域之外，没有对于产业具有革命性和很强带动性的新技术出现和被应用，各国普遍存在技术进步的边际效用递减。

第四，持续而普遍的零利率乃至负利率。迄今为止，已有包括欧盟、日本等七个经济体实施了负利率，这是30多年名义利率下降趋势的自然延伸。

第五，经济持续下行的另一面是持续的通缩。美国、欧洲和日本等主要经济体的核心CPI都无法持续维持在2%以上。中国更是步入了CPI回落、PPI近五年为负的通缩时代。

第六，主要经济体经济表现日益分化，目前无论在发达国家内部还是新兴市场国家内部，都存在着经济增长苦乐不均的现象。在发达国家内部，目前美国经济的复苏态势较好，而欧元区与日本的经济复苏各有各的问题。在新兴市场内部，目前印度与印尼的增长态势较好，而巴西、俄罗斯等资源出口国的增长态势较差。

观察主要经济体，美国的一系列数据显示意外疲弱：美国8月ISM制造业指数为49.4，跌落荣枯分水岭50，跌入代表制造业经济活动收缩的区域；8月新增非农就业者15.1万人，远低于7月的25.5万人，当月失业率为4.9%，高于预期的4.8%；美国汽车制造商三大巨头7月汽车销售数据都不尽人意，通用汽车和福特汽车销售分别同比下降2%和2.8%，菲亚特克莱斯勒汽车公司销售增长0.3%；8月密歇根大学消费者信心指数终值为89.8，低于预期值90.8和初值90.4。

再看日本的情况：2016 第二季度日本实际 GDP 增长初值 0.2%，较一季度修正值2%大幅下降，接近于停滞。安倍的前后“三支箭”成效不明显，创新性经济复苏并未出现，其主要原因是出口下降和内需低迷。

全球经济停滞的警报也是此起彼伏：据媒体报道，2016 年全球将被拆解当做废料卖掉的货轮多达千艘，其合计货运吨位为史上第二高。船运需求骤减再次发出全球经济停滞的危险信号。这些被“肢解”的货轮合计货运吨位达5200 万公吨，有记录以来仅次于2012 年的6100 万公吨。不仅如此，2016 年前7 个月货轮的生产订单仅 293 艘，约为 2010—2015 年年均订单量的五分之一。

（二）全球化退潮、“反全球化”逆袭

英国脱欧后续的深远影响恐怕才刚刚开始。英国脱欧成功，除了给英国自身、欧盟整体乃至全球经济带来无法准确预估的不确定性以外，它还意味着已艰难维持多年的欧洲一体化进程遭受到了一次不可逆的重大挫折，西方执政集团的政治分歧日益加深，欧盟自身的影响力受到极大削弱。

无论如何，英国退欧反映了欧洲乃至全球民粹主义、保护主义的泛滥，是“反全球化”潮流和势力的重大胜利，是全球化进程的严重倒退，是全球治理的一次失败案例，是“反全球化”的一次成功逆袭。

从全球化的视野来看，英国此次成功退欧，是近年来“反全球化”浪潮中的典型事例，但却不是唯一。环顾今日之全球，“反全球化”或“去全球化”力量在急速上升。

在美国，我们看到，两党候选人在对跨太平洋伙伴关系协定（TPP）说不，偏好封闭、孤立与保护主义的特朗普得势并受到

普遍欢迎，其鲜明的“反全球化”立场不禁让人们担忧，未来全球最大的“黑天鹅”事件会不会来自于美国。

欧洲民族主义政党在一些国家获得越来越多民众的支持而因此上台，德国公开反对跨大西洋贸易和投资伙伴关系协定（TTIP），欧盟议会投票宣布不承认中国的市场经济国家地位，越来越多的发达国家倾向于实行贸易、投资保护主义，人员、商品、资本自由流动的壁垒愈发明显；为摆脱本国经济低迷形势，各国近年来都加强了对国际市场的争夺与渗透，全球贸易保护主义态势更加严重。

全球地缘政治冲突正在加剧，全球民粹主义也正在升温。伊斯兰圣战组织的兴起和全球范围内的恐怖主义袭击此起彼伏，利比亚、叙利亚危机导致的一波波难民潮，对欧洲安全形势构成巨大冲击并引起巨大的反弹。

全球经济治理日益碎片化。在 WTO 等全球贸易投资规则之外，目前有关国家正在积极构建区域化的贸易投资体系，而这些体系可能形成新的竞争，从而使得全球贸易与投资自由化遭遇挑战。据不完全统计，全球共有 3000 余个双边及多边贸易及投资安排。例如，美国目前正在积极构建以 TPP、TTIP、TISA 为代表的新一轮贸易投资规则，而中国也在以积极推动 RCEP 以及“一带一路”倡议来加以应对。这种区域性贸易投资协议竞争加剧的格局，使得未来国际贸易或投资冲突爆发的可能性明显上升。

这些对全球化的负面情绪、言论和行动表明，全球化退潮的趋势非常明显。这使全球经济产生了极大的不确定性，导致国际金融市场动荡加剧，避险情绪加剧，全球消费者和投资者信心受到影响，国际经贸往来受到抑制，贸易持续低迷。

（三）全球经济政策出现分化和巨大不确定性

目前，由于前述世界经济面临长期、全面停滞和去全球化的巨大挑战，全球经济政策也正面临着前所未有的分化和不确定性，这突出表现在以下四个方面：

第一，目前传统的货币政策无效，定量宽松的货币政策不再有效、不会支持可持续增长。纵览欧洲、日本等货币政策最为宽松的经济体就能看出，采取传统的货币政策对于经济的刺激基本上已经失效。货币政策的失效不仅没有为世界经济带来应有的起色，反而让各项金融资产出现了明显的泡沫。

很多国家实施传统宏观经济政策的空间已经所剩无几。结构性改革说起容易做起来难。在 2008 年危机爆发后，各国领导人都表示要推进结构性改革，但是包括中国、日本、美国在内，没有哪个国家结构性改革可以像预期般顺利推动。道理很简单，结构性改革涉及到存量利益的重新分配，这会遭到既得利益集团的反对。如果不能靠结构性改革来提升潜在增长率，就只能靠扩张性宏观政策来刺激总需求。但是目前有很多国家的扩张性财政政策都是不到位的，有一些国家是耗尽了政策空间，比如日本，政府债务占 GDP 比率超过 250%，有一些国家对宽松财政政策有本能的反感，比如德国，而另一些国家则是受制于党派纷争的掣肘，比如美国。各国扩张性财政政策实施不到位，这就使得大部分重担压到货币政策头上。

第二，美联储当前面临的头号难题是加息还是不加息？而全球经济体和投资者则在疑惑美联储的加息进程是快是慢？自 2015 年年底美联储启动第一次加息以来，全球的目光就聚焦在美国何时第二次加息。2016 年以来，受困于经济数据冷暖不一，美联储主席耶伦时而“鸽声”嘹亮，时而“鹰气”逼人。美国 8 月新增非农就业者15.1万人，远低于7月的25.5万人和6月的28.7万。数据背后依然揭示了美国就业市场整体疲弱的态势。未来非农数据的可持续性仍待观察，这成为掣肘美联储加息的因素之一。影响美联储加息的另一个重要因素是，美股经过8年多的持续上涨，目前已处于历史最高位，资产价格泡沫严重，随时有可能构筑大顶，泡沫终将破灭，加息可能就是这最后一根稻草。此外，英国公投“脱欧”后，美元升值对美国经济和通胀回升均有冲击，欧洲市场的更多不确定性也为全球经济复苏蒙上阴影。若欧盟经济恶化，对美国显然会构成冲击，也会影响美国加息步伐。

第三，欧洲、日本的负利率政策影响几何？为刺激银行积极放贷，缓解国内通缩压力，欧央行和日本央行相继实施了负利率。人类历史上还从来没有过如此大的两个发达经济体同时实行负利率政策，这对经济复苏的影响究竟是正面还是负面，人们并不十分确定，意见分歧巨大。反对派学者认为，负利率政策并非如支持者们设想的那么美好，有明显的负作用：它反映了一国央行和金融机构对未来增长和物价前景的悲观预期，不利于存款创造和实体经济融资；它将严重伤害商业银行的资产负债表，导致金融机构资产端收益率锐减，迫使银行业净资产收益率ROE持续滑坡、业绩急剧恶化甚至爆发危机；它使私人部门加速从国债市场挤出；它使货币政策和财政政策的边界模糊不清；它可能对社会保障体系产生持续侵蚀。此外，负利率还可能会延缓美联储的加息节奏。支持负利率并认为已初见成效的学者则倾向于认为，负利率是应对金融危机的重要工具，它能有效降低实际利率，刺激银行增加信贷供给，提升企业信贷需求和全社会总需求。而且，负利率对银行业的影响其实没有那么严重，相反，它有助于缓解银行信贷收缩、抵御通缩风险和稳定汇率。可见，人们对备受争议的负利率政策的看法大相径庭，只有更多的实践和更好的效果才能彻底打消人们的担忧，而在这种担忧被打消之前，它注定还会扰动金融市场和实体经济的表现。

第四，美国进入“特朗普时代”对全球和中国究竟意味着什么，是否会更糟糕？之前几乎不被所有精英阶层看好的“政治疯子”特朗普当选美国总统是个超预期事件，在美国和全球引起了很大的反响。从人们对于特朗普的分析和定位来看，反建制、反全球化的民粹主义、排外、内视的孤立主义、封闭的贸易保护主义、仇外的新国家主义、种族主义以及商业利益至上的务实主义等等，都是其鲜明的标签。未来特朗普政府的政策，仍需持续观察和评估，事态还在演变，不确定性很大。尤其是特朗普的经济政策，包括以减税和增加基建投资为主要内容的财政扩张政策、促进金融自由化、削弱金融监管的金融政策，反对自由贸易，主张保护主义的贸易政策等等，不确定性很大，仍将困扰全球投资者，这是一个对美国和全球经济未来发展影响很大的变量。在大选之前就有部分华盛顿智库的学者们认为，如果特朗普当选，未来中美关系前景不乐观，特别是中美经贸关系有可能出现倒退。这真是一个让人悲观和不安的信号。

第五，意大利、法国将陆续引爆风险，欧洲一体化再迎考验，倒退不可避免，解体有无可能？意大利将于 2016 年 12 月 4 日举行宪法公投。主流民调机构显示，反对宪改的民众比例超过支持民众比例，公投失败概率较高。若公投失败，现任伦齐内阁将辞职，意大利政局短期趋于混乱。若最终以提前大选方式结束乱局，“反欧元区”的党派五星运动党或有望赢得大选，它上台后“退欧元区”公投或难避免，意大利政局或趋混乱、欧元区风险再起。“五星运动”政党在政治主张上反全球化、反建制。若其夺得执政权将对欧盟、欧元构成猛烈冲击。“五星运动"之前就曾表态，将就意大利的欧盟成员国身份举行公投。一旦意大利公投失败，随之而来的银行坏债问题集中爆发，对意大利的经济和欧洲金融体系将造成致命性的打击。若意大利银行崩盘，欧洲银行和融资市场将被“血洗”，经济增速和物价都将下滑，欧元兑美元跌破平价或许已只是时间问题，欧洲经济严冬将至。此外，2017 是欧洲选举年，法国国民阵线、德国新选择党、西班牙社会民主力量，每个激进党派都含有特朗普主义基因。欧洲后续风险的持续释放，将导致欧元兑美元保持弱势或阶段性贬值，美元被动走强、人民币兑美元贬值压力加大。

二、中国经济陷入“L”型预期下“资产负债表衰退”的风险在加大

（一）“L”型增长已成为全社会的一致“悲观”预期

2016 年上半年中央权威人士提出中国经济增长走势是“L 型”，这意味着中央对于未来五年——“十三五”期间，中期内经济将处于中高速的稳定增长。但是，一时间，目前经济究竟是位于“L 型”的左半边还是右半边，经济大致何时能够见底企稳，引起了社会的广泛讨论，至今尚无定论。一个十分尴尬的问题是：如果未来五年经济增长中枢不能保持在 6.5% 以上，将会影响到中央所确定的全面小康社会目标的实现——“到 2020 年 GDP 比 2010 年翻一番”。

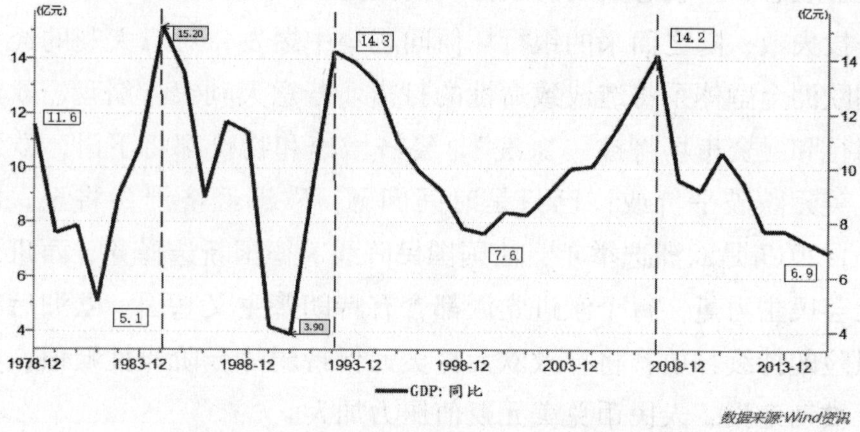

图3　中国经济周期性波动的中长期视角：1978 年以来的历史回顾

始于2007 年的这一轮周期是中国改革开放以来无比艰难的一个周期，是依旧看不到底部的一个周期。这一轮周期迄今已运行了 8 年，波峰是 2007 年的 14.2%，波谷似乎还未真正探明，2014 年实现 7.4%，2015 年实现 6.9%。此轮下行已整整 8 年，是四次回落中历时最长一次，下降幅度为 7.3 个百分点，拦腰一半，仅次于第二次回落。尽管这次下降幅度并非最大，但持续时间最长，且下降还在进行中，2016 年的增速将创出自 1991 年以来的新低。这一轮周期显示：中国经济正处于向新常态的过渡阶段，正从高速向中高速换挡减速。

短期内，中国依然面临资产负债表衰退的极大可能性。这是指企业在经济景气时在乐观情绪支配下过度负债，一旦经济逆转（例如发生金融危机）资产急剧缩水，导致出现净资产为负的窘况。为了扭转资不抵债的状况，企业的经济行为就会由追求“利益最大化”转变成追求“债务最小化”，大量企业把大部分利润用于还债，而不会用于再投资，更不用说向银行借钱来投资了。这会造成经济衰退加剧。这种企业为修复资产负债表而导致的衰退，就是所谓的资产负债表衰退。

中国的资产负债表衰退的几个信号：

第一，7月份“非金融企业”贷款10年来出人意料首次下降，新增贷款基本上都去了房地产，这是一个危险的信号，它反映了在这种不断上升的债务压力下，银行和企业行为都会发生变化：银行发放贷款更加谨慎；企业部门主动或被动修复资产负债表：好企业更加保守，宁可放弃贷款机会以增加财务安全度；僵尸企业虽然渴求贷款，但银行已经做好了切断资金供应的准备。

第二，中国政府被迫宣布对地方政府进行“债务置换”，允许地方政府发行利率更低的债券来延缓爆发债务危机的危险。

第三，M1和M2增速差距的扩大：从2015年3月至2016年7月，M1同比增幅从2.9%一路升至25.4%。M1和M2增幅之差已达15.2个百分点，接近2009年底的历史峰值。“宽货币”未能传导至“宽信贷”，表明银行体系新增的流动性更多以活期存款形式趴在企业账上，而未能转化为投资动能。

国际经验表明，在发生资产负债表衰退的情况下，宽松的货币政策并不能提振实体经济企业贷款的意愿，只能刺激资产价格泡沫。为此，可能只有大规模减税才能真正对实体经济生产积极影响。

基于上述逻辑和分析，对未来经济增长的波动情况，笔者给出三个情景判断：

基准情景：短期（1—2年）仍将继续下滑探底至6%左右，中期（5年左右）有望在6%—7%区间内企稳筑底反弹，长期（5—10年以上）逐步下一个台阶回落到4%—6%之间震荡。

乐观情景：短期快速企稳反弹至7%以上，中期在7%—8%的区间内波动，长期则缓慢回落至6%—7%区间内震荡。

悲观情景：短期快速下滑探底至5%左右，中期仍然难以止跌企稳，长期在低速3%—4%左右的位置见底并在低位震荡。

长期经济增长中枢回落幅度有多大，则取决于以下影响因素的对比和变化情况。主要确定性因素有：人口老龄化导致劳动人口比重持续下滑、资源与环境约束；主要不确定性因素包括：去产能、去杠杆、去库存的进展，改革进展，创新步伐和技术进步程度，人力资本改善程度、外需恢复程度，宏观经济政策稳定（松紧）程度，等等。

（二）未来中国经济面临的主要不确定性或风险点：投资下滑、房地产泡沫膨胀和政策稳定性减弱

一是中国民间投资断崖式下滑何时是尽头？1—8月，民间固定资产投资一路下滑，从2015年年底的10.1%快速回落到2.8%，且仍未有丝毫止跌企稳的迹象。从需求端来看，民间投资占全部投资比重超过六成，其增速明显放缓对投资全局的影响格外明显，民间投资增速能否回升成为全年和未来稳增长的关键因素。尽管政府对此忧心忡忡，相关部门连发多项刺激政策，国务院更是派出督查组进行专项督查。但换一个角度观察，民间投资减速是我们推进去产能、去杠杆的必然结果，是民营企业家在当前不景气的经济背景下的理性选择，也是企业预算硬约束的正常表现，恐怕不能简单地理解为坏事。M1高增长而M2低增长就是这一情景的货币表现。在全球经济减速、需求不振的情景下，企业家怎么可能还逆势而动、加码投资、增加杠杆？这不是飞蛾扑火吗？一方面我们要求企业去产能、去杠杆，另一方面我们又要他们去扩大投资、加杠杆，这不是自相矛盾吗？对投资减速要理性看待，不宜过度刺激，小心再一次好心办坏事。

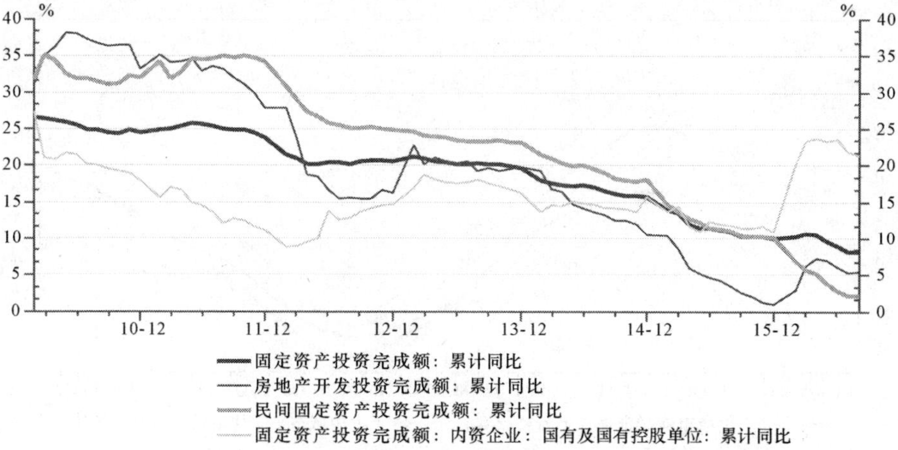

图 4　中国不同类别的固定资产投资同比增长情况

数据来源：Wind 资讯。

二是房地产市场整体高泡沫风险何时能得以化解？过去一年来，出于稳增长的需要，各项政策稳步放松，加上改善性需求和投资性需求共同存在甚至相互强化，房地产部门出现了较为显著的企稳回升。同时，整个市场存在着高价格、高杠杆以及高度金融化的风险特征。房地产企业和居民部门都呈现加杠杆。不管是房地产企业开发贷款类的加杠杆，还是居民部门抵押贷款类的加杠杆，未来如果强行或快速去杠杆，都将直接冲击房地产部门自身以及银行等金融部门，容易引发房地产市场体系的信用违约风险，并向银行部门以及其他相关部门传递。总之，房地产市场整体蕴藏着较大的风险。

房价上涨背后同样是供给和需求两方面的作用。需求方面的最大推手是广义货币增长。因为广义货币增长比较完整地覆盖了潜在购买力增长。宽松的货币条件带来了对房屋更高的支付能力，货币增长可说是房价上涨的温床。

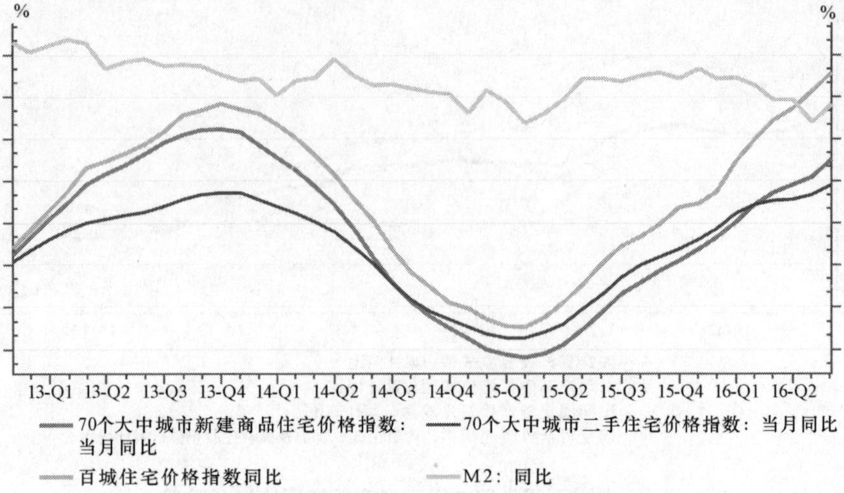

图5　中国住宅价格指数与M2同比增长情况

资料来源：Wind资讯。

供给方面的最大推手是土地供应。土地价格是大城市商品房价当中最重要的组成部分。显而易见，中国城镇住宅建设用地供应量过少。中国只有0.89%的土地被用作城镇建设用地，仅0.3%可用作建设住宅，这一比例在美国分别为2.7%和1.4%，在日本分别为5%和3%。

城镇住宅用地的供给不足在人口流入的一线城市中更加突出，且近年内进一步恶化。2009—2015年期间，中国一线城市的住宅土地供应2009年的超过2000万平方米下降到2015年1455万平方米；而与此相对应的住宅工地楼面均价从不足6000元上升到1.1万元。一线城市住宅用地价格上涨超过房价上涨，成为高房价的根本推手。

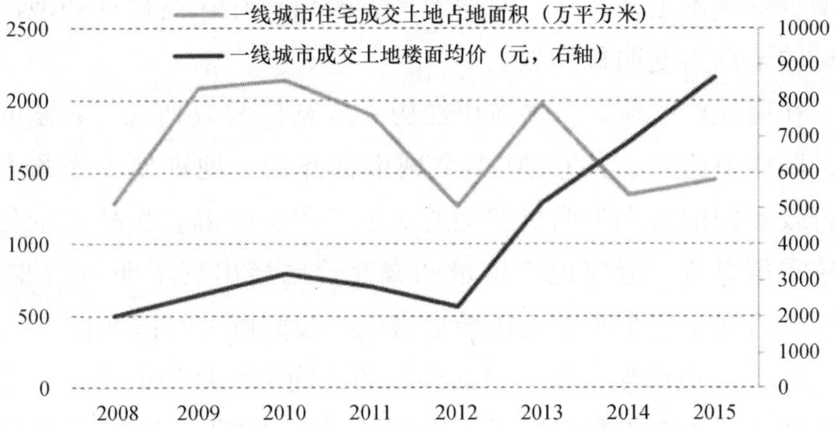

图 6　一线城市住宅土地供给下降，土地价格翻番

数据来源：国家统计局。

三是国内宏观经济政策能否保持稳定和可预期？中央一再强调，用稳定的宏观经济政策稳定社会预期。对比过去 10 年间中美两国的宏观经济政策，可以很清晰地看出，政策是否稳定、不翻烧饼、不瞎折腾，在很大程度上决定着宏观经济运行和社会预期的稳定与否。从 2016 年上半年我国各项政策的频繁变动来看，显然还远远谈不上稳定，政策翻烧饼和瞎折腾现象仍时有发生。

以货币政策为例，一季度摇摆，二季度明晰。1 月 4 日，权威人士第二次表态：稳健货币政策要灵活适度，绝不要随便放水。股市暴跌。但令人意外的是，2 月末央行突然降准，3 月份政府工作报告中，居然把 M2 的增速目标超预期调高至 13%。这分明是货币宽松和货币政策大放水的信号！结果，1 季度的新增贷款达到 4.61 万亿，比 2009 年推出四万亿投资计划时的贷款规模还多。5 月 9 日，权威人士第三次发声：强调货币政策对经济的拉动效应递减，再不去杠杆，将引发系统性金融风险，或导致经济负增长。股市再度暴跌。其后，二季度信贷规模有所收敛，新增贷款额不足3万亿，对房地产、股市等存在高杠杆和泡沫的领域的干预力度明显加强。

在房地产领域，一些城市经历了从宽松刺激到逐步收紧的变化，国庆节前后，共有20多个城市整齐划一地推出了松紧不一的行政干预措施来为明显发烧的房地产市场降温。价格的变化可能还需再等待，但房地产销量和成交价已经出现了明显的波动，预计之后两至三个季度会传导至房地产投资以及经济增长。

再看A股市场，制度层面面临的不确定性是如此之大，令人叹为观止：熔断机制引发了人为的“股灾3.0”，近13万亿市值一个月内灰飞烟灭，仓促推出又黯然取消；言犹在耳的战略新兴板被按下“暂停键”，“十三五”规划《纲要》删除了“设立战略性新兴产业板”的内容；万众瞩目的注册制改革轰轰烈烈启动，经历了两年的争议后，在巨大的市场压力下，止步于2016年的政府工作报告，改革变得遥遥无期。

以上种种，不一而足，这些制度和政策的摇来摆去所导致的不确定性，严重削弱了市场对政府部门的信心，政府公信力不断遭遇贬值。

Baker等学者基于香港《南华早报》的新闻搜索构建的经济政策不确定性指数（EPU）。该指数在2008年以后出现了几个峰值。第一次是2008年到2009年，次贷危机对我国的影响逐渐凸显，政府不得不出台若干应对措施政策，但刺激性政策转化为通胀压力，进一步的刺激空间有限，中国面临政策选择的双重困难。第二次波动出现在2012年前后，一方面是政府换届，领导班子与执政风格出现了一些变化，另一方面欧债危机达到高潮，外部环境的不确定性增加传导到了我国经济内部。第三次波动出现在2015年，中国经济增速达到了25年以来的最低值。另外，股市与汇市的波动也强化了对政策不确定性的担忧。

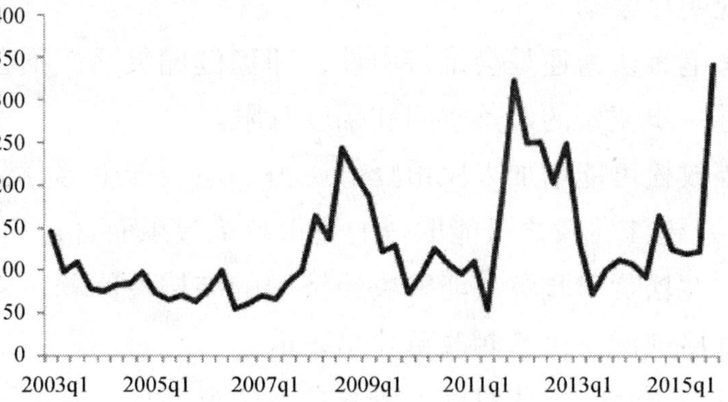

图 7　中国经济政策不确定性指数

三、未来中国短期与中长期经济政策展望

（一）货币政策维持“中性”基调

市场对货币政策的解读不一，各种判断都有。有观点认为是略微宽松的，也有观点认为是中性的。其实，自从 2016 年 5 月上旬权威人士第三次发声之后，应该是非常清楚的。自 2016 年 2 月份降准后，受制于通货膨胀率暂时上升、汇率贬值压力、一二线城市房价快速上涨带来金融风险等因素制约，一季度的全面宽松已经彻底转向中性或稳健取向。

目前，央行 14 天逆回购和 MLF 操作日趋常态化，28 天逆回购也于国庆节前重启，表明未来货币政策料稳健不转向，央行可能更偏重于能提高短期流动性的方式，而非降息降准。央行通过逆回购、公开市场操作、净投放常备借贷便利操作（SLF）和中期借贷便利（MLF）、PSL 等方式向市场投放流动性，使资金面基本保持稳定，银行间市场短端利率除受季末考核因素影响外，并未出现明显波动。

未来笔者认为还是会维持中性，即稳健偏灵活，不会再大水漫灌，进一步宽松的调整空间和幅度有限。

大幅放松可能增加人民币贬值压力，还会催生部分资产价格（房地产）泡沫，较之可能取得的货币政策效果而言，弊大于利。长期看，宽松货币政策不能解决经济中的结构性问题，而只会吹大资产价格泡沫，供给侧改革才是正道。

2017 年的 M2 增速目标大概率会下调至 12%。在 CPI 不超过 3% 的情况下，没有必要收紧货币，但央行降息的可能性也极小，因为市场利率水平还会跟随经济的下行而自然下行。

但是，既不收紧货币，又要实现金融、房地产去杠杆，那么，唯一的选择就是加强管制，就像管汇率一样：既要让人民币渐进式贬值，又要防止外汇大量流失，那只好增强对资本账户的管制。

对监管的强调体现在金融的各个子领域当中。银监会对通道业务、P2P 业务、中短期续存期产品等一系列业务或产品进行了严格规范，房地产的限购政策、土地拍卖和房贷限制等政策都相继出台，目的就是为了去杠杆、挤泡沫；证监会取消了创新部，意味着资本市场的创新要放缓；保监会强化了对万能险的监管。

近期货币政策广泛讨论的一个热点话题：中国是否存在流动性陷阱？有学者和官员分别提出了国企改革陷阱和企业流动性陷阱的说法。这一争论的背景是：狭义货币（M1）和广义货币（M2）增速的“剪刀差”在 7 月份进一步扩大至 15.2 个百分点，表明企业似乎更愿意将活期存款“趴在”账上而不是用于扩张经营，货币异常“活化”。8、9 月略有缩窄，分别为 13.9、13.2 个百分点。

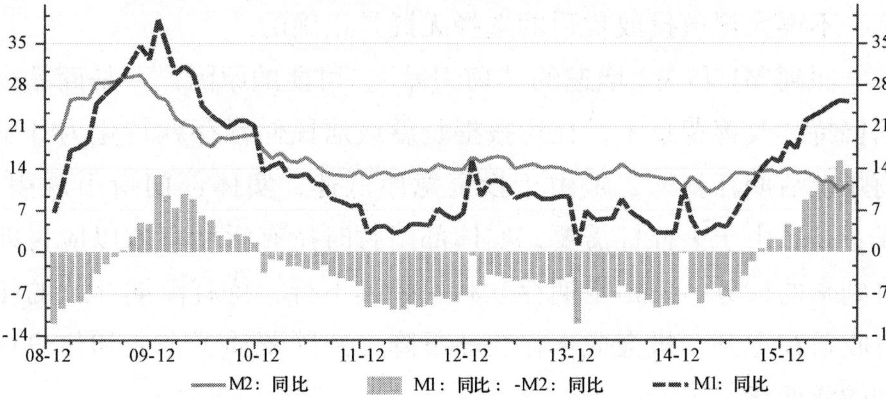

图8　M1、M2同比增长与M1—M2剪刀差

数据来源：Wind资讯。

笔者倾向于认为：虽然目前还不是典型的流动性陷阱，但正朝着这一方向滑去。中国货币政策越来越显得无效或低效。流动性陷阱需要满足的两个条件已经接近于具备：

第一，尽管名义短期市场利率还在2.3%左右，但扣除前九个月2%的物价涨幅，实际利率已经接近0；第二，企业的边际资本收益率在4%左右，但投资边际收益在不断下降。据计算，2015年，去年中国投资规模达到55万亿，固定资本形成额超过29万亿，但新增产出不足5万亿，相当于每投资10元多、或资本形成增加6.7元，才能多产出1元。如果继续下降，甚至接近为零。那么，增加货币供给不会进一步降低利率，企业和居民不会增加投资和消费，从而出现流动性陷阱。

投资效益下降导致货币政策的效应下降，使中国的货币政策处于两难：如果继续增发货币，资金很有可能不进入实体经济，而是选择炒房、炒债券、炒商品，从而引发新一轮资产价格泡沫。如果不扩张货币，经济增长速度会较快下降。

因此，综合各方面因素来看，目前采取稳健或中性的货币政策、不再大规模投放货币的选择无疑是正确的。

回到 M1 和 M2 增速的“剪刀差”，可能的原因：一是商品房销售持续改善背景下，住房按揭贷款或居民储蓄存款转化为开发商账上活期存款。二是由于投资意愿低迷，实体部门持币观望。或者是，由于去杠杆需要，实体部门暂时持有活期存款以应付即将到来的债务。三是定期存款利率持续下行，持有活期存款的相对收益在上升、机会成本在快速下降，共同驱动了企业和住户存款的活期化。

（二）财政政策扩张空间较大

货币政策低效，必然要求财政政策继续扩张。扩张的空间是否存在？

国际通用的赤字率标准出自欧盟的《马斯特里赫特条约》：3% 的财政赤字率和 60% 的政府负债率。我国是目前世界各国中罕见、少有的赤字水平和债务率始终保持在 3% 和 60% 的红线以下的国家，尽管安全却没有充分发挥财政对于经济的作用。

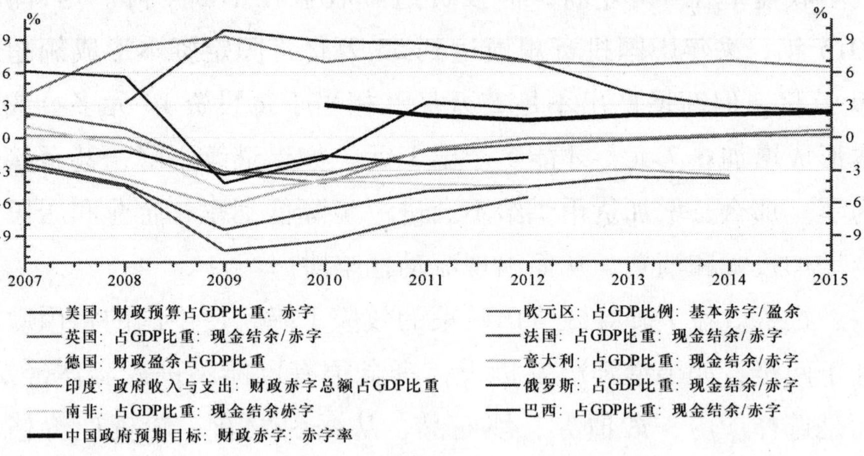

图 9　全球主要经济体赤字率情况

数据来源：Wind 资讯。

近一年来，多位政府官员已经频频吹风，透露出政府下一步继续扩大赤字的想法。财政部副部长朱光耀表示：从金融危机的教训中，需要考虑传统的经济学理论是否要做调整，3%的财政赤字率红线、60%的负债率红线是否可以反思调整。赤字率反映的是国家政策，3%的赤字率是否为红线需要根据各国国情来判断。央行调查统计司司长盛松成称：把财政赤字率如果提高到3%以上，到4%，甚至于5%都问题不大。

当前，无论是去杠杆、去产能还是化解资产泡沫，在进行的过程中都必然存在着或大或小的风险。

目前化解风险的最好办法是让风险相对比较小的政府部门帮助一些风险较大的部门，分担这些部门的一部分风险。提高赤字水平可以一定程度的提高政府部门承担风险的能力。

财政政策上加码可以令我国的经济工具更加丰富，也更加精准，同时能够避免货币政策带来的潜在负面效应，应该说这是目前我国有能力实施的最佳选择。主要理由：第一，我们的赤字和国家债务绝大多数都是内债，而不是外债，它相对还比较稳定，我们的外债都不到1%。第二，短期国债比较少，大部分是长期国债，所以短期国债还债的压力比较小。这决定了我们在相当长的时间内，财政赤字可以有所突破。

总之，从国际比较来看，现阶段我国财政赤字率和政府负债率水平仍相对较低，财政政策发力仍有一定的空间；与此同时，我国离零利率或负利率还有距离，法定准备金率较高，货币政策发力也存在一定空间。

面对经济增速下行压力，除了应关注两者对经济的短期刺激作用之外，还应更多地权衡两者在实施过程中潜在的外溢或负面效应。财政刺激对民间投资的挤出效应、公共及国有投资的效率状况等都是制约财政政策进一步发挥效力的重要方面，而货币刺激对实体经济增长的边际促进作用递减以及对资产价格的助推作用递增不容小觑。

另外，我国的信贷金融市场承担了部分公共财政融资的功能，财政与金融两者经常交织在一起。目前我国金融机构的资金也倾向于流入地方政府融资平台等具有地方政府信用担保和刚性兑付预期的企业。也就是说，当现实中的财政政策十分积极时，货币政策其实也很难做到真正的稳健。因此，尽管我们一再强调不再大水漫灌，当前中性稳健的货币政策仍然面临着进一步放松的巨大考验。

（三）供给侧结构性改革仍需加快步伐

第一，行政限产去产能存虚假成分，停产、减产不代表有效产能的退出。

在“三去一降一补”五大任务中，去产能摆在首位，其中钢铁、煤炭是重点。从前8个月的情况来看，钢铁、煤炭去产能已取得一定进展，但总体进度并不理想。钢铁方面，1—7月，全国28个产钢地区和中央企业累计完成2126万吨，占全年4500万吨任务量的47%，1—8月累计同比产量仅下降0.1%。而且各个省份进度不一：河北、辽宁等8省工作进度在10%—35%之间，超过十个省份尚未实质性启动。煤炭方面，1—8月累计退出产能1.5亿吨，仅完成2.5亿吨任务量的60%，1—8月累计同比产量仅下降10.2%，内蒙、广西等地工作刚刚启动，很多地区四季度安排任务量占全年50%以上。

少数地区对去产能工作的重要性、紧迫性认识不足，担心去产能影响经济发展。有的地区和企业因为最近钢铁煤炭价格回升较为明显，包括部分一二线城市房价出现了较快上涨，都使得去产能决心出现动摇，价格回暖潮暗藏复产隐忧。已经减产、停产的企业已经有意复产，这无疑增加了化解过剩产能的难度。8 月份，589 种产品中有 350 种产品同比增长。其中，钢材同比增长 4.0%；水泥增长 1.0%；十种有色金属增长 1.2%；乙烯下降 8.1%。

根据国务院确定的目标：钢铁行业未来五年时间将压减粗钢产能 1—1.5 亿吨；煤炭行业 3—5 年内退出产能 5 亿吨，减量重组 5 亿吨。2017 年任务依然艰巨。

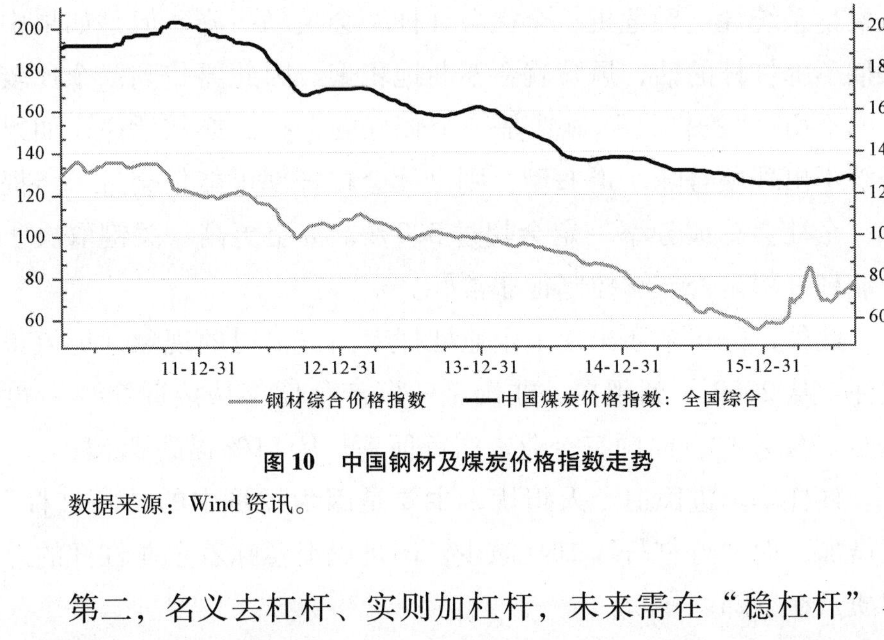

图 10　中国钢材及煤炭价格指数走势

数据来源：Wind 资讯。

第二，名义去杠杆、实则加杠杆，未来需在“稳杠杆”与“控风险”之间寻求平衡。

对于中国目前总体杠杆率水平的测算各有不同，易刚在 G20 上讲是 234%。社科院国家金融与发展实验室研究显示，截至 2015 年底，全社会债务率为 249%，其中，居民部门债务率约为 40%，宽口径统计，非金融企业部门债务率 156%，政府部门债务率约为 57%。

2016 年，加杠杆速度并未慢下来，2015 年债务增速为 9%，若今年仍为 9%，则按社科院的 250% 的债务率计算，今年的债务率就会达到272.5%。并且，据估计，今年企业部门的债务增速应该还是两位数的；居民新增房贷规模肯定会超过去年，居民加杠杆速度远远胜过企业；中央加杠杆和地方加杠杆也都十分明显。也就是说，2016年全社会的杠杆率的增速不仅没有下降，而且还有加速势头。

因此，现在管理层有个说法叫“短期要稳杠杆”，笔者认为这个观点非常符合实际，因为目前杠杆率水平仍在快速上升，若能稳住，不让它上升就已经不错了。杠杆是个非常复杂的问题，如果把杠杆降得太快，可能会降低经济增速，造成就业的问题甚至发生系统性金融危机，全社会杠杆率会被动下降。但是如果中长期不降杠杆的话，风险就会不断地积聚。因此要找到一个比较好的平衡，“稳杠杆”显然是一个较好的选择。换句话说，如果经济不出现硬着陆，走L型，则全社会杠杆率可能仍会进一步提升，全社会总债务率一定会超过300%，甚至更高，关键取决于企业杠杆率是否能够控制得非常好。

此外，近年来还出现了企业杠杆率国进民退的现象，更值得关注：从2009年到现在，非国企的资产负债率从接近60%一度降至37%左右，而国有企业资产负债率却从51%提高到53%。

杠杆率国进民退令人担忧，主要是因为经济中的“坏杠杆”在增加，而“好杠杆”却在减少。国进民退意味着企业杠杆的总体质量在下降。

第三，以加杠杆、涨房价去库存不可持续，房地产市场仍旧面临下行风险。

当前中国房地产市场呈高度泡沫化的趋势，主要是两大诱因：从供给侧来看，显然住宅用地供给不足。大城市，尤其是一线城市，真正用于居民居住用途的土地占比还是偏低，生产建设用地占比较高。从需求侧来看，房地产市场已经成为类金融市场，房价上涨也就具有了金融特性，是一种典型的货币现象，货币超发和低利率刺

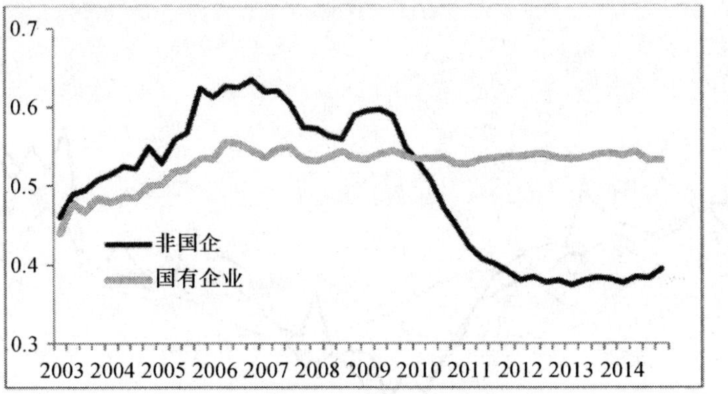

图 11 中国杠杆率的“国进民退”

激了新一轮房价、地价暴涨，过高的流动性推高了房价。

一线城市房价过快上涨，吸引了许多资金流向房地产行业，影响了制造业的投资。而且，房价过高会提升城市生活成本，对制造业转型升级、对创新都不利。中国经济如果未来会硬着陆，那一定和房地产泡沫崩溃有关。

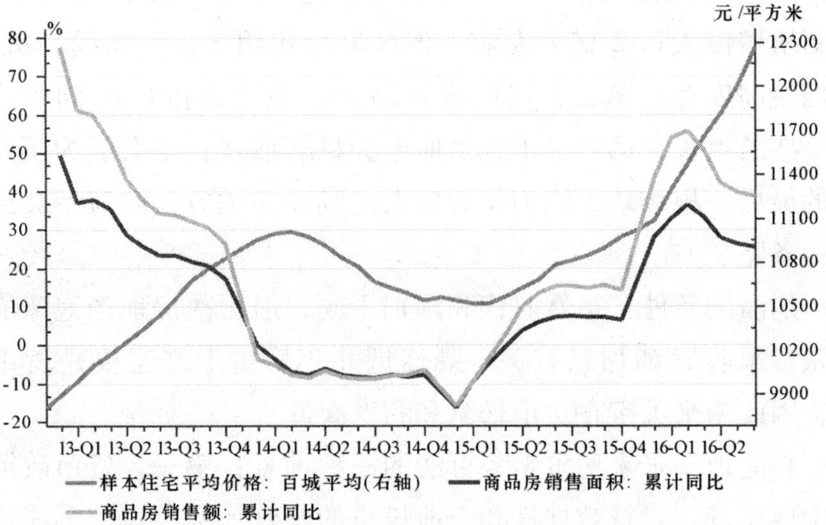

图 12 中国住宅销售及价格同比变动情况

数据来源：Wind 资讯。

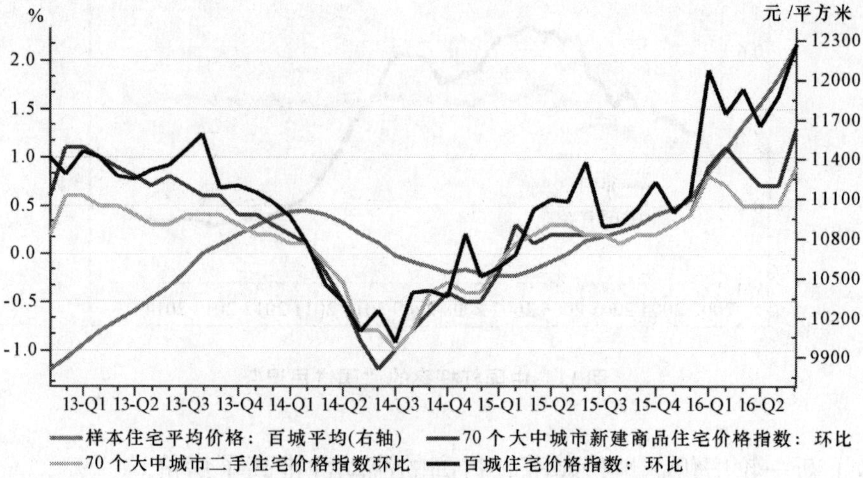

图13　中国新建及二手住宅价格环比变动情况

数据来源：Wind资讯。

支持房价继续上升的若干条件：第一，城镇化率还有上升空间。2015年城镇化率为56.1%，未来还有十多个百分点的空间，将新增城镇人口2亿人左右，但区域分化明显，一二线高房价，三四线高库存；第二，居民收入仍会保持大致和GDP同步或略慢一些的增长；第三，土地供应不会显著放量，不会成为压死骆驼的最后一根稻草，因为作为最大的利益相关方，政府不会选择这一条路。

崩溃的条件：虽然时代和国别不同，但历次房地产泡沫崩溃都跟货币收紧和加息有关。既然近几年房价上涨主要是货币现象，因此未来关键在货币松紧和利率高低。

相应地，未来房价走势可能的三种前景：第一，货币政策保持中性稳健，对贷款杠杆和土地投机的监管加强，房价上涨接近尾声，高位横盘消化；第二，继续实施衰退式货币宽松，继续货币超发和低利率，则房价可能不断创新高；第三，无论是主动的收紧货币（抑制通胀和资产价格泡沫）还是被动的收紧货币（美联储超预期加息，汇率贬值和资本快速流出），利率上升，房价面临巨大调整压力。

四、因应全球长期停滞、保持中国经济持续稳定增长的若干建议

（一）真正落实五大发展理念，彻底放弃制定 GDP 增速预期目标

鉴于未来经济增速持续下行的可能性较大，今后要么加速推进改革或者被迫强行放松政策、大水漫灌，以确保实现既定目标；要么适时调整和修正这一目标，将增长中枢再稍微放低一些，例如：6%—6.5%，或者，像其他所有成熟经济体那样，彻底放弃制定 GDP 增速的官方预期目标，即不再由政府公布具有指导性甚至是指令性的增长目标，而把这一工作交由权威的研究机构去进行研究、预测、公布及调整，并以其引导市场预期。笔者以为，是时候把我们的目光和注意力从这样一个简单、直观但显然有诸多缺陷、又不全面的指标上移开了。事实上，中央对这个问题的态度已经很明朗。2015 年年底，中央正式确立了以“创新、协调、绿色、开放、共享”五大发展理念作为未来五年中国经济发展的指挥棒，意图彻底抛弃固守多年、单纯追求一个僵化的 GDP 规模与速度的观念。对于处于转型升级历史关键期的中国，应追求高质量、去水分、有效益的经济增长，追求暖人心、惠民生、补短板的经济增长，追求绿色化、低碳 +、可持续的经济增长，而非一味地追求早已不切实际的高速、粗放、低效的经济增长。

（二）通过深化供给侧改革，释放经济新活力，培育经济新动能

加快推进国有企业改革，特别是坚决打破部分行业的垄断，吸引民间资本参与混合所有制改革，增强对经济主体特别是民间资本对未来经济增长的信心；下大力气化解债务风险，平稳推动去产能、去杠杆、去库存，有效遏制愈演愈烈的房地产市场泡沫；降成本需要加大全面减税的力度，继续简政放权，切实为企业真正减负减费；加快着眼于补短板的基础设施投资，加大对传统行业和产业技术改造的投入力度。

（三）有效激发民间投资的巨大潜力和发展活力

中国经济结构调整和可持续发展需要尽快激发民间投资的活力和潜力，提高全社会资金形成和配置效率。让民间资本活力充分释放，需进一步转变政府职能，简政放权，落实负面清单制度，把该放的权力坚决放开放到位，激发各类市场主体的创造力；让民间资本活力充分释放，应强化政策落实和推进，把现有的各项鼓励政策具体化、细化，并有的放矢解决政策执行中的问题；让民间资本活力充分释放，要发挥改革的引领作用，打破垄断，消除各种隐性壁垒，拓宽民间投资领域和空间，推进融资渠道市场化，提振民间投资信心，提升资本回报率；让民间资本活力充分释放，必须坚持市场导向、市场驱动，让市场来选择新技术、新产品、新业态、新模式、新增长点，让传统产业加快升级、新兴生产力加快成长，让一切聪明才智竞相迸发、一切创新源泉充分涌流。

（四）加强宏观经济政策协调与预期管理

在推动供给侧结构性改革的同时，仍需重视需求侧管理，为防止经济失速滑出合理区间，有必要保持一定强度的逆周期刺激力度，以不断激发内需的巨大潜力。就宏观经济政策而言，应以扩张性的财政政策为主，以稳健中性的货币政策为辅，实施逆周期的相机调控，加大稳增长的力度。中央政府继续扩大中长期国债发行，加大赤字力度，有效承接地方政府和企业杠杆的转移。同时，注重与主要经济体在宏观经济政策方面的协调与沟通，加强对国内投资者和公众的预期管理，增强政策的稳定性和可预期性；加强对跨境资本流动的监管，引导人民币适度贬值，以舒缓国内实体经济的困难。

（五）加快实施创新驱动战略，以创新驱动和引领未来经济发展

实施创新驱动发展战略，要增强我国自主创新能力，完善创新的体制机制，不断提高全要素生产率，加快培育发展新动力，拓展区域、产业、基础设施建设等发展新空间，逐步形成内生发展的强大动力。必须加大科技投入和科技成果应用，力争在基础科技领域有大的创新，在关键核心技术领域取得大的突破，把科技创新真正落到产业发展上；千方百计激发企业内在创新动力，使企业真正成为技术创新决策、研发投入、科研组织和成果转化应用的主力军；健全体制机制，培育创新文化土壤，坚决清除影响创新能力提高的制度障碍，严格保护知识产权，创造促使企业不断创新的环境和体制，形成有利于创新性人才脱颖而出的体制机制；集聚创新人才，完善激励机制，加快形成创新型人才队伍，在创新实践中发现人才、在创新活动中培育人才、在创新事业中凝聚人才；加强国际合作，积极主动融入全球创新网络，全面提高我国科技创新的国际合作水平，形成协同创新和开放创新的新格局。

China's Economic Prospects and Policies in the Context of Global Economic Stagnation

Wang Jun

Abstract: At present, the global economy is mired in long – term stagnation, along with the low tide of globalization, "anti – globalization" counter attack, Global economic policy presents the differentiation and great uncertainty. At the same time, the "L" type growth has become the whole society's consistent "pessimistic expectations," China's economy is facing increasing risk of "balance – sheet recession", The future of China's economy is facing the main uncertainty is: The decline in investment, the real estate bubble expansion and policy instability. Looking to the future of macroeconomic policy, Monetary policy will maintain a "neutral" tone, Fiscal policy expansion space is still large, Supply side structural reform needs to speed up. Under the background of global long – term stagnation, In order to maintain sustainable economic growth in China, we need to focus on the following five aspects: To carry out the five development concept, abandon GDP growth goals; by deepening the supply side reform, release New economic vitality, cultivate new economic momentum; effectively stimulate the vitality of the great potential of private investment and development; to strengthen macroeconomic policy coordination and the expectation management; to speed up the implementation of innovation – driven strategy, Drive and lead the future economic development by innovation.

Keywords: Secular Stagnation　Anti – globalization　Supply – side Structural Reform

2016年日本经济形势分析与展望

（中国国际经济交流中心副研究员）逯新红

[摘　要] 2016年日本经济温和复苏。二季度主要在内需的拉动下日本国内生产总值（GDP）增长率为0.2%。然而，自2014年4月上调消费税以来，日本经济数据时好时坏，显示日本经济增长的脆弱性。“安倍经济学”政策之下，2016年日本继续推行量化宽松货币政策并实施负利率政策，但通货紧缩状况并未得到实质性改变，国际避险需求导致日元大幅升值，日本贸易逆差并未有效改善。总体来看，日本经济现状与“安倍经济学”政策目标渐行渐远，“安倍经济学”前景悲观。

[关键词] 日本经济　安倍经济学　展望

一、2016年日本经济形势分析与展望

2016年上半年，日本经济主要在外需的拉动下呈现弱势复苏，然而占GDP比重60%的内需仍然疲弱，拖累了日本经济增长。为刺激经济增长，日本加码量化宽松货币政策，实施负利率

政策，然而政策效果有限，通货紧缩和贸易逆差并未得到实质性改善，海外需求持续不振、美联储加息预期减弱及美元贬值、英国确定脱欧、地缘政治风险等因素导致作为国际避险货币的日元大幅升值，大幅削弱日本出口竞争力，使得日本经济雪上加霜，加剧了日本经济下行风险。

（一）2016 年日本经济整体稳定

1. 2016 年日本经济温和复苏。2016 年日本经济整体呈现弱势复苏状态。主要在内需的拉动下，第一季度和第二季度实际 GDP 环比分别增长 0.5% 和 0.2%；二季度，内需贡献了 0.4 个百分点，外需拖累经济增长 0.3 个百分点。在海外需求持续不振、全球金融市场动荡、日元升值等叠加因素影响下，未来日本经济下行压力加大。

外需不振。由于外部需求放缓，特别是亚洲外部需求不振，以及日元升值和油价上涨推升企业成本，削弱了日本出口企业的国际竞争力，导致日本出口大幅下滑。8 月，日本贸易逆差 192 亿日元，出口同比下降 10%，为 2015 年 10 月以来连续 11 个月大幅下滑。

内需有所改善但整体上仍然疲弱。二季度占 GDP 比例高达 60% 的个人消费需求环比上涨为 0.7%，相比 2015 年四季度环比下滑 0.8% 有所改善。由于经济前景不确定性增强，企业不愿增加投资，这将制约日本经济的增长。尽管日本政府再次推迟上调消费税率的时间，但由于日本企业利润减少并对经济前景持谨慎观望态度，导致投资意愿下降，给员工加薪的动力不大，因此，个人消费难以得到有效提升。这表明，日本消费有所复苏但是势头并不强，消费者信心指数仍处于 50 以下，表明消费者对本国经济前景悲观多过乐观。因此，内需疲弱态势并未彻底转变，日本经济复苏基础仍然脆弱。

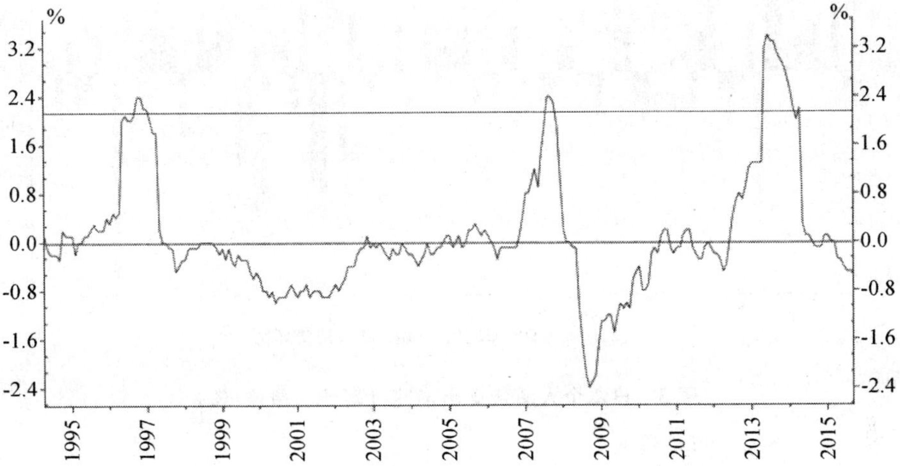

图 1　日本核心 CPI 走势图（同比，单位:%）

数据来源：Wind 资讯。

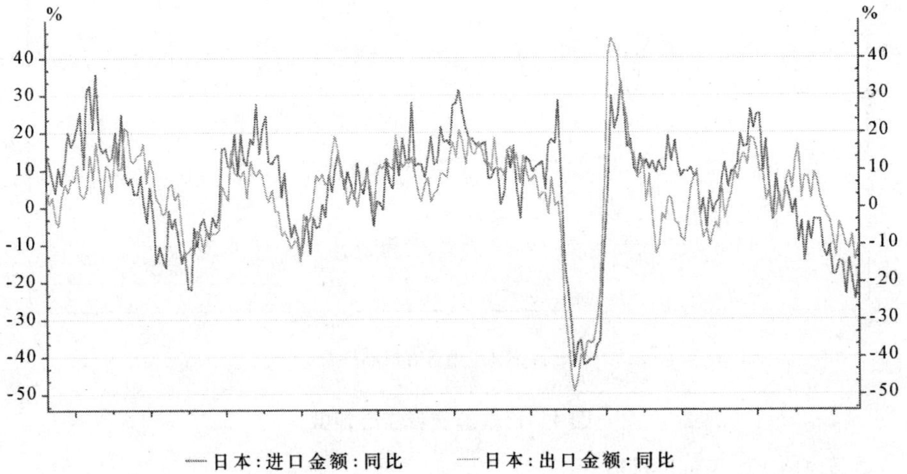

图 2　日本进出口同比增速（单位:%）

数据来源：Wind 资讯。

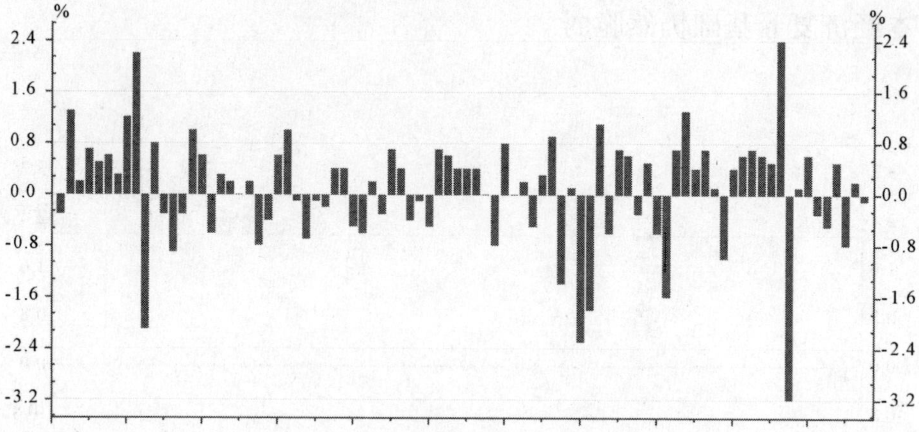

图3　日本个人消费支出增速（环比，单位：%）

数据来源：Wind资讯。

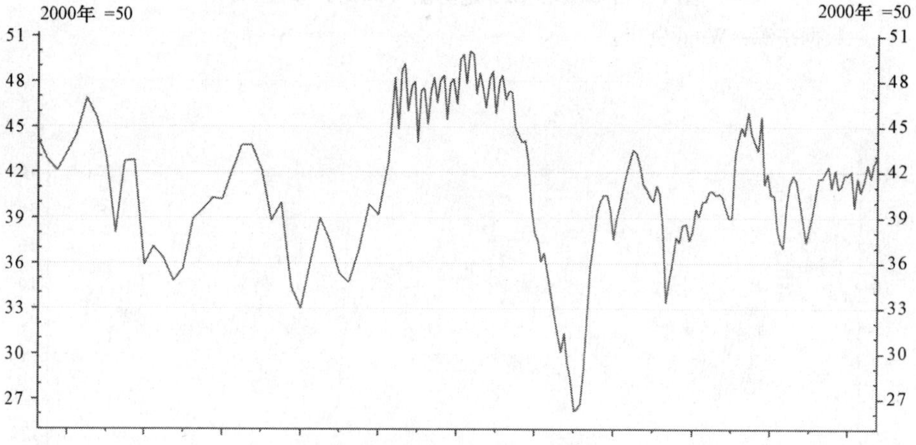

图4　日本消费者信心指数

数据来源：Wind资讯。

2. 日本加码量化宽松货币政策，通货紧缩状况并未得到实质性改变。金融危机以来，为刺激经济，多数国家纷纷采取量化宽松货币政策和低利率政策，对世界经济的复苏起到了一定的推动作用。然而世界经济复苏仍然乏力，2016年以来，主要国家继续加码量化宽松，甚至采取了负利率政策，就目前来看，政策效果尚未显现，并没有达到预期效果。比如美联储2015年底加息之后一直维持基准利率在0.25%—0.5%不变，受英国脱欧等因素的影响，美联储加息预计延迟到12月份。欧央行2016年3月加大量化宽松力度，将主要再融资操作利率、边际贷款便利利率和存款便利利率分别下调至0%、0.25%和—0.40%，4月起扩大资产购买规模至800亿欧元。英格兰银行上半年维持0.5%的基准利率和3750亿英镑的资产购买规模不变。英国公投脱欧事件之后，英格兰银行8月决定下调基准利率至0.25%，将资产购买计划的存量规模增至4350亿英镑①。

随着主要发达经济体货币政策分化有所缓和，新兴市场经济体货币政策继续分化。中国下调存款准备金率0.5个百分点，两次下调中期借贷操作利率，引导中长端利率下行，降低个人投资者认购大额存单的起点金额，初步形成“收盘汇率+一篮子货币汇率变化”的人民币兑美元汇率中间价形成机制。俄罗斯、韩国和印尼央行小幅调降指标利率，乌克兰、土耳其和匈牙利央行均连续多次调低指标利率。为应对国内通胀压力，哥伦比亚在上半年内连续5次上调指标利率共125个基点至7.5%，南非储备银行两次上调政策利率共50个基点至7%，埃及央行上调100个基点至11.75%②。

日本央行于2016年1月底引入负利率政策，将金融机构存放在日本央行的部分超额准备金利率降至—0.1%；7月底决定进

① 中国人民银行：“2016年第二季度中国货币政策执行报告”，2016年8月5日。

② 中国人民银行：“2016年第二季度中国货币政策执行报告”，2016年8月5日。

一步加码量化宽松政策，扩大交易所基金（ETFs）购买规模至每年6万亿日元，扩大美元借贷项目规模至240亿美元（之前为120亿美元）；9月日本采取新的政策框架，货币政策引入“附加收益率曲线控制的量化质化宽松”，以长短期利率作为政策调控目标，即以利率而不是基础货币为目标。日本央行自2013年4月启动量化宽松政策至今已三年，希望通过“超级量化宽松政策”来实现2%的通货膨胀率。剔除2008年全球金融危机影响和2014年上调消费税影响，1999年至2013年日本深陷通货紧缩泥潭长达15年，日本消费者物价指数（CPI）和核心CPI基本位于零及以下水平。2013年实施量化宽松货币政策以来，短期影响显著，2014年日本CPI达到2.7%，核心CPI上涨2.6%。然而，随着量化宽松货币政策效果递减，2015年日本CPI仅为0.8%，核心CPI只达到0.5%，与央行2%的政策目标相距甚远。由于现状离安倍政府视为首要课题的摆脱通缩目标渐行渐远，市场预期日本央行可能进一步扩大量化宽松货币规模。

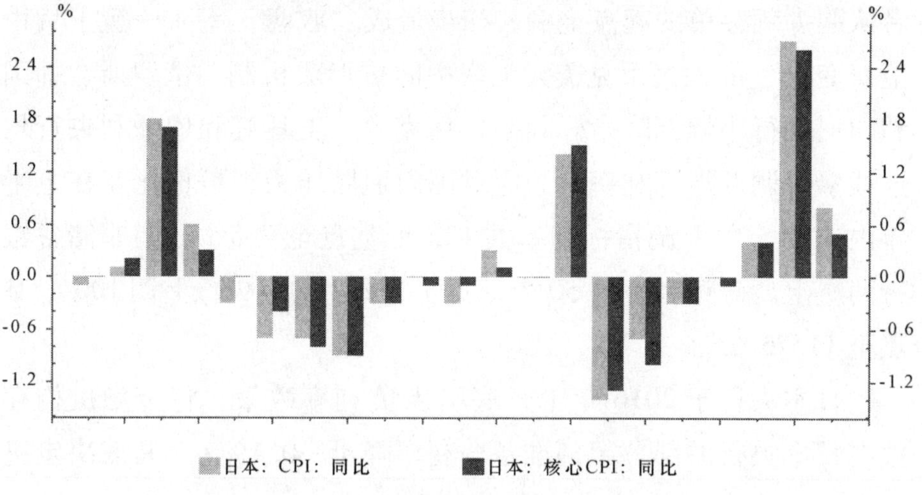

图5　日本长期处于通货紧缩之中

数据来源：Wind资讯。

3. 国际避险需求影响日元大幅升值。日元作为避险资产大幅升值，汇率创新高。日本超级量化宽松货币政策导致日元大幅贬值，2013年4月—2015年12月，日元汇率由94日元/美元贬至122日元/美元，累计贬值高达23%。2016年以来，尽管日本加码量化宽松货币政策，但在负利率政策和国际避险需求的影响下，日元大幅升值。英国脱欧可能引发一系列多米诺骨牌效应，全球经济金融风险加大，日元作为避险货币将面临更大的升值压力。若日元进一步升值，将损害日本出口企业的盈利能力，抑制日本经济增长，因此，日元进一步升值的空间不大。

图6　日元汇率走势

数据来源：Wind资讯。

4. 国际油价持续低位，日本贸易逆差有所缓解。市场供需矛盾逐步修复。近两年来国际油价持续走低，当前仍在低位震荡。受供给过剩和美元升值影响，国际油价从2014年6月的115美元/桶跌至2016年1月初的28美元/桶，跌幅高达76%，并跌破金融危机时的最低点位，目前仍处于50美元/桶的历史低位。2016年在低油价和高成本的影响下，美国原油产量下降，原油市场供需再平衡已经启动。然而在全球经济增速放缓的大背景下，需求增长依旧疲弱；受西方解除对伊朗制裁、新能源开发、化石能源效率提升、美国时隔40年再次向海外出口原油、市场份额之争等因素影响，2016年国际石油供给仍将过剩。在持续增加的供应和高库存的压力下，加上美元升值因素，2016年国际油价总体上仍将维持低位。

国际油价走势不确定性升温。制裁解除后伊朗原油出口翻倍，且已夺回80%的市场份额，市场正在形成的供需平衡格局或被打破。此外，2016年1月，中东地区爆的发地缘政治风险进一步增加国际油价的不确定性。

国际油价持续低位缓解日本贸易逆差。由于国际油价仍处于历史地位，尽管日本贸易逆差有所改善，但并未实质上改变。经济数据表明，2014年1月，日本贸易逆差额达到2.8万亿日元历史最高；在国际油价持续低位和日元升值的影响下，2016年2月份日本实现贸易顺差，贸易顺差额连续3个月不断扩大，2016年4月，日本贸易顺差额达到8206亿日元。然而，受外部需求放缓和日元升值影响，5月和8月日本再度出现贸易逆差，预计逆差额将进一步扩大。

5. 日本失业率处于历史低位，有效求人倍率创新高。2016年8月日本失业率为3.2%，7月份失业率一度将至3.0%，为1995年以来的最低水平。日本失业率大幅下降得益于日本经济的整体复苏，以及日本政府2014年出台的新版经济增长战略和鼓励女性工作的政策效果开始显现，更多的人特别是女性开始寻找工作机会，2015年女性就业率达到48%，处于历史较高水平。2016年8月，日本有效求人倍率为1.37，远高于2014年的1.11

和 2015 年的 1.23，这意味着每对应 100 个求职者就有 137 个就业岗位，表明用人需求旺盛。

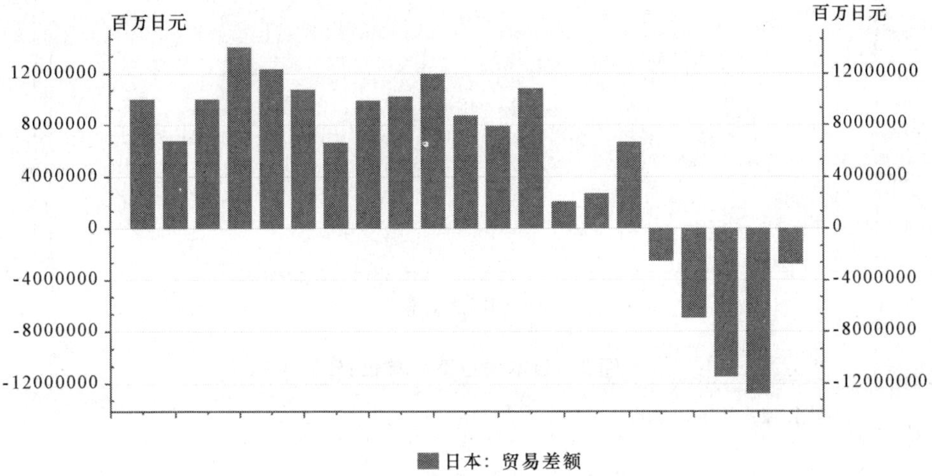

图 7　日本贸易差额（单位：百万日元）

数据来源：Wind 资讯。

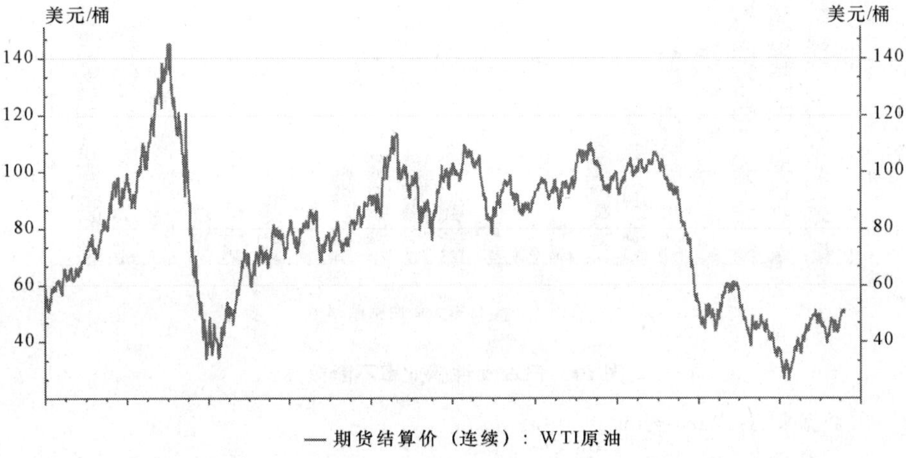

图 8　国际油价持续低位

数据来源：Wind 资讯。

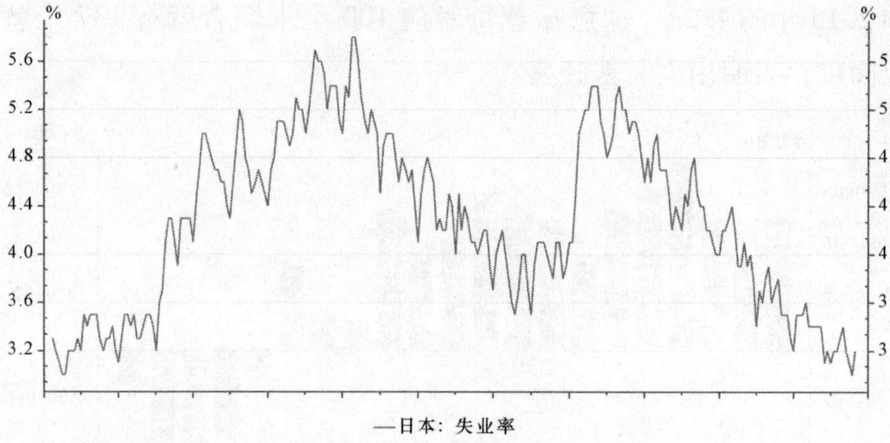

图9　日本失业率（单位:%）

数据来源：Wind 资讯。

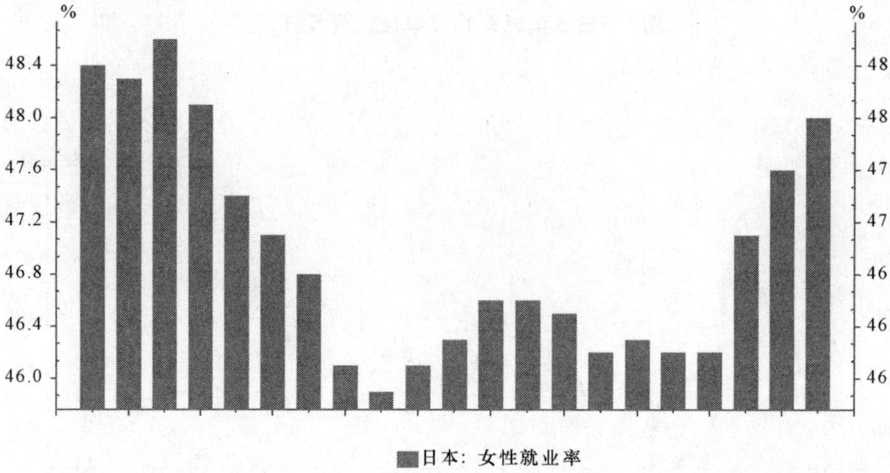

图10　日本女性就业率不断提高

数据来源：Wind 资讯。

（二）未来日本经济呈温和扩张趋势

尽管日本经济仍面临诸多内外风险，经济下行压力加大，但是日本延迟上调消费税和经济刺激措施将拉动日本经济增长。日本内阁府10月份发布的月度经济报告称，日本经济仍在温和复苏但仍显疲弱。同时，九个月来首次上调对工业产出的评估，认为工业产出显示升温迹象，预测未来产出将随着全球经济逐步复苏而升温。IMF在最新的预测报告中上调日本经济增长预期，预测日本2016年和2017年的实际经济增长率分别为0.5%和0.6%，相比此前预测分别上调了0.2和0.5个百分点。

二、日本宏观经济政策加速调整

2016年以来，日本政府持续实施量化宽松货币政策，加码量化宽松规模，实施负利率政策，以刺激国内投资和需求，拉动经济增长，其政策效果有待观察。同时，日本再次延迟上调消费税的时间，以期提振内需，促进个人消费，有助于日本内需的恢复。

（一）日本负利率政策效果评估

1. 日本实施负利率政策。2016年1月底，日本央行宣布实施负利率政策，对金融机构存放在央行的部分超额存款准备金实施—0.1%的利率，以促进银行对实体经济放贷，刺激投资和消费，进而推动经济回暖。至此，日本形成了正利率、零利率和负利率“三层利率”体系。即，现有金融机构存放在日本央行的超额准备金（去年12个月均值之下的部分），适用+0.1%的利率；金融机构存放在日本央行的法定准备金、以及金融机构受到央行支持进行的一些救助贷款项目带来的准备金的增加，适用于0%的利率；不包含在上两点范围内的存款准备金将适用于—0.1%

的利率[①]。

2. 日本出台负利率政策的背景因素分析。日本央行2013年推出超级量化宽松货币政策（QE），然而由于银行将QE下获得的部分资金又放回了央行的存款准备金账户，并没有进入实体经济，为刺激银行对实体经济放贷，日本央行推出负利率政策，对银行过多的存款收取“罚金”。通过负利率政策，一是引导贷款利率下行，刺激银行、企业和家庭进行投资和消费。二是引导通货膨胀预期。日本长期陷于通货紧缩泥潭，1999年至2013年日本通货紧缩长达15年。QE政策实施三年多来，2015年核心CPI仅为0.5%，未达到2%的通货膨胀目标，日本央行希望通过实施负利率政策强化其效果，摆脱通货紧缩。三是表明日本央行进一步实施量化宽松的决心，希望未来进一步实施QE政策时，金融机构的资金不要躺在央行的账户上。

3. 实施效果分析。实施负利率政策的有利影响（短期影响）：一是贷款利率下行，促进了国内投资。目前，日本主要银行贷款利率下降至0.95%，住宅金融机构基准贷款利率下行至1.23，住房信贷大幅增加，促进了住房投资需求。公司的融资成本下降有利于促进企业设备投资。二是强化了市场的通胀预期。日本实施负利率政策目标之一是为了强化此前QE政策的通胀效果，并为将来进一步实施QE政策做铺垫。

4. 负利率政策的影响分析。国际方面，日本实施负利率政策加剧了全球货币竞争性贬值态势，加剧了全球金融市场动荡，不利于世界经济企稳复苏。国内方面，负利率政策将削减银行业的盈利能力。据日本媒体报道，负利率实施后，日本三菱日联银

① 江金泽：《日本此“负利率”非彼“负利率，意在督促QQE增量资金进入实体经济》，《华尔街见闻》，2016年1月29日。

图 11　日本长期贷款利率下行

数据来源：Wind 资讯。

行、三井住友银行和瑞穗银行三大主要银行收益预计将减少 2200 亿日元。花旗集团预计负利率政策将严重影响到日本银行的贷款与债券收益率，而这些都是银行业资产负债表中的主要现金流收入来源。同时，鉴于日本央行已表明有需要时将进一步削减利率，收益率的下行压力必然会影响到银行的中期盈利[①]。为此，花旗集团将日本三大行的股票评级下调至“卖出”，市场大量抛售日本银行股。长期来看，日本长期实行低利率和负利率政策将使社会陷入利率流动性陷阱，货币需求利率弹性趋向无限大，利率刺激投资和消费的杠杆作用失效，内需严重不足，使得整个宏观经济陷入萧条之中，不利于日本经济的长期发展。此外，负利率政策的影响将波及日本股市和汇市，造成股价下行，日元升值，对日本经济的发展可谓雪上加霜。

① “负利率给日本银行业带来压力”，《国际商报》，2016 年 5 月 15 日。

（二）日本延迟上调消费税效果评估

1. 经济政治背景。2016 年 6 月，日本将原定于 2017 年上调消费税的计划再次推迟两年半至 2019 年 10 月。延迟上调消费税主要原因在于低迷的日本经济，而作为占日本经济比重 60% 的个人消费需求却萎靡不振，若此时上调消费税将进一步打击国内需求，不利于日本经济复苏。推迟上调消费税的时间是为了避开 2019 年春季的地方统一选举和 2019 年夏季的参议院选举。同时，由于 2020 年夏季将举办东京奥运会和残奥会，此前奥运会筹备需求将拉动国内投资和消费，有利于改善日本经济状况，届时提高消费税率的阻力较小。

2. 产生影响。第一，延迟上调消费税有利于促进内需，能够拉动经济增长。由于日本 GDP 增长 60% 是由个人消费拉动，自 2014 年 4 月上调消费税之后，由于企业加薪幅度有限，国民收入增长乏力，日本国内消费需求持续低迷，个人消费支出增速基本为负或接近零增长，经济增长乏力。厚生省数据表明，2015 年日本员工实际收入比上年减少 0.9%，连续 4 年负增长，实际消费支出继续低于上年[①]。因此，延迟上调消费税有利于促进内需，能够拉动经济增长。第二，不利于日本财政重建。IMF 数据显示，2016 年日本财政赤字率达到 5.2%，公共债务达到其 GDP 的 250%，延迟增税不利于日本财政重建。日本政府原计划在 2020 年实现财政盈余，然而，由于财政支出的主要部分如社会保障、国债偿还和地方财政补助等方面难以削减，财政收入方面企业税收将随着公司税率的下调而减少，增加消费税成为提高财政收入的有效办法。随着增税的延迟，将加剧日本政府的财政困境，实

① 田泓："日本经济走向技术性衰退"，《人民日报》，2016 年 4 月 8 日。

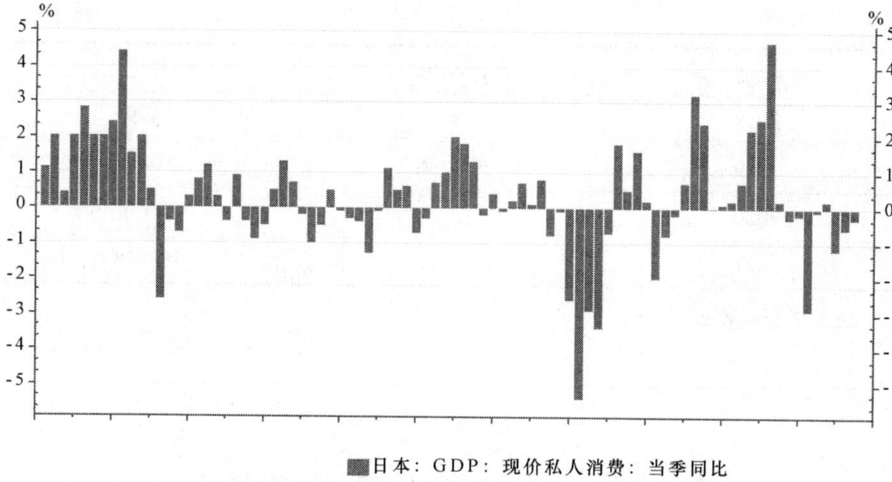

图12　日本个人消费支出增速（单位：%）

数据来源：Wind资讯。

现日本财政重建的目标将十分困难。第三，日本将面临信用评级下调的风险。日本政府两次推迟上调消费税，使得日本政府面临政府失信风险。推迟上调税率基本上形同放弃财政改革，向市场传递出安倍经济学失败的信号，若政府不能对如何削减财政赤字作出解释，拿出重建财政的清晰蓝图，日本将面临主权信用评级下调风险。若日本主权信用评级被调降，将推升企业的海外融资成本，导致企业融资环境恶化。

表1　IMF预测日本赤字率和债务比例

年度	赤字率	债务比例
2013	-9.51	243.54
2014	-7.09	245.05
2015	-5.93	245.9
2016	-5.21	250.35
2017	-5.14	253.03

续表

年度	赤字率	债务比例
2018	-4.43	254.95
2019	-3.86	254.7
2020	-3.21	254.5
2021	-3.15	253.88

数据来源：Wind资讯。

三、安倍经济学政策效果评估

2013年4月，日本推出旨在摆脱长期通缩的“安倍经济学”。其中提高消费税措施是其重要一环，以期改变日本国内通货紧缩状况，削减公共债务，推动结构性改革。“安倍经济学”政策的短期效果明显，在宽松货币政策的引导下，日元大幅贬值，股市大幅上涨，出口企业获利颇丰，日本经济出现短暂复苏。然而，2014年日本上调消费税以来，日本经济数据就像“过山车”一样时上时下，经济复苏遥遥无期，显示日本经济增长的脆弱性。尽管日本政府两次推迟再次上调消费税，并未能有效提振内需，内需疲弱是制约日本经济复苏进程的重要因素，经济数据表明日本经济可能再次出现紧缩，股市和日元走势与政策目标背道而驰，”安倍经济学”面临实质性失败结局。此外，日本央行加码量化宽松货币政策，实施负利率政策，期待银行向实体经济注入更多资金，达到抬高物价、刺激经济的目的，市场普遍认为，这是“安倍经济学”金融政策陷入僵局的表现。

（一）旧“三支箭”效果消退

1. 旧“三支箭”出台背景分析。[①] 2012年末安倍上台以来，安倍政府推出了以大胆的金融政策、灵活的财政政策和成长战略“三支箭”为核心的一系列新经济政策，统称为“安倍经济学”。第一支箭旨在消除通货紧缩，第二支箭以在短期内支撑日本经济、中期内实现财政健全化为目标，第三支箭旨在扩大投资和提高经济增长的结构性改革，是安倍经济学的核心部分，也是最难落实的部分。2013年，安倍经济学推行一周年之际，日本经济出现正增长、股价上涨、通胀缓慢上升等积极的征兆，可以说，安倍经济学取得短期成效，日本经济初步走进复苏通道，“安倍经济学”似乎令日本看到了曙光。

然而，随着2014年日本政府上调消费税，引发了日本国内需求大幅回落，为拉动内需、激活经济长期增长动力，日本内阁府6月24日正式公布了新版经济增长战略和“经济财政运营和改革的基本方针”，该战略是日本政府2013年提出的“日本再兴战略”的升级版，被视为“安倍经济学”的第三支箭。与旧版增长战略相比，新版增长战略更加注重结构性改革。上调消费税后日本经济急转直下，2014年日本经济零增长。

表2 日本经济增长率（单位：%）

年度	名义 GDP	实际 GDP
2000	1	2.3
2001	−0.8	0.4
2002	−1.3	0.3

① 2014年世情报告。

续表

年度	名义 GDP	实际 GDP
2003	-0.1	1.7
2004	1	2.4
2005	0	1.3
2006	0.6	1.7
2007	1.2	2.2
2008	-2.3	-1
2009	-6	-5.5
2010	2.4	4.7
2011	-2.3	-0.5
2012	0.8	1.7
2013	0.8	1.4
2014	1.6	0
2015	2.5	0.5

数据来源：Wind 资讯。

图 13　日经 225 指数走势图

数据来源：Wind 资讯。

2. 旧“三支箭”实施效果评估：“治标而不治本”，未能根本解决社会深层次问题。“三支箭”的初衷是，实施超规模量化宽松货币政策加大市场货币流通，促进日元贬值和股市上涨，从而提升日本企业国际竞争力，促进日本企业出口，增加企业利润，促进企业扩大设备投资并为员工涨工资，进而刺激国内消费和推动物价上涨，最终达到摆脱通货紧缩的目标。

然而，三年来，“三支箭”的实施效果却与政策初衷背道而驰。财政政策和货币政策“治标而不治本”，结构性改革未能根本解决社会深层次问题。日本经济数据就像“过山车”一样时上时下，GDP屡次陷入技术性衰退，经济复苏遥遥无期。2%的通胀目标也一延再延，从原来的“2015年度前后”延迟至2017年4月，并再度延迟至2019年10月，至今未达到预期目标。这表明“安倍经济学”难挽日本经济颓势，日本经济复苏基础仍然脆弱。“三支箭”政策对日本经济的负面效应逐渐显现。

第一，日元大幅贬值一定程度削减了企业收益，不利于推动日本产业的转型升级和日本经济发展。2011年—2015年，日本已连续5年呈现贸易逆差，日本“贸易立国”模式经历重大考验。造成贸易逆差的主要原因，在于日元大幅贬值和日本能源严重依赖进口的模式。从2013年4月日本实施量化宽松货币政策至2015年，日元对美元汇率累计贬值25%左右，造成进口燃料价格急剧攀升，企业成本大幅上升。2014年下半年以来，国际原油价格崩盘，日本能源进口成本下降，缓解了日本贸易逆差状况，但并未彻底扭转贸易逆差态势。2016年以来日元作为国际避险货币大幅升值，使得日本再度陷入贸易逆差。若日本这种外需依赖型经济结构不能改善，贸易逆差可能成为一种长期趋势，不利于推动日本产业的转型升级和日本经济发展。

第二，日本财政重建问题紧迫，刺激经济发展的政策空间有限。2015年，日本财政赤字率达到5.9%，公共债务达到其GDP的246%，加重外界对日本主权债务危机的担忧。安倍对国际社会承诺削减财政赤字，2020年全部削减完全实现盈余。为增加财政收入，2014年4月日本提高消费税三个百分点，这对占日本GDP比重60%的个人消费来说是一个较大的冲击，至今尚未恢复元气。2016财年日本政府财政支出预算高达96.72万亿日元，再创新高，到2020财年实现财政盈余的目标已遥遥不可及。若不能如期达到减赤目标，将对日本的国际信誉和日元汇率形成冲击。但目前除增收消费税之外，尚未看到其他更有效的具体措施，日本在财政重建问题上依然举步维艰。由于债务压力过大，日本政府通过继续实施财政政策来刺激经济发展的空间有限。

第三，经济改革举步维艰，新政策难以破除经济痼疾。长期来看，日本仍面临包括外需依赖型经济结构、产业空心化、人口老龄化和不断增长的国债负担等长期结构性难题，“三支箭”政策并未根本解决这些社会深层次问题[①]。

第四，负利率政策凸显日本央行“弹尽粮绝”。（实施负利率政策表明金融政策陷入僵局）日本央行量化宽松货币政策初期效果明显，日经指数从16000点左右一度冲至21000点，日元汇率也大幅贬值，从100日元/美元贬至125日元/美元。然而，2015年底日本央行加码量化宽松，市场反应相对冷静，2016年1月日本央行突然宣布实施负利率政策，则令市场大跌眼镜，加剧市场对全球竞争性货币贬值的担忧及对日本银行业的盈利能力的担忧，加剧了全球金融市场动荡，日经指数大跌至16000点左右，日元作为避险资产大幅升值至109日元/美元附近。英国脱欧影响，进一步使日元一度突破100日元/美元大关。日本实施负利率政策是期

① 许缘：“走向失败的‘安倍经济学’”，新华社网站，2016年2月5日。

许银行业向实体经济注入流动性，达到刺激投资和消费，抬高物价，拉动经济增长的目的，效果如何，有待观察。

（二）新“三支箭”前景悲观

随着旧“三支箭”逐步失效，日本政府提出以发展经济、改善社会保障、支持儿童培育为核心的新“三支箭”，并提出日本GDP在2020年左右达到600万亿日元、特殊出生率达到1.8、护理离职率0等目标，以期解决持续数年的结构性问题。

1. 新“三支箭”出台背景分析。

第一，“新三支箭”政策旨在防止经济下滑，提升经济增长潜力。2012年底以来，安倍政府一直推行以超宽松货币政策、扩大财政支出和经济改革为“三支箭”的安倍经济学。安倍经济学有效提振了2013年的日本经济，但随后政策效果减弱，加上2014年日本上调消费税的负面影响，日本经济陷入停滞甚至衰退；2015年四季度日本经济再度萎缩，旨在放松监管和改革以提振日本长期经济增长潜力的第三支箭进展缓慢，安倍经济学明显缺乏后劲。在人口持续减少的背景下，日本经济的潜在增长率仅为“0至0.4%或0.4至0.6%左右”。安倍宣称“如果没有强劲的经济，我们的未来就没有希望。”因此，为提高日本经济的潜在增长率，日本政府推出升级版安倍经济学，出台“新三支箭”政策，提出迈向“一亿总活跃社会”的目标，新设“一亿总活跃担当大臣”等措施。

第二，提高因强推安保法而低迷的支持率，政治意义大过经济意义。2015年9月19日，日本政府强行通过扩大日本军事角色的新安保法案，引发国内外强烈抗议，其内阁支持率跌破40%。2015年9月24日安倍连任自民党总裁，新任期至2018年9月。第三届安倍新改组内阁10月8日上午正式开始运作。为挽回民意支持，消除负面因素，赢得2016年参议院选举，新内阁在执政中将优先发展经济，继续推行升级版“安倍经济学”，希望通过安倍经济学的“新三支箭”，迈向“一亿总活跃社会”。安倍政府将工作重心转向经济，打算用重视发展经济、改善民生的口号来获取民心，“新三支箭”政策的政治意义大过经济意义。

第三，重点在于财富的重新分配，解决经济发展的长期结构性问题。安倍经济学“新三支箭”包括发展经济、改善社会保障、支持儿童培育，旨在通过加强经济政策措施提振日本经济，使日本GDP在2020年左右达到600万亿日元，特殊出生率达到1.8，护理离职率0等目标，以期解决持续数年的结构性问题，比如人口老龄化，劳动力短缺等问题。“新三支箭”的政策之箭重点在于财富的重新分配，主要通过儿童保育支持和社会福利来实现。在社会保障方面，提出建立工作与照顾老人相结合的社会环境，增加提供特殊护理服务的养老院数量，培养护理人才，为老龄人士提供灵活的工作机会等；在支持儿童培养方面，将家庭出生率从1.4提升至1.8，实现幼儿免费教育，扩充奖学金，保证愿学尽学，并解决儿童贫困问题；这是直接与大众相关的领域，安倍政府希望这些举措能够提振家庭支出，通过增加社会福利提高支持率。

2. 新“三支箭”实施效果评估。日本经济深陷长期结构性困境，由于“新三支箭”政策缺乏具体实施措施，经济增长乏力，难以达到预期目标，日本国内有限的财源难以支撑升级版安倍经济学，“安倍经济学”难以破除日本经济痼疾。

（1）“新三支箭”缺乏具体实施措施，难以达成期望目标。“新三支箭”政策，只罗列了目标，并没有提出具体的实施步骤和措施。《日本经济新闻》报道称，构成新三支箭的强有力的经济、社会保障和育儿支援与其说是作为具体举措的“箭”，不如说是作为目标的“靶子”。安倍应该做的是持续射出意味着根本性改革的“真正的箭”。“新三支箭”的政策目标难以在安倍的任期内有效落实，也很难取得实际效果。

第一，预期经济增长率过高，难以实现。根据 2015 年 7 月日本内阁府发布的《关于中长期经济财政试算》的数据来看，到 2020 年左右实现日本国内生产总值扩大到 600 万亿日元的目标，名义增长率需保持年度 3% 才能达到，但 3% 的高增长率是过去 20 年中从未达到的水平。由于全球经济复苏乏力导致外需疲弱，日元升值威胁日本出口和企业盈利，企业加薪意愿不强导致工资增长乏力，目前日本经济处于内外交困之中，经济下行风险加大，预计日本经济增长难以达到预期。IMF 数据显示，1998—2007 年，日本实际 GDP 平均增速仅为 1.0%。IMF 预测 2016 年日本经济增速为 0.5%，2017 年经济增速为 0.6%，2017—2021 年的平均增速仅为 0.48%。第二，出生率难以达到 1.8%。目前日本的出生率是 1.42 人，鉴于日本晚婚化、终身不结婚、生育年龄的高龄化等因素，想要达到 1.8 人的目标相当困难。事实上，日本创生会议把出生率 1.8 人的目标定在 2025 年，安倍任期内难以实现该目标。第三，护理离职率较高。由于 2015 年度日本护理报酬时隔 9 年再度下调，这加速了护理行业的离职率。如果不能采取有效措施改善护工的劳动条件，考虑留住人才的方法，“护理离职率 0”的目标将难以实现。

（2）日本国内财源有限，难以支撑升级版安倍经济学。日本政府 2016 财年（2016 年 4 月至 2017 年 3 月）预算为 96.72 万亿日元，相比 2015 财年增长 3799 亿日元。其中，政策性支出预算创下历史峰值，高达 73.1 万亿日元，比上一年增长 0.2 万亿日元，这意味着安倍政府未能在新财年有效削减政府支出。

税收收入是日本财政收入的主要来源，根据日本 2016 财年预算，2016 年日本税收收入将达到 57.6 万亿日元，占日本财政收入比例高达近 60%。2016 年日本税收收入相比 2015 年增长

3799亿日元，同比增长5.6%。其中，消费税税收17.2万亿日元，占财政收入比重17.8%；个人所得税税收18.0万亿日元，占比18.6%；企业税税收12.2万亿日元，占比12.6%；其他税收收入10.2万亿日元，占比10.6%；个人所得税和企业税税收同比增速有所上升，消费税提高幅度较小。2016财年日本税收收入与2015年基本持平，难以支撑升级版安倍经济学。

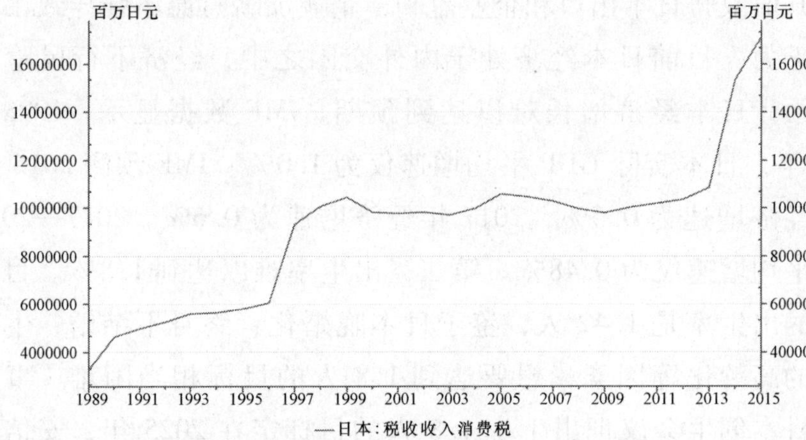

图14　日本消费税收入（单位：百万日元）

数据来源：Wind资讯。

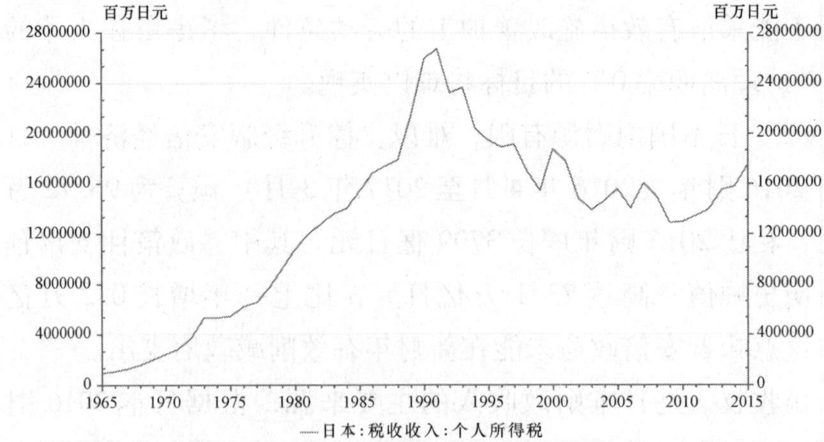

图15　日本个人所得税收入（单位：百万日元）

数据来源：Wind资讯。

图 16　日本公司税收入（单位：百万日元）

数据来源：Wind 资讯。

（3）日本经济深陷长期结构性困境，新政策难以破除经济痼疾。未来日本经济既面临短期瓶颈，又将面临包括外需依赖型经济结构、产业空心化、人口老龄化和不断增长的国债负担等长期结构性难题，“新三支箭”政策难以破除日本经济痼疾。在消费者信心低下及外部环境复杂多变等不确定性因素的影响下，预计未来日本经济复苏步伐艰难。IMF 预测 2016 年日本经济增速为 0.5%，未来五年（2017 年—2021 年）日本平均增速仅为 0.5%。

第一，日本外需依赖型的经济结构导致贸易逆差长期趋势明显。2011 年以来，日本已连续 5 年呈现贸易逆差格局，日本“贸易立国”模式经历重大考验。国际市场需求不稳和日元汇率波动，对日本出口影响巨大。日本这种外需依赖型经济结构若不能改善，贸易逆差可能成为一种长期趋势，不利于推动日本产业的转型升级和日本经济发展。

第二，日本产业空心化加剧，长期供给能力下降。近年来，随着日本海外投资日益增长，以及2011年日本大地震之后日本企业加快了向海外布局的步伐，国内投资大幅减少，国内产业发展急剧萎缩，加剧了产业空心化程度，削弱了日本国内企业的长期供给能力，同时日本高税负、高成本的经济环境阻碍了企业的活力，未来日本经济增长内生动力不足。

第三，日本人口负增长，劳动力严重不足。日本总务省的调查显示，2015年日本总人口1.27亿人，较2010年减少94.7万，减少率为0.7%。这是日本1920年开展该项统计以来首次出现人口减少。日本老龄化率（65岁以上的人口比例）达25.7%，为世界最高，少子化率（不满15岁的人口比例）12.9%，为世界最低。日本总务省预计，日本人口将以每年20万的速度递减。劳动力资源是社会经济发展的动力来源，日本少子化老龄化趋势加剧，必将引起社会劳动人口的减少，进而引起国内需求严重不足。

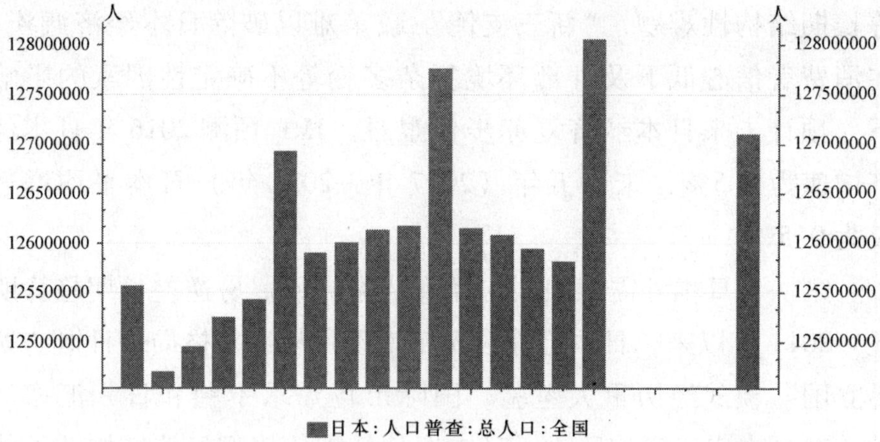

图17　日本人口（单位：人）

数据来源：Wind资讯。

第四，日本财政重建问题紧迫，刺激经济发展的政策空间有限。2015 年，日本财政赤字率达到 5.9%，公共债务达到其 GDP 的 246%，加重外界对日本主权债务危机的担忧。安倍对国际社会承诺削减财政赤字，到 2020 年全部削减完全实现盈余。若不能如期达到减赤目标，将对日本的国际信誉和日元汇率形成冲击。但目前除增收消费税之外，尚未看到其他更有效的具体措施，日本在财政重建问题上依然举步维艰。由于债务压力过大，日本政府通过继续实施财政政策来刺激经济发展的空间有限。

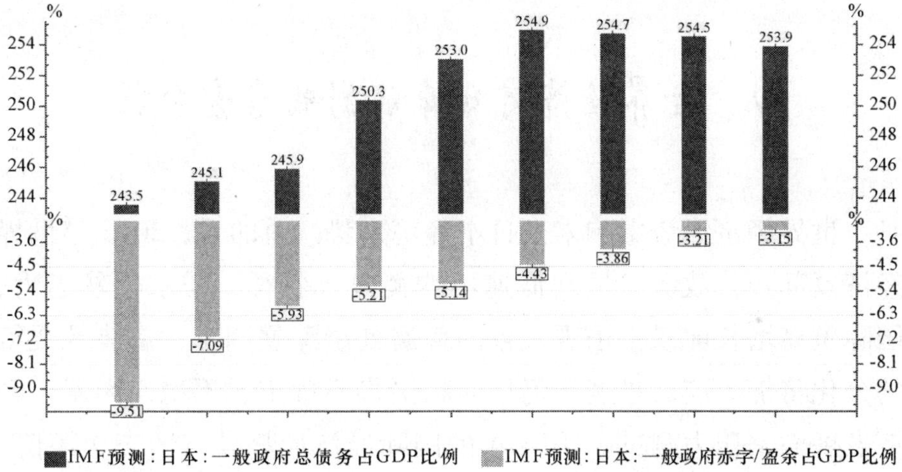

图 18　日本财政赤字率和公共债务达到其 GDP 的比重（%）

数据来源：Wind 资讯。

第五，再次上调消费税，将给日本经济带来灾难性打击。2014 年日本上调消费税 3 个百分点至 8%，导致经济增长陷入衰退。日本上调消费税以来，日本家庭消费支出呈持续萎缩趋势，内需的持续低迷拖累了日本经济的复苏进程。因此，日本政府两次推迟提高消费税的时间，计划于 2019 年 10 月将再次提高消费税 2 个百分点至 10%。若 2019 年再次上调消费税，此举可能给日本经济带来灾难性的打击。

（三）未来政策走向

实现经济增长和财政改革双重目标，需要实施经济和财政一体化改革。除了推迟上调消费税有利于刺激国内需求，日本准备推出总额在5至10万亿日元的财政刺激计划。新预算将用来建设从名古屋到大阪的磁悬浮列车，发放优惠券以刺激消费，增加儿童保育员薪酬，以及设置奖学金等。预计未来日本央行将进一步扩大货币宽松政策。

四、世界经济对日本的影响因素分析

世界经济形势影响未来日本经济走势。总的看，2016年世界经济复苏步伐放缓，呈现低速不均衡复苏特征，需求依然乏力，国际贸易增长前景不乐观，各国普遍处于深度调整，走势及政策的分化将加大应对难度，仍将面临诸多不确定、不稳定因素，经济发展面临压力测试。2016年的国际经济形势具有“三个下降、三个不确定和中国因素”特点。

（一）全球经济陷入增长疲弱期

1. 全球经济增速下降。2008年国际金融危机至今已经8年，全球经济仍未完全走出危机阴影，产能过剩、自由贸易进程放缓、全要素生产率下滑等问题，使得全球复苏缓慢艰难，主要经济体经济增速将继续分化。IMF预测，2016年全球国内生产总值（GDP）增长率仅为3.1%左右。世界经济增速也将连续5年低于1990年—2007年长期均值，此次危机复苏可能成为大萧条以来最缓慢的一次，世界经济存在陷入低增长陷阱的风险。

IMF 预测 2016 年发达经济体经济增速为 1.6%，美欧日经济增速将分别达到 1.6%、1.7% 和 0.5%，下调了美国经济增长预期 0.6 个百分点，分别上调了欧日的经济增长预期 0.1 和 0.2 个百分点。新兴市场与发展中经济体整体增速下滑程度较大，2015 年新兴市场与发展中经济体经济增长 4%，连续 5 年经济增速大幅下滑。尽管 2016 年预期增长 4.2%，但远低于 2010—2015 年 5.4% 的平均增速。巴西、俄罗斯陷入衰退，使这些国家财政收入、就业发生严重困难，推迟了结构改革进程，也对复苏势头蒙上了阴影。

表 3　主要发达经济体宏观经济金融指标

别国	指标	2015 年第二季度			2015 年第三季度			2015 年第四季度			2016 年第一季度			2016 年第二度		
		4月	5月	6月	7月	8月	9月	10月	11月	12月	1月	2月	3月	4月	5月	6月
美国	实际GDP增速（环比折年率，%）	2.6			2			0.9			0.8			1.2		
	失业率（%）	5.4	5.5	5.3	5.3	5.1	5.1	5	5	5	4.9	4.9	5	5	4.7	4.9
	CPI（同比，%）	-0.2	0	0.1	0.2	0.2	0	0.2	0.5	0.7	1.4	1	0.9	1.1	1.1	1.1
欧元区	实际GDP增速（同比，%）	1.6			1.6			1.7			1.7			…		
	DJ工业平均指数（期末）	17841	18010	17620	17689	16528	16285	17664	17720	17425	16466	16517	17685	17774	17787	17930
	失业率（%）	11.1	11.1	11.1	10.9	11	10.8	10.7	10.5	10.4	10.3	10.3	10.2	10.2	10.1	10.1
	HICP综合物价指数（同比，%	0	0.3	0.2	0.2	0.1	0.2	0.1	0.2	0.2	0.3	-0.2	0	-0.2	-0.1	0.1
	EURO STOXX50（期末）	3439	3444	3285	3432	3110	2976	3216	3288	3100	2902	2798	2790	3028	3063	2865
日本	实际GDP增速（环比折年率，%）	-1.7			1.7			-1.8			1.9			…		
	失业率（%）	3.3	3.3	3.4	3.3	3.4	3.4	3.1	3.2	3.1	3.2	3.2	3.3	3.2	3.2	3.1
	CPI（同比，%）	0.6	0.5	0.4	0.2	0.2	0	0.3	0.3	0.2	0	0.3	-0.1	-0.3	-0.4	-0.4
	日经225指数（期末）	19983	20563	20236	20585	18890	17388	19083	19747	19033	17518	16027	16759	16666	17068	15576

数据来源：中国人民银行，《2016 年第二季度中国货币政策执行报告》，2016 年 8 月 5 日。各经济体相关统计部门及中央银行。

2. 全球贸易萎缩。2016 年，全球贸易量将连续 5 年低于同年GDP增速，全球经济增长动力削弱。2015年全球贸易负增长，世贸组织公布的数据表明，2015年71个主要经济体出口下降11%，进口下降12.6%。全球散装货物贸易指标波罗的海干散货运价指数一直徘徊在历史低位。2016年以来，全球贸易持续了2015年的下滑趋势。WTO预计2016年全球贸易增速将连续第五年放缓。全球贸易萎缩在很大程度上是由于贸易价格下降引起的，也有贸易保护主义的原因。此外，全球需求低迷、世界经济增长从主要依靠制造业转向主要依靠服务业、全球价值链扩张趋势放慢、国际贸易谈判进展缓慢等因素在2016年仍将继续抑制国际贸易增长，全球贸易增长前景不乐观。这说明世界经济活力严重减弱。

（二）全球资本市场动荡

1. 全球资本市场波动加剧。2015年下半年以来，全球资本市场波动加剧。全球股市和大宗商品等风险资产价格下跌，美日国债和欧元、日元等避险资产价格大幅上涨，反映出全球避险情绪浓厚，投资风险偏好下降。2016年伊始，全球股市普遍大跌，大宗商品市场深度下调，尽管此后主要股指和油价出现反弹，但整体仍处于历史地位。6月英国脱欧公投之后，全球股市大幅下跌，国际金融市场剧烈震荡，其后续影响仍在金融领域逐步显现。

2. 避险资产价格大幅上涨。美国10年期国债收益率一度创新低，日本10年期国债收益率首次跌至负值，这意味着投资者宁可亏钱也不愿投资股票等风险资产，表明投资者的风险偏好情绪已发生巨大变化。作为避险资产和低息融资货币的欧元和日元大幅升值，截至9月，日元汇率从年初的120日元/美元升至101日元/美元附近，欧元汇率从年初的1.09美元/欧元小幅升至

1.12 美元/欧元，黄金从年初的 1075 美元/盎司升至 1300 美元/盎司。

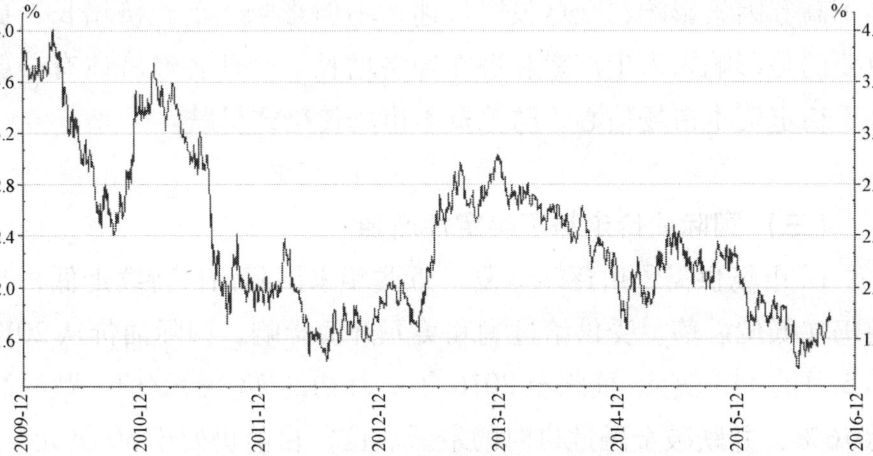

图 19　美国 10 年期国债收益率创历史新低

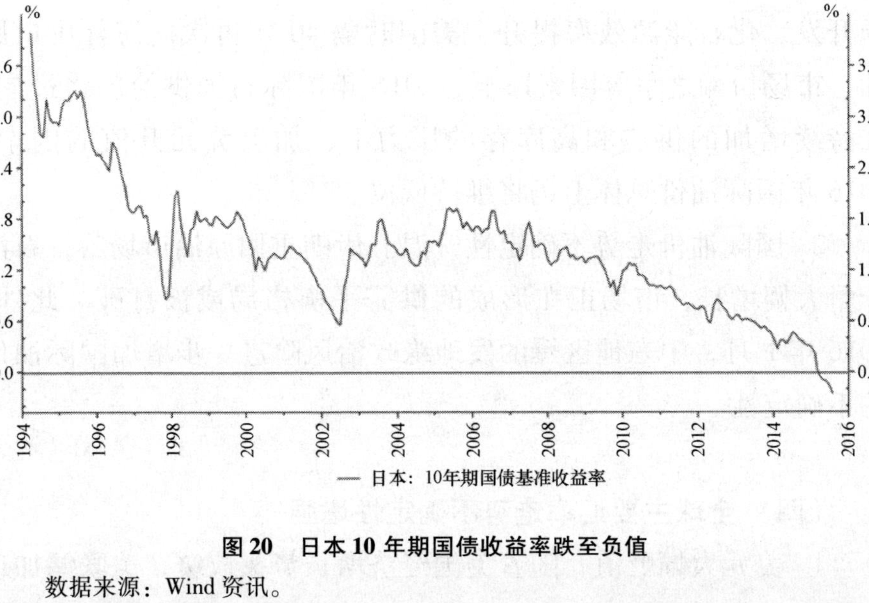

图 20　日本 10 年期国债收益率跌至负值

数据来源：Wind 资讯。

3. 全球投资积极性受到打击。全球资本市场波动加剧，凸显投资者对全球经济复苏进程不确定性的担忧。同时受国际金融危机之后总需求不足、产能过剩、投资期望收益较低和投资者积极性不高等因素影响，全球投资低迷，不但影响当前经济增长，更重要的是影响未来生产率和潜在经济增长。全球各经济体有必要联手稳定资本市场信心，防范资本市场传染式暴跌。

（三）国际油价走势不确定性增强

1. 市场供需矛盾逐步修复。近两年来国际油价持续走低，当前仍在低位震荡。受供给过剩和美元升值影响，国际油价从2014年6月的115美元/桶跌至2016年1月初的28美元/桶，跌幅高达76%，并跌破金融危机时的最低点位，目前仍处于50美元/桶的历史低位。2016年在低油价和高成本的影响下，美国原油产量下降，原油市场供需再平衡已经启动。然而在全球经济增速放缓的大背景下，需求增长依旧疲弱；受西方解除对伊朗制裁、新能源开发、化石能源效率提升、美国时隔40年再次向海外出口原油、市场份额之争等因素影响，2016年国际石油供给仍将过剩。在持续增加的供应和高库存的压力下，加上美元升值的因素，2016年国际油价总体上仍将维持低位。

2. 国际油价走势不确定性升温。伊朗重回原油市场后，石油产量大幅增长，市场正在形成的供需平衡格局或被打破。此外，2016年1月，中东地区爆的发地缘政治风险进一步增加国际油价的不确定性。

（四）全球主要汇率走势不确定性增强

1. 美元大幅贬值。随着美国经济增长势头放缓，美联储加息预期减弱，2016年以来美元指数开始大幅走弱。截止2016年9

月，名义美元指数（对主要货币）从2015年末的94.1贬至90.1，累计贬值幅度达4.3%。从双边汇率来看，欧元汇率从1.09美元/欧元升至1.12美元/欧元，日元汇率从122日元/美元升至102日元/美元。

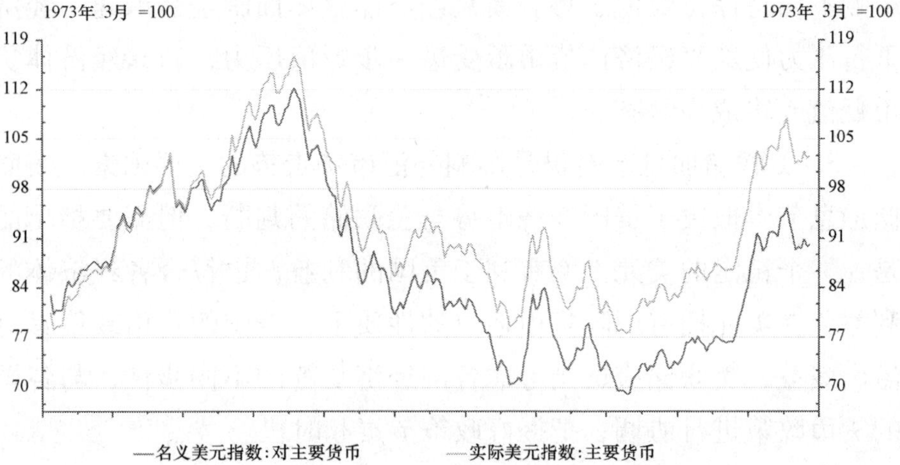

图21 名义美元指数和实际美元指数：对主要货币

数据来源：Wind资讯。

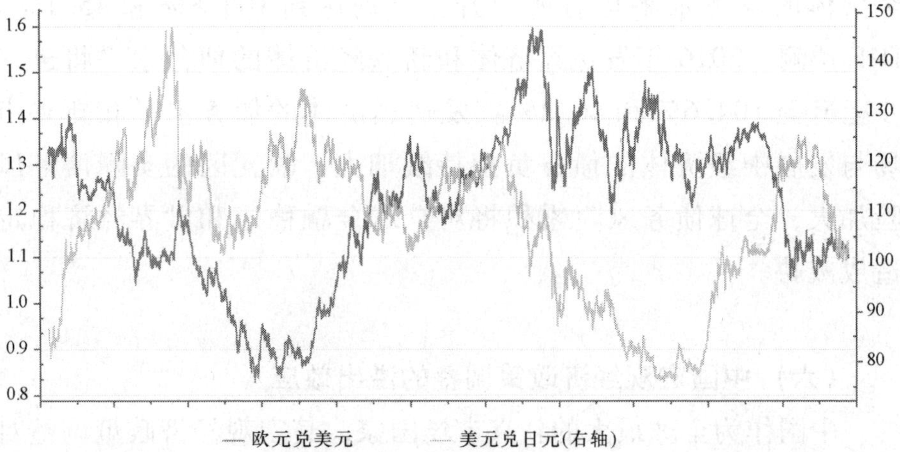

图22 日元和欧元汇率走势图

数据来源：Wind资讯。

2. 竞争性汇率政策成为隐忧。为刺激经济增长，多国货币采取竞争性的贬值促进出口。非美货币呈现竞争性货币贬值态势，将引发以邻为壑的货币竞争，从而带来全球外汇市场甚至整个金融体系的动荡。2016 年，欧元在量化宽松货币政策和英国脱欧的影响下仍将保持贬值态势。新兴经济体整体面临经济减速，经济下行压力使新兴经济体货币承受进一步贬值压力，新兴经济体货币贬值或将成为常态。

3. 美联储加息节奏仍是影响外汇市场走势的主要因素。美联储加息节奏取决于美国经济走势与美联储的判断。但需要指出的是，一个稳定的美元汇率有利于美国的利益，也符合各经济体的利益。在美元拥有国际货币地位的性质下，美国的货币政策具有溢出效益，美联储应适当考虑各国经济复苏的不同步性，与各国的货币政策进行协调，把握好政策节奏和时机。

（五）全球超高债务水平给金融稳定带来变数

2015 年全球债务状况没有明显好转，发达经济体和发展中经济体的债务水平均有所上升，分别达到 104.8% 和 45.1%。IMF 预测，2016 年发达经济体和新兴经济体的债务水平将进一步上升至 104.6% 和 46.2%。发达经济体的债务水平和新兴市场与发展中经济体的债务负担持续加大，欧元区的实际债务风险加大，全球债务风险累积将对全球金融稳定和世界经济稳定造成威胁。

（六）中国宏观经济政策调整的溢出效应

中国作为全球最大的新兴市场国家，其宏观经济政策调整对全球经济具有较强的溢出效应。近年来，中国经济下行压力加大，经济增速连续 5 年下降，2016 年三季度中国增速仍保持在

6.7%的增长水平，中国经济步入由高速增长转为中高速增长的经济新常态。2016年中国全面启动十三五规划，重点推进结构性改革和供给侧改革。十三五期间，中国将保持6.5%—7%的经济增速，以“创新、协调、绿色、开放、共享”五大发展理念指引中国的发展与改革，实施相互配合的“宏观政策要稳、产业政策要准、微观政策要活、改革政策要实、社会政策要托底”的五大政策支柱，通过“去产能、去库存、去杠杆、降成本、补短板”五大任务来积极稳妥化解产能过剩，帮助企业降低成本，化解房地产库存，扩大有效供给和防范化解金融风险。

2016年将是国际金融危机之后形势较为严峻的一年，面临的不确定性较多的一年，国际经济面临压力测试。包括发达经济体需求管理政策效果能否延续，美联储加息节奏如何，全球超高债务水平对金融稳定的威胁，新兴市场和发展中经济体连续六年经济增速下滑的势头能否得到有效遏制，许多经济体内外经济政策和结构改革受到既得利益不断掣肘的危害程度等等。此外，地缘政治变化和自然灾难亦会对世界经济运行与业绩带来负面干扰。如何抱团取暖、寻找新的经济增长点，成为世界各国共同面临的挑战。

（七）世界经济发展的积极因素

当然与此同时，也有一些积极因素让我们对未来抱有更多信心。互联网、新能源、大数据、共享经济等新的发展势能，将推动改变发展模式，让创新从摆脱金融危机时的政策选项升级为新一轮全球经济格局重塑的战略选项，这一趋势确实值得期待。

五、中日经贸合作建议

中日贸易已连续4年下滑，中日经贸关系影响到中日双方的利益，影响到亚太地区的经贸合作。中日两国应扩大经贸合作空间，积极探寻经贸合作新的增长点。同时，要关注日元汇率走势对人民币的影响，关注日本经济政策新动向。

（一）近期中日经贸变动情况

中日两国是世界第二、第三大经济体，亚洲第一、第二大经济体，中日经贸合作对亚洲各国的发展、甚至世界的发展都具有重要的意义。截止2003年，日本连续11年为中国第一大贸易伙伴。此后，中日经贸关系受两国政治关系恶化和内外经济环境变化影响出现下滑。日本在中国对外贸易合作中地位有所下降，2012年降为中国第五大贸易伙伴（前四位为欧盟、美国、东盟、中国香港）。中日双边贸易额在2011年达到3429亿美元的历史高值之后，至今已连续四年大幅下滑。2015年中日双边贸易额2786.6亿美元，同比下降10.8%。

过去一年多来，中日政商界沟通交往有所增多，两国企业界互相了解认知不断增进，促成了不少合作项目。在双方共同努力下，2016年以来，两国双边贸易投资出现了一些积极迹象，2016年前三季度，中日贸易总额2000亿美元，同比下降3.2%，降幅大为收窄。1—8月，日本对华实际投资额同比虽然下降8.4%，但降幅已从两位数回升到一位数。同时日本成为中国对外投资的第七大目的地。

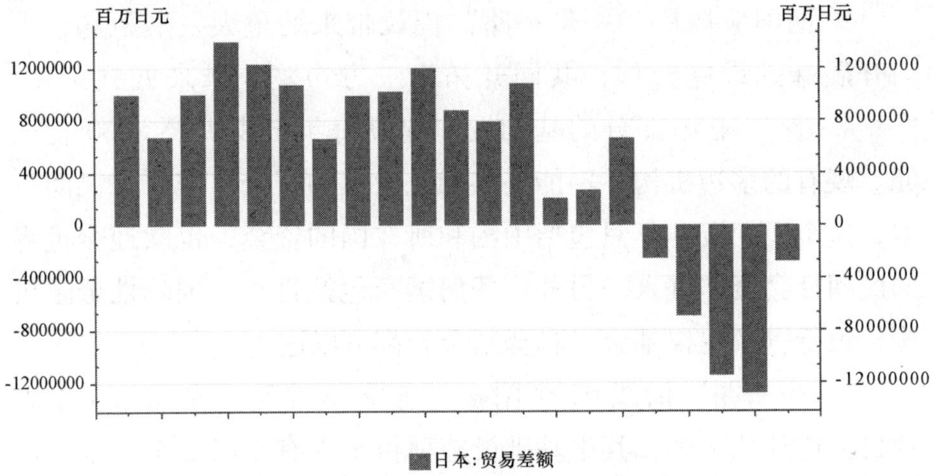

图23　中日贸易差额（单位：百万日元）

数据来源：Wind资讯。

（二）推进中日经贸合作的建议

中日两国应扩大经贸合作空间，积极探寻经贸合作新的增长点。当前，中国正处于经济转型升级的历史关节点，日本也在进行经济结构调整，双方今后可在绿色经济、老年产业、中小企业、现代农业、技术贸易等领域大力开展合作，进一步推动两国经贸合作转型升级。

1. 中国经济转型将为中日合作创造新机遇。中国经济转型重在实现由工业主导走向服务业主导，形成服务业主导的新常态。服务业不仅成为经济转型升级的主要推动力，也将不断释放经济增长的新动力。今后如何改进体制机制、引进经验、改善民生还要进行积极的探索。未来中国将进一步开放服务贸易领域，而日本在这一领域具有很强竞争力，可以作为今后经贸合作新的亮点。例如，日本在医疗健康产业、养老产业、零售业和流通业多年形成的成熟运行模式可以为中国服务业企业提供经验和借鉴。

2. 两国应抓住“一带一路”倡议带来的重大发展机遇，大力开展基础设施合作，共同开拓第三方市场。未来五到十年，“一带一路”亚洲部分的基础设施建设每年至少需要 8000 亿美元。现有的多边机构并不能提供如此巨额的资金，需要靠民间资本，这个民间资本不只包括中国和所在国的资金，也欢迎全世界的民间社会资本进入。另外，任何国家包括日本、国际性金融机构、银行以及主权基金、私募基金等都可以进入。

“一带一路”沿线 65 个国家，途径 93 个港口和城市，重点项目会达到几千个，其中基础设施项目至少有三四百个。基础设施互联互通和一些新技术、新产品、新业态、新商业模式的投资机会将会大量涌现。日本在基础设施建设、能源建设、工业化建设，在道路、高铁、桥梁建设等方面具有先进的技术和丰富的经验，双方可以合作，共同开拓第三方市场。

3. 加强能源、环境、制造业等领域合作。中国是世界上能源密度最高的国家，目前中国的环境承载能力已达到或接近上限，必须推动形成绿色低碳循环发展新方式；而日本在节约能源、保护环境、发展循环经济方面具有丰富的经验，中日两国企业可以将环境和能源等方面的合作作为中日经贸发展新的增长点。

近年来，中国出现雾霾天气，中国政府已经下决心要治理环境，治理雾霾，今后在这方面的投资力度将会加大。日本在治理公害，特别是治理大气污染方面有过深刻的教训，也积累了丰富的经验和先进技术，双方合作，互补性强，互惠互利。

加强制造业合作。2015 年 5 月，中国出台《中国制造 2025 规划》，该规划在“十三五”规划中被重点提及，“十三五”规划将推动“中国制造”加速走向“中国智造”。事实上，《中国制造 2025》着重强调了十大重点领域的突破发展，新一代信息技术产业包括集成电路及专用装备、信息通信设备、操作系统及工业软件；高档数控机床和机器人、航空航天装备、海洋工程装备及高技术船舶、先进轨道交通装备、节能与新能源汽车、电力装备、农机装备、新材料、生物医药及高性能医疗器械等。中国制造业发展，可以与日本精细机械制造和化工产业、IT等产业接轨，拓展中日制造业合作更广阔的空间。

4. 扩大人员交流与培训。国之交在于民相亲，中日关系2000多年来，即使在困难时期，民间友好交流也未曾中断过。增进两国民众的双方向交流和往来，有助于加深互相理解。近年来，中国游客赴日观光热情不减。2016年1—8月份赴日中国游客已达450万人次，预计全年将接近700万人次。中国游客赴日旅游与购买行为日趋理性，以往那种"冲动购物"正在转向"理性购物+文化体验+美食"的深度游转化。与此同时，自由行游客比例逐渐增加：2011年自由行游客比例不到1/4，2012年接近30%，2013年、2014年接近40%，2015年达44%，2016年上半年增加到54%。日本外相岸田文雄9月27日在东京举行的北京—东京论坛上表示，将从10月17日起进一步放宽中国人赴日签证。希望此举能够给中国游客赴日带来更大便利。与近年来中国游客赴日旅游人数呈井喷式增长情况相反，日来华旅游人数有所下降。建议发挥民间力量，通过留学、旅游、培训等方式，扩大人员交流，增进相互理解。同时要发挥政经届知名人士的影响力，积极引导日本舆论，客观报道中国经济社会发展现状，塑造中国作为旅游目的地的正面形象，增强日本游客来华旅游信心。

5. 继续发挥二轨平台作用，促进中日经贸关系健康发展。中日经贸关系是维系两国关系的重要基石。要解决好中日经贸关系发展中存在的种种问题，除了开启政府层面的对话外，还需要建立非官方的对话渠道。2015 年，中国国际经济交流中心和日本经济团体联合会共同创立的“中日企业家和前高官对话”二轨对话交流机制在日本东京召开了首轮对话，原则上每年一次在两国轮流举办。从二轨对话效应来看，一年来双方企业家沟通交流增多，为改善两国经贸关系、推动中日关系健康稳定向前发展起到了重要作用。今后应继续发挥好二轨交流机制作用，努力扩大两国经贸关系的积极面。特别是在中日关系改善还不稳固的时候，两国企业家应有历史责任和使命意识，切实构筑积极因素，抑制消极影响，从大局出发，推动两国经贸关系长期稳定健康发展。

（三）关注日元汇率走势对人民币的影响

1. 全球货币开启竞争性贬值进程。2015 年以来，在全球经济发展动能不足、增长前景趋弱、各国通缩风险日益升温等因素的影响下，各国央行相继采取宽松货币政策，国际金融市场剧烈动荡，多国货币开启竞争性贬值进程。发达经济体中，除美元外，欧元和日元在量化宽松的影响下大幅贬值。美元升值直接引发新兴经济体货币整体贬值。特别受国际大宗商品价格下跌、资本外逃、自身结构性瓶颈、中国经济的再平衡以及地缘政治等因素的影响，新兴经济体整体面临经济减速，经济下行压力使新兴经济体货币承受进一步贬值的压力，新兴经济体货币贬值或将成为常态。

2. 关注日元汇率走势对人民币的影响。2016 年以来，在世界经济陷入停滞性风险加大、国际金融市场动荡、英国脱欧公投、土耳其政变、地缘政治风险加大的影响下，日元作为避险货币大幅升值。目前，日元汇率已升至 100 日元/美元上下，日元对人民币半年升值 30%，日元成为仅次于美元的第二大避险货币。应密切关注日元汇率走势，避免日元大起大落对中日经贸和人民币汇率的影响。

（四）关注日本经济政策新动向

安倍新内阁"新三支箭"回避了安倍政府先期提出的深化经济改革等核心内容，避开了日本经济面临的问题实质。只靠更加宽松的货币政策，装饰日本经济的数字门面。因此，日本经济能否靠"新三支箭"真正走上成长轨道，有待市场检验。中国应关注安倍经济学发展新动向。鉴于安倍经济学的"新三支箭"政策前景不可预期，中国作为日本的邻国和重要的贸易伙伴，应做好全方位的应对措施。建议持续跟踪日本国内经济走势和政治动向，关注安倍经济学能否带领日本真正走出通货紧缩及日本结构性改革的效果，注意防范安倍经济学失败对中国经济发展造成连锁反应。

Analysis and Prospect of Japan's Economic Situation in 2016

Lu Xinhong

Abstract: The Japanese economy is set to continue its moderate recovery in 2016. Mainly under the drive of the domestic demand, the Japanese gross domestic product (GDP) growth rate is 0. 2% in Q2. However, since the consumption tax rate was raised in April 2014, Japanese economic data sputters in fits and starts, shows the fragility of Japan's economic growth. Under the policy of "Abe economics", Japan continues to carry out quantitative easing monetary policy and the negative interest rate policy in 2016, but deflation has not been substantially changed. International demand for safe has led to a substantial appreciation of the yen,

Japan's trade deficit has not been effectively improved. Overall, Japan's economic situation is drifting away from the policy objectives of "Abe economics". The outlook of "Abe economics" is pessimistic.

Keywords: the Japanese economy　Abe economic outlook

参考文献

IMF, "World Economic Outlook", October, 2016.

《IMF上调日本经济增长预期》，早报网，2016年10月4日。

《安倍参议院选举大胜将损害日本经济》，中国日报网，2016年7月13日。

《标普：日本推迟上调消费税有“一定道理”》，FX168财经网，2016年5月31日。

《东京股市日经股指收于近6个月高点》，人民网，2016年10月21日。

《“负利率”恐无助日本复苏》，《经济参考报》，2016年2月19日。

《经济温和扩张 日本央行加码宽松预期减弱》，人民网，2016年10月18日。

李浩：《2016：日本经济增长寄望投资与消费》，《金融时报》，2016年1月08日。

逯新红：《2016年全球经济：低迷与脆弱并存》，《金融博览（财富）》，2016年第3期。

逯新红：《安倍经济学“新三支箭”难治日本经济痼疾》，《中国证券报》，2016年2月22日。

逯新红：《经济全球化步入关键的十字路口》，《金融博览（财富）》，2016年第9期。

逯新红：《日本经济形势分析与展望》，《国际经济分析与展望（2015—2016）》，社会科学文献出版社，2016年3月版。

《日本2016年上半年呈现贸易顺差》，新浪网站，2016年7月26日。

《日本政府出台经济财政基本方针 延期增税影响财源》，人民网，2016年6月3日。

《日本主权信用评级备受瞩目 若降级将拖累民间企业》，人民网，2016年6月6日。

《日媒：“安倍经济学”加剧中小企业与大企业差距》，人民网，2016年6月13日。

《日媒：日本央行实施负利率效果难测，存较大风险》，中国青年网，2016年2月19日。

闫磊：《日本再次推迟上调消费税》，《经济参考报》，2016年6月2日。

发展改革篇

北京市新消费升级体系与供给侧结构性改革的实践探索

（中国国际经济交流中心博士后）马跃

［摘　要］随着我国经济进入新的发展阶段，伴随着消费规模不断扩大，消费升级步伐开始不断加快，消费层次、消费品质、消费偏好、消费行为等均发生了明显变化。北京市作为发达经济体，连续8年成为全国最大城市消费市场，消费已成为经济稳定增长的“压舱石”。从实践上看，北京市深化规律认识，以消费升级为导向，从“增消费能力、补消费短板、促消费融合、重消费保障、拓消费空间”五方面入手，从供给和需求两端精准发力，取得了良好成效，为我们更好推进供给侧结构性改革提供了很好的借鉴。

［关键词］消费升级　供给侧　改革

消费是推动供给侧结构性改革的重要抓手。以消费升级引领产业升级，有利于提高发展质量、增进民生福祉、推动经济结构优化升级。国家“十三五”规划明确提出，“适应消费加快升级，以消费环境改善释放消费潜力，以供给改善和创新更好满足、创造消费需求，不断增强消费拉动经济的基础作用。”从2008年开始，北京连续八年成为全国最大的城市消费市场，2015年，全市社会消费品零售总额突破1万亿元，服务性消费达到8308亿元，消费对经济增长的贡献率近年来一直保持在70%左右，成为拉动地区经济增长的最主要动力。

一、北京已进入消费驱动型经济发展阶段

作为拉动经济增长的三驾马车之一，消费逐步成为拉动北京经济增长的主要力量，对首都经济转型和结构调整发挥了重要带动作用，推动北京率先形成了投资消费协调拉动的经济格局。2006年，北京市地区生产总值中最终消费支出所占比重（消费率）达到51%，超过投资率（投资率为48.5%）；2014年，北京市消费率达到62.5%，超过投资率23.5个百分点，消费对经济增长的贡献率超过7成，已率先进入消费需求持续增长、消费结构加快升级、消费拉动经济作用明显增强的消费驱动型经济发展阶段。

二、消费升级呈现出“四个转变”

近年来，北京市消费结构升级步伐明显加快，带动以服务业为代表的新兴消费快速发展，在消费规模保持快速增长的同时，消费结构发生了深刻变化。

（一）吃穿类商品消费向用类商品消费转变

满足基本生活需要的吃类商品和穿类商品占社会消费品零售额的比重逐步降低，2015 年吃和穿分别占比 19% 和 7.2%，较 1996 年分别降低了 21.3 和 7.2 个百分点。居民食品和衣着支出占总支出的比重大幅降低，城镇居民家庭恩格尔系数从 1996 年的 46.6% 下降至 2014 年的 30.8%。满足更高发展需求的用类商品占比大幅提高，由 1996 年的 43.5% 提高到 2015 年的 69.2%；而烧类商品随着汽车保有量的快速增加，至 2009 年，其比重由 1.9% 提高至 2015 年的 4.6%。

（二）生存型消费向发展型和享受型消费转变

通讯器材、文化办公用品以及金银珠宝等商品比重明显提高。其中，属于较高层次的信息消费增速远高于汽车、家电等传统商品，成为北京市消费品市场主要拉动力量。2015 年，信息相关商品实现零售额 1625.1 亿元，同比增长 36.4%，占商品消费的比重为 15.7%，拉动全市商品消费增长 4.5 个百分点。

（三）商品消费由集团消费向大众消费转变

2015 年，限额以上商业企业实现大众消费增长 10.5%，占全市商品消费的比重达到 81.7%；限额以上商业企业实现集团消费仅增长 0.7%，增速比 2014 年降低 0.7 个百分点，低于大众消费 9.8 个百分点；占全市的比重为 18.3%，比 2014 年低 0.9 个百分点，呈逐年降低趋势。

（四）物质消费开始向服务消费转变

随着满足基本生活的商品消费市场趋于饱和，改善发展类商品消费特别是服务消费正在成为拉动消费增长的主要动力。2015年全市服务消费增长10.5%，增速比商品消费高3.2个百分点，服务消费占市场消费的比重达到44.6%。全市城镇和农村人均服务消费支出分别增长11.1%和15.0%，增幅分别比商品消费高4.7和9.7个百分点；城乡居民服务消费在城乡居民人均消费支出中所占比重由上年同期的48.1%、35.8%分别提高至49.1%和37.8%。

三、以消费升级为导向推动供给侧结构性改革

消费一头连着产业发展，一头连着民生改善。随着居民收入水平提高、人口结构调整和科技进步，城乡居民的消费内容和消费模式都在发生变化，对消费质量和消费环境提出更高要求。北京市不断深化对消费升级规律的认识，推动消费和投资良性互动、产业升级和消费升级协同共进、创新驱动和经济转型有效对接，推动供给侧结构性改革，为经济提质增效升级提供更持久、更强劲的动力。

（一）增消费能力，让城乡居民能消费、敢消费

1. 增加工资性收入。出台促进居民收入增长意见、促进农民增收行动计划等政策文件，稳步提升企业退休职工基本养老金、居民养老金、最低工资、失业保险金、伤残津贴等待遇标准，完善职工工资集体协商共决机制、正常增长机制和支付保障机制，为居民收入尤其是农民增收提供制度保障。建立“零就业家庭”帮扶长效机制，出台创业带动就业相关政策，对单位招用就业困难人员给予岗位补贴和社会保险补贴。2010—2014年，全市城镇

居民人均可支配收入由 29073 元提高至 43910 元，年均增长 10.9%；农村居民人均纯收入由 13262 元提高至 20226 元，年均增长 11.7%。收入差距进一步缩小。城镇居民高低收入比由 3.92：1 缩小至 3.67：1；农村居民高低收入比 4.92：1 缩小至 3.84：1。全市从业人员达到 1156.7 万人，年均增长 2.9%。2015 年，全市 20% 低收入户人均可支配收入同比增长 10.9%，增速比全市平均增速高 2 个百分点。

2. 增加财产性收入。推进“新三起来”工程（土地流转起来、资产经营起来、农民组织起来），鼓励农民以土地经营权入股，发展多种形式适度规模经营，探索盘活农村闲置房屋发展休闲养老、乡村旅游，强化集体资产管理、提高资产经营收益。全市农村土地流转日趋活跃，村集体股份分红水平逐年提高，农民凭股权获得的收益增长较快。同时房屋租赁市场稳定，居民获得的出租房屋净收入稳步增长。2015 年，全市居民人均财产净收入 7499 元，同比增长 7.1%。分城乡看，农村居民人均财产净收入 1204 元，同比增长 47.2%，其中，人均红利收入 403 元，增长 62.5%；人均出租房屋净收入 551 元，同比增长 54.3%。城镇居民人均财产净收入 8492 元，同比增长 6.5%，其中人均出租房屋净收入增长 30.4%。

3. 做好社会政策托底。在全国率先实现城乡基本医疗保障和养老保障制度全覆盖，实现全部职业人群工伤和生育保险全覆盖，实现农民工社会保险与职工社会保险并轨，市级公费医疗与职工基本医疗保险并轨。在全国率先出台低保家庭老人入住养老机构补助政策，推行养老服务机构综合责任险。2014 年末全市参加城镇职工基本养老保险、城镇职工基本医疗保险、失业保险、工伤保险、生育保险的人数比 2010 年末分别增加 410.1 万人、367.6 万人、282.9 万人、137.2 万人和 543.4 万人。农村居民参加城乡居民养老保险的人数达到 173.4 万人，比 2010 年末增加 14.1 万人；新农合参合率达到 99.6%，比 2010 年提高 2.9 个百分点。

（二）补消费短板，提高生活性服务业品质

实施提高生活性服务业品质行动计划，用 3 年左右的时间，实现市民居家生活便利度明显提高、生活性服务业行业组织化程度明显提高、品牌建设和特色发展水平明显提高、营商环境法治化程度明显提高。重点实施四项重点工程：一是品牌建设工程。传承“老字号”，支持老字号企业创新发展。已拥有“中华老字号”117 个，居全国前列。培育“新品牌”，争创中国驰名商标、北京市著名商标企业。引进国内外“知名品牌”，满足市民多元化消费需求。2014 年规模以上连锁企业 243 家，连锁门店数达到 11433 个，比 2010 年增加了 22.9%。二是特色发展工程。培育形成 27 条市级特色商业街区，引导市级特色商业街区按照国际化商业街区、国内知名专业商业街区和北京文化特色商业街区进行分类升级。三是营商环境建设工程。加强优化市场消费环境联动机制建设，加强流通领域监管，整顿规范消费市场秩序，推进企业信用体系建设。健全消费纠纷多元解决机制。四是人才培养与岗位技能培训工程。启动中华传统技能技艺大师带徒传承工作。

（三）促消费融合，科学把握消费升级方向

1. 促进商品消费、服务消费融合发展。着力拓展供给渠道、丰富供给方式，培育和壮大信息消费、时尚消费、品质消费，推动商品消费与服务消费共同发展。持续实施节能减排商品消费鼓励政策，扩大绿色消费。2015 年底开始实施节能减排商品补贴政

策，仅仅3个月时间，支持的20家企业家用电器及音响器材类零售额同比增长了35.6%。大力培育社区消费，挖掘新的增长点。办好各地商品网上大集、新能源汽车促销季等传统品牌活动，鼓励各区开展区域性特色促消费活动，活跃市场拉动消费。加强部门联动促消费，培育壮大文化体育、旅游休闲、养老健康消费，共同开展文化消费季、旅游消费月等活动。

2. 引导线上线下、内贸外贸融合发展。完善政策鼓励电子商务发展，引导传统企业依托电子商务加快转型升级，初步形成龙头电商、骨干电商和专业化、特色化电商集群发展格局。支持老字号企业入驻电商平台，19家企业在京东商城开设旗舰店，232个老字号门店入驻百度外卖平台。培育建设5个国家级电子商务示范基地、4座电子商务特色楼宇、3批共45家次电子商务示范企业。2015年实现网上零售额增长40.2%，占社零额的比重达到19.5%。全国自营B2C前9名企业中，北京有5家企业，2015年交易规模占全国六成以上。全市B2B平台市场份额占全国10%以上。制订加快发展对外文化贸易实施意见。服务外包及软件出口合同登记下放各区。70家企业、38个项目被认定为国家文化出口重点企业和重点项目。设立外经贸发展引导基金和外经贸担保服务平台，享受政策企业扩大到5700多家。围绕服务业扩大开放综合试点，明确了141项任务，在科学技术、互联网和信息、文化教育、金融、商务和旅游、健康医疗等领域大力开展降低外资准入门槛和管理服务模式改革创新，创造多项国内第一。

3. 推动城市居民消费、农村居民消费融合发展。统筹城乡现代流通网络建设，健全农村市场体系，降低农村流通成本。完善与农村消费水平相适应的现代商业设施，支持农村电商发展，促进城乡融合、双向互动，培育和扩大农村消费市场。着力构建

“工业品下乡”与“农产品进城”双向互动的农产品流通体系。探索利用“万村千乡”网点作为配送节点，与龙头电商企业对接，提供商品配送服务。在农超对接基础上，积极推进农电对接的“互联网+”新模式，促进“农产品进城”。

（四）优消费环境，健全民生商务服务保障能力体系

1. 升级城乡便民商业体系。建成207个“一刻钟服务圈”示范点，全市90%的社区实现商业便民服务基本功能全覆盖。统筹城乡流通网络建设，实行郊区联合采购平台模式。建成城市物流末端共同配送网点218个，服务范围覆盖近千个社区和高校。加大有形市场清理整治和调整升级力度，全市共拆除关闭、升级改造各类市场217个，关停面积218.8万平方米。

2. 健全农产品流通体系。推动农产品市场“双核”保障格局建设，调整升级新发地批发市场，积极推进外埠分市场建设。开展13省区市服务产区菜农服务首都市民蔬菜保供联合对接行动。2015年各区新建蔬菜零售网点336个，累计达到2942个。13家农超对接超市销售果蔬增长15%。

3. 完善市场供应保障调控体系。完善生活必需品市场监测制度，监测范围涵盖12大类近百种商品。根据全市现有蔬菜储备设施库容能力，增加蔬菜政府储备。加强政府储备商品管理，调整充实生活必需品应急保供骨干企业，完善应急商品数据库和应急商品监测范围。持续加强商业诚信体系建设，严厉打击侵权假冒行为。引导大型零售企业和社会组织建立矛盾调解机制，及时化解交易纠纷，依法规范公平交易。

（五）拓消费空间，推动京津冀区域市场一体化

以落实京津冀协同发展国家战略为契机，建立三地商务领域合作机制，共同签署商务领域协同发展合作的《行动方案》。根据京津冀三地功能定位和资源禀赋的差异，加强京津冀区域商务领域在产业链上的互补合作，加快区域农产品流通体系建设，有序推进商品交易市场转移疏解和调整升级，推动环首都一小时鲜活农产品物流圈建设，支持北京企业在津冀区域范围内投资建设物流项目，有效带动区域物流标准化一体化建设。在全国率先启动京津区域通关一体化改革，京津冀地区企业跨关区进口平均通关时间较改革前下降超过 1 天，出口平均通关时间下降超过 50%，节省物流成本 30% 左右。

四、启示和借鉴

供给侧结构性改革是当前和今后一段时间的工作主线。顺应消费升级新趋势、把握消费升级新方向，推动改革创新，调动市场力量增加消费有效供给，扩大有效需求，带动新产业、新业态发展，对培育经济新动能、稳定经济增长、加快经济转型具有十分重要的意义。北京市作为经济发达的城市经济体，尽管所处发展阶段决定了其与其他省市既有共性相似、又有个性不同，但相关理念和改革举措仍能够带来很好的启示和借鉴。

（一）准确把握消费结构升级方向

随着收入水平提高和中等收入群体扩大，居民对产品品质、质量和性能的要求明显提高，个性化、多样化、高端化需求与日俱增。同时，随着恩格尔系数持续下降、居民受教育水平普遍提高和人口老龄化加快，旅游、养老、教育、医疗等服务需求快速增长，信息商品消费和服务消费需求占比明显提高。以服务消费为例，2011 年美国居民服务消费比重已达 66%，我国 2015 年城镇居民服务消费尚不足 40%。应把握好这个大趋势，挖掘和培育新的消费热点。围绕满足人民群众改善生活质量和积累人力资本的需求，大力发展教育、健康、养老、文化、旅游等服务性消费。顺应移动互联网时代消费习惯、消费模式、消费流程的改变，加快线上线下、体验分享等多种消费业态发展。抓住生态文明理念和绿色消费观念日益深入人心的机遇，着力扩大生态有机食品，绿色家电、绿色建材等消费。

（二）推进收入分配改革增强消费能力

收入增长是能消费、敢消费的根本保障。加快收入分配制度改革，是实现共享发展的集中体现。要坚持将发展作为第一要务，做大经济“蛋糕”，夯实物质基础和就业保障。推动农村产权制度改革，搞活农村经济，加快新型城镇化建设进程，打破城乡二元结构，缩小城乡差距。改革完善初次分配、二次分配各项制度，建立健全根据劳动、管理、技术、资本等要素贡献分配的激励机制。加快财税体制改革，重点优化税制、理顺央地财政关系，增强基层提供基本公共产品和服务能力。健全社保体系，提高医疗保险保障水平，全面推开大病保险，加快推进社会救助体系建设，坚决完成全面脱贫攻坚任务，扎实做好社会政策托底，减少居民未来生活的不确定性，稳定预期，提振消费信心，使居民不仅有能力消费，还敢于消费。

（三）提高生活性服务业品质

坚持问题导向，紧密结合大众消费升级需求，推动生活性服务业规范化、连锁化、便利化、品牌化、特色化发展。一是强化规范标准引领，制定超市、便利店、蔬菜零售、家政服务、再生资源回收、末端配送以及社区商业便民服务综合体的标准或行业规范，推动行业提质增效。二是鼓励连锁超市、便利店和老字号企业扩大直营连锁规模，加快发展“互联网+”形态的便民商业服务新模式，鼓励龙头电商企业推广“一站式到家服务”等O2O便民服务。构建绿色物流体系，完善“最后一公里”配送网络，发展城乡统一配送、共同配送模式。三是培育典型示范带动。建立健全生活性服务业品牌连锁企业资源库，新培育各类品牌连锁企业。积极引进国外名品，提高品牌丰富度。按照市场化运作组织项目投资，通过项目扶持、政府购买服务等多种方式，培育建设典型示范项目。

（四）顺应消费升级趋势培育新供给

互联网时代，在共享经济的推动下，消费走向融合发展已是大势所趋，必须顺应趋势变化加快培育新消费供给体系。一是“商品+服务”。将消费市场重点转向旅游、信息、教育、文化等服务性消费，其中教育、文化、娱乐以及健康等有助于提高生活品质的新兴服务消费将成为引领服务消费增长的主要领域。二是“互联网+零售”。推动零售领域融入互联网技术，加快零售企业自身变革，提高行业效率，培育消费领域新的增长点。三是“线上+线下”。大力发展电子商务，引导企业走线上线下融合发展模式，促进产品营销，扩大品牌效应，促进产业转型，提升产业层次。四是“零售+娱乐”。推动传统实体零售企业向提供体验式服务转型，鼓励发展集零售与服务娱乐于一体的综合性购物中心。

（五）加快推进区域消费市场一体化建设

以“一带一路”、京津冀协同发展、长江经济带三大战略为标志，我国正在大力推动不同层面区域协同发展战略，应抓住战略机遇，加强区域之间商务领域合作，探索发挥各地优势互补、产业协同发展的新机制和新模式。重点建设统一开放的商贸流通市场，大力推进通关一体化建设，加强开放型经济合作，强化各地协同、优势互补、互融互通，建设开放的区域消费大市场。建立区域间执法工作会商机制，完善跨区域执法协作，加大区域协同执法力度，优化区域营商环境。

（六）大力改善消费环境

消费环境是释放消费潜力的重要条件，尤其是农产品、食品、药品、家政、养老、健康、体育、文化、旅游、现代物流等关系居民日常生活，同时也是消费升级的重点领域，必须让消费者信赖本国企业、本国产品，才能把居民国外消费更多地留在国内。要从体制机制层面着手，加快制定和完善重点领域及新兴业态的相关标准，健全标准体系，全面提高标准化水平；建立健全预防为主、防范在先的质量监管体系，全面提升监管能力、效率和精准度；改善市场信用环境，加强违法失信行为信息的在线披露和共享，加快构建守信激励和失信惩戒机制；健全消费者权益保护机制，完善消费基础设施网络。

Practical Exploration of New Consumption Upgrade System and Supply Side Structural Reform in Beijing

Ma Yue

Abstract: With China's economy entering a new stage of development and the continuous expansion of consumption, consumer upgrades began to accelerate, Consumption levels, consumer quality, consumer preferences, consumer behavior, etc. have undergone significant changes. , As a developed economy, Beijing has become the largest consumer market in China for eight consecutive years. Consumption has become the "ballast stone" for economic steady growth. From a practical point of view, Beijing deepened the understanding of the law to the consumer – oriented, expanded the consumer space from the "ability to increase spending, make up short – board consumer spending, promote integration, re – consumption protection, and achieved good results. Which provides a good reference for the supply side structural reform.

Keywords: Consumption Upgrade   Supply Side Structural   Reform

新型城镇化背景下河南省乡村建设研究

（中国国际经济交流中心博士后科研工作站）王东峰

［摘　要］随着新型城镇化步伐的加速，河南省农村发展的内外部环境发生了深刻变化，这对河南省农村建设提出了新的挑战。本文在对河南省农村发展背景、发展趋势和存在问题进行深入分析的基础上，对新型城镇化发展背景下科学有序推进新农村建设的路径进行了研究和探讨。

［关键词］新型城镇化　乡村建设　城乡统筹

党的十八大提出城乡发展一体化是解决“三农”问题的根本途径，要加大统筹城乡发展力度，增强农村发展活力，逐步缩小城乡差距，促进城乡共同繁荣。党的十八届三中全会提出城乡二元结构是制约城乡发展一体化的主要障碍，必须健全体制机制，形成以工促农、以城带乡、工农互惠、城乡一体的新型工农城乡关系，让广大农民平等参与现代化进程、共同分享现代化成果。当前，河南农村发展正处于转折、转型的紧要关口，在城镇化背景下科学有序推进农村建设，是顺应发展变化、优化村庄布局的需要，是合理配置资源、提升农村发展水平的需要，是加强农村人居环境综合整治、推进美丽宜居乡村建设的需要，是缩小城乡差距、实现基本公共服务均等化的需要，对于实现全面建成小康社会目标，让中原在实现中国梦的进程中更出彩具有重要意义。

一、河南省加快乡村建设的时代背景

农村建设问题是世界上多数国家工业化、城市化发展到一定时期以后不可逾越的经济发展阶段，世界上许多国家特别是发达国家，都是在经济发展到一定阶段时，正确地处理了城乡发展关系，实现了国民经济的持续发展。我国已进入工业化和城镇化加速发展时期，到了加快以城带乡、以工促农的关键时期，城镇化和农村建设的进程必然是社会结构全面调整和农村经济转型的过程。作为一个农业大国，我们在新农村建设中不可能完全照搬国外经验和遵循其它国家已有的理论范式和成功实例，必须立足我国的基本国情，在借鉴国外已有的成功经验的基础上，探讨我国城镇化背景下新农村建设的路径和影响因素。

河南省是一个城镇化率较低的农业大省，农村是实现中原崛起河南振兴富民强省、到2020年与全国同步全面建成小康社会的短板。近些年，随着工业化城镇化信息化的快速发展，在农村建设方面也做出了不懈探索，也积累了许多宝贵的经验，农村经济社会正在发生前所未有的变化。但随着城镇化步伐加快，农村建设中也出现一些新的问题，需要我们遵循规律、因势利导，坚持城乡统筹、以城带乡，在科学推进新型城镇化的同时，协调推进农村建设。

二、河南省加快乡村建设的现状和问题分析

近年来，河南省在大力推动新型工业化城镇化的同时，把农村建设放在事关经济社会发展全局的突出位置，强化规划引导和产业支撑，积极探索符合河南实际的农村发展之路，取得了显著成效。

（一）发展现状

一是强化产业支撑，不断夯实农村建设产业基础。深入推进现代农业大省建设，围绕加快粮食生产核心区建设，大力实施高标准粮田“百千万”建设工程和粮食丰产科技工程，粮食综合生产能力继续提高，2015 年总产达到 1213 亿斤，实现 12 年连续增长，为加快河南新型工业化城镇化进程提供了强大支撑。培育壮大各类特色的现代农业产业集群，增开农民就业和收入门路，全省规划培育发展的集群已达 540 个，分布全省农业领域 11 个产业，50 多个子产业，实现年销售收入 9579 亿元。二是提升公共服务，不断改善农村居民生活条件。把基础设施与公共服务体系建设以及村镇建设结合起来，持续加大对农村的投入，农村基础设施建设不断加强，居住环境和生产生活条件得到明显改善。到 2015 年底，农村公路达到 23 万公里，农村居民及学校师生饮水安全问题基本得到解决，农村公共服务体系建设实现了从无到有的重大转变，公共服务水平全面提高，基本建立了覆盖全省的免费义务教育制度、新型农村合作医疗制度、农村最低生活保障制度、新型农村社会养老保险制度。三是强化农民增收，不断提高农村生产生活水平。加快农业结构调整和劳务经济发展步伐，加

快非农产业较快增长，不断为农民的增收注入活力。实施全民技能振兴工程和职教攻坚二期工程，支持新生劳动力参加职业教育、青壮年劳动力参加短期技能培训，增强农村劳动力就业竞争力和增收力。“十二五”以来，农民收入增速连续5年高于城市、城镇居民，农民生活质量进一步提高，670万农村贫困人口稳定脱贫。四是健全体制机制，营造农村建设的良好氛围。户籍制度改革全面推进，不动产统一登记制度改革全面启动，4000万亩农村土地承包经营权确权登记基本具备颁证条件，农村宅基地和集体建设用地确权登记发证工作进展顺利。土地流转取得了重大进步，全省已有136个县（市、区）、1571个乡镇建立了土地流转服务组织，农村土地流转面积3783万亩，占家庭承包耕地面积的38.9%，高于全国土地流转率6.6个百分点；农村金融改革深入推进，143家农村信用社、县级联社统一法人工作全部完成，制定了关于编制新农村建设规划的指导意见，为科学编制新农村建设规划、有序推进新农村建设提供了制度支撑。

（二）存在问题

一是农村建设理念存在误区。在农村建设过程中，不少地方还存在思路不清的问题，有的地方把农村建设等同于新农村社区建设，不顾地方实际，盲目搞大拆大建，最后导致农村建设脱离实际，出现新村搬不进、旧村拆迁复垦难、财政债务负担重、运转难持续等问题；也有的地方把农村建设等同于村庄整治，将主要精力用在改善村容环境上，而没有在强化产业发展、农村经济组织培育等方面下功夫；很多地方在推进农村建设时还缺少整体、系统的长远规划。二是产业支撑能力亟待提升。农业生产规模化集约化程度不高，农民组织化程度还相对较低，在现有的农业科技水平条件下，农业增产、农民增收的空间不大。随着河南产业升级、技术进步、结构调整步伐的加快，资本密集型和技术密集型产业发展加快，劳动密集型等吸纳就业能力强的企业发展空间受限，农村劳动力转移难度越来越大。三是基础设施和公共服务仍然落后。近些年，虽然农村的环境有了很大改善，但与城市相比，仍然存在很大差距，人均享受公共设施的比率低，很多地区还没有统一的地下管网规划，农村环境卫生不容乐观，特别是厕所改造、垃圾处理、污水排放等生活设施还没建成，社会公共事业发展滞后，医疗条件较差，文化设施缺乏。四是高素质农业劳动者供给不足。随着城镇化、工业化进程加快，大量较高文化素质的农民、尤其是有文化的青壮年劳动力都通过各种途径大量流向城市和非农产业，大中专毕业生及各行业专业人才认为农村发展空间小、条件差，不愿到农村发展，农业生产后备力量严重缺乏。五是体制机制有待完善。虽然近些年各级政府都加大了对农村社会事业的投入力度，并不断健全完善社会保障制度，但与城市相比保障水平差距仍然较大。促进农业人口向城镇转移的农村配套改革滞后，农民转市民后财产权益的保护和实现机制有待进一步完善。

三、河南省加快乡村建设的路径选择

河南省正处于工业化城镇化加速阶段，实现全面建成小康社会的目标，必须要解决好农村发展问题，加快新农村建设，从河南的社会经济现状和农村发展实际情况出发，科学加以引导，规范有序推进。

（一）基本思路

坚持把新农村建设作为加快新型城镇化进程、构建现代城乡体系的重要内容。一是坚持城乡统筹、五规合一。坚持走新型城镇化道路，以县为单元统筹规划，形成产业、村庄、土地、公共服务和生态规划“五规合一”，注重与交通、能源、通讯、水利等方面规划的衔接配套，最大限度推动农村人口向城镇转移，全面改善农村生产生活条件，促进城乡发展一体化。二是坚持因地制宜、分步实施。根据产业发展水平和农民生产生活方式，加快城镇规划建设区内村庄城市化改造，推进“三山一滩”等不具备开发发展条件村庄易地搬迁，加强对具有历史文化等价值的传统村落和民居保护，不具备规划建设条件的村庄避免盲目发展。三是坚持以人为本、产业为基。始终把实现好、维护好、发展好广大农民群众的根本利益放在首位，把产业作为新农村建设的起点和基点，根据先进制造业、现代服务业、特色农业的发展基础和前景，调整优化村庄布局，以生产方式、生产规模、生产性质决定村庄的位置、规模和形态。四是坚持群众自愿、因势利导。立足实际、循序渐进地优化村庄布局，坚持尊重大多数群众的意愿，积极加以引导，让农民群众充分参与新农村规划编制和实施全过程，使规划更加符合客观规律和本地实际，不超越发展阶段，不搞齐步走、一刀切，使新农村建设成为一个水到渠成的过程。

（二）政策建议

新农村建设要遵循规律、因势利导，从当前劳动力转移程度、产业规模及特色、经济实力、土地利用、道路建设等实际情况出发，区分轻重缓急，突出建设重点，分步实施，做到低成本、高效益，使新农村建设走上健康发展之路。

一是科学编制新农村建设规划。坚持规划先行、立足实际，根据地方资源禀赋特点，按照“五规合一”的要求，确定适宜农村人口集聚的乡镇政府所在地村庄、中心村和自然村，配套建设基础设施和公共服务设施。一方面注重与土地利用总体规划相衔接，加强对耕地的保护，统筹安排农村非农产业、农村公共服务和公共事业发展用地，优化生态、农业、城乡建设用地布局。另一方面注重与生态规划衔接，根据不同区域生态环境保护的要求，划分县（市）域不同的生态功能区，明确各类区域生态保护措施。

二是强化产业对乡村建设的支撑能力。把产业发展作为新农村规划建设的基本前提，强化二三产业发展载体支撑，培育壮大主导产业，创造更多就业岗位，带动农村人口转移就业。大力发展二三产业，推动各地产业集聚区加速发展，把竞争力最强、成长性最好、关联度最高作为主导产业的选择标准，重点培育百亿元以上特色产业集群。加快商务中心区或特色商业区建设，重点发展金融、商务、物流、商贸、房地产等服务业，优化县域服务业发展布局。提高乡镇产业基础好、规模较大的已有专业园区发展水平，整合产业层次低、规模较小的专业园区。围绕促进农民当地就业，结合专业园区规划引进劳动密集型产业，依托当地的空间或资源发展旅游、农产品加工业等特色产业，推动特色种养业规模化发展。

三是加快推进农业现代化。以保障粮食安全和促进农民增收为核心任务，以促进农村第一、第二、第三产业融合发展为基本途径，着力打造现代农业大省。实施高标准粮田百千万建设工程，持续推进农业综合开发、土地整理和复垦开发，加快中低产田改造和吨粮田建设，加强对已建成的高标准粮田的维护和管理，发展多种形式的规模经营，发挥规模效应，确保长久发挥效益。实施现代农业产业化集群培育工程，做强传统优势农业、发展特色高效农业，大力培育发展粮食深加工产业集群，建设一批肉牛、花卉、苗木、林果等特色高效农产品生产基地，推动有条件的地区建设复合型现代畜牧产业化集群及高标准蔬菜、食用菌、优质粮油产业化集群。实施都市生态农业发展工程，把都市生态农业规划与产业规划、城镇化规划结合起来，以特色种植业、设施园艺业、生态休闲业、农产品加工和流通业为主体，规划建设一批具有综合功能的农业园区，推动都市生态农业生产、生活、生态功能“三位一体”协调发展，促进农业与二三产业融合互动发展。

四是分类推进新农村建设。尊重科学规律，尊重农民意愿，坚持分类推进。将城中村、城郊村和产业集聚区内的村庄有序纳入城市统一规划、建设和管理，根据产业集聚程度、容纳就业规模，有步骤地推动农民转为市民。对深山区、滩区等不具备开发发展条件的村庄，与产业扶贫结合起来，稳步推进易地搬迁，着力推动产业发展，促进农民就业增收，从根本上解决困难群众脱贫致富问题。对城镇规划区外村庄，根据先进制造业和特色农业布局，选择条件成熟、积极性高的地方作为新农村建设引导点。对其他广大农村，重点推进人居环境改善，以保住房安全、保饮水安全、保用电安全、净化环境、硬化道路、美化村庄为重点，推进农村人居环境达标村和示范村建设。加强对具有历史文化等价值的传统村落和民居保护。

五是统筹推进城乡发展一体化。推进农业转移人口有序向城镇转移，发挥县城落户成本较低、人文环境相近、进城农民有较强归属感等优势，重点引导农民向县城转移。坚持产业为基、就业为本，住房牵动、教育牵动，强化社会保障、农民权益保障、基本公共服务保障，最大限度推进农村人口向城镇转移集中。推进城乡基本公共服务均等化，不断完善农村基础设施功能，加快推进城市基础设施向农村延伸，城镇公共服务向农村覆盖。加大统筹城乡发展力度，把推进新型城镇化与促进农业现代化和新农村建设紧密结合起来，推进城乡要素平等交换，引导城市资金、技术、人才、管理等向农村流动，强化城市对农村发展的反哺、辐射和带动作用。提高农业劳动生产率和集约化水平，夯实新型城镇化的基础。推动城乡一体化示范区科学发展，统筹推进城乡规划、三次产业协调发展、基础设施一体化建设、城乡生态网络构建和要素合理流动。

六是加快推进农村改革。在坚持和完善农村基本经营制度的前提下，把改革创新贯穿到农村工作的全过程和各环节。深化金融改革，全面推进县级农商行组建，积极发展村镇银行，支持由社会资本发起设立服务“三农”的县域中小型银行和金融租赁公司。支持符合条件的农业企业在主板、创业板发行上市，推动证券期货经营机构开发适合“三农”的个性化产品。培育发展农村合作金融，建立风险补偿基金，防范金融风险。加大农业保险支持力度。完善农村土地承包政策，赋予农民对承包地占有、使用、收益、流转及承包经营权抵押、担保权能，推动完成确权任务的地方开展农民承包经营权抵押贷款试点，研究探索土地信用托管担保平台建设。依法依规引导和规范农村集体经营性建设用地入市，在符合规划、用途管制的前提下，允许农村集体经营性建设用地出让、租赁、入股，实行与国有土地同等入市、同权同价，建立农村集体经营性建设用地产权流转和增值收益分配制度。完善城乡建设用地增减挂钩试点，积极稳妥推进人地挂钩试点。创新财政资金投入机制，加快转变财政资金投入方式，提高资金使用效益。创新农业科技进步机制，推动农科教结合、产学研协作，促进科技与农业深度融合，引导社会资本向农业科技创新集聚，健全技术创新激励机制。

参考文献

1. 《国家新型城镇化规划（2014—2020 年）》。

2. 《河南省新型城镇化规划（2014—2020 年）》。

3. 《河南省全面建成小康社会加快现代化建设战略纲要》。

4. 河南省《关于落实发展新理念加快农业现代化实现全面小康目标的实施意见》。

Research on the Countryside Construction of Henan Province under New Urbanization

Wang Dongfeng

Abstract: Along with the accelerating new urbanization, Profound changes have taken place in internal and external environment of rural development in Henan Province, which has brought new challenges to countryside construction. In this article, based on the analysis of background and tendency in the henan's rural development, a new efficient approach of forward building a new countryside is brought forward.

Keywords: New Urbanization　Countryside Construction　Urban and Rural Coordinated Development

我国城市群治理创新研究

（中国国际经济交流中心经济研究部
副研究员、博士后）李娣

［摘　要］当前，在市场因素与各类区域政策的共同作用下，我国已进入城镇化的快车道和城市群时代。随着人口从农村持续向城市群流动，我国城乡人口结构、产业结构、就业结构都在发生变化，也引发了城市规模快速扩大以及城市群内部公共资源分布不均衡所致的各类城市问题，加上我国社会管理工作相当薄弱，跨区域社会管理严重滞后等，亟待创新城市群治理。在现有体制情况下，以问题为导向，科学治理为核心，积极发展各类社会组织，推动政府与社会合作，鼓励公民、社会私营部门和非营利性组织积极参与到城市群事务中来，通过有序疏解核心大城市中心城区部分非核心城市功能、加强中心城区再开发、发展城市群经济、形成有效的跨区域治理等，以探索有中国特色的城市群治理模式。

［关键词］城市群　创新　城市群治理

一、我国城市群发展概况

1965 年到 1978 年的十三年时间内，我国总人口增加了

23721万人，但城镇化率一直维持在17%，改革开放后的三十多年时间内，我国城镇化率呈现较快增长（见图1），其中，2010年以前，我国人口总数与城镇化率都是快速递增的，之后，我国人口总数的增长趋势明显放缓，但城镇化率依然以1%以上的速度递增。

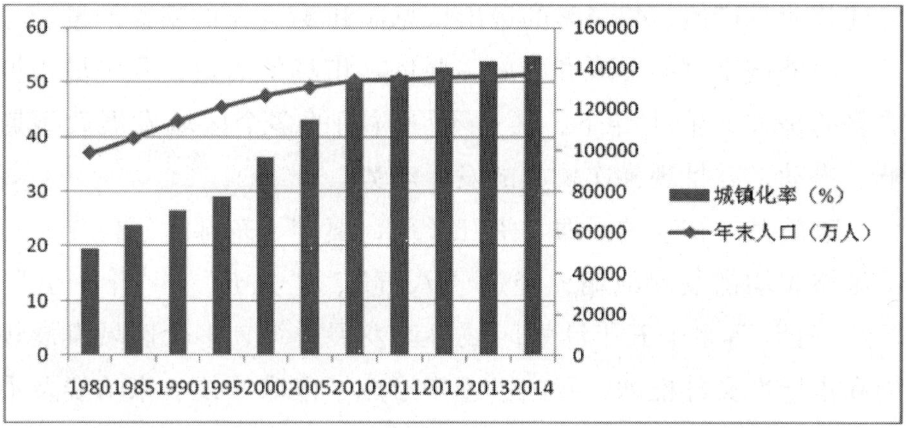

图1　1980—2014年我国人口总数和城镇化率的变化情况

根据国家统计局网站统计数据显示，2015年末，中国大陆总人口（包括31个省、自治区、直辖市和中国人民解放军现役军人，不包括香港、澳门特别行政区和台湾省以及海外华侨人数）13.75亿人，其中，城镇常住人口7.71亿人，乡村常住人口6.04亿人，城镇化率为56.1%。全国流动人口为2.47亿人，比上年末减少600万人。年末全国就业人员7.75万人，其中城镇就业人员4.04亿人，比上年末增加1100万人。可见，我国已有近六成人口居住在城市，一半以上的人口在城镇就业，城市在我国经济社会中扮演着越来越重要的角色，承载着越来越多的人口与就业。我国已初步形成了长三角、珠三角、京津冀等全国经济增长极，长三角更是成长世界级城市群，同时，还有多个城市群在快速成长。比如：2015 年末，我国京津冀地区国内生产总值为 69312.9 亿元，占全国经济总量 9.6%，固定资产投资占全国 8.8%，集中了全国 8.1% 的总人口、20.6% 的进口总额、9.5% 的社会消费品零售总额。2015 年末，长江经济带集中了全国 42.2% 的经济总量、44.4% 的规模以上工业企业利润总额、42.7% 的固定资产投资、41.7% 的社会消费品零售总额、56.5% 的建筑业总产值、42.4% 的进出口总额和 37.8% 的粮食产量。

国外城市群的形成和发展主要依靠市场的力量，我国城市群更多的是在政府主导下，通过不同时期的多个区域发展政策影响、推动，并呈现梯次崛起的发展态势。

改革开放初期的沿海、沿江开放，奠定了东部地区优先发展的区域非均衡发展战略；经过“八五”、“九五”、“十一五”、“十二五”等多个五年计划区域协调发展政策、多个区域发展规划和指导性文件推动，我国已逐步形成了以京广线、京哈线及沿东南海岸线为纵轴，长江及陇海线为横轴的城市网状分布体系。2013 年，习总书记在中央城镇化工作会议进一步强调要实施“两横三纵”，即沿陇海亚欧大陆桥和长江沿线的“两横”，以及沿海、京广和包昆通道沿线的“三纵”，覆盖整个东中西部地区，以若干大型城市群为主体、中小城市和城镇点状分布城市化战略格局，主张一张蓝图干到底。2015 年《政府工作报告》提出，统筹实施“四大板块”和“三个支撑带”战略组合，“四大板块”是指东、中、西与东北部地区；“三个支撑带”或者说“三大战略”是指“一带一路”、长江经济带和京津冀的区域协同发展战略大布局。克强总理指出，要在西部地区开工建设一批综合交通、能源、水利、生态、民生等重大项目，落实好全面振兴东北地区等老工业基地政策措施，加快中部地区综合交通枢纽和网络等建设，支持东部地区率先发展，加大对老少边穷地区支持力度，完善差别化的区域发展政策。可见，“四大板块”和“三个支撑带”战略组合重点在西部地区，目的是破解区域发展“碎片化”现象，推动区域协调发展。主要以“一带一路”统领国内外战略，领头是京津冀城市群建设，长江经济带是我国未来区域发展的主要支撑带。

随着我国经济快速发展，在各类区域政策的推动下，我国进入城镇化的快车道和城市群时代。尤其是2015年“四大板块”和“三个支撑带”战略组合出台后，我国城市群发展的战略构想加入较多的新理念，“十三五”期间，我国将坚持以创新、协调、绿色、开放、共享的发展新理念引领促进中国城市群健康发展。

二、我国城市群发展面临的主要治理问题

（一）农村人口快速向城市群流动与城市群内“一城独大”引发的治理问题

从我国第六次人口普查数据统计来看，吸引人口流入最多的是我国东部包括长三角、珠三角、环渤海湾等沿海城市群，占流入我国城市群总人口70%，从西部地区流出的人口超过1000万人，并且也是流出人口占比最大的区域。我国的流动人口规模从1982年的657万人增长到2015年的2.47亿人，占全国总人口的18%，其中上海、北京、广州等地非户籍常住人口占常住人口的比重分别是40.99%、38%、35.72%，深圳则高达70.8%，说明了改革开放30多年，我国人口呈现从中西部向东部和东南沿海一带流动的趋势，并且人口的流入和流出都集中在城市群。从2015年春节人口迁徙情况来看，春节期间，人口流动最为密集的区域也是长三角、珠三角、环渤海湾等沿海城市群。

从我国城市群内部人口分布情况分析可见，我国城市化发展到一定阶段并未出现类似美国、英国以及欧洲西北部城市群中出现的逆城市化现象，作为长三角、珠三角、京津冀三大城市群的核心大城市上海、广州、深圳、北京、天津等，依然是处于产业、人口集聚的阶段，处于这些核心城市周边的副中心，多为与核心大城市发展差距巨大的地级市、县级城市甚至乡镇，周边副中心基础设施建设落后，产业不发达，吸纳就业能力差，在城市群核心大城市吸虹效应的作用下，城市群总体呈现“一城独大”现象，在核心大城市的中心城区更是人口最集中的区域，这在北京表现尤为明显．根据2015年5月21日北京市统计局、国家统计局北京调查总队发布的数据显示，五环以外有1098万常住人口，占全市的51.1%；三环至六环间聚集了1228.4万常住人口，占57.1%。北京中心地段房价是六环外的5—6倍，中心城区一房难求，人口向中心城区集中，主要因为通勤成本低，产业、就业都集中在中心城区。而同时，中心城区繁华的街道间还间或存在面积不少的城中村，即使在拥有雄厚经济实力的北京主城区朝阳、海淀、丰台3个最大的行政区，资源集中在近中心城区，中心城市经济发达，而远郊依然存在农村。

（二）城市群内公共资源分布不均衡

由于教育资源以行政区划进行划分，即使仅一马路之隔的两个同等质量的楼盘，因为所处的行政区划不一样，房屋售价就会不一样。由于多种原因，我国同一城市群范围内，核心大城市人口密度大，而产业不发达、教育、医疗等配套设施不完善的副中心城市，依然是空城，造成土地资源的浪费与开发的无序。

推动我国城市群可持续发展，一方面迫切需要解决我国经济建设和社会发展“一条腿长、一条腿短”的状况；另一方面需要重点关注随着城市群现象出现，人口从农村快速向城市群流动，城市规模快速扩大以及城市群内部公共资源分布不均衡所致的各类城市问题。而我国社会管理工作相当薄弱，跨区域社会管理问题严重滞后，亟待创新城市群治理。

（三）我国城市群治理能力相对滞后

我国的社会管理模式源于计划经济体制下以管控为主的管理模式，人、财、物等都带有行政区划的身份特征，人口相对固定。这种模式与计划经济相呼应，社会结构简单，公众诉求相对单一，传统管控手段能实现维持社会稳定的目的。而随着我国社会主义市场经济体制建立，城市经济的快速发展，人口向城市集中与跨区域流动，城市群的形成。核心超大城市面临严重的“大城市病”、中心城区人口高密度的人口、产业，迫使我国以城市为中心的传统治理模式不得不向城市群治理转型，以京津冀地区为例，北京是全国的政治、经济、文化中心，是中国的首都，由于承载着太多的经济功能，北京交通、环境等压力不堪负重，必须加快疏解以经济为主的非首都功能，因此，2015 年 3 月，我国高级别会议研究出台了《京津冀协同发展规划纲要》，集中反映了我国社会治理从以城市为核心向城市群为主转变，而这种城市群治理也将迎来前所未有的挑战，面临诸多现实问题：一是由于人口被疏解，人口密度降低，如何给更为分散的低密度人口区提供有效的公共服务，因为人口越分散，公共服务的边际成本越高，如何保证城市群范围内，能提供低成本、高效率的公共服务；二是人口、产业向副中心迁移，趋于低密度分散分布，需要更多土地资源，容易造成土地资源浪费，同时中心城区与副中心主要交通干线将变得更为拥堵，环境污染更加难以控制；三是随着人口、产业等各类经济资源外迁，是否会导致中心城区陷入经济衰退，同时，由于中心城区经济衰退与财政危机，可能导致中心城区居民就业以及原有的社会保障与社会福利无法获得满足[①]。所有这些问题都对我国原有的城市社会治理方式提出了新的挑战。

三、创新城市群治理

美国面对这类治理问题，强调以政府为中心，在原有政府层级基础上重新组建一级大都市区政府的主张从20世纪初一直延续至60年代。这个主张要求建立一个边界清晰的大都市区政府，在大都市区范围内实施统一的发展规划和财政制度，统一公共服务。这种主张由于改变政府之间的结构关系，在美国几乎没有成功的案例。所以，探索有利于区域性问题解决的治理模式一直在路上。城市群由于边界模糊，缺乏法律上的行政区划，解决各类区域性问题显得尤为困难。在现有体制情况下，以问题为导向，科学治理为核心，积极发展各类社会组织，推动政府与社会合作，鼓励公民、社会私营部门和非营利性组织积极参与到城市群事务中来，探索有中国特色的城市群治理模式应该成为社会治理重要课题，以寻求城市群范围内城市问题解决办法，促进核心大城市与副中心城市、城市与郊区共同繁荣。

第一，有序疏解核心大城市部分功能。我国城市化阶段还远没有达到发达国家出现的“逆城市化”现象，并且在一个人多地少的大国，“逆城市化”现象是否符合我国经济社会发展需要，还有待认真深入的研究。城市进化进程中，多数城市群明显地表

① 王旭，罗思东：《美国新城镇化时期的地方政府——区域统筹与地方自治的博弈》，厦门大学出版社，2010年版，第254—271页。

现为“一城独大”，城市群中的核心大城市，集中了城市群区域的多数人口、技术、产业等，中心城区经济增长高度依赖传统工业，呈现明显的工业化阶段性特征，城市内交通拥堵、卫生状况下降、环境污染问题加剧，形成“大城市病”，成为苦苦困扰核心大城市政府的难题。但同时，必须清醒地认识到，随着知识经济不断发展和服务型经济的兴起，我国北京、上海、深圳等城市的经济要素发生了极大的变化，根据2016年北京、上海、深圳三市统计公报显示，2015年北京文化创意产业、高技术产业、信息产业、生产性服务业占北京全年GDP比重分别为13.4%、22.6%、15.3%、52.9%，第三产业占GDP比重为79.68%；上海第三产业占全年GDP比重的67.8%；深圳第三产业占GDP比重也达到了57.3%，第二产业中高技术制造业占第二产业比重的为59.4%。这些城市的信息技术产业、服务型经济快速增长正在不断瓦解传统经济。化解这些超大城市“大城市病”，转移中心城区传统工业，疏解中心城区人口，推动城市经济的空间结构由工业时代的单一中心向后工业时代的多中心结构演变，发展城市群经济，应该成为我国经济发展的重要内容。

我国《京津冀协同发展规划纲要》中已明确提出要疏解北京的“非首都”功能，把北京建设成为全国的政治、文化中心、国际交往中心、科技创新中心。北京大学政府管理学院教授杨开忠认为，疏解非首都核心功能，应当在发挥市场机制决定性作用的基础上，按照集中与分散相结合的方式，着力调整政府机构自身或政府举办之公共事业的区位[①]。从北京产业结构来看，有序疏

---

① 邓琦、金煜、饶沛等：《京津冀协同发展规划纲要获通过》，《新京报》，人民网转载，2015年05月01日，http://politics.people.com.cn/n/2015/0501/c1001-26935006.html

解“非首都”功能，部分人口、低端制造业等疏解出中心城区，对北京 GDP 总量影响不大，并且有利于推动北京经济转型升级，集中精力发展高技术产业和服务业，通过这些产业的发展创造大量新的就业，提高单位面积经济效益，保持中心城区经济稳定。

第二，中心城区再开发。美国大都市区治理经验表明，大都市区通过单纯的强调控制核心大城市人口增长，保护本地居民利益，或者片面追求对农田和生态环境保护，而不深入发展问题的实质，是不可能取得理想成效的。因此，他们提出了“精明增长”，认为，要以法律和财政手段，规制土地利用方式和住房建设标准，约束因基础设施建设而导致的城市无限蔓延，引导资源投向中心城区再开发、再发展。

我国经济正逐步向后工业时代迈进，产业结构正由低端向中高端发展，随着有序疏解核心大城市人口、产业的进行，人口、产业转移后可腾空大面积的区域，要防止中心城市区因人口、产业向周边副中心转移而趋向衰退，而出现美国大都市区发展过程中的“冰雪带”与“阳光带”此消彼长的情况，提前研究和加强中心城区再开发利用问题是非常必要的。

要在启动部分功能疏解的同时，有必要启动中心城区再开发规划的编制工作，并力求坚持这样的原则：

1. 坚持采用紧凑型建筑设计。由于中心城区再开发利用的土地成本远高于城郊以及副中心，要吸引投资用于中心城区再开发，必须保证土地集约利用，降低开发成本，推动城市更新，向集约、高效城市发展模式迈进。未来在这些地块建设类似东京六本木、巴黎拉德芳斯等城市综合体可能会成为开发首选方式。

2. 坚持增加住房数量和选择空间。我国北上广等超大城市，多数实行严格的住房土地投放数量，限制住房数量增长，导致城市群的核心城市房价年年攀升，中心城区住房成本居高不下，一方面限制了人才的竞争，让有能力为城市发展做出更大贡献的人望房价而却步；另一方面造成了极大的社会不公平，土地开发商利用稀缺土地资源不断提高住房价格，受益的是本地拥有住房的居民，提高了外来人口的门槛，并让新进居民承担高昂的增长管理政策成本。通过对中心城区再开发利用，增加住房向市场投放的数量，有利于稀释房价，增加居民对住房的选择空间。

3. 坚持交通优先。发展可供选择的综合交通，减少劳动力通勤成本。

4. 培养社区共同意识，打造有特色和有吸引力的新型社区，推动和引导社区和谐发展，提高中心城区整体吸引力。

第三，发展城市群经济，积极参与全球经济竞争。我国正在跨入后工业时代，按照沃利斯的分析，由于后工业经济的流动性，城市群内多个中心之间形成了一种新的、更为复杂的相互依存关系。一方面，高度专业化的服务业在城市群核心城市集中，赋予核心城市现代企业必须的关键性的控制功能；而另一方面，对区域经济的替代进口功能来说，必要的企业生产性活动已让位于副中心的高技术走廊，从而副中心城市间同样存在因聚合性的经济竞争而日益增强的相互依赖[①]。城市群内核心城市中心城区与其郊区之间因竞争而不断进行资源整合，彼此调整产业结构，以适应发展的需要，同样，核心城市与周边副中心城市之间、副中心城市之间、副中心城市与其他核心城市之间、核心城市与核

① Wallis，“EvlovingSturctures and Challenges of Metropolition Regions”. 王旭，罗思东：《美国新城镇化时期的地方政府—区域统筹与地方自治的博弈》，厦门大学出版社，2010 年版，第 254—271 页。

心城市之间，乃至全国城市群之间以及全球相关国家和地区之间，都存在这种激烈的竞争，并呈现复杂的竞争关系。因此，城市群的发展必须有全球化的视野，正确认识经济全球化给城市群发展带来的挑战。具体包括：一是未来市场是人力资源的竞争，人力资源优势就是竞争优势，城市群必须开发利用好自己的人力资源；二是获得最大可能的成本优势，城市群必须在降低产品和服务成本上下功夫；三是城市群必须更为有效地使用有限的投资。未来威胁城市群竞争力的因素主要还来源于高昂的居住成本；由于工作地点与居住地点分离所带来的通勤、环境和社会成本；城市群空间结构变化对原有投资环境损坏；社区治理能力；城市群内各城市间、居民之间收入差距越大，经济竞争力就越小[①]等，因此，城市群发展要加快建设综合立体交通，完善联系各城市的交通基础设施，提高城市群社会治理能力，促进区域治理能力现代化，优化投资环境，降低居民生活成本等，发展城市群经济，提高城市群在全球范围内的竞争力。

第四、形成有效的跨区域治理。城市群发展意味着需要统一市场，促进公共服务均等化，打破一切阻碍城市间人流、物流、信息流自由流动的各类篱笆。通过城市群内各城市地方政府间的协作以及建立各类符合发展需要的公私合作关系，推动城市群建立有效的区域治理模式。一方面，建设服务型政府，政府在城市群治理中做牵头引导作用，城市群规划编制、执行，城市之间各类矛盾的化解，城市居民收入差距的缩小，棚户区改造都离不开城市群内各级政府的主导作用，政府在城市群治理中承担着非常重要的作用；要根据城市发展需要启动行政层级调整，优化行政

---

① Herry G. Cisneros，"Regionalism：The New Geography of Opportunity." In Kemp，Forms of Local Governent，p. 323.

结构，解决有些城市以村镇为单位碎片化管理模式，推动同层级政府部门交流合作，合理解决城市群区域性公共事务；另一方面，政府必须积极引导社会资本、社会组织、公众积极参与到城市群治理中来，城市群重大项目实施通过听证、社会风险评估，引导社会公众参与项目决策；城市群的重大项目在建设之初，还要积极宣传，广为传播，吸引社会资本参与建设；政府还要通过引导社会组织建设，为城市群发展建设筹集资金，参与公共服务供给等，建立有效的公私合作伙伴关系，推动城市群治理不断满足发展需要。此外，还应该在城市群层次设立灵活多样的专门投资基金，包括因某些项目需要的临时性基金、按照各城市经济规模大小或财政收入多少直接出资设立基金、由银行授信方式设立等虚实结合的城市群发展基金。投资基金主要在统筹城市群产业布局、基础设施建设、公共服务体系建设、生态补偿等具有区域外部性的项目上发挥积极引导作用，突出城市群主体地位与推动城市群的全面协调可持续发展。

参考文献

1. 魏礼群主编：《创新社会治理 建设法治社会（第五届中国社会治理论坛2015）》，2015 年版。

2. 王旭、罗思东：《美国新城镇化时期的地方政府—区域统筹与地方自治的博弈》，厦门大学出版社，2010 年版。

3. 罗伯特·D. 亚罗，托尼·西斯：《危机挑战区域发展》，商务印书馆，2010 年版。

4. 张耀军、岑俏：《中国人口空间流动格局与省际流动影响因素研究》，《人口研究》，2014 年第 5 期。

Study on Innovation of Urban Agglomeration Governance in China

Li Di

Abstract: At present, under the common function of market factors and regional policy, China has entered the fast lane of urbanization and the era of urban agglomeration. With the populationfrom rural areas continued to flow to the city, urban and rural population structure, industrial structure and employment structure are changing, also led to the rapid expansion of the scale of city and some problems have been caused by the uneven distribution public resources within the urban agglomeration. In addition, the social management of our country is very weak, and the Cross – regional social management is seriously lagging behind, it is urgent to innovate the governance of urban agglomeration. In the current system situation, to the problem oriented, scientific management as the core, and actively develop all kinds of social organizations, to promote the cooperation between the government and the society, and to encourage citizens, the private sector and the non – profit organizations to participate actively in the affairs of urban agglomeration. to relocate orderly non – core functions of the core part in the big city, by strengthening the central city redevelopment, developing economy of Urban Agglomeration, forming effective cross regional governance, etc. in order to explore the management mode of urban agglomeration with Chinese characteristics.

Keywords: Urban Agglomeration　Innovation　Urban Agglomeration Governance

全球价值链与国际税收治理研究

（中国国际经济交流中心研究员）梁云凤

［摘　要］ 财政职能已经突破了原有的经济学框架，是国家治理体系和治理能力现代化的重要内容，是在全球化过程中维护国家利益的重要基础，是在全球经济治理中维护大国地位的重要保障。深入分析全球价值链分配格局，积极参与国际财税规则制定及协调，在全球价值链治理中主动作为，提高我国在国际财税领域的制度性话语权。

［关键词］ 全球价值链　国际税收治理　财政

十八届三中全会《中共中央关于全面深化改革若干重大问题的决定》提出：财政是国家治理的基础和重要支柱。把财政提升到国家治理体系和治理能力现代化的战略高度，意味着财政职能已经突破了原有的经济学框架，是国家治理体系和治理能力现代化的重要内容，是实现“五位一体”总体布局和“四个全面”战略布局的重要支撑，是在全球化过程中维护国家利益的重要基础，是在全球经济治理中维护大国地位的重要保障。深入分析全球价值链分配格局，积极参与国际财税规则制定及协调，在全球价值链治理中主动作为，提高我国在国际财税领域的制度性话语权。

一、全球价值链治理

全球价值链（Global Value Chain，GVC）治理之所以重要，是因为它关系到发展中国家了解市场进入途径，迅速获得生产能力，理解价值链上的收益分配，得到发达国家购买商的技术援助，找到制定政策和创新的支点等方面的问题。GVC 治理主要研究如何协调价值链的组织结构、权力分配以及价值链中各行为主体之间的关系，随着国际分工的深化，GVC 变得更加复杂，需要系统地协调价值链中各个环节的经济活动。GVC 治理之所以产生，是因为在经济一体化下发展中国家和发达国家的权力关系是不平等的。价值链中参与者们所要遵守的规则是由产业的领导者制定的，而不是由市场自由决定的。

（一）国际分工的深化

过去几十年，国际分工发生了深刻变化，经历了产业间分工、产品间分工再到产品内分工的剧变，GVC 的领导企业为了降低成本，将一种产业分解为诸多工序且将低附加值的环节转移到具有比较优势的国家或地区生产，自己只保留产品的研发、设计、营销等附加值高的工序，在全球范围内整合资源，从而成为 GVC 的治理者。同时，发展中国家企业承接 GVC 领导企业转移的加工组装环节，从事产品的加工组装或生产原件后出口，成为跨国公司生产链上的一部分，在核心技术、品牌、销售渠道等关键环节上缺乏自主权，只能成为 GVC 的被治理者，但顺利地嵌入全球产业分工体系中。

（二）禀赋资源的差异

发达国家凭借其先进技术、品牌、专利、销售渠道等高级资源禀赋的独特优势，这些资源禀赋是发达国家领导企业经过多年的发展积累起来的，包含了很多隐性知识以及知识产权，进入门槛高，难以模仿。依托这些独特资源禀赋，发达国家领导企业控制或垄断着GVC的制高点，掌握着话语权，从而成为GVC的治理者。发展中国家企业依赖于廉价的土地、劳动力和自然资源等初级资源禀赋，生产初级产品，进入门槛低，竞争激烈，没有产品的定价权。初级资源禀赋直接决定了发展中国家的企业处于GVC被治理者的地位。

（三）风险控制的需要

为了保证产品质量，发达国家的主导企业需要规定和质量相关的生产过程参数，目的在于避免国际市场上最终产品因注重标准化、强调安全、劳动和环境标准等价值链中的具体参数设定导致的风险，发达国家主导企业把发展中国家地方产业集群纳入到他们的生产经营体系，对价值链进行监督和协调，从而成为GVC治理者。发展中国家企业因技术水平、经济实力有限，对国际市场信息的把握不充分，所提供产品的质量和服务水平与国际市场需求有一定的差距。为了获取技术、资金并打开全球市场，他们迫切需要借助GVC领导企业的资源融入到GVC中。与此同时，中国社会信用体系的普遍缺位，导致企业在国内市场销售产品时，可能会面临贷款拖欠、逃债、诈骗、违约、毁约等严重信用约束问题，对比国内市场销售，出口国外市场具有预付贷款、付款及时，设备供应、学习效应、批量大且市场稳定等优势，虽然出口国外市场的产品利润要小于国内市场（因为会面临国外销售商或外包商的纵向压制），但由于国外市场信用状况相对较好，发展中国家的企业自愿作为 GVC 的被治理者，虽然只能获得有限的租金，但相比在价值链之外也减少了风险。

（四）最大化租金的需要

发达国家的企业拥有 R&D、设计、品牌和营销等这些核心竞争力，目的在于攫取专业化分工以及全球配置资源的经济租金最大化。相反，发展中国家的企业被锁定于低附加值的组装加工中，按照治理者所制定的参数标准进行生产，进入的门槛很低，但是获取的价值很少。

二、参与国际税收治理势在必行

发展中国家企业由于局限于自身的比较优势，被迫处于全球价值链的初级产品生产活动，被长期锁定在发展的低端道路上，并在收益分配方面受到残酷的剥削。中国经济虽深度嵌入 GVC，但仅处于加工组装环节，出现了典型的“微笑曲线”特征。发达国家的跨国公司作为治理者占据 GVC 两端的研发设计、关键零部件、品牌、销售渠道等核心环节。发展中国家的企业大多从事加工组装环节，他们只是 GVC 的参与者而非设计与管理者，在 GVC 中处于“微笑曲线”的低端。改革开放以来，中国通过加工贸易迅速切入到全球价值链并从事全球产业链的加工组装制造，成为名副其实的“世界工厂”，中国也一举发展成为世界第二大经济体。未来，中国如何从处于全球产业链的加工组装环节向 GVC 的中高端控制突围，税收作为全球价值链分配的重要调节工具，需要积极参与全球价值链分配，提高我国在国际税收治理和协调中的制度性话语权。

（一）离岸金融下的逃税避税现状

税收是每个国家财政收入的主要来源，依法纳税是每个企业的义务。但是从主观上讲，每个企业都有逃税避税的强烈愿望，抛开其他因素，缴纳税收金额约少，企业的收入和利润就越大，在巨大的经济利益刺激下，跨国公司基本都会绞尽脑汁避税漏税。而世界各地的离岸金融中心则给这些跨国公司避税创造了条件。

离岸金融一般指不具有金融市场的国籍的当事人在该金融市场上从事证券或货币等金融活动行为。离岸金融中心普遍具有税率低，金融管制宽松等特点，例如开曼、英属维京群岛等地甚至无金融管制、零税率，因此成为了有名的“避税天堂”。跨国公司进行避税时，一般先在离岸金融中心设立子公司，也称作基地公司，跨国公司在离岸金融中心的避税方式主要有：内部定价、递延避税和异常借款避税。内部定价是指母公司或者该公司的其他海外子公司低价的将产品等无性财产卖给基地公司，再由基地公司以高价转让给母公司或者其他子公司，从而将利润转移，达到避税的目的。递延避税是指上述的基地公司中被转移的利润应分配给母公司，分配的利润要在母公司较高的税率下进行纳税，为了避免这种情况，基地公司往往迟迟不肯将利润进行分配，将这笔利润保留在基地公司，避免母公司缴纳高额所得税。异常借款避税是指，基地公司不把利润分配给母公司，而是以借贷的方式借给母公司或其他子公司，这是由于借款产生的利息预提税率比公司所得税低得多，通过债权的形式将聚集的利润分散出去，可以达到避税的效果。其他避税方式有滥用税收优惠、滥用公司组织形式避税等。而作为避税工具的基地公司的种类也是多种多样，有境外贸易公司、境外专利控制公司、境外专属性保险公司、境外财务公司、境外控股公司等。

（二）逃税避税给各国带来的不利影响

企业滥用法律漏洞和各种优惠政策进行避税的行为给各国的市场稳定和经济发展造成了很不利的影响。首先，使各国的财政收入大大流失，损害国家经济利益。跨国公司利用各国税收制度的差异进行避税的行为，对于企业而言，可以减轻缴税的压力，使企业利益最大化，但是大大减少了国家的税收收入，而税收又是国家财政收入的主要组成部分，造成税基的侵蚀，使东道国的财政功能受损，影响国家机制的正常运行，公共需要不能及时得到满足。其次，有悖于税收公平原则，侵犯其他纳税人税负公平的法益，易造成不正当竞争，不利于良好投资环境的形成。不管是人为的避税行为还是滥用政府给予的优惠政策都会造成不公平的后果，不利于良好市场竞争的形成。这种国际避税行为不仅违反了诚实信用原则，侵犯了其他纳税人获得同等对待的权利，而且使避税企业相比其他正常缴税企业获得了额外的收益，无端降低了成本，在市场中获得价格优势，不利于其他业进行公平竞争，易造成不正常竞争的后果，久而久之恶性循环，严重影响市场秩序，不利于良好的贸易和投资环境的建成，最终影响国家经济发展。最后，避税行为是国际资本的不正常流动，阻碍全球资源的合理配置。跨国纳税人为了避税会采取上述的转移定价等方式将资本流向税率较低的“税收洼地”，而东道国为了防止本国资本流失则会不得已采那外汇管制措施，从而对整个国际经济的发展产生不利影响，资源不能得到合理配置。

跨国公司在经济全球化过程中的地位举足轻重，一系列避税行为会给国家带来很大影响，尤其是在金融危机之后，经济不景气使得各跨国公司的税之势愈演愈烈，也使得各国财政愈加紧张，反避税问题变得刻不容缓。反避税更多的是出于经济目的而非法律目的。虽然各国各自采取一系列的政策和措施去应对跨国巨头们避税带来的挑战，但国际间的合作也是必不可少，这也就是为什么 G20 各国领导人甚至将这一问题作为首要解决的政治问题，委托 OEDC 研究并推动一系列 BEPS 行动计划。而这一计划的实施是国际税制的首次重大改革，势必会对退税行为以及“避税天堂”造成严重的打击。

三、积极参与国际税收治理

（一）构建国际税收治理体系

1. 建立治理原则，即税收透明度原则。原有的国际税法不否认税收信息不公开，各国征税或纳税信息通常不交流。税收透明是税收公平的基础，为此，OECD 受 G20 委托制定《账户涉税信息自动交换标准》（CRS），改变税收信息保密原有习惯，“近百个国家或地区承诺于 2017 年或 2018 年实施”；美国《海外账户税收遵从法案》（FATCA）“要求所有美国本土以外金融机构报送特定美国账户持有人账户信息，否则征收 30% 惩罚性预提税，而出于对税收体系考虑，已有约 112 个国家同美国正式签署或草签这一体现透明度原则的协议。

2. 建立治理标准，即全球税收公平标准。全球税收公平标准既是程序实施问题，也是税收法的具体规范内容问题，它包括了全球税收分配的保证制度，也包括全球税收公平的法律机制。进而提出国际税法理论重点，需要注意改善反避税法技术问题，以及向公平分配基础侧重，即技术改善为双重不征税—双重征税—

反双重征税—双重不征税等选择；而更重要的是，全球税负问题仅仅依靠一个国家或地区的一些技术规范不足以解决。公平分配基础在于全球税收，包括不同国家和地区税收公平，这是全球税收治理的关键问题。事实上，不仅国际税收公平的基本范围不是缩小而是扩大，而且特别需要全球范围治理税收包括协调合作。这不仅在于改善税收，更在于对待全球税负公平，如税收分配公平在全球化之后，从实体经济转为“实体经济与虚拟经济并重”，所得来源地转为生产地、销售地、消费地三类调整，反映出全球化资本运作和商业交易的税收约束。

3. 建立全球税收合作体系，即发达国家和发展中国家共享税收分配。习近平总书记指出，“加强全球税收合作，打击国际逃避税，帮助发展中国家和低收入国家提高税收征管能力”。全球税收治理不是维护单方面利益，而是全球公平利益，发展中国家利益同样重要。长期以来，国际税法由发达国家制定，维护特定国家利益，如参与 BEPS（税基侵蚀和利润转移）行动计划时，一些发达国家关注居民国税收流失，这些国家资本输出中跨境投资影响居民国征税；发展中国家的中国、印度则关注所得来源国税基侵蚀，当然并非否定居民国税收。发展中国家已意识国际税收规则制定权。中国还提出税收与实质经济活动匹配判定利润归属，增加地域特殊优势作为可比性因素和价值贡献因素，尤其考虑选址节约、特殊市场要素对价值贡献。从根本上解决法律所有权和经济所有权的限制，使发展中国家既可参与无形资产相关利润分配，又可以保证国家税收权益。

4. 税收管辖权仍是税收基础。不论发达国家或发展中国家都没有因一些新的税收问题或新的税收规则出现而放弃税收管辖权。在国际法领域，管辖权是国家主权内容，国家基于管辖权按照本国政治、经济和社会制度，选择和确定税法，如规定纳税人、征税对象及应征税额，行使征税管辖，他国不干涉；而国家的法律选择通常基于维护本国权益。当然，国家制定本国法确定税制时也遵循其承认和参与的国际条约及国际惯例。在国际法管辖权意识下建立属地原则和属人原则，国际法一般认可属地和属人管辖范围。但这不是绝对的，很多情况下这两个原则兼顾适用，其范围是跨境意义的适用范围，因而是全球化下的范围问题。实际上，全球化导致属人与属地联动，尤其资本、技术和产品等方面既是输入国又是输出国的国家，因而多元运用属地和属人原则对待国际税收关系。

（二）积极适应 BEPS 行动计划

1. 积极参与后 BEPS 工作议程。BEPS 成果报告的发布，标志着 G20 国际税改取得重大进展。但成果转化尚需时日。从 2016 年开始，G20 和 OECD 国家将继续在平等的基础上开展后续工作，包括破解金融交易的转让定价、难以估值的无形资产定价、非共同投资工具的税收协定适用、保险和银行业集团的金融支付税务扣除等技术难题，出台交易利润分割法指引，对常设机构利润归属规则进行调整，谈判与起草《多边工具》，等等。这些工作都是 G20 国际税改的重要组成部分，有望进一步形成和补充新的国际税收规则体系。特别是《多边工具》的谈判与起草，是所得税领域多边国际协调的重大法律行动，需要在 2016 年内全部完成并开放给全世界签署。中国必须抓住机遇，紧跟形势发展，与国际社会携手完成相关后续工作。

2. 维护国际税收公平。国际税制协调需要以让渡一定的国家税收自主权为代价，同意参与 BEPS 行动计划，就意味着接受行动计划的约束；防止税收有害竞争，就意味着我国“引进来”税收优惠政策将面临新的抉择。如何将负面影响最小化是税收工作者义不容辞的责任。在30多年国际税收经验的基础上，充分运用“中国特色社会主义建设”的特殊经验，中国税务机关有担负责任的能力。

一是担当维护国际税收公平的责任。国际税收始终存在着不公平，维护税收公平是世界统一的追求。如BEPS行动计划，目标就是通过建立健全制度性措施，打击税基侵蚀、利润转移等不公平行为，实现税收公平。中国参与制定规则，就要为维护公平担当责任，做出贡献。

二是担当维护国家权益和纳税人权益的责任。维护国家权益、维护居民国纳税人权益，是重于泰山的责任。一要依法维护。熟知国内税法、熟知国际税收规则，熟知“双方”利益诉求，依法协调、合作、共赢。二要坚持法定。以税收法定为原则，积极、深度、有效参与国际税收组织各项活动，掌握话语权，发出“法”声音，依法办事，依法服人。三要争取共赢。利益诉求是双方的出发点和落脚点，共赢是双方利益诉求的最好目标和结果。以事实为依据，以法律为准绳，有理有利有节，说理讲法动情，争取公平下的双方共赢。

三是担当创新国际税收规则的责任。“不日新者必日退”。经济全球化在变革中创新发展，还将继续在“砸碎旧世界，建设新世界”周而复始中创新发展。国际税收的作用是服务创新、促进创新、发展创新。一要勇于担当创新国际税收规则的责任。创造出新的有用的“规则”。二要敢于担当创新国际税收规则的责任。我们具有改革开放30多年国际税收的实践能力，也具有“中国特色社会主义建设”的特色能力。创新的土壤和种子加上创新的胆识和能力，就能结出创新的果实。三要善于担当创新国际税收规则的责任。创新思想引领创新行动，创新成果需要创新本领。一应提升学习研究能力。善于学人之长、补己之短；善于“他山之石，可以攻玉”。二应提升调查研究能力。不仅“吃透国情”，还要“吃透国际”，更要“吃透国际游戏规则”。三应提升总结研究能力。总结是创新之母。总结过去的经验，发现其中的规律，顺其自然，开拓创新。四应提升队伍素质能力，健全国际税收人才机制体制，用制度保障人才发挥作用，不仅会取得像“成本节约和市场溢价等创新性的反避税理念方法”写入《联合国发展中国家转让定价手册》一样的成果，而且会取得更新、更多、更好的成果。

3. 在经济转型中改革国际税收。

一是防止外国资本侵蚀我国税基，阻止中国利润向境外转移。近年来，我国正在从资本输入大国快速发展成为资本大进大出的庞大经济体。2014 年，我国实际使用外资约 1196 亿美元，同期对外直接投资首次突破千亿美元大关，达到 1029 亿美元，加上我国企业在境外利润再投资和通过第三地融资再投资，达到 1400 亿美元，我国实际上已成为资本净输出国。对于国际税收来说，这种变化意味着资本将成为中国参与国际经济合作，并由此参与国际财富分配的重要要素，国际税收需要尽快适应资本输出决速增长带来的挑战。需要注意的是，尽管增量显著且发展迅猛，但从存量上看，我国在一定时期内仍将表现为所得税来源国。因此，短期内，在开辟境外所得税收管理半壁江山的同时，仍需要重点关注外国投资来源于我国的所得税收管理，防止外国资本侵蚀我国税基，阻止中国利润向境外（特别是避税地）转移。

二是实施创新驱动战略。创新驱动发展是我国经济发展模式转型的重要战略。党的十八大明确提出“科技创新是提高社会生产力和综合国力的战略支撑，必须摆在国家发展全局的核心位置。”2015 年 3 月，中共中央、国务院发布了《深化体制机制改革加快实施创新驱动发展战略的若干意见》，并进一步提出：“运用主要由市场决定要素价格的机制，促使企业从依靠过度消耗资源能源、低性能低成本竞争，向依靠创新、实施差别化竞争转变。”随着创新驱动发展战略的实施，中国在国际分工体系中的角色将发生变化，中国将逐渐从劳动要素大国向技术大国、创新大国转型。对于国际税收而言，这意味着，中国已开始通过技术参与国际经济合作，并在此基础上参与国际财富分配。同时，在传统转让定价中，中国提出的地域成本节约的关键要素—劳动力优势，将会逐步降低；中国过去在转让定价中的一些劣势因素，如企业无形资产、研发能力等有可能逐渐转化为优势，这就需要我们循序渐进地调整既有的转让定价管理思维与方式。

三是从世界工厂到世界市场。近年来，特别是 2008 年经济危机以来，全球经济进入重新调整期，中国因为劳动力成本的上升，低端制造业已经失去部分竞争优势。但中国世界工厂的职能并没有完全丧失，而是在快速转型升级。需要特别引起重视的是，随着国内购买力的增强，中国有效需求快速上升，一个巨大的消费市场呈现在世界血前。中国已成为世界市场，消费世界各国提供的产品和服务，并为实现全球价值作出重要贡献。这对于国际税收来讲意义重大，中国是一个创造着全球价值又实现着全球价值的国家。在 BEPS 指导原则下，中国要力争获得与价值创造与实现相匹配的利润回报。以无形资产为例，与市场有关的无形资产的价值提升，如果与中国有效需求和市场份额相关，则中国应该得到相应回报。

四是从制造现代化到全价值链现代化。中国经济转型和建设创新型国家的需要，使得中国的现代化开始全血调整和重新布局。中国在国际分工中的定位不再仅是生产工厂，而需要实现全链条现代化，从而使得价值链布局更加合理。近年来，中国在吸引外资的同时，要求外资企业将更多有价值的企业功能放在中国，并就此提出了更高的要求。因此，投资十中国的外资企业的职能也在发生变化：内销比重加大、研发职能增设、申请高新技术企业优惠的数量不断增加、结算中心迁移至中国、技术进出口并进，等等。所有这些对于国际税收而言，意味着会有越来越多的外资企业改变“两头在外”赚取加工费的“合约”生产模式，外资在中国不仅贡献 GDP 和就业，还将创造更多的价值和利润。如果企业的利润状况与其在集团利润创造中的作用不匹配，与中国市场对集团利润的贡献份额不协调，就需要对其进行调整。

4. 努力实现国际税收现代化。2013 年 9 月 G20 首脑发布的《圣彼得堡宣言》，拉开了国际税改的序幕。中国国家税务总局党组敏锐观察到国际、国内形势的发展变化，对国际税收工作提出明确要求：“国际税收工作要一年上一个台阶，三年有一个大的变化。”至今 24 个月过去，国际税收在中国税收现代化的征程中稳步前进。特别是 2014 年 11 月，习近平主席在澳大利亚布里斯班举行的 G20 领导人第九次峰会上指出：“加强国际税收合作、打击国际逃避税，帮助发展中国家提高税收征管能力”更是对我国国际税收工作提出的明确要求与鼓励。落实习主席的指示，我们需要在 2016 年底之前，随着 G20 国际税改接近尾声，在国际税收体系改革与重建中做出中国应有的贡献，同时，全面推进各项国际税收管理工作力争到 2020 年，基本建成与我国对外经济合作格局相适应，符合我国根本利益，与国际发展趋势基本一致的中国国际税收新体系。

Research on Global Value Chain and International Tax Governance

Liang Yunfeng

Abstract: The financial function has exceeded the original framework of economics, is an important part of national governance systems and governance capacitymodernization, is an important basis for the maintenance of national interests in the process of globalization, is an important guarantee to maintain the power status in the world economic governance. In – depth analysis of the distribution of global value chain, and actively participate in the development and coordination of international tax rules, in the global value chain governance initiative as to improve China's institutional discourse power in the field of international taxation.

Keywords: Global Value Chain　International Tax Governance　Finance

货币金融篇

加入SDR后人民币国际化战略

（苏宁金融研究院宏观经济研究中心主任、
高级研究员）黄志龙

［摘　要］当前人民币与其他SDR篮子货币相比，在汇率市场化程度、资本项目开放、人民币资产市场稳定性、金融市场结构失衡、金融市场体制性和基础设施等方面存在较大差距。从长远来看，人民币加入SDR将产生一系列正面收益，如加快人民币国际化进程、有利于中国参与国际货币体系改革和全球经济治理、降低中国经济对外汇储备的需求、降低我国对外贸易、投资和境外旅游的汇兑成本。同时，人民币还将面临汇率波动加大、国际资本快速流动等风险。为此，未来一个时期人民币国际化及其配套改革应在以下四方面推进：一是推进利率市场化形成机制，完善金融市场结构和监管体系；二是加快推进汇率市场化改革进程，构建完善的外汇交易市场；三是多策并举在加快资本项目开放，降低由此带来的金融风险；四是加快推进人民币国际化进程。

［关键词］特别提款权　人民币　国际化

2016年10月1日，人民币在经过10个月的准备期后正式成为国际货币基金组织（IMF）特别提款权（SDR）篮子货币，这一事件是国际货币体系自欧元诞生以来最重大的变革，必将载入全球经济发展的史册，同时，这一事件也成为人民币国际化进程的里程碑事件，对于中国由经济大国迈向经济金融强国具有重要意义。自此，人民币将与美元、欧元、日元、英镑，共同成为国际货币金融体系稳定的核心力量。

总体而言，无论是人民币纳入 SDR，还是人民币国际化水平，都是手段、工具，而非最终目标。人民币国际化的最终目的是使中国经济和金融市场深度融入全球市场，人民币逐步成为国际货币体系的锚货币，同时全球的各类资金能为我所用，提升中国企业和金融机构的全球资金配置能力，促进中国经济和金融体系的平稳健康发展。

当前，中国经济在经济体量、贸易投资额、外汇储备等数量指标方面具有明显的优势，但是不可否认，短期内人民币与美元等国际货币相比仍存在诸多方面的差距。长远来看，人民币加入 SDR，不仅会给中国经济带来较大的收益，同时也会对人民币汇率波动、国际资本流动、货币政策和金融监管等方面造成一系列挑战，人民币国际化战略及其相关的利率、汇率市场化和资本项目开放等配套改革势必在此大环境下进行。

一、人民币与美元等国际货币相比存在的五大差距

短期内，人民币在可自由兑换程度、国内金融市场、金融基础设施等方面，与美元、欧元、英镑、日元等其他 SDR 篮子相比，仍存在以下差距。

一是人民币汇率市场化和资本项目开放程度的差距。当前，

其他SDR货币都实行完全浮动的汇率机制，资本项目大都完全开放，美联储和欧洲央行直接参与外汇市场、干预汇率的情况极为少见，只有在全球外汇市场激烈动荡、预期极不稳定的情况下，美联储等主要央行也只是发表联合稳定汇率的政策宣示，而不是直接参与市场交易来干预汇率。就当前而言，我国实行有管理浮动汇率机制，但是，自2015年“811汇改”以来，人民币汇率市场化程度取得了巨大进步，当前“收盘汇率+一篮子货币汇率变化”定价机制已基本反映国内外投资者对人民币的供需平衡，透明度、可预期度大幅提升。9月23日，中国外汇交易中心正式引入符合条件的境外机构参与外币拆借业务，将大幅提升外汇市场国际化水平。不过，不可否认，人民币汇率市场化进程和资本项目开放尚未完成，进一步改革的空间仍然较大。

二是人民币资产市场的稳定性差距。资产市场价格的稳定性，始终是影响SDR篮子货币资产对国际资本吸引力的关键因素。以美国和日本的股市为例，过去两年内，美国标准普尔500指数一直保持稳定上涨态势，股指由2000点上涨至2159点，波动区间一直在1800点—2200点。东京日经225指数波动幅度较美国股指更大，一直保持在15000点—20000点区间范围内波动，但急涨急跌的情况比较少见。相比较而言，近年来境内A股市场暴涨暴跌现象严重，其波动性显著高于美国和日本等国的股票市场。过去两年内，上证综合指数经历了“过山车”行情，从行情启动到股指峰值，涨幅翻了一番以上，随后经历了股灾，上证综指一个月内暴跌32%，不到3个月时间股指腰斩，大盘跌停情况屡屡发生，熔断机制多次启动，最后行情重回原点，而创业板指数急涨急跌的情况更是有过之而无不及。就此而言，国内金融市场对国际资本的吸引力相对较弱。

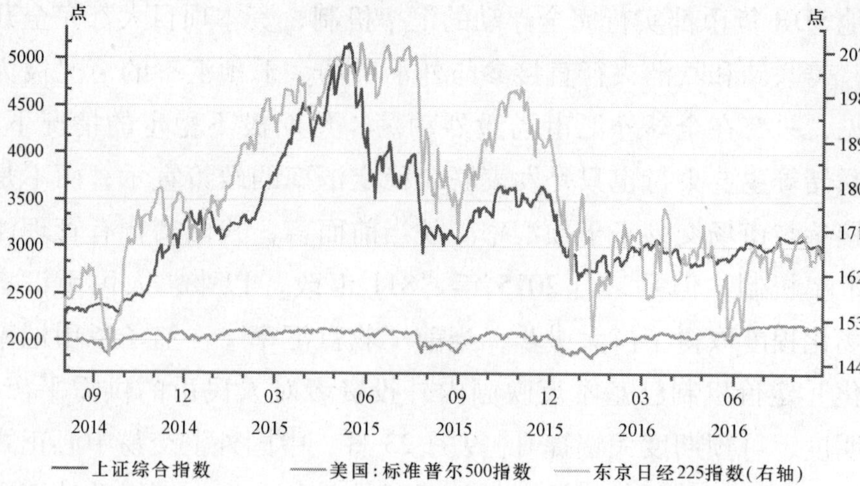

数据来源：Wind 资讯，苏宁金融研究院。

三是境内金融体系的结构失衡问题亟待解决。境内金融市场的结构性失衡主要表现为：境内金融体系过度依赖银行间接融资，股票和债券市场等直接融资功能不足。当前我国境内的金融体系就存在这个问题。据 Wind 统计数据显示，2015 年 15.4 万亿元社会融资规模中，人民币贷款占比高达 73.1%，企业债券融资占比为 19.1%，股票融资占比仅为 4.9%。然而，2014 年美国直接融资占比超过 80%，日本和德国直接融资占比分别为 69% 和 74%，印度、巴西、印尼等新兴市场国家的直接融资占比也均在 60% 以上。一般而言，间接融资比例过高、直接融资比例过低，将大幅降低了社会资金的配置效率，企业大量的利润被间接融资的中介机构银行所截取——2015 年 16 家上市银行净利润高达 1.27 万亿，而沪深 2800 家上市公司（包括上市银行）的总利润是 2.48 万亿元，16 家上市银行的利润占比超过了 50%。这种资金配置效率低下的金融体系，对外国资本的吸引力难言巨大。

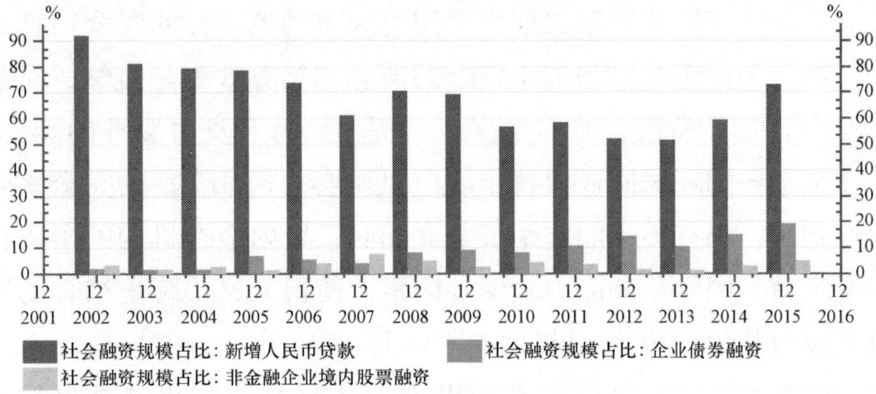

数据来源：Wind资讯，苏宁金融研究院。

四是境内人民币金融市场的制度性差距较大。这种差距表现在方方面面，国际通行的做法如IPO注册制、上市公司退市制度、强制分红制度长期“早闻脚步声，不见人下楼”，A股市场的内幕交易、关联交易、大股东侵占中小投资者权益等违法违规问题未得到惩罚。与此同时，债券市场发行审批部门分割：上市公司债、可转债发行由证监会审批，企业债发行由国家发改委审批，金融机构债、企业短期融资券的发行由中国人民银行审批。这种相互分割、独立监管的债券发行体制，显然不利于债券市场的长期稳定发展，也与国际通常做法不符。此外，虽然债券市场的“刚性兑付”正逐渐被打破，但不同信用等级的债券评级、定价能力仍不足以与其他欧美国家相媲美。

五是人民币跨境结算的金融基础设施仍处于起步阶段。作为人民币跨境结算的关键基础设施，2015年10月，人民币跨境支付系统（CIPS）第一期成功上线，其目的是给参与跨境和离岸人民币业务的金融机构提供清算和支付服务，保证人民币清算系统的安全性。根据计划，CIPS分两期建设：第一期主要采用实时全额结算方式，为跨境贸易、跨境投融资和其他跨境人民币业务提供清算与结算服务；第二期将采用更为节约流动性的混合结算方式，提高人民币跨境和离岸资金的清算与结算效率。显然，目前CIPS处于起步阶段，其向金融机构提供清算和支付服务的能力，与欧美主导的环球同业银行金融电讯协会（SWIFT）的完全垄断地位相比，仍有不小的差距。与此同时，境内金融机构的国际化程度不高、国际业务能力较弱等因素，使得人民币跨境结算的覆盖区域与其他SDR货币相比差距巨大。

由此可见，人民币加入SDR只是人民币国际化“万里长征的第一步”，人民币国际地位提升不会因成为SDR篮子货币而“水到渠成”，相反SDR五种货币的竞争将十分激烈，五年以后IMF将再度用“显微镜”审查人民币相关领域改革和中国金融改革的进展，人民币在SDR的权重能否保持乃至更进一步，面临的挑战依然巨大。

二、人民币加入SDR的长期收益和风险

不可否认，人民币加入SDR，对境内货币政策、金融市场等方面的影响是长远而深远刻的，这一影响既有正面的收益，也有长期的风险。

（一）人民币加入SDR的长期收益

中国人民银行行长周小川认为，人民币国际化对中国经济具有重要的积极意义，包括“提高我国外汇储备的安全性、降低企业的汇率风险和汇兑成本、便利金融资源的全球配置、获取全球范围的铸币税、积极参与全球经济治理”。具体来看，人民币加入SDR，将产生以下几方面长期正面的影响。

一是人民币加入 SDR 必然会加快人民币国际化进程。人民币加入 SDR 有助于全球投资者增强持有人民币的信心，提高人民币的国际可接受性和金融便利性，扩大人民币的影响力，成为与其他篮子货币美元、欧元、英镑、日元相当的主要国际货币。

二是有利于参与国际货币体系改革和全球经济治理。SDR 作为当前国际货币体系与规则的重要组成部分，其货币篮子吸收人民币加入，本身意味着全球经济治理改革的成果，也意味着我国对现有国际规则的承认与接受。这一成果可以提升我国在国际货币体系和全球经济治理中的主体地位。

三是降低中国经济对外汇储备的需求，缓解巨额外汇储备带来的保值增值压力。美国和欧洲国家经验表明，人民币加入 SDR 意味着人民币资产将直接成为各国国际储备资产的一部分。与此同时，随着人民币汇率波动幅度不断扩大并最终走向完全自由浮动，货币当局用于稳定汇率和防范国际资本流动风险的外汇储备需求将下降。外汇储备规模的下降，将缓解货币当局持有巨额外汇储备带来的保值增值压力。

四是降低我国对外贸易、投资和境外旅游的汇兑成本。人民币加入 SDR，将使得人民币逐步成为全球通用货币，人民币将成为中国企业对外贸易、对外直接投资和中国居民境外旅游的结算货币，这将大幅降低企业和居民的汇兑成本，改善我国经济发展的外部环境，推动我国的对外直接投资及加快企业走出去的步伐。

（二）人民币加入 SDR 的长期风险

当前，多数学者只看到了人民币加入 SDR 的收益，对其中的长期风险关注不足。实际上，人民币加入 SDR 将对人民币汇率、货币政策和金融监管带来一系列风险和挑战。

一是人民币汇率波动幅度将更大。近期，人民币加入SDR得到确认后，一年来积累的贬值压力进一步释放。长期来看，人民币汇率波动幅度势必扩大，其原因一方面与货币当局主动放宽汇率波动区间、减少外汇市场干预，满足人民币作为SDR篮子货币的要求有关，另一方面更重要的原因是参与人民币外汇市场交易的市场主体将包括全球各国央行、金融机构和投资者，美元、欧元等全球主要货币走势、主要经济体货币政策，甚至地缘政治变化都将成为影响人民币汇率波动的重要变量。

二是资本项目开放下国际资本快速流动将加剧国内金融市场风险。人民币加入SDR后，资本项下人民币跨境流动的限制势必越来越少，国际资本套利操作将越来越频繁，参与中国金融市场的定价不仅有传统的境内机构投资者和个人投资者，还有大量的国际机构投资者，这将会改变中国金融市场的传统定价机制，进而影响到整个金融体系和经济，加剧国内金融市场的激烈波动。

三是人民币汇率波动将成为调节国际经济失衡的重要机制，将加剧国内金融市场的系统性风险。20世纪70年代后期，美元作为国际储备货币时，国际市场形成大量的石油美元回流到美国金融机构后，美国金融机构又再次向拉美地区提供大量的贷款，石油价格下跌后，拉美爆发债务危机，对美国金融机构造成了严重冲击。又如2001—2008年，包括中国、日本等国积累的大量外汇储备回流到美国，大幅压低了美国长期利率，低利率与其他因素结合起来，助长了美国房地产市场的泡沫，进而最终引发次贷危机，美国金融体系几近崩溃。未来某个时期，作为经济规模与全球市场影响力接近美国的中国经济，人民币成为国际储备货币后，将可能面临与美元历史上所面临的同样风险。

四是对我国货币政策和金融监管带来严峻挑战。人民币加入SDR后，我国货币当局的溢出效应将愈发显著，影响国内利率水平、人民币汇率水平的因素将更加国际化和多元化，货币当局取向将可能长期面临“多难”选择。如今年以来美联储加息预期一直十分强烈，直至年末才小幅加息，个中缘由与欧元区、日本和多数新兴市场国家持续不断宽松的货币政策有关。人民币国际化程度愈来愈高，货币当局的这类纠结将愈来愈多。与此同时，当前我国金融监管仍处于“一行三会”的分业监管格局，但美国、英国、日本和欧元区主要国家都实行混业监管，显然分业监管难以应对人民币加入SDR和资本项目开放后国际资本大进大出对国内金融市场带来的严峻挑战。

三、下一步人民币国际化战略

人民币加入SDR后，人民币国际化进程及与人民币国际化相配套的改革将加速推进，具体的改革措施主要有以下几个方面。

一是加快推进利率市场化形成机制，完善金融市场结构和监管体系。2015年10月，居民存款利率上限放开，标志着我国存贷款利率市场化基本完成。然而，当前我国的金融市场结构、货币当局政策透明度等方面仍无法与市场化的利率传导机制相匹配。因此，首先应扩大大额存单、利率衍生品、资产证券化业务等市场利率产品，同时规范现有市场利率产品，打破理财、信托和债券产品的刚性兑付，使风险收益相匹配。其次是减少金融行业准入限制，完善利率市场化的配套改革。行业准入限制包括进一步降低民营资本办银行、银行间市场主体的准入限制等，配套改革包括存款保险制度、强化金融机构收益风险约束机制。最后是借鉴美联储引导市场利率的经验，大幅提升货币政策的透明度，通过公开会议纪要、货币当局管理层讲话、窗口指导等渠道，引导市场主体预期形成合理的市场利率。

二是加快推进汇率市场化改革进程，构建完善的外汇交易市场。自 2015 年“811 汇改”以来，人民币已经逐步形成了“收盘汇率 + 一篮子货币汇率变化”的汇率形成机制，2015 年 12 月 11 日，中国外汇交易中心发布 CFETS 人民币汇率指数，这将有助于引导市场改变过去主要关注人民币对美元双边汇率的惯性，逐渐把参考一篮子货币计算的有效汇率作为人民币汇率水平的主要参照系，人民币的可预测性、透明度也显著提升。未来人民币汇率波动区间将进一步扩大，并最终走向完全自由浮动。然而，当前规模较小、相对单一的外汇市场建设，仍然是形成市场化汇率的短板。外汇市场发展的重点是增加外汇交易品种、扩大外汇市场规模、完善汇率中间价报价制度、减少外汇市场准入限制等，特别是要进一步引入与我国贸易关系较为紧密国家的货币，进入我国银行间外汇市场进行交易报价。

三是多策并举在加快资本项目开放的同时，降低由此带来的金融风险。资本项目开放包括放松对国际资本流入和流出管制两方面，未来放松管制的重点主要是针对证券资本的流入和流出，特别是让更多的境外金融投资者参与我国资本市场。然而，资本项目开放不是完全的开放，对此，近年来 IMF 的立场也有较大转变，IMF 鼓励通过市场化的工具对国际资本流动进行适度管理。可以预计，在某个时期如果我国面临较大资本流入压力，可以借机放松对资本流出的管制，而在另一个阶段，如果资本流出压力较大，可借机放松对资本流入的管制。总之，无论在任何时期，适度、有效的资本管制都十分必要，特别是因资本流入导致的经济过热、资产泡沫、汇率快速升值等风险，一旦市场方向逆转，大规模的资本外逃将可能引发金融危机。

四是加快推进人民币国际化进程。人民币国际化水平最终是各国央行和投资者市场选择的结果，然而政府在促进人民币国际化过程中也能起到推动作用，未来人民币国际化及配套措施将可能包括：加快香港、伦敦、新加坡等地区的人民币离岸市场发展，在清算体系、人民币债券发行等资产池构建、人民币资金回流等方面给予支持，实现境外人民币离岸市场的良性竞争；鼓励政府间贷款、官方援助、企业“走出去”、与自贸区伙伴国贸易结算优先使用人民币进行结算；鼓励与我政治、经济关系密切的国家货币当局外汇储备中持有人民币资产，充分利用人民币无风险收益相对美元和欧元较高的优势，创造条件便利各国货币当局投资境内无风险人民币资产；在亚洲基础设施投资银行、金砖国家银行的经营中，鼓励使用包括人民币在内的新兴市场国家货币进行结算。

RMB Internationalization after Joining the SDR

Huang Zhilong

Abstract: Compared with other SDR Currencies, RMB has some gaps in the degree of marketization of exchange rate, capital account opening, the RMB asset market stability, the structural imbalance of financial market, financial market system and infrastructure. In the long run, the RMB to join the SDR will produce a series of positive benefits, such as to accelerate the process of RMB internationalization and China's participation in the international monetary system reform and global economic governance, to reduce the demand for foreign exchange reserves and exchange costs of China's foreign trade, investment, and foreign tourism. At the same time, the RMB will also face rapid exchange rate volatility, the international capital flow risk, etc. To this end, in the coming years, RMB internationalization and relative reforms should advance in the following four aspects: the first is to promote market – oriented interest rate formation mechanism, perfecting the financial market structure and regulatory system; the second is to accelerate the marketization of exchange rate reform process, build perfect foreign exchange market; the third is to speed up the capital account opening to reduce the financial risk; the fourth is to speed up the process of RMB internationalization.

Keywords: SDR　RMB　Internationalization

大力发展科技金融增强企业创新动力

（中国普惠金融促进会筹备小组副秘书长
兼调查研究部主任）崔长彬

[摘　要] 科技是国家强盛的关键，企业是科技创新的主体，金融是市场经济的核心，科技与金融的深层次融合，有助于激发企业科技创新活力，为经济转型升级注入强劲动力。伴随 2014 年中央财经领导小组第七次会议将“创新驱动”明确为国家战略和近年来全国“双创”浪潮的日益高涨，企业巨大的科技投入缺口也越发凸显。本文试图探索企业科技创新与金融创新有机融合之路，通过建立多元化、多层次、多渠道的科技金融体系，破解企业科技投入不足难题，推动创新驱动战略实施。

[关键词] 科技金融体系　企业　创新动力

自 2014 年 8 月中央财经领导小组第七次会议将“创新驱动”明确为国家战略后，全国掀起了“大众创业、万众创新”的新浪潮。在政策助力“双创”开展的环境下，中国涌现出一大批高技术、高成长的科技型企业，特别是国家高新区集聚的大批瞪羚企业，对促进经济转型升级和增加就业发挥着重要作用。

科技型企业要发展壮大，技术创新是第一动力，而这需要相当数量的资金投入。截至 2015 年末，中国各类企业研发经费投入高达 1.1 万亿元，在全国科研经费投入中占比 77%，同比增长 10%，企业重视科技创新的程度在逐渐提高，但同时也面临着沉重的资金压力。近年来，各地政府为鼓励企业创新，纷纷出台政策给予企业科技研发补助，但由于申请条件苛刻、程序繁杂，实际享受补助的企业只占一小部分。此外，2011—2015 年，政府科研经费支出增长率呈下降趋势。因此，若完全依靠财政支持，恐难以填补科技企业科研创新的资金缺口。

在“双创”大背景下，越来越多的社会资本开始兴办科技企业，带动了对金融资金的更多需求。中国有庞大的金融资产，但因为科技型企业的高风险特征且其缺乏传统意义上可抵押或担保的固定资产，无法从银行获得充足的间接融资支持。而我国资本市场兴起较晚，制度建设不完善，融资体系不健全，对企业上市和发行债券的条件设置较高，很多科技企业往往无法有效在资本市场上直接融资。从而庞大的金融资产不能有效支持科技企业开展研发创新活动，严重制约创新创业和科技成果的转化。因此，加快建设有效的科技金融体系，调动和引导金融资金支持企业科技研发，解决科技企业融资难问题已是当务之急。

一、中国科技金融发展概况

（一）传统融资方式逐步完善

1. 信贷技术有所创新

近年来，各类金融机构积极响应“创新驱动”国家战略，高度重视科技金融服务工作，一些银行还建立了科技企业服务部门，专门为科技企业提供金融服务。同时，金融机构针对科技企业的发展特点、生命周期和风险状况，开发了多种形式的贷款方式，包括出口退税质押、股权质押、债券质押等，同时对拥有自主知识产权并经过国家有关部门评定的高新技术企业，开办知识产权质押贷款。

2. 直接融资渠道初步建立

目前，中国已初步形成了以中小板、创业板、新三板为主的、支持科技型企业融资的多层次资本市场。其中，中小板市场是科技型企业融资的主要渠道，发展较为成熟；服务于成长期科技企业的创业板和服务于科技型中小微企业的新三板融资市场出现较晚，但是为科技型企业融资开辟了新道路。

3. 创业风险投资蓬勃发展

随着互联网技术的发展，大量科技企业携科技项目涌现，创业风险投资重点由过去的传统制造业逐步转向互联网、生物科技、新能源等新兴产业。近年来，中国创业风险投资的总额在不断攀升。据调研公司 CB Insights 和毕马威（KPMG）联合发布的《2015 年全球风险投资报告》，2015 年中国风险投资总额达到了 274 亿美元，较 2014 年增长了 77%。

（二）新型科技金融业务出现

1. 科技保险初成体系

自 2007 年科技保险试点开展以来，各地政府积极参与，给予科技企业和保险公司很多财税支持政策。华泰财险、中国信保、平安寿险、人保财险等公司积极开发科技保险险种。截至 2015 年末，已开发出包括高新技术企业产品研发责任保险和关键研发设备保险在内的 15 个险种。此外，2016 年首家科技保险公司——太平科技保险有限公司成立，弥补了专业科技保险公司的空白。

2. 创业贷款出现

2015 年4 月，国务院印发了《关于进一步做好新形势下就业创业工作的意见》（国发［2015］23 号）。《意见》指出将小额担保贷款调整为创业担保贷款，最高额度统一调整为 10 万元，个人贷款利率在基础利率基础上上浮 3 个百分点以内的部分由财政贴息。各地政府为了提升本地科技水平，相继出台相关政策，鼓励创业贷款的发展。上海市推出创业贷款担保项目，仅 2016 年上半年，就有 1314 个小微创业项目得到了政策性担保贷款 2. 6 亿元，笔均额度接近 20 万元，有效地支持了小微企业开展创新创业活动。南昌市为了鼓励大学生创新创业，设立创业贷款担保基金。2015 年间，南昌市新增创业贷款发放 11. 34 亿元，扶持 5514 人创业，人均也约为 20 万元，在一定程度上缓解初创企业的资金压力。

二、中国科技金融发展面临的问题

（一）企业科技创新经费不足

1. 政府科研补贴不足

近年来，虽然政府科研补贴支出一直保持增长，但每家科技企业实际得到的额度有限，多数创新项目的奖励或补贴政策限额 20 万，对缓解科技型企业资金压力的作用甚微。很多科技企业因为申请条件不足，无法享受政府科研经费补助。同时，政府科研经费支出的增长率从 2011 年的 23% 降至 2015 年的 9%，财政资金支持缺口进一步扩大。

2. 企业科研经费投入有限

企业从资金安全出发，通常会将销售额的一定比例确定为科研经费投入额，而非根据企业的实际需要，结果往往造成企业对科研部门下达的任务很重，但实际支持较弱的尴尬局面。

3. 创新技术人才缺乏

目前，企业大都已经认识到创新与研发的重要性，但投入不足导致企业科研团队能力弱，反过来又影响投入效果，未能形成良性循环，使企业在增加科技投入和引入科技人才方面更趋慎重。

（二）科技企业各生命周期融资需求差异大、融资难

依据企业发展理论，高新科技企业的发展过程可划分为创意期、初创期、成长期、扩张期、成熟期、衰退期六个时期。在不同的发展阶段，企业对融资渠道、金融机构、金融产品、监管要求和优惠政策需求存在明显差异：

创意期资金需求较少，但该阶段风险承受能力最弱，企业通常无力承担过高的融资成本，资金来源主要为自有资金、财政资金和天使投资。初创期资金需求明显提高，投资风险仍然很高，需要加强监管；成长期需要大量的资金来支持科技成果的产业化，盈利性较弱，仍然无力承担过高的融资成本。这两个时期需要风险投资的支持，或者由银行提供低息长期贷款，银行可联合保险公司建立风险分担机制。扩张期所需资金较成长期更多，同时需要长期信贷资金支持，来满足其资金周转。成熟期之后所需的外部融资相对降低，可能偶尔需要资金周转，需要银行低息短期信贷支持。可见科技型企业融资需求极为复杂，需要金融机构在不同时期提供不同种类的金融支持，以满足其资金需求。此外，全周期都需要特惠财税、金融政策支持，降低企业融资

成本。

（三）科技金融体系不健全

1. 专业机构少

科技企业大多规模小、资金少、风险高，银行类、保险类金融机构目前均缺乏有针对性的服务能力。总体上看，当前市场上几乎没有专门针对科技企业各生命周期提供金融服务的机构，导致无论是优质科技企业，还是不具备发展前景的科技企业，均难以获得市场资金的及时、有效支持。

2. 金融机构缺乏对知识产权的价值评估能力

科技企业大多是轻资产企业，可抵押物往往只有知识产权，而银行熟练掌握的是针对大中企业能提供的传统抵押物的价值评估技术，知识产权的价值评估能力不足，知识产权抵押产品缺乏，阻塞了科技型企业获得贷款的重要渠道。

三、对中国科技金融发展的总体判断

（一）科技型中小微企业是创新的主要力量

目前，中小微企业已经成为经济增长和吸收就业的基础性力量，是国民经济健康协调发展的重要基础，同时也是最活跃的创新主体，科技型中小微企业的作用就更为突出。相比那些依靠传统的行政力量垄断和“互联网＋”时代依靠渠道力量垄断而总体上缺乏创新动力的大中型企业，科技型中小微企业具有决策机制灵活、管理成本低廉、市场适应性强等特点，特别是在创新意愿、创新机制和创新效率方面具有其他企业无法比拟的优势。科技创新，虽然要承担较高的风险，但回报却是相当可观的。在创新驱动经济发展的大环境下，培育一大批科技型中小微企业，对产业和产品结构整体优化具有重大意义。

（二）科技金融供需不匹配的问题亟待解决

科技型中小微企业生命周期阶段多样，金融服务需求差异化明显。现有金融体系提供的金融服务较为单一，主要集中于短期信贷业务，缺乏切合科技型中小微企业不同发展阶段的融资产品与服务。近年来，虽然天使投资、风险投资、创新基金等新兴融资服务不断发展，但仍难以满足科技型中小微企业多样化的融资需求。

1. 科技贷款与科技中小微企业融资需求不匹配

除上文提及的信贷技术创新不足外，目前国内科技贷款额度多数都在500万元以下、1—3年期，未能细化到与科技型中小微企业的成长周期匹配。加之银行从控制风险的角度考量，针对中小微科技企业的贷款利率也偏高。小额度、短期限、高成本的科技贷款限制了科技型中小微企业的发展。

2. 资本市场融资渠道不畅

中国资本市场起步较晚，制度不健全。就资本市场而言，创业板的上市门槛较高、审批时间长、费用负担重，不能及时满足科技型中小微企业的融资需求。对于刚刚兴起的科技债券来说，在发行条件上同样限制过多；在发行品种上，以中长期债券为主，缺乏适应科技企业各阶段发展特点的高新科技债券、收益债券等等。

3. 科技保险未得到广泛应用

科技保险作为新生事物，市场认可度较低，实际参保企业较少。一方面，保费较高，增加了科技型中小微企业的经营成本，使得本不充裕的资金雪上加霜。另一方面，科技型中小微企业对风险的认识度较低，从而怠于使用科技保险产品。同时，科技保险品种单一，一些新险种仍在试点阶段，现有的大部分险种没有脱离传统产品逻辑，与科技型中小微企业的需求不匹配。

4. 风险投资投向与发达国家相比仍有差距

在美国等世界主要经济体，高新技术产业一直是美国风险投资追逐的热点行业，而中国的风险投资则更注重收益，有的甚至涉足房地产，与风险投资的宗旨相违背。

（三）需要成体系推进中国科技金融发展

科技金融的健康发展需要一个统一开放、竞争有序的金融体系来支撑：一是建立多层次机构体系，拓宽科技型中小微企业的融资渠道，形成良性竞争局面。二是建立多元化技术产品体系，满足不同科技型中小微企业多样化融资需求。三是健全公共服务体系，通过完善科技金融基础设施、社会信用体系，改善科技金融的风险收益结构，为服务于科技企业的金融机构提供良好运营环境和配套服务。四是加大政策支持力度，通过增加财政补贴、减免税收、建立风险共担机制等措施吸引金融机构进入科技领域。五是要鼓励证券业和保险业服务科技型中小微企业，实现银、证、保三业配合协同，形成支持科技型中小微企业发展的合力。

四、中国科技金融体系的主要优化措施

（一）建立多层次科技金融机构体系

为了有效弥补科技型中小微企业的资金缺口，应建设多层次科技金融机构体系：

一是明确城市商业银行的服务主责。城市商业银行了解本地经济发展状况，同时也更为了解当地科技型企业的经营运作情况，可成为本地科技银行发展的重要支持者。

二是由国开行、农发行、进出口行等开发性、政策性金融机构为城商行提供技术引进与改造、产品开发、人员培训、IT 系统和批发供资服务，帮助城商行具备服务中小微科技企业的能力。

三是引导新建民营银行以科技型中小微企业为主要服务对象。当前各省、市、自治区民间资本对成立民营银行表现出高度热情，这是破解科技型中小微企业融资难题的一个重要切入点。银监部门可引导拟发起民营银行者深入研究科技型中小微企业自然特点及其融资需求特点，积极借鉴吸收国际先进信贷技术并进行本土化改造，在北京中关村、武汉硅谷等科技型中小微企业集聚区率先批设，引领全国潮流。

（二）发展多样化金融技术产品体系

1. 推广“政府保荐＋现场调查＋专家评审”相结合的放贷技术

高新科技企业轻资产、高风险的特点与传统“四有”（有抵押、有质押、有正规担保、有规范财表）金融技术相矛盾。“政府保荐＋现场调查＋专家评审”的技术是在企业无抵押、少担保、无正规财表的基础上，利用高新区担保有限公司对高新区内科技企业的了解为其和银行之间搭建桥梁，银行工作人员通过现场调查企业实际经营状况，并结合申请人或法人的诚信情况由专业人员判断贷款人的还款能力和还款意愿的信贷审查技术。

2. 创新多层次、多品种的金融产品

一是扩大抵质押范围和品种。商业银行应积极发展应收账款、订单、仓单、出口退税账户、股权、保单质押产品和知识产权、信用专利权质押贷款。

二是创新金融产品与服务种类。充分运用短期融资券、中期票据联合发行“高科技企业集合票据”；开发集合型、组合型金融创新产品，例如“信贷+债券+创投+专利权”、“抵押+质押+保险+股权+债权”等产品；探索开展高科技融资租赁业务，金融期货期权产品，增强科技型企业资产流动性，缓解企业债务负担；发展离岸金融，与境外基金、外币基金、离岸基金合作，利用外资帮助科技型企业融资。

3. 创新资本市场科技金融产品与服务

一是积极推动股权众筹融资发展。股权众筹融资是通过让渡一部分企业的股份获得资金的一种筹资方式，这种筹资方式的好处是对投资人无过多限制，且可将分散的资金快速集中，满足筹资者对资金的需求，同时可实现风险最大化分散。

二是支持符合条件的创新企业发行公司债券。发挥沪深交易所股权质押融资机制作用，支持合条件的创新企业发行公司债券，包括项目收益债、绿色债券以及通过非公开方式发行的信用类债券等。

三是推动知识产权证券化。通过将知识产权、专利权转移到特设的载体上（如债券），通过资本市场包装成为可流通的有价证券。

4. 深化科技保险发展

一是扩大科技保险标的范围，增加标的种类。将“知识专利”、“商标权”、“专利权”等无形资产纳入科技保险范围。

二是保险市场和资本市场有效结合。将科技公司的保单进行证券化，在资本市场流通。

三是建立再保险制度。科技型中小微企业承保的保险公司为降低公司的赔付率，会采用分保机制将风险有效分散，由多方承担，即建立再保险制度。

（三）建设市场化公共服务体系

1. 加强信用体系建设

金融机构为科技企业贷款常常受制于信用体系建设滞后及信用评估服务供给不足，应由政府牵头、社会各界配合建立完善的信用体系。具体措施上，一是建立统一的征信系统和信用体系；二是组建权威的科技企业信用评估机构；三是建立科技型企业的信用评价指标体系。

2. 建立融资性担保服务体系

由政府出资建立一定数量的政策性担保公司，以其自身资产为科技型中小微企业融资提供担保，以此来提高科技型企业的资信等级，帮助其在金融机构获得融资，从而有效解决融资难问题。同时，积极建立省、市、县三级全覆盖的融资性担保体系，实行中央、各级地方，金融机构和再担保机构风险共担的长效机制。

3. 建立多个平台为金融机构服务

一是建立知识产权、专利权等抵质押物的交易平台。建立规范的抵质押物交易平台加快其流通，为金融机构提供处理抵质押物的渠道，降低坏账发生情况下的损失。

二是建立知识产权等新兴抵质押物的价值评估平台。合理、科学的对抵质押物进行价值评估，可以保证科技企业顺利申请贷款，还可以保证抵质押物公平的交易。

三是搭建投融资服务平台，聚集金融服务资源。投融资平台具有引导作用，可以凝聚和整合金融机构和科技中介机构资源，为彼此之间合作提供平台。

4. 建立科技金融功能区

科技金融功能区的建设可吸引大量金融机构入驻，不断优化区域投融资环境，拓宽企业融资渠道。以中关村核心区为例，中关村建设的国家科技金融功能区，支持海淀区建成科技金融一条街和互联网金融产业基地，支持石景山区建成国家保险产业园等，中关村“一区多园”的科技金融服务功能，不断吸引科技金融机构聚集，形成聚集效应。

（四）健全科技金融政策支持体系

1. 实施梯次性的税收特惠政策

为鼓励金融机构向科技型中小微企业贷款倾斜，政府应为服务科技型中小微企业的金融机构提供减免增值税和所得税的政策支持，如对科技型中小微企业发放贷款余额占比超过总量80%的金融机构，增值税和所得税全免；对科技型中小微企业发放贷款余额占比超过总量60%的金融机构，增值税全免、所得税减征。

2. 加大财政政策对金融机构的扶持力度

一是直接财政支持。通过提供财政奖励、贴息和定向费用补助等方式，对为科技型中小微企业提供融资服务的商业银行、创业投资公司、天使投资基金、私募股权投资机构、保险公司、担保机构、金融租赁企业、信托机构、产业投资基金等给予支持，调动金融机构积极性。

二是运用政府采购确保科技企业的收益。通过政府采购的方式将科技型小微企业高新技术的推广应用与商业金融机构的金融支持实施联动，对于符合国家产业政策、商业金融机构有意通过特性化服务支持的科技企业，可通过政府采购的方式为企业高新技术市场应用推广提供展示平台，确保企业稳定的经营收入，从而降低金融机构的投资风险。

三是设立政府专项资金。通过设立政府专项资金推动全国性科技企业征信体系建设。

3. 建立梯次性的科技企业贷款风险补偿分担机制

为降低金融机构开展科技金融业务的风险，政府主导建立稳定的科技企业贷款风险分担补偿基金和运行机制，按照为科技型中小微企业发放贷款的收回情况对金融机构贷款的坏账核销损失给予梯次性补偿分担政策，金融机构收回的比例越高，政府补偿的越多，降低金融机构服务科技型中小微企业的风险。

Vigorously Develop Science and Technology Finance and Strengthen Enterprise Innovation Power

Cui Changbin

Abstract: Science and technology is the key to national prosperity, while the enterprise is the main body of scientific and technological innovation. Meanwhile, finance is the core of market economy. The close fusion of technology and finance will help the enterprises to motivate their innovative vitality of technology, promoting the economic transformation and upgrading. Innovation – driven had become the national strategy in the 7th meeting of the Leading Group for Financial and Economic Affairs in 2014 as the rising waveof mass entrepreneurship and innovation. The gap of technology investment of enterprises has become particularly evident in this situation. This article tried to discuss the organic fusion of the corporate technology innovation and the financial innovation. It discussed the way of developing the multilayered, diversified and multi – channel system of technology finance, crack the problem of the lack of investment in science and technology and pushing the Innovation – driven strategy.

Keywords: Financial System of Science and Technology　Enterprise Innovation Power

能源资源篇

国际大宗商品价格触底反弹还会持续吗?

(中国国际经济交流中心副研究员)刘向东

[摘　要] 2016 年以来，受美联储屡次推迟加息影响，国际大宗商品价格出现触底反弹迹象。国际原油价格触底后反弹至每桶 50 美元左右，铜铝等有色金属价格也整体上涨 10% 左右。资金避险需求一度引发贵金属价格出现牛市行情。在中国钢铁煤炭加速去产能的背景下，国际铁矿石价格涨幅超过 50%。与主要工业品普涨不同，国际农产品价格呈现分化。受极端天气影响，大豆、食糖价格呈现上涨行情，小麦、玉米价格延续震荡下降势头。预计 2017 年，大宗商品市场将保持品种分化，维持价格相对稳定。

[关键词] 大宗商品价格　美元指数　国际油价　供求变化

2016 年以来，国际大宗商品价格在经历短暂的触底之后出现较大幅度的反弹，部分商品价格涨幅较大。总体来看，这既有基数偏低因素的影响，更多是因为美联储加息预期推迟、部分商品供需关系偏紧、国内资产荒下资金避险需求等因素的推动。分品种来看，无论是工业品还是农产品期价呈现趋势性走高态势。从趋势看，这种普涨趋势会受到美元走强预期抑制，短期内持续大幅上涨空间不大。值得注意的是，影响个别品种商品的经济基本面并不相同，某些商品的供求关系可能会随经济基本面或供给侧调整的影响，如工业品价格受需求疲软和供给侧结构性调整的影响较大，而农产品价格则受天气影响的程度较大。

一、国际大宗商品价格呈现触底反弹迹象

2016 年初，国际大宗商品价格延续 2015 年持续下跌的走势。反映全球大宗商品价格的路透汤姆逊（RJ）CRB 商品指数于 2016 年 2 月 11 日下探至 155.01 的低点，创下了 2009 年 3 月以来的新低；之后数月该价格指数呈现震荡反弹态势，并于 6 月 8 日上升至年内 195.82 的年内高点，较 2 月 11 日的低点上涨了 26.33%，较 2015 年收盘点位上涨了 11.09%，随后大致在 180—195 点的区间震荡波动，截止 10 月 25 日该指数维持在 188.97 点（见图 1）。国际货币基金组织（IMF）初级产品价格统计结果也显示，相比较于 2015 年的持续下降，2016 年开始呈现触底反弹特征，以美元计算的全球初级产品价格指数（2005 年 = 100）2016 年 1 月跌至 83.05 点，较 2015 年 12 月单月下降了 8.46%，此后连续 5 个持续反弹，截止 2016 年 6 月达到 105.29 点，上涨了 26.78%，此后 3 个月仍维持在 102 点以上，较年初的低点高达 23% 以上。

图 1　RJ/CRB 商品价格指数近期走势

数据来源：Wind 资讯。

美元走弱是推高商品价格的重要外部因素。美联储加息预期降低及外围货币市场的相对变化直接造成美元持续走弱，刺激以美元计价的大宗商品需求，促使商品价格出现震荡上行的态势。从中国国际经济交流中心编制的大宗商品价格指数与美元指数的同期走势看，两者多数时候有很强的负相关关系（见图 2），即当美元走弱时，以美元计价的商品价格就会出现一定程度的上涨。2016 年以来，美元指数从 2015 年末 100 关口一度下行至 5 月 2 日的 92.60，这就造成这一段时间国际大宗商品价格的快速反弹；6 月后美联储加息预期虽时浓时淡，再加上 6 月 24 日后受到英国脱欧影响，美元指数的走势呈现震荡上升态势，截止 10 月 25 日美元指数再次攀升至 98.73 点，上升了约 6.62%，这一对应了国际商品价格在 6 月份达到年内高点后随后有所回落并呈现震荡走势。美联储加息是对美元一种潜在的支撑，美元渐进走强势必会使大宗商品价格上涨势头承压。倘若美联储2016年年底至2017年初开始新一轮加息，那么国际大宗商品价格上涨势头会有所承压，即便部分商品供需调整到位，甚至出现供给短缺，商品价格的涨幅也不会太猛。预计2017年国际大宗商品价格仍会延续震荡上行态势，但总体上涨幅度会逐步收窄。

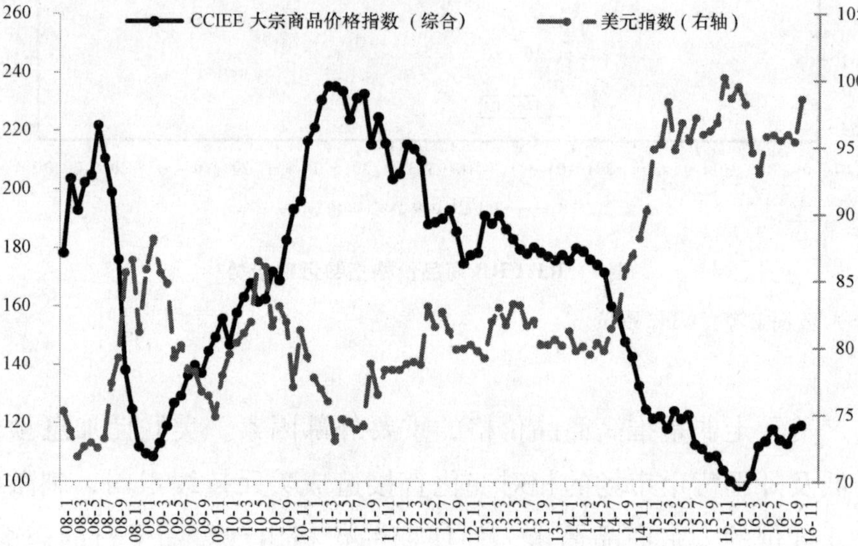

图2　国际商品价格走势与美元走势对照图

二、国际原油价格筑底后强势震荡上涨

2015年以来，国际原油市场始终存在供大于求的情况，这是造成国际油价保持持续低迷的状态，但这种低迷态势延续到2016年初，此后受欧佩克冻产协议达成、美国产量下降、尼日利亚政

局动荡、加拿大森林火灾等多种因素的影响，国际原油供给出现一定的下降，国际油价呈现筑底强势反弹的态势。以布伦特原油期货结算价为例，2016 年 1 月 20 日下探至每桶 27.88 美元，但随后进入强势震荡反弹的阶段，并于 10 月 10 日达到每桶 53.14 美元，涨幅高达 90.60%，截止到 10 月 25 日仍维持在每桶 50 美元以上。WTI 原油期货结算价也表现类似的走势（见图 3），2016 年 2 月 11 日达到每桶 26.21 美元的低点，随后震荡走高，并于 10 月 19 日达到每桶 51.60 的高点，涨幅达到 96.87%，几乎翻倍。国际油价的渐趋走高，主要是供应端限产造成产量减少。比如，欧佩克组织限产预期对国际油价形成短期支撑，2016 年 9 月 28 日，欧佩克宣布达成限产协议，将石油日产量限制在 3250—3300 万桶，较 8 月份平均日产量下降 20—70 万桶，这是 2008 年以来，欧佩克首次达成限产协议，超过市场普遍预期。再如，美国原油生产商联合削减生产领域投资，产量显著下滑。2016 年 6 月，美国原油产量降至日均 867.7 万桶，较 2015 年同期日均 960 万桶水平下降了近 100 万桶。同时在需求端，中国经济并未像外界预期的那么糟糕，仍然对国际油价形成支撑。2016 年前 9 个月，中国原油进口数量同比增长 14%。其他新兴经济体如印度原油进口增速维持较高增长，并对原油市场的形势形成坚实支撑。预计国际油价在限产预期下价格可能小幅上涨，但 2016 年受到美联储加息预期影响，国际油价上涨幅度不会太大，预计油价不会超过每桶 60 美元，全年平均油价会维持在每桶 45—50 美元之间。预计 2017 年随着全球需求逐步恢复，国际油价会有一定幅度的上升，预计上涨幅度也不会太高，油价可能保持在每桶 50—60 美元。

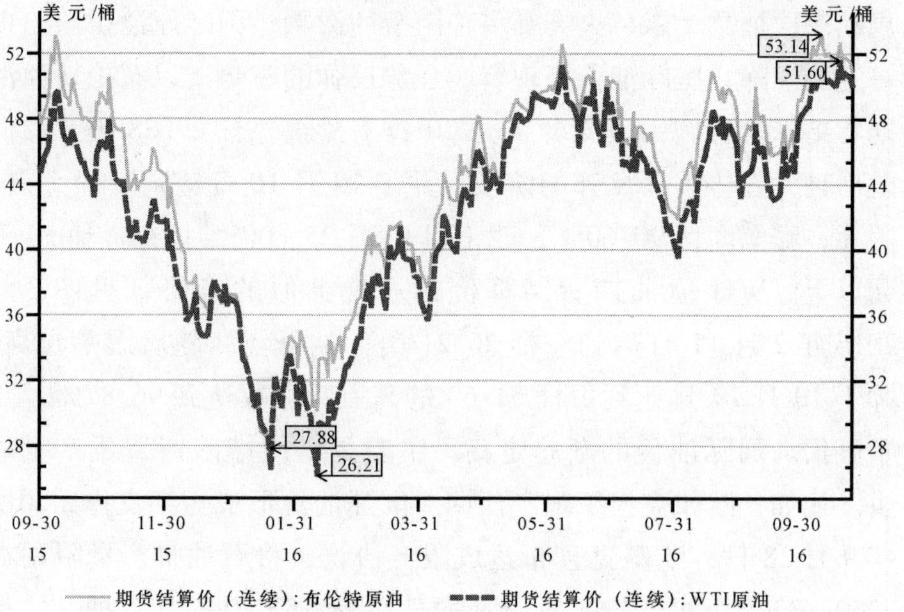

图3　布伦特原油和WTI原油期货价格走势

数据来源：Wind资讯。

三、国际有色金属价格呈现震荡上行态势

国际主要有色金属价格呈现震荡上升走势。2016年以来，LME（伦敦金属交易所）3个月期货收盘价于2016年1月15日跌至每吨4325.50美元，此后持续上行至3月17日每吨5068美元的高点，4月到6月铜价宽幅震荡，6月10日LME铜价回调至每吨4516美元，到10月26日，再次攀升至每吨4756.50美元，总体较年初低点涨幅接近10%（见图4）。由于铜是整个制造业和工业用途广泛的原材料，其价格受外部影响波动较大。从年内走势看，受美元加息预期、英国退欧公投、英镑闪跌、人民币加

入 SDR 后汇率波动等因素影响，国际铜价涨跌互现，波动加剧。比如，英国退欧公投对铜价的影响较为短暂，随后国际铜价恢复原来震荡上行走势。

同期国际铝价维持震荡上行态势。2016 年以来，LME 3 个月铝期货价格（连续收盘价）已由年初的低点每吨 1449.5 美元（1 月 12 日），攀升至年内高点每吨 1694.5 美元（8 月 17 日），年内涨幅高达 16.90%，即便近期有所回落如 10 月 20 日每吨 1617 美元，但也比 2015 年年底（11 月 23 日）的每吨 1432.5 美元上涨了 12.88%（见图 4）。虽然期铝价格受挫，但现货铝的供应依旧维持偏紧，社会库存持续下滑，加上原料成本氧化铝和煤炭价格维持高位，铝价下方支撑较强，预计铝价短期仍会维持坚挺走势，2017 年国际铝价仍会保持小幅度的震荡上行格局。

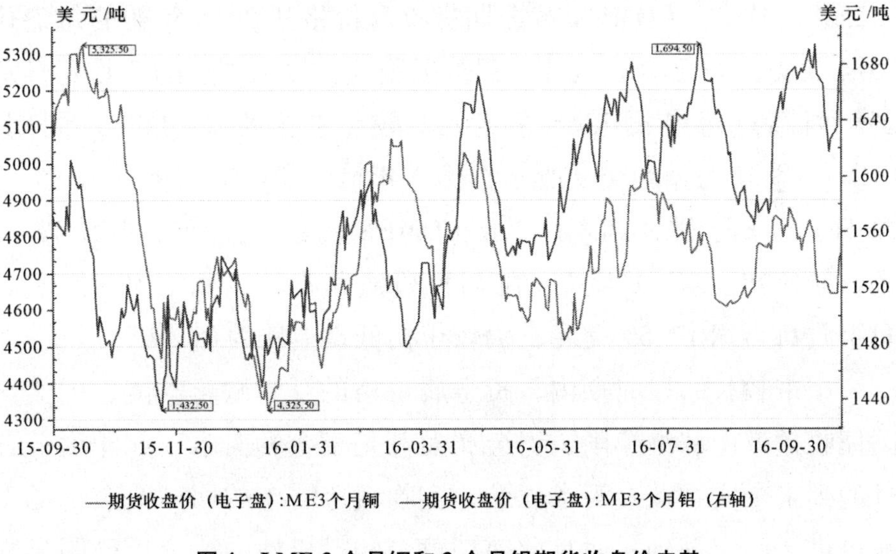

图 4　LME 3 个月铜和 3 个月铝期货收盘价走势

数据来源：Wind 资讯。

四、避险需求引发国际贵金属价格快速上涨

国际黄金白银价格呈现倒L型增长态势。受国际不确定性因素激增影响，国际贵金属价格不再延续2015年震荡下行的态势，进入2016年后，日本、欧元区等多个经济体再次释放流动性，再加上美联储迟迟不加息的预期影响，促使全球避险需求升温。在此情况下，受负利率环境和避险升温的影响，国际贵金属的金融投资活跃，推动黄金白银等贵金属价格快速上涨。如2016年1月，日本央行宣布推行负利率政策，将超额准备金存款利率由0.1%降至-0.1%；同年3月，欧央行下调主要再融资利率至0%，下调隔夜存款利率至-0.4%，下调隔夜贷款利率至0.25%。比如，COMEX黄金期货收盘价格从2016年初的每盎司1074.5美元开始启动上行，到英国脱欧公投两周后的7月8日达到年内高点每盎司1365.8美元，较年初上涨27.11%。同期，COMEX（纽约金融交易所）白银从年初每盎司13.79美元（1月12日）开始上涨，到8月2日COMEX白银收报每盎司20.75美元，较年初上涨50.47%；随后期价震荡走落，截至10月27日时报收每盎司17.59美元，仍较年初低点上涨约27.56%。

未来较长一段时期内，贵金属价格的反弹缺乏动能，因美国国债收益率上涨继续削弱贵金属尤其是黄金的需求，如印度节礼日的到来令实物黄金需求强劲，实物黄金需求的回升给金价的上涨提供了一定基础；而且此前期黄金的投机性的持仓量已明显减少，10月27日黄金ETFs数据显示，截至10月26日黄金ETF-SPDR Gold Trust（世界最大的黄金信托服务公司）的黄金持仓量942.59吨，较上一交易日减少14.24吨，促使黄金价格得到一

定程度支撑。但是，美国制造业等经济数据表现强劲，加上美联储多位官员发表较为乐观的言论，美联储加息预期持续看涨，美元指数持续保持强势，预示着国际金价和银价仍将不断承压。短期看，贵金属价格仍有持续走低的可能性，但长期的避险需求可能会促使贵金属价格横盘震荡整理，预计2017年金价仍可能维持在每盎司1000美元以上，但不太可能突破每盎司1500美元。白银价格虽波动幅度较大，同样来自多重因素的影响，2017年大部分时间，银价都可能维持在每盎司15—20美元左右盘整。除非世界经济出现某些“黑天鹅”事件，刺激短期避险需求升温，推动贵金属价格跳高，否则贵金属价格的波动性走势不会太显著。

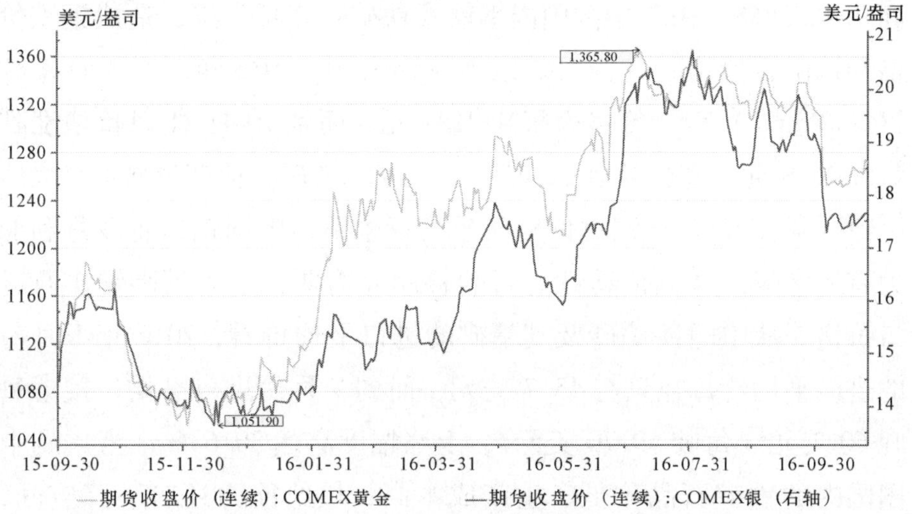

图5 COMEX黄金和白银期货收盘价走势

数据来源：Wind资讯。

五、国际铁矿石价格出现大幅上涨行情

国际铁矿石价格出现大幅回暖迹象。2016 年以来，受中国钢铁煤炭行业去产能加速影响，中国炼焦煤供应短缺刺激价格大幅上涨，继而使得国际铁矿石价格上扬。铁矿石价格没有延续 2015 年持续下跌的势头，也一改此前三年持续下跌的颓靡态势，大致经历了四轮上涨短周期，并明显呈现出持续上涨的行情。从新加坡交易所铁矿石掉期价格走势看，2016 年初铁矿石掉期当月结算价跌至每公吨 39.48 美元（1 月 12 日）的年内低点，到 8 月 8 日攀升至每公吨 61.10 美元，上涨幅度达到 54.76%，即便此后有所下跌，截至 10 月 27 日仍为每公吨 57.87 美元，较年初的涨幅仍然高达 46.58%。由于中国国内钢铁及铁矿石产量下降，造成钢铁价格和铁矿石价格一起回升。以螺纹钢为例，2016 年 1 月 1 日螺纹钢（φ25mm）现货价格为每吨 2187 元，而到 10 月 21 日价格涨到每吨 2678 元，涨幅达到 22.45%，与国际铁矿石掉期价格走势大体一致（见图 6）。在钢材价格回暖的背景下，中国钢铁企业盈利能力有所增强，这就带动铁矿石的补库存需要，从而推高铁矿石进口价格。从中国铁矿砂及其精矿的进口平均价看，2016 年 1 月份的进口平均价每吨只有 45.7 美元，而到 9 月份进口平均价接近每吨 60 美元（每吨 59.70 美元），上涨幅度高达 30.63%。考虑到中国国内的铁矿石品位低、生产成本高，供给能力还有下降空间，再加上中国钢铁去产能仍在进行中，这将会对铁矿石价格形成支撑。尽管国际矿商仍有新增产能的空间，但逆势扩产面临亏损的难题，预计会放缓新增产能投产步伐。在需求不足有所缓解的情况下，供应大量过剩的局面也有所改观。但是长期来看，需求回

暖程度不高，供应过剩的状况还会持续较长时间。由此预计，2017年国际铁矿石价格维持相对稳定，铁矿石每吨均价维持在50美元左右，多数时候可能会在每吨40美元至每吨60美元区间内波动。

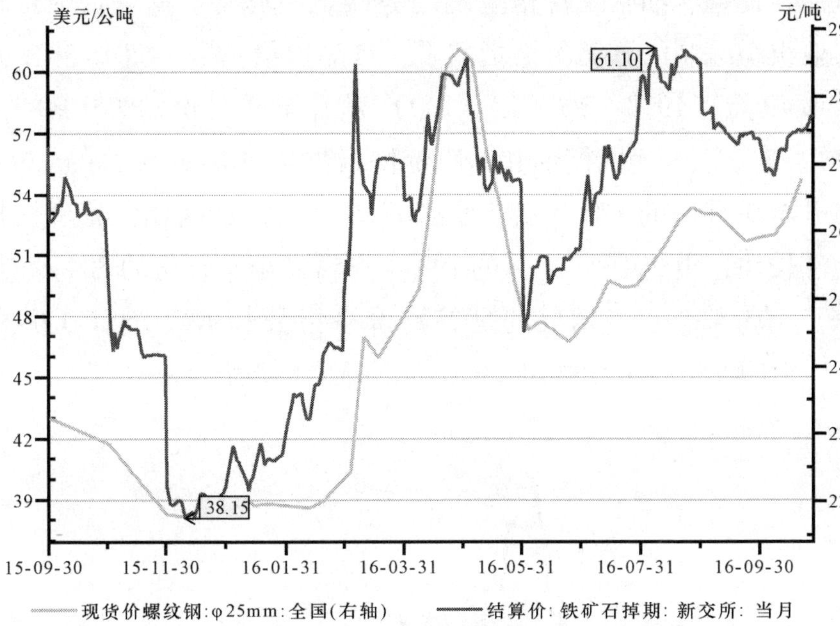

图6 新交所铁矿石掉期结算价与螺纹钢现货价格走势

数据来源：Wind资讯。

六、国际农产品价格分化且涨跌互现

国际农产品价格呈现分化涨跌互现走势。2016年以来，国际农产品价格与工业品价格指数表现较为一致，均呈现前低后高的上升态势（见图7）。以CCIEE农产品价格指数为例，2016年1月为131.52点，到2016年10月为148.94点，农产品价格指数经历一季度的同比下降后，从4月份同比增速开始转正，9—10月连续两个月同比增速维持在12%以上，农产品价格指数在7—8两个月出现环比下降，此后重启环比增长态势。总体上看，农产品价格指数整体呈上升态势，但是分品种看，不同农产品价格走势呈现较大的分化态势。从大类来看，谷物价格呈现趋势性走低，而食品、食糖、油脂等价格呈现趋势性走高态势。据联合国粮食及农业组织编制的分类价格指数看，食品价格指数由 2016 年 1 月的 150.40 点（1998—2000 年 =100）攀升至 9 月份的 170.90 点，上涨 20.5 个点，而同期油和油脂价格指数从 2016 年 1 月的 139.1 点攀升至 9 月份的 172.0 点，上涨了 39.2 个点；同期食糖价格指数上涨较快，由 2016 年 1 月的 199.4 点攀升至 9 月份的 304.8 点，上涨了 105.4 个点；相反的是谷物价格指数却由 2016 年 1 月的 149.1 点下降至 9 月份的 140.9 点，下降了 8.2 个点。

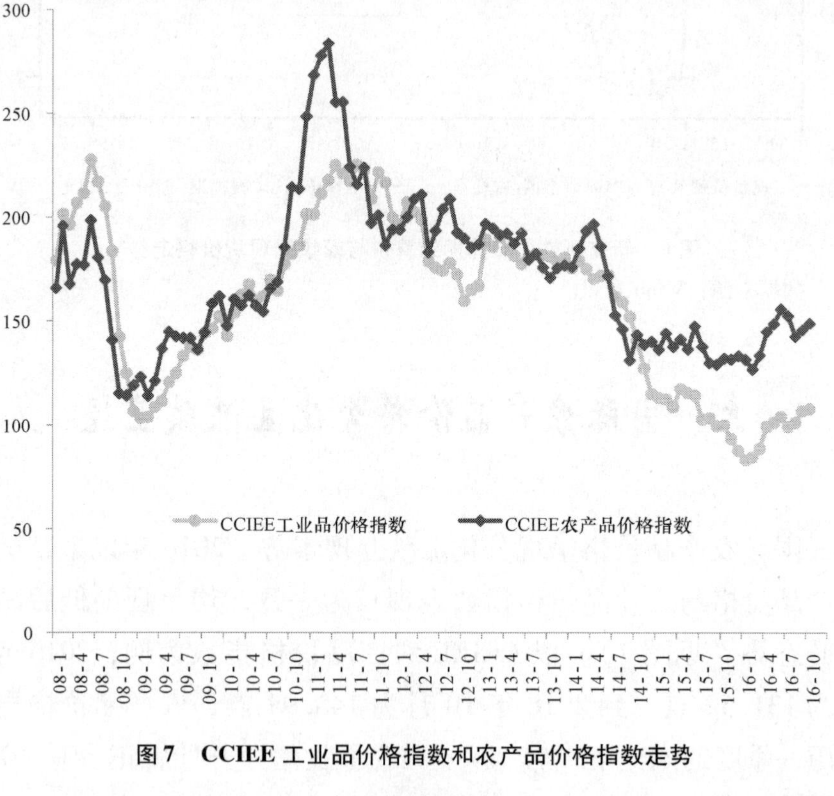

图 7　CCIEE 工业品价格指数和农产品价格指数走势

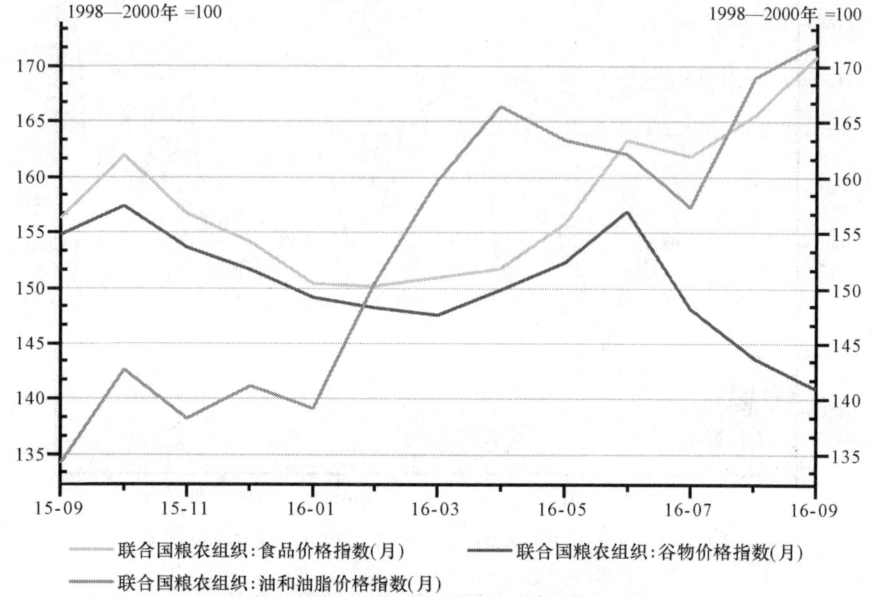

图8　联合国粮农组织分品种综合价格指数走势

数据来源：Wind 资讯。

大豆、食糖出现上涨，而小麦、玉米有所下跌。芝加哥期货交易所（CBOT）大豆期货收盘价（连续）从2016年初的每蒲式耳866.50美分（1月4日）一度攀升至每蒲式耳1177.50美分(6月8日)，涨幅达到35.89%，截至10月27日期货收盘价为每蒲式耳1013.75美分，仍较年初上涨16.99%。同期CBOT豆油2016年初期货收盘价（连续）为每磅30.01美分，之后经历小幅下挫后，截至10月27日收盘价升到每磅35.45美分，涨幅约达18.13%。

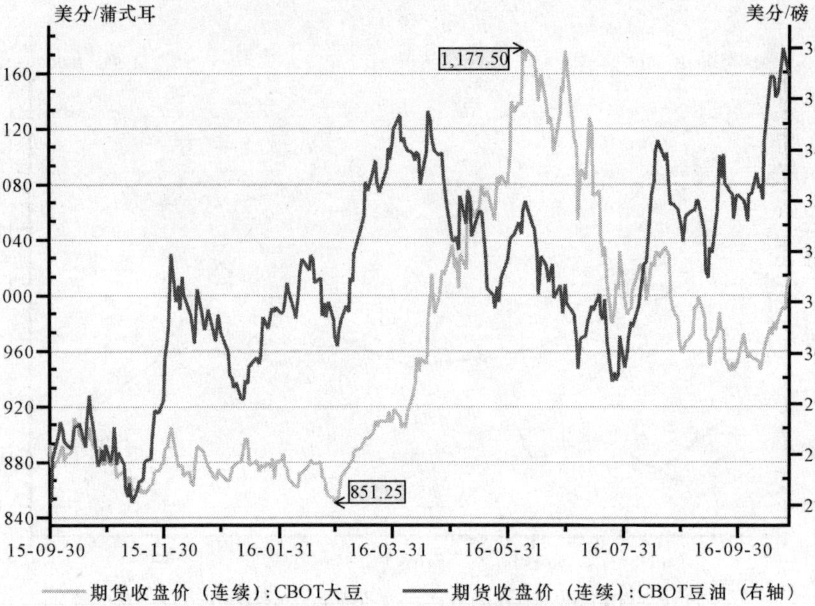

图 9　CBOT 大豆和豆油期货收盘价走势

数据来源：Wind 资讯。

与大豆、豆油走势不一致的是谷物价格的走势。如 CBOT 小麦期货收盘价格从 2016 年年初的每蒲式耳 459.75 美分（1 月 4 日）出现震荡回落，一度下跌至每蒲式耳 362.75 美分（8 月 31 日），较年初下跌幅度达 21.10%，截至 10 月 27 日小麦期货收盘价为每蒲式耳 414.50 美分，仍较年初下跌接近 10%（9.84%）。究其原因在于小麦全球供给有所增加，而需求并未有效回升。如 2015 年美国冬小麦产量猛增，国内冬麦库存升至 29 年来新高，小麦因供应过剩致使价格下跌。与小麦走势类似的是玉米价格，CBOT 玉米价格从 2016 年年初的每蒲式耳 352 美分一度下跌至每蒲式耳 302 美分（8 月 31 日），较年初的跌幅达到 14.20%，截至 10 月 27 日期货收盘价回升至每蒲式耳 357 美分，虽比年初价格略微高一些，仍较年内高点（6 月 17 日每蒲式耳 437.50 美分）

下跌 18.4%。玉米较小麦更是表现出暴涨暴跌的宽幅震荡走势。

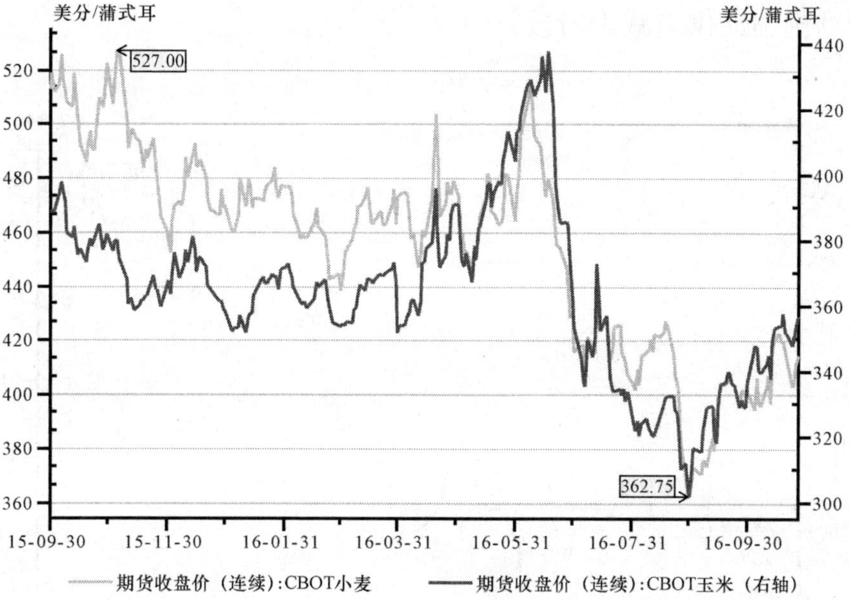

图 10　CBOT 小麦和玉米期货收盘价走势

数据来源：Wind 资讯。

棉花和原糖价格大幅走高。以纽约期货交易所（NYBOT）期货收盘价为例，2016 年初 2 号棉花期货收盘价（连续）为每磅 62.59 美分，一度攀升至每磅 76.27 美分（8 月 5 日），涨幅高达 21.86%，即便随后有所回落，但仍保持在高位，截至 10 月 27 日 2 号棉花的期货收盘价为每磅 69.67 美分，仍较年初上涨约 11.31%。由于主产棉国中中国棉花种植面积下滑明显，而美国、印度棉花实际产量受厄尔尼诺天气影响而有所减产，形成供小于求的涨价预期。与棉花价格走势相似，11 号食糖期货收盘价（连续）在 2016 年初只有每磅 14.98 美分，随后快速震荡向上，一度攀升至每磅 23.61 美分（10 月 5 日），涨幅高达 57.61%，截至10月27日仍维持在每磅22.57美分的高位，较年初价格仍高出50.67%。食糖价格飙升主要受极端天气因素的影响，主要产糖国预期供应减少所致。

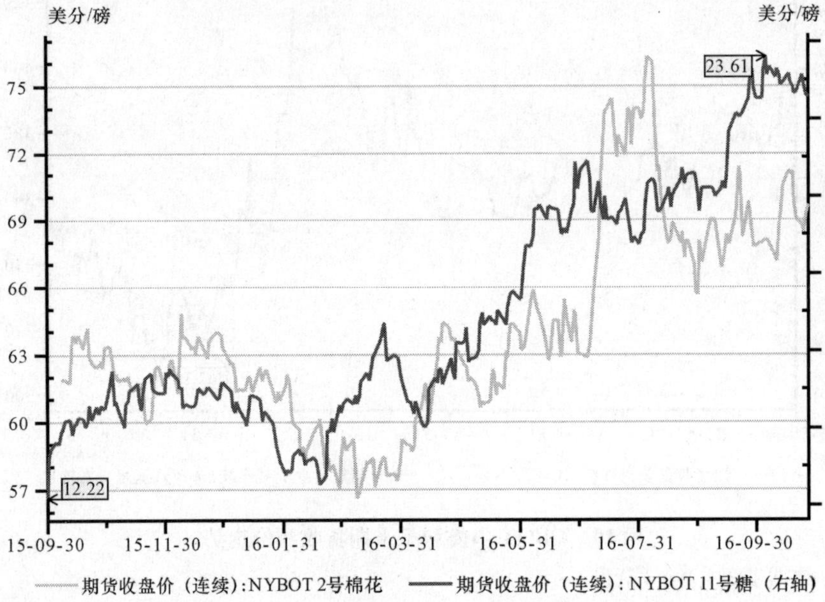

图11　NYBOT2号棉花和11号糖期货收盘价走势

数据来源：Wind资讯。

由于农产品主要生产国分布不同，就会造成不同农产品的供需市场存在较大差异。比如，厄尔尼诺效应给主要产糖国巴西、印度等糖产出造成重大影响，使食糖的需求预期5年来首次超过供应，从而造成2016年以来糖价快速上涨。如厄尔尼诺、拉尼娜现象影响广泛，破坏力强，农产品供应面受此影响大幅减产。除了极端天气影响种植收成外，影响这类农产品价格走势的因素还有进口配额、美元走势、期货市场投资热度等。这些因素加上天气因素等交织在一起促使某些农产品的价格出现暴涨暴跌等大幅度波动。考虑到大豆、棉花、油料等主要供应国预计都可能会有所减产，国际农产品价格将会获得一定支撑，农产品价格还会持续分化，大豆、食糖等农产品价格还会维持在高位，但受国际农产品库存状况并未明显改善和主要消费国的市场需求放缓等因素影响，预计2017年国际农产品价格将会维持稳中略升的走势，可能不会再像2016年有那么大幅度的波动幅度。

参考文献

1. 黄培昭：“大宗商品价格回暖能持续吗”，《人民日报》2016年8月15日国际版。

2. 金瑞庭：“国际大宗商品价格走势及应对策略”，《宏观经济管理》2016年第2期。

3. 刘向东：“CCIEE国际大宗商品价格指数”，《中国与世界年中经济分析与展望(2010)》，社科文献出版社，2010年8月版。

4. 沈浩、陈贺强：“国际大宗商品价格上涨的原因、影响及相关建议”，《银行家》2016年第10期。

5. 王苊磊、王环：“国际大宗商品价格分析和走势预测”，《宏观经济管理》2016年第8期。

6. 王军、刘向东：“抓住大宗商品价格中长期低迷机遇重构中国全球能源资源战略”，《全球化》2015年第6期。

7. 王旭光：“大宗商品价格或启步回调”，《国际商报》2016年8月19日A05版。

8. 王永锋：“多角度看美元指数与大宗商品价格的关系”，《期货日报》2016年8月17日。

9. 吴开尧、李榕：“美元指数与大宗商品价格相关性分析”，《价格理论与实践》2013年第6期。

10. 张明：“商品价格上涨的逻辑”，《金融博览（财富）》2016年第5期。

11. 冯跃威：“美国经济减速与油价飙升的猜想”，《能源》2016年第7期。

12. 张怀清、陈俊、马志扬等：“当前价格形势及展望”，《金融发展评论》2016年第6期。

13. 何晓伟、郭红：“国际原油价格影响因素分析及对策研究”，《全球化》2016

年第 4 期。

14. 任泽平："大宗商品暴跌暴涨之谜"，《股市动态分析》2016 年第 16 期。

15. 韩冬妍、谭小芬："大宗商品：趋势反转还是阶段反弹"，《中国外汇》2016 年第 10 期。

Will International Commodity Prices Bottomed out Continue to Rebound Since 2016?

Liu Xiangdong

Abstract: International commodity prices had rebounded from the bottom side since 2016, when the U. S. Federal Reserve had signaled that it was in no hurry to raise short - term interest rates. Crude oil prices had soared to around $50 per barrel, while the non - ferrous metal prices such as copper and aluminum had rose by about 10%. Risk aversion demand had boosted the precious metal markets especially the gold and silver market. Based on China's overcapacity reduction in the steel and coal fields, the iron ore prices had sharply rose by over 50%. The prices of agricultural products had been divided which showed the differentiations from those of industrial products. Affected by extreme weathers (e. g. El Nino), the prices of soybean, cotton, sugar had gone up sharply, but wheat and corn prices had declined. It is estimated that international commodity prices might remain stable and the trends of commodity prices could continue to diversify.

Keywords: International Commodity Price　Dollar Index　Crude Oil Price　Changes of Supply and Demand

我国天然气体制改革进展与完善建议

（中国国际经济交流中心博士后、工业和信息化部国际经济技术合作中心副研究员）毛涛

[摘　要] 作为国家鼓励发展的清洁能源，天然气相关改革正在稳步推进，取得了一定成绩，主要有放宽了天然气基础设施建设准入、开放了天然气管网运输及煤制气业务、允许外资参与经营的业务逐步拓宽、推动开展天然气交易试点。但是改革中依旧存在不少问题，制约天然气消费的障碍尚未完全消除，主要有相关政策难以落实到位、天然气中上游环节业务开放不足、参与天然气平台交易的主体过于单一。为了提升天然消费占比，建议细化相关规定，提高政策可实施性；有序放开天然气开采，拓宽天然气来源；推进管网独立，重构天然气输配秩序；完善天然气交易体制，营造公平竞争环境。

[关键词] 天然气　体制改革　基础设施　管网运输　交易中心

一、我国天然气消费现状及存在的问题

（一）我国天然气消费现状

1. 随着经济高速发展，天然气消费增长迅速。改革开放以来，我国经济发展迅速，1978 年 GDP 为 3650. 17 亿元，2015 年增至 67. 67 万亿元，增长约 184 倍。同期，我国能源消费从 5. 7 亿吨标准煤增加至 43 亿吨标准煤。在一次能源消费构成中，天然气消费同样增长迅速，2005 年至 2015 年，我国天然气消费量从 468 亿立方米增长至 1932 亿立方米，增长近 2 倍。

2. 随着基础设施建设完善，实现了天然气跨区域和跨行业应用。我国天然气资源主要分布在塔里木、四川、鄂尔多斯等西部地区，消费却集中于东部地区。天然气资源分布和消费的空间不均衡性带动了基础设施建设。截至 2014 年底，中国建成天然气管道 8. 5 万千米，干线管网总输气能力超过 2000 亿立方米/年。① 随着基础设施的完善，大量气源实现了跨区域调动，管道沿线城市随之受益，天然气的利用范围也越来越广，已经从传统的居家消费逐渐拓展到交通运输、工业染料、天然气发电及天然气化工等领域。

3. 随着科学技术迅速进步，可利用的天然气类型越来越丰富。此前，受制于科技水平，我国开采及消费的天然气主要是常规天然气。近些年，随着科学技术进步，煤层气、页岩气等非常规天然气得以大规模勘探和开采，非常规天然气消费量增长迅

① “截至 2014 年底中国已建成天然气管道 8. 5 万公里”，国际燃气网，2015 - 06 - 02［2016 - 03 - 02］. http：//gas. in - en. com/html/gas - 2287739. shtml.

速。2015年全国页岩气勘查新增探明地质储量4373.79亿方，新增探明技术可采储量1093.45亿方。同年，页岩气产量44.71亿方，同比增长258.5%；地面煤层气产量44亿立方米，同比增长17.0%。[①]

（二）我国天然气消费存在的问题

1. 价格尚未实现市场化。在很长的一段时间里，与石油一样，天然气也被视为战略资源，相关业务长期由国有企业经营，上游气源及中游管网几乎都由国有企业经营，行业垄断特征明显。“上游气源主要被中石油、中石化和中海油三大国有公司垄断控制，中游长输管网则被中石油和中石化垄断控制，并未与供气竞争性业务区分开来，使得管输费仍捆绑在燃气价格之中。”[②] 由于受到中游环节捆绑定价以及相关政策影响，天然气呈现差别定价特点：一是工商用户往往要承受比居民更高的用气价格（如下图所示），基于竞争考虑，这类用户使用天然气意愿不强；二是不同区域的居民用气价格也存在差异，目前北京市居民用气价格为2.28元/立方米，而上海的价格为3元/立方米。

北京市燃气价格表

（单位：元/立方米）

编号	用气分类	价格
1	居民	2.28
2	工商业	3.23

① “2015年中国煤层气产量44亿立方米”，国际煤炭网，2016-02-15［2016-05-02］http：//coal.in-en.com/html/coal-2328510.shtml.

② 景春梅，刘向东等：《城市燃气价格改革：国际经验与中国选择》，北京：社会科学文献出版社，2015年版。

续表

编号	用气分类		价格
3	发电（含供暖、制冷）		2.67
4	压缩天然气母站	供居民用气	2.23
		供非居民用气	2.62
5	车用气		5.12

资料来源：http：//bj.bendibao.com/zffw/2014214/134857.shtm

2. 有效需求难以满足。在经济高速发展的同时，我国对于天然气的需求迅速增长，但由于国内严重缺乏天然气，大量气源需要依赖进口。2015 年，我国天然气消费量约为 1910 亿立方米，进口量为 624 亿立方米，增长 4.7%，管道气和 LNG 进口量分别占 56.7% 和 43.3%，对外依存度升至 32.7%。[①] 在天然气利用方面，由于气源严重不足，我国明确了先后顺序，管输气优先满足沿线城市居民用气领域，多余气源才供应到工商领域。[②] 虽然部分工商企业对天然气的需求较大，但是由于价格较高或者实际分配的量较少，现实需求难以满足。

3. 在一次能源中占比较低。近些年，虽然我国天然气产业发展迅速，但在我国一次能源消费构成中的占比依旧过低，2015 年天然气仅占一次能源消费比重的 5.62%，远低于 23.7% 的世界平均水平。如下表所示，美国、欧盟等发达国家早已改变了以煤炭为主的能源机构，天然气在一次能源消费中的占比已经超过煤炭。但在我国的一次能源构成中，煤炭仍占据主导地位，在一次能源构成的比例超过六成，而天然气占比却不到一成。

① 中国石油经济技术研究院：《2015 年国内外油气行业发展报告》，北京，2015 年。

② 国家发展改革委《天然气利用政策》。

表　全球及主要国家能源消费占比　（%）

类型 区域	世界	OECD国家	非OECD国家	美国	欧盟	日本	韩国	印度	中国
石油	32.57%	36.96%	29.33%	36.37%	36.77%	43.16%	39.54%	28.33%	17.51%
天然气	23.71%	26.05%	21.98%	30.25%	21.61%	22.20%	15.74%	7.14%	5.62%
煤炭	30.03%	19.14%	38.08%	19.72%	16.75%	27.75%	31.04%	56.47%	66.03%

资料来源：http：//www.bp.com/statisticalreview

二、我国天然气体制改革进展

（一）天然气体制改革的动力来源

近些年，频繁出现的雾霾天气督促人们进一步反思传统能源结构存在的问题。相关研究表明，雾霾天气与我国长期以化石能源为主的能源结构存在着联系。我国富煤、少油、贫气，煤炭储量占到一次能源总量90%以上，廉价的煤炭成为支撑中国经济发展的主要能源，2015年我国煤炭消费量为39.65亿吨，约占世界煤炭消费量的一半。[①] 与此同时，随着我国汽车保有量的快速增长，石油消费同样进入高速增长期。截止2015年底我国汽车保有量达到2.79亿辆，同年国内石油表观消费量达到5.43亿吨。据统计，2015年我国煤炭和石油分别占一次能源消费的64%和

① “我国煤炭消费量占世界一半 煤炭行业依然困难重重”，《北京商报》2016年5月25日。

18.1%，两者所占比重超过80%。[①] 与煤炭、石油等传统化石能源相比，使用天然气将更加清洁，可以大幅减少二氧化碳以及二氧化硫、氮氧化合物及烟尘等污染物排放。

得益于国家新的战略布局及人们环保意识的提高，我国开始重视优化能源结构工作，天然气产业虽然起步较晚，但是发展迅速，在特定历史时期内，天然气的垄断经营起到积极作用，短期内大量优势资源集中到天然气开采、管道建设及运维等领域，实现了天然气的跨区域调度，促进了天然气在生活及生产领域的应用。

但随着天然气需求的迅速增长，垄断经营存在的问题逐渐显露，如天然气价格倒挂、新气源难以进网、管网运力不足。按照国家提出的“到2020年，非化石能源占一次能源消费比重达到15%，天然气比重达到10%以上，煤炭消费比重控制在62%以内”[②] 的目标，目前天然气消费现状存在着较大差距，可谓任重道远，需要深入推进天然气体制改革。

（二）推动天然气改革的主要政策

党的十八届三中全会明确提出“使市场在资源配置中起决定性作用”，充分表明国家深化经济体制改革的决心，对于推动天然气体制改革同样具有指导意义。近些年，国家频繁出台推动天然气改革的相关政策，主要如下：

2014年6月，国务院办公厅印发的《能源发展战略行动计划（2014—2020年）》提出到2020年，基本形成统一开放竞争有序

① “2015年国民经济和社会发展统计公报”，国家统计局网站，2016-02-29［2016-06-17］. http://www.stats.gov.cn/tjsj/zxfb/201602/t20160229_1323991.html.

② 国务院办公厅《能源发展战略行动计划（2014—2020年）》。

的现代能源市场体系。由此可知，打破垄断将是我国能源体制改革的大方向，只有构建现代能源市场体系，才有助于调动各方参与的积极性，确保落实国家既定的天然气发展目标。

2015 年 5 月，国务院批转的《关于 2015 年深化经济体制改革重点工作的意见》指出了天然气改革的重点工作：一是研究提出天然气体制改革总体方案，放宽全产业链各环节准入；二是实现存量气与增量气价格并轨，理顺非居民用天然气价格，试点放开部分直供大用户供气价格。该意见对于推动天然气上游及中游环节开放，尤其是推动管网分离，具有重要的指导意义。

2015 年 10 月，国务院发布的《中共中央国务院关于推进价格机制改革的若干意见》，对于完善能源价格形成机制具有重要的促进意义。意见明确指出，推进天然气价格改革，放开竞争性环节价格，充分发挥市场决定价格作用。同时，提出按照“管住中间、放开两头”总体思路，推进天然气价格改革，促进市场主体多元化竞争，稳妥处理和逐步减少交叉补贴，还原能源商品属性。此外，要求尽快全面理顺天然气价格，加快放开天然气气源和销售价格，有序放开上网电价和公益性以外的销售电价，建立主要由市场决定能源价格的机制。

2016 年 3 月，发布的《“十三五”规划纲要》也提出了涉及天然气改革措施：一是减少政府对价格形成的干预，全面放开竞争性领域商品和服务价格，放开天然气竞争性环节价格；二是面向社会资本扩大市场准入，加快开放天然气行业的竞争性业务；三是加强陆上和海上油气勘探开发，有序开放矿业权，积极开发天然气、煤层气、页岩油（气）。

除进行宏观政策引导外，国家还出台了专门调控天然气的政策措施，主要有《天然气基础设施建设与运营管理办法》、《关于加快推进储气设施建设的指导意见》、《油气管网设施公平开放监管办法（试行）》。

从上述政策来看，国家提出了明确的天然气改革目标及产业发展方向，对于天然气体制改革具有重要指导意义。

（三）改革取得的成果

得益于有力的政策支持，我国天然气改革步伐明显加快，取得了不少成果，主要如下：

一是放宽基础建设准入。天然气基础设施主要包括天然气输送管道、储气设施、液化天然气接收站、天然气液化设施、天然气压缩设施及相关附属设施①。基础设施建设及其利用效率在很大程度上决定能否确保天然气的安全、稳定供应。随着改革推进，天然气基础设施建设的准入条件逐步放宽。最初主要由国有资本经营相关业务，随后外资进入了城市天然气基础设施建设领域，目前各类资本都可以参与纳入统一规划的天然气基础设施②。此外，为打破管道经营者“各自为政”局面，提高天然气基础设施利用效率，国家开始鼓励和支持天然气基础设施相互连接③。

二是放开管网运输。在很长的一段时间内，我国天然气输气管道基本由国有企业垄断经营，入网天然气主要来自管道实际控制者。由此导致第三方天然气很难进入管网，出现下游供给不足而上游气源充足却难以入网的问题。为了调动上游企业的积极性，拓宽天然气来源，国家积极推进天然气管网改革，并取得重要进展。目前，油气管网设施运营企业在油气管网设施有剩余能力的情况下，应向第三方市场主体平等开放管网设施，提供输

① 国家发展改革委：《天然气基础设施建设与运营管理办法》第2条。

② 国家发展改革委：《天然气基础设施建设与运营管理办法》第6条。

③ 国家发展改革委：《天然气基础设施建设与运营管理办法》第14条。

送、储存、气化、液化和压缩等服务。[①] 该规定为第三方天然气进入管网提供了依据，有助于缓解天然气供气不足的问题。

三是开放天然气发电。与火电相比，天然气发电具有建设周期短、运营模式灵活、污染排放少等优点。但由于我国天然气资源相对匮乏，天然气的利用范围受到严格限制，在 2007 年之前，天然气发电项目是受到限制的。随着气源的逐渐充足及相关改革推进，扫清了天然气发电障碍，从 2012 年开始，国家开始鼓励和支持天然气发电。目前，煤层气（煤矿瓦斯）发电项目、天然气热电联产项目属于优先的天然气利用方式；除陕、蒙、晋、皖等 13 个大型煤炭基地所在地区建设基荷燃气发电项目（煤层气（煤矿瓦斯）发电项目除外）被禁止之外，其他的天然气发电项目都是被允许的。[②]

四是鼓励煤制天然气。2014 年全国煤炭探明储量为 14842. 9 亿吨，低阶煤占比近 60% 。由于低阶煤处于低变质阶段，富含挥发分、水分和氧气，直接燃烧或气化，不仅效率低下，而且会排放大量污染物。[③] 在低阶煤清洁高效利用方面，很多企业进行了相关尝试，其中以低温热解分质分级利用技术为代表的现代煤化工技术逐步成熟。据估算，我国每年约消耗低阶煤 20 亿吨，若对其进行低温热解分质分级梯级利用，大约能生产 0. 84 亿吨天然气，约为同年进口天然气的 3 倍。随着相关技术的成熟，国家密集出台支持低阶煤分质分级梯级利用问题。2015 年 4 月，国家能源局发布的《煤炭清洁高效利用行动计划（2015—2020 年）》首次提出分质分级、能化结合、集成联产作为新型煤炭利用方

---

① 国家能源局：《油气管网设施公平开放监管办法（试行）》第 5 条。

② 国家发展改革委：《天然气利用政策》。

③ 毛涛："科学引导煤炭清洁高效利用"，《中国环境报》2016 年 3 月 16 日。

式，这也是本次行动计划中唯一的一个新型煤炭利用方式。近期科技部发布的《关于发布国家重点研发计划高性能计算等重点专项2016年度项目申报指南的通知》更是将“煤炭清洁高效利用和新型节能技术”列入10个重点专项之一。同时，该技术也是“十三五”中国计划实施的100个重大工程及项目。这些政策推动了煤炭清洁高效利用，进一步拓宽天然气来源。

五是鼓励外商参与。一是放宽外商投资准入。《外商投资产业指导目录（2007年版）》尚未向外商放开天然气项目，2011年修订版将天然气的风险勘探、开发以及页岩气、海底天然气水合物等非常规天然气资源勘探、开发向外资开放，但仅限于中外合资和中外合作方式。2015年修订版将中外合资和中外合作范围扩大至天然气及非常规天然气的勘探、开发和矿井瓦斯利用。二是简化中外合作审批程序。在很长的一段时间内，中外企业合作开发天然气需经过严格审批，其依据是《对外合作开采海洋石油资源条例》、《对外合作开采陆上石油资源条例》[①]。2013年5月，商务部将取消对石油、天然气、煤层气对外合作合同的审批工作（第43项）[②]。该举措进一步简化了审批手续，调动了中外企业合作的积极性。三是鼓励外商投资天然气项目。从2002年开始，外商从事投资额大、回收期长的天然气项目，除依照有关法律、行政法规的规定享受优惠待遇外，可以扩大与其相关的经营范围。[③] 四是鼓励外商参与西部项目投资。2013年5月，发展改革委和商务部联合发布的《中西部地区外商投资优势产业目录（2013年修订）》将“天然气下游化工产品开发和利用”的鼓励

① 《对外合作开采海洋石油资源条例》第7条；《对外合作开采陆上石油资源条例》第8条。

② 国务院：《关于取消和下放一批行政审批项目等事项的决定》第42项。

③ 国务院：《指导外商投资方向规定》第9条。

范围由2008年版的内蒙古自治区一地，扩大到了山西、四川、重庆、甘肃、河南、安徽、海南等多个省份和地区。

六是开展天然气交易试点。建设天然气交易中心有助于培育和壮大能源要素市场，还原天然气商品属性，推动落实国家发展天然气的战略目标。此前，北京石油交易中心、宁波大宗商品交易所也已经开展天然气现货交易，目前以上海石油天然气交易中心最具代表性。2015年3月，上海石油天然气交易中心在上海自贸区注册成立，成为全国首个国家级天然气交易中心，目的是打造具有国际影响力的石油天然气交易平台、信息平台和金融平台。[①] 该交易中心股东主要有新华社、中石油、中石化、中海油、申能、北燃、新奥、中燃、港华、华能10家单位，几乎涵盖了天然气产业链上中下游的龙头企业。[②]

三、天然气体制改革存在的问题

相关政策的出台及改革的推进，大幅提升了天然气在能源结构中的占比，但是在天然气体制改革过程中依旧存在不少问题，主要如下：

（一）政策过于笼统，难以落实到位

目前，虽然国家出台了关于天然气开采、运输、经营等相关政策，但由于其规定过于笼统，缺乏配套性措施，导致很多政策

① 公司简介，上海石油天然气交易中心网，2016年6月17日，http://shpgx8.com/1-guanyuwomen/11243.html。

② 公司简介，上海石油天然气交易中心网，2016年6月17日，http://shpgx8.com/1-guanyuwomen/11243.html。

流于形式，难以落实到位。依据《油气管网设施公平开放监管办法（试行）》，油气管网设施向其他市场主体开放的前提是油气管网设施有剩余能力，但由于缺少有关剩余能力的客观判断标准及监管措施，管网设施是否对外开放往往受到管道拥有者主观意志左右。现实中，油气管网经营者通常也经营天然气业务，基于竞争考虑，往往会排挤竞争者，不会轻易让第三方的天然气进网；即使允许第三方天然气进网，在缺少明确定价标准的情况下，会出现随意定价问题，结果是其他市场主体出网后的天然气价格过高，市场竞争优势将会牢牢把持在管道拥有者的手中。此问题不解决，将很难调动相关主体参与天然气业务的积极性。

（二）天然气开采开放力度不够，难以确保充足的气源保障

通过下放行政审批权，反映出国家对于拓宽天然气来源工作的重视程度在提高。中外企业合作开发天然气无需向商务部备案，有助于推动中外企业合作。但值得注意的是，具有与外企合作开采天然气的仅有中国石油天然气集团公司、中国海洋石油总公司、中国石油化工集团公司等少数国有企业。此外，一些民营资本参与了煤层气、页岩气等非常规天然气资源的开发工作，但是在常规天然气开采领域依旧缺少民营资金进入。因此，天然气开采工作的参与主体较少，并不利于拓宽新的天然气来源。

（三）天然气输配尚未分离，阻碍海外廉价天然气进入

在天然气基础设施中，管网设施起着跨空间调配天然气的重要作用。然而，由于天然气尚未实现输配分离，导致天然气销售逐渐形成了一种相对垄断的经营模式，即：天然气管网经营者往往会买断上游气体，随后气体进入管网进行调度和销售，主动权主要掌握在管网经营者的手中，上游企业几乎没有选择下游用户

的权利。近些年，随着《天然气基础设施建设与运营管理办法》、《油气管网设施公平开放监管办法》等政策出台，为第三方使用天然气管网提供了政策依据。然而，现实操作并未发生实质性改变。LNG 接收站虽然作为海外气源入网的重要通道，但截至目前并未真正对第三方开放，第三方购买的国外廉价气源很难进入国内市场，国内气价依旧较高。

（四）天然气交易主体过于单一，难以形成公平的竞争体制

在天然气交易中心建设方面，上海石油天然气交易中心、北京石油交易中心、宁波大宗商品交易所都进行了有益尝试，积累了一些经验。但是由于天然气相关改革正在推进，改革红利正在陆续释放，目前尚未形成完全自由竞争的交易市场，参与天然气交易的主体并不多。虽然我国已经建立了天然气交易平台，提供了更加便利化的服务，但是只有为数不多的卖方和买方在上海石油天然气交易中心进行交易。因此，平台交易量尽管很大，但是参与主体却过于单一，很难形成公允的国际定价机制，在全球性和区域性的天然气交易平台中的影响力还比较小。

四、关于推进天然气体制改革的建议

（一）细化相关规定，提高政策的可实施性

国家出台的天然气法律政策能否顺利实施，在一定程度上决定着我国天然气改革的步伐。目前国家虽然已经明确要求管网设施拥有者在有剩余能力的情况下向第三方开放管网以及允许第三方申请注册天然气交易中心等，但是仅按照现行较为抽象的规定，相关法律政策执行效果并不好，而且难以确定责任主体和追

究相关责任，很多改革措施难以落实到位。为推动相关法律政策落地，还需要出台具体规定，明确天然气参与主体的责、权、利，完善配套性法律政策，尤其是操作程序和相关标准，同时赋予监管部门职责，做到有法可依、有法必依、执法必严、违法必究，推动相关改革落实到位。

（二）有序放开天然气开采，进一步拓宽天然气来源

通过开采天然气，可以增加本土气源供给，缓解对外依存度过高的问题。其实，我国天然气开采领域市场开放度并不高，陆上气源主要由中石油和中石化开采，海上气源则主要由中海油开采，当然也有少部分外资企业及民营企业进入天然气开采领域。从总体上讲，在天然气开采领域，少数企业垄断经营特征明显。但是，由于天然气开采投资大、风险高，在缺少充分竞争的情况下，占而不勘，勘而不采问题突出。基于此，建议放宽民营资本准入，除允许民营资本开采非常规天然气资源外，也应开放常规天然气开采的市场准入，允许民营资本以独资或者合伙形式进入，进一步挖掘开采潜力。同时，打造信息分享平台和交易机制，推动探矿权和采矿权自由流转。

（三）推进管网独立，重构天然气输配秩序

天然气改革最为关键的一环在于向第三方开放管网设施。只有实现管网独立，才能打破输配环节的利益链条，解决天然气管网拥有者和经营者混同的问题，扫除新气源入网的制度障碍，提高第三方参与天然气业务的积极性。目前，我国在按照“管住中间、放开两头”的思路，推进天然气体制改革，管网设施独立将是大势所趋。建议尽快设立专门的管网运营机构，实现输配分离，同时推动管网的互联互通，提高管网运营的独立性和公平

性，进而提高管网利用效率。此外，加快天然气计价方式改革，将由体积计价和重量计价向热值计价转变，解决不同形态管输天然气的流通置换难的问题[①]。

（四）完善天然气交易体制，营造公平竞争环境

欧美等国家天然气市场化机制起步较早，在天然气现货交易的基础上，又发展了期货等金融衍生品交易，形成天然气现货交易、期货交易、场外衍生品交易等多元化的交易体系，促进了天然气的优化配置。在天然气交易领域，我国实践时间较短，还在逐步积累经验。交易中心对于推动形成天然气市场化机制具有重要促进作用，在推动我国天然气交易机制建设方面，相关建议如下：一是简化天然气交易经营牌照审批手续，落实配套性金融支持政策，鼓励有实力的机构建立天然气交易中心，推动形成更加公平的竞争环境；二是鼓励市场主体参与平台交易，探索基于市场的天然气交易价格形成机制；三是在立足国内市场的同时，更要放眼国际市场，争取用 5 到 10 年时间打造出一个在全球具有影响力的交易中心。

Progress and Suggestions on the Reform of China's Natural Gas System

Mao Tao

Abstract: Natural gas belongs to clean energy which is supported by the government. At present, natural gas related reforms are steadily advan-

---

① 于文轩：《中国能源法制导论—以应对气候变化为背景》，北京：中国政法大学出版社，2016 年版。

cing, and achieved some success, such as relaxation of the natural gas infrastructure access, open the natural gas pipeline transportation and coal gasification business, the scope of business allowed for the foreign enterprises is expand, carry out natural gas trading pilot. But reform is still exist many problems, such as related policies difficult to implement, the business openness in middle and upper part is not enough, the participants involved in the transaction platform is too single. Consequently, the obstacles which restricting the consumption of natural gas have not been completely eliminated. In order to enhance the proportion of natural gas in primary energy consumption, it is recommended to refine the relevant provisions, orderly liberalization of natural gas exploitation, enhanced independence of natural gas pipeline network, improve the natural gas trading system.

Keywords: Natural Gas　System Reform　Infrastructure　Pipeline Transportation　Trading Center

信息网络篇

大数据服务于统计工作的思考和建议

（国家信息中心博士后科研工作站处长、副研究员）吕欣
（国家信息中心博士后、民生银行高级研究员）李洪侠

[摘　要] 统计是经济决策的依据。大数据时代对传统政府统计的制度、方法、结果等都提出了空前挑战，同时也为统计完善升级提供了难得机遇。本文综合大数据和政府统计的特点，提出要站在大统计的视角，强化国家统计局对全国政府统计工作的领导，建立部门间协调、宏微观印证、技术支撑、法制保障、数据完整、方式多样、及时准确的大统计系统，以更好服务宏观经济决策，同时为微观经济主体判断经济形势提供完备参考。

[关键词] 大数据　统计

长期以来，来自统计局、人民银行、财税、海关、商务、行业协会等的政府统计，是我国宏观经济管理和调控的决策基础。大数据时代的到来，使传统政府统计面临空前挑战，同时也为改善数据生产提供了基本条件。只有顺应大数据时代规律，不断提升传统统计数据的及时性、准确性、多样性，才能更好服务新时

期宏观经济管理的需求。

一、大数据时代政府统计面临的挑战

大数据时代，经济和技术发展为政府统计的制度、方法、统计结果、数据使用等各环节带来前所未有的挑战：

1. 政府统计指标设计的灵活性不足。在大数据日益发展的时代，急剧扩大的海量数据资源与日渐成熟的大数据挖掘技术，使得政府传统统计在指标选择上的局限性日益突出。各类网络技术记录下原始数据的可测量性、行政记录中统计数据的可查询性、商务活动中市场信息的可搜索性，迫切需要政府统计跟上互联网、物联网、云计算等数据智能化采集技术应用的步伐。此外，由于对非传统统计意义的数据指标统计的缺失，政府统计机构也不再是公共统计数据的唯一发布者和主要拥有者，其权威地位面临挑战。

2. 政府统计过程与结果的及时性、准确度与抗干扰能力有待提高。传统的统计调查采用自上而下层层布置与自下而上逐级上报相结合的模式。这一过程中存在许多问题，导致其难以适应当今市场经济背景下情况多变、需求多样的特点，诸如效率低下、时效较差、环节繁多、易受干扰、基层负担较重、数据质量受到质疑等。此外，社会公众对数据的需求层次、质量要求和公开、透明的程度将不断提高，GDP、CPI、PPI、PMI、甚至房价、工资、就业等统计指标的发布，不仅各级政府官员及其管理决策者关心，企业经营者同样需要。

3. 政府统计对数据的使用、挖掘的深度不够。大数据时代的数据特征表现为数量大、范围广、种类多，而传统的统计生产管理方式、数据分析研究方法和现有信息化手段等模式难以与之完全匹配，因而需要政府统计部门不断提升数据的质量控制、分析挖掘、发布解读等能力。同时，大数据环境对官方数据的使用挖掘、发布内容、发布时效和频率等带来影响，对数据的挖掘深度提出了更高要求。

4. 政府统计的重心需要转移。传统统计其重点难点在于如何获取收集数据，通常采用随机抽样法，由于抽样调查充分注意到了样本的随机性，所以传统统计的数据具有较少的噪声冲击。大数据环境其重点难点在于如何选取有用的数据为自己所用，大数据一方面弥补了随机抽样结果缺乏延展性、忽略细节考察、无法用于奇异值分析等缺陷，另一方面，大数据时代，统计分析将面临许多非随机数据，剔除噪声冲击尤为重要。

二、大数据时代政府统计面临的机遇

在大数据生态系统中，统计工作不仅仅包含采集、汇总数据，也涵盖了对数据的使用、消费等，在大数据时代，政府部门可以通过主动应用大数据技术促进统计工作各个环节的优化发展，主要表现在以下几个方面：

1. 政府统计效率得到提升。随着大数据时代的不断发展和信息技术的日益成熟，政府统计部门收集整理信息、分析挖掘数据的效率得到显著提升。政府统计部门借助各种现代信息技术的方式，实现对海量数据的迅速获取，如党政机关部门的行政记录、企（事）业单位的公共服务数据、市场经济体生产经营的业务数据以及各大网络平台数据等，从而丰富了政府统计的信息资源。在国民经济核算和统计分析研究的工作中，大数据大大降低了统计调查的成本，并使得数据的生产周期逐渐缩短，数据的时效性和利用率不断提高，进而使得被调查者配合性较差的矛盾得到了一定的缓解，政府统计的工作效率也相应得到了改善。日本学者通过统计全球的在线商品交易价格预测出通货膨胀指数，相比官方调查数据更具有时效性和可信度。美国 Premise 公司通过众包数据采集途径向金融机构提供通胀预测数据，相比官方 CPI 的公布提前了 4 至 6 周。据麦肯锡估计，大数据可以帮助欧洲发达经济体政府节省超过 1000 亿欧元的政府开支。

2. 政府统计服务趋于优化。在大数据时代，政府统计机构通过科学方法对海量的数据资料加以筛选汇总，进而提取有价值的信息，生产满足社会各界需求的统计产品，提供更优质的统计服务，从而改进政府统计部门的职能。分析发现，全国快递件数的增长率可以近似表征网上零售额的变化情况。2014 年的数据验证了上述两项指标的拟合度：2014 年网上零售额增长 50%，全国快递量增长了 50.9%；2014 年度网上零售额增长 49.7%，全国快递量增长了 51.9%。美国 2001—2011 年的社会总体零售额变化趋势和网上零售额变化趋势表明，两组数据的变化趋势具有较强的拟合度。

3. 政府统计信息实现共享。大数据为政府部门提供了统一的数据交换、共享和应用平台，通过对数据的有效整合，有利于助推跨部门业务之间的信息共享，实现从“私有”独占到“公有”共用的转变，从而使各方需求得到了满足，各部门之间的合作办公能力和为人民服务的效率和水平也得到了提高，进而实现政府管理成本的大幅降低。美国的统计机构不是联邦政府的一个单独部门，而是分布在农业部、商务部、劳工部、卫生部等 12 个部门中。其中商务部普查局（经济分析局）是全美最大最具综合性的统计机构，主要负责联邦及各州的 GDP 核算、投入产出核算和国际收支核算等。联邦及地方各部门的统计工作分工有序，信息资源高效、充分共享。每10年两次的经济普查登记结束后，美国组织大约60万名统计分析师（“精算师”）处理、分析和研究近千个细分行业的普查数据（规模、结构、效益、就业、能耗等）。可以借鉴美国经验，借力大数据，实现政府部门信息平台的纵、横向协调工作，形成数据互联共享机制，从而有力推动了政府统计部门与调查对象之间合作互惠新型关系的建立和发展。

4. 政府统计数据采集趋于实时化，分析方法趋于智能化。互联网、大数据、云计算及智能设备四种推动性力量，令个人行为得到越来越多的量化，可以得到实时性的各类爆发式数据。相比传统政府统计的大量结构化的滞后数据，大数据软件处理平台可以实时追踪和搜集各类即时数据（邮件、媒体报道、视频、图片等），并对数据进行快速分析和处理，从而为统计分析提供了更为广泛的数据基础，提高了统计分析的精准性，拓宽了统计分析的视野，并且提高了宏观经济的时效性，为经济活动参与者赢得决策时间。此外，传统统计辅助软件主要是统计分析软件中的E-views和SPSS，大数据时代，非关系数据分析技术不断发展成熟，其中有MapReduce和Hadoop等为代表，适合非结构数据处理，具备大规模并行处理、简单易用等突出优势，丰富了统计分析方法，同时提高宏观经济分析的客观性、精准性和时效性。

三、政府统计应与大数据融合发展

大数据为传统政府统计带来了发展机遇，提供了新的思维方式，为政府统计做出了有益补充。因此，政府统计应更加重视运用大数据，促进传统数据的生产和运用。

1. 要加强政府统计机构之间的协调性。现阶段政府统计分布在国家统计局、中国人民银行、财税、海关、商务、行业协会等多个部门。不同数据口径、方法存在较大差异，制度和结果都不能对接，往往出现政府统计相互矛盾的现象。国家统计局作为全国最高统计机构，应该站在大统计的视角，运用大数据等现代方法，优化衔接各类政府统计制度和统计结果。比如建立法人和个人的统计基本链条和统一的统计平台，企业所有统计数据均在此平台实现，后台所有数据统一审核、修正，各部门根据职能各取所需，越界使用数据由统计局审批，确保不同视角的统计结果基本吻合，提升政府统计的数据质量。

2. 要运用现代科技挖掘提供宏观数据。现代技术是大数据时代不可或缺的工具，为数据实时的动态追踪提供了便捷。伴随现代技术的深入发展，大数据在各个领域都发挥着重要的作用。美国 Orbital Insight 公司通过商用卫星观测超市停车数量，分析超市的被投资价值。METRIC 将卫星影像制作成数字地图，利用它跟踪农业用水资源管理。EEFLUX 把信息直接推送给农民，让他们使用任何上网的移动设备都可以实时查看用水图。此外可以利用电脑或手机终端，对污染源以及企业排污口进行实时在线监测以及利用卫星观测数据安保海上航行。近年来，随着通讯卫星、遥感等现代技术的发展，我国很多领域已经具备了用技术统计替代人力统计的条件，比如卫星测量的土地、工地、车流量等，可以作为全国耕地、粮食产量、建筑业活跃度、物流业景气程度等的重要参考。同时，部分领域已经开始运用智能机器人技术强化统计和行为记录。如武汉智能交通体系的信息捕捉系统由高清摄像头、地磁传感器、GPS 定位信息等构成，应用于交通数据采集、协助交通诱导以及导航软件，以提高在路况、停车位发布方面的准确度与实时性。某种程度上，上述数据具有公共产品的特性，不存在个体数据信息泄露问题。类似的宏观数据应该在今后的统计中得到更多的运用和提供，为宏观决策服务的同时，也为微观经济主体判断形势提供更加可靠的依据。

3. 要通过立法等手段探索微观数据共享渠道，最大限度延长数据长度。大数据时代，数据信息是每个市场主体的核心资源。不同于公共数据资源，微观数据掌握在不同的市场主体中，不同主体之间的数据交易既有隐私保护等法律障碍，也受到企业利益影响，难以实现全面无障碍共享。比如阿里巴巴掌握了大量的个人和企业交易数据，不可能全部供其他企业使用。如果不能将不同主体的数据链接，就无法形成真正意义上的大数据。只有将个人、企业的生产、生活、经营、管理等所有的行为加以记录、链接，形成以个人和企业为源代码的数据链条，才能够不断挖掘、利用大数据，才能够从中发现企业和个人的行为规律，以及为各类经济管理提供更加有用的信息。目前，不同主体数据交易之间的障碍主要是法律和企业利益。因此，未来应该加快大数据立法，将大数据的生产、记录、挖掘、使用、隐私保护等都列入法制轨道，在此基础上，促进各类主体之间的数据规范、安全交换，各供其有、各得其所。

4. 要高度重视非传统数据在经济决策中的重要作用。[①] 国际上，部分领域有用摩天大楼指数、蚊虫叮咬指数、男性内衣指数、女性裙长等指标来分析判断经济形势的情况。由于经济结构和经济背景不同，我们不能完全照搬国外经验，但也启示我们应该丰富非传统的指标体系。当前，经济金融形势日趋复杂，各类新技术、新业态、新领域层出不穷，传统的统计已经远远不能适应形势需要。要根据形势变化，及时推出非传统统计指标，完善

① 此部分另有专文研究。

调查制度，为宏观决策提供更加有益的统计信息，如在传统指标数据质量受到干扰较大的情况下，通过对榨菜指数、挖掘机、快递量、通信信息费等数据统计，侧面判断甚至修正传统统计的数据可靠性。再如，根据互联网经济规律研究，加强电子商务交易数据、重要市场商品指数、网购价格指数等的统计分析，判断进出口贸易情况、消费、需求和 CPI 指数等形势。还比如，扑克牌销量指数、包工头回复电话时间长短、啤酒销量指数等反映农民工在城市就业的情况。

5. 要调整制度设计与统计过程理念，提高政府统计效率与智能化水平。借鉴大数据统计模式，转变传统的统计方式，以实时记录代替事后记录。首先，基于现有统计业务系统和业务数据的积累，对多部门数据源的结构化与非结构化数据进行有效整合，建设统计数据仓库，从而改进统计决策，加大数据挖掘的深度，提取数据的潜在价值。其次，对数据进行整理归纳和重组使用，根据实际需要对各类公共服务产品（如党政领导数据查询系统）进行开发，使统计用户的特定需求能够及时得到满足，推动政府决策和企业业务经营的发展。从政府统计的制度设计、统计过程到统计结果的应用加以创新和改善，使官方数据的即时性与高效性同步提高。

6. 要以可视化技术为手段，更好发挥官方数据发布作用。根据 IDC（国际数据公司）资料，全球被创建和复制的数据总量，截止到 2020 年将达到 35ZB。在对大数据的处理中，难免存在海量噪声，单纯的文字或表格分析具有一定的局限性，可视化是一个比较有效的方法。利用数据可视化技术，结合对数据的时间和空间信息等特征分析，借助表格、图、地图等工具，可以直观地展现数据，进而实现对其中隐含规律和知识的挖掘提取。借助丰富的可视化手段，政府实现对 GDP、居民收入、CPI、房价等民生指标的数据有效发布，可以提取并展现数据背后的关联与模式，使公众能够更好地理解数据的内涵。

7. 要与新媒介积极共融，提升官方数据传播力。舆论的产生和发展途径正在被以互联网、社交网站、微博、微信等为代表的新媒体潜移默化地改变着。受众群体日益庞大，海量信息实时更新，交流互动方便快捷，受众接受信息的反馈因此变得更加迅速，虚拟空间和现实世界的互动性得到提升。在新媒体时代，政府统计必须借力新媒体的发展并与之高度融合，从而增强舆论引导力和数据传播力。一方面，增强数据信息传播渠道的多样性。借助已经开通的统计政务微博，优化微博运营效率，发挥统计官方微博的集群效应，组建统计官方微博群，凝聚强大合力，汇聚正能量，从而有利于在开展重大统计宣传、重大统计舆论引导等活动时发声发力。另一方面，加强与主流门户网站的合作，开设网络统计专题，借助平台共享网络公开数据生产过程和统计工作情况，并推进与网友的交流互动，提高统计开放工作的公众参与度。

参考文献

1. James et al. Big data：the next frontier for innovation，competition，and productivity ［R］. MCKINSEY，COMPANY，2012 – 07 – 03.

2. Andrew Mc Afee，Erik Brynjolfsson. Big Data：The Management Revolution. Harvard Business Review，2012，（10）.

3. 刘兴远："'大数据'对官方统计数据发布的冲击及应对"，《统计科学与实践》2013 年第 12 期。

4. 吕欣："以互联网深化应用推进政府治理现代化"，《工程研究—跨学科视野中的工程》2015 年第 15 期。

5. 徐健："对借鉴美国统计的几点思考"，《中国信息报》2006 年第 1 期。

6. 赵彦云："试论大数据时代中国政府统计改革发展新模式"，《教学与研究》2014 年第 1 期。

Studies and Suggestions on Big data Services in Statistical Work

Lu Xin, Li Hongxia

Abstract: Statistics is the basis of economic decision - making. In Big data Era, the new information technologies bring unprecedented challenges to the traditional government statistics institution, methods, results, but also to provide a rare opportunity for statistical improvement and upgrading. In this paper, the characteristics of Big data and government statistics are synthesized. The paper puts forward to strengthen the leadership of the National Bureau of statistics to the government statistical work from the perspective of large statistics. In order to better serve the macro economic decision - making, the establishment of a comprehensive and intelligent statistical system is necessary, which should be section cooperative, macro and micro verification, technical support, legal assurance, data integrity, timely and accurate.

Keywords: Big data Statistics

中国大数据发展战略的实施策略研究

（国家信息中心副研究员）刘绿茵

[摘　要]《中共中央关于制定国民经济和社会发展第十三个五年规划的建议》提出，拓展网络经济空间，推进数据资源开放共享，实施国家大数据发展战略。发挥数据资源的战略作用、构建国家竞争新优势成为我国“十三五”期间的重要课题。本文在分析世界主要国家与地区大数据发展重点的基础上，归纳总结了全球大数据发展的特点与趋势，并提出我国大数据发展战略的实施策略建议。

[关键词] 大数据战略　实施策略　中国

信息技术的广泛应用，使数据的资源价值日益凸显。促进数据资源要素化、商品化，开发利用数据这一新的生产要素，成为世界各国打造发展新引擎的重点。我国已实施大数据发展战略，如何发挥数据资源的战略作用、构建国家竞争新优势成为我国“十三五”期间的重要课题。

一、大数据相关技术与产业成为各国战略布局的重点

许多国家和地区都将大数据提升到国家和地区发展的战略核心层面，作为重点发展和着力投入的焦点领域，全球进入了空前的大数据时代。各国纷纷出台促进大数据发展政策，强化大数据创新战略的顶层设计，争当大数据时代的创新领先国家。

（一）美国注重大数据综合发展

1. 技术研发

美国自 2012 年推出“大数据研发计划”后，每年都针对性地对大数据的某领域进行研发。2016 年 5 月 23 日，美国发布“联邦大数据研发战略计划”，旨在为联邦各机构提供一套相互关联的大数据研发战略，以维持美国在数据科学和创新领域的竞争力，这些机构在数据科学、数据密集型应用、大规模数据管理与分析领域开展和主持各项研发工作。

美国国家科学家基金会（NSF）积极投入支持大数据项目。2016 年 9 月 28 日，NSF 宣布将为十项“大数据轮辐”（Spokes）项目投资 1000 万美元，以开展美国大数据区域创新中心所确定的特定主题研究，从精准农业到个性化教育等等。数据轮辐反映出美国中西部、东北部、南部和西部四大数据中心的独有特点及能力。

2. 加强管理

2016 年 8 月 1 日，美国政府首席信息官托尼·斯科特（Tony Scott）发布了一份面向联邦各部门和机构负责人的备忘录，提出

数据中心优化倡议（DCOI），要求各机构合并低效的基础设施、优化现有设施、改善安全态势、降低成本，并向云服务和共享服务等更有效的基础设施转化。该倡议将引导各机构的数据中心进行优化、关闭和成本管理，加强和引导首席信息官在数据中心预算和管理方面的决策，增加云服务和机构间的共享服务，利用更精确和有效的自动化监控工具替代手工数据收集。

3. 领域应用

美国非常注重各领域大数据的应用。如 2016 年 8 月 11 日，能源部资助能源数据分析项目，以将能源数据和分析融入战略决策，进而减少能源消耗和二氧化碳排放，提升对能源效用技术的利用。2016 年 5 月，美国国家安全电信咨询委员会向总统提交了大数据分析方法报告，该报告引用医疗保健、交通和城市管理等关键领域利用大数据分析方法改善相应服务的案例，总结成功利用大数据分析方法的三大要素，即明确的行业术语、关注基础设施和数据系统，以及训练有素的专业人员。2016 年 5 月 4 日，美国总统行政办公室发布大数据报告，基于信贷、就业、高等教育和司法正义四方面的应用案例，阐述了如何应用大数据技术来减少偏见并防止歧视。

4. 分析方法

美国关注大数据与分析方法。2016 年 6 月底，国际数据公司（IDC）发布题为“商业战略：美国联邦政府加速部署大数据与分析法”的政府视点报告。基于 2015 年 12 月对 210 名联邦政府职员的调查，结果显示，与运营相关的流程中，55.7% 的受访者已部署大数据与分析法，具体涉及产品或服务开发创新、物流、库存、服务信息和利益发布、设施设备管理以及 IT 维护或利用等。与人相关的流程中，包括公民服务和事件管理等，大数据与分析法的部署率约 23.3%；排名第三的为与资金相关的流程，包括预算和诈骗预防等，部署率约21%。如各州科技（SEI）数据工具，利用交互式可视化工具（http://www.nsf.gov/statistics/2016/nsb20161/#/stateind）覆盖了美国58个州或地区科技教育趋势、员工劳动力、财政资助和研发情况等指标，涉及各州科技作用和区域经济发展等内容。该工具能深度探索某一单个指标，对比多个不同类型指标，以及呈现个性化定制的图像。单个指标可以“表格”、“图表”或“图形”方式展现出来，而指标对比则能跨地区或年度完成，时间跨度最高达20年。另数据美国（Data USA）网站，基于政府机构的数据，能可视化地展现与工作、健康、技能和教育相关的问题，为决策制定者和广大公众提供信息与资源。

（二）欧盟注重大数据应用和产业数字化

1. 行业应用

2016年9月6日，欧盟“地平线2020计划”（Horizon 2020）中的“欧洲大数据（BDE）”项目发布首个公共版本的开源平台，旨在获取、管理和处理来自健康、食品、能源、交通、气候、社会科学和安全等七大领域的海量数据，通过有意义的研究结果改善人们的生活质量。在上述七大领域的试点研究中，各领域专家正利用前沿新兴技术来解决社会挑战。

2. 产业数字化

欧盟推出云计划促进产业数字化。2016年4月19日，欧盟委员会出台产业数字化新规划，其中包括向云计划投资67亿欧元，为欧盟170万研究人员和7000万科学技术专业人员提供“开放科学云”环境，用以存储、共享和再利用跨学科和跨边界的数据。2016至2020年间，欧盟地平线2020计划（Horizon 2020）将为云计划提供20亿欧元的启动资金，额外47亿欧元将由欧盟结构与投资基金、成员国公共财政和私人行业等投资筹集。欧盟云计算行动计划主要由欧盟开放科学云系列行动、欧盟大数据基础设施行动相互关联的两部分组成。

（三）英国注重大数据产学研一体化发展

2013 年 10 月 31 日，英国发布《把握数据带来的机遇：英国数据能力战略》。该战略由英国商业、创新与技术部牵头编制旨在促进英国在数据挖掘和价值萃取中的世界领先地位，为英国公民、企业、学术机构和公共部门在信息经济条件下创造更多收益。为实现上述目标，该战略从提升数据分析技术、加强国家基础设施建设、推动研究与产业合作、确保数据被安全存取和共享等几个方面做出了部署，并作出 11 项行动承诺，确保战略目标得以落地。

2014 年，英国政府投入 7300 万英镑进行大数据技术开发。包括：在 55 个政府数据分析项目中展开大数据技术应用；以高等学府为依托投资兴办大数据研究中心；积极带动牛津大学、伦敦大学等著名高校开设以大数据为核心业务的专业等。

2016 年 5 月 26 日，英国政府宣布启动大数据计划首期项目——城市生活合作伙伴。此项目旨在提升六大英国城市（伯明翰、布里斯托、利兹、纽卡斯尔、盖茨黑德和约克）的公民生活质量。此次合作计划将采取“全城参与”方法，第一阶段将促进公民、高校研究人员以及企业之间的合作。

（四）日本注重超智能社会建设

日本第 5 期科学技术基本计划提出创建超智能社会。2016 年 1 月 22 日，日本政府发布了第 5 期科学技术基本计划，面向未来 5 年确立了四大支柱：未来的产业创造与社会变革；解决经济与社会问题；加强基础竞争力；构建良好的人才、知识与资金循环系统。其中，针对未来的产业创造与社会变革，该计划提出要实现领先于世界的“超智能社会”（即 Society 5.0）。该计划认为，随着 ICT 的发展以及网络化和物联网应用的深入，日本应最大程度地利用 ICT，融合网络空间与物理空间，致力于推动 Society 5.0 建设，率先实现领先于世界的“超智能社会”。

二、全球大数据发展的特点与趋势

大数据成为世界各国关注的焦点，围绕大数据创新的竞争与合作不断加强，这既为我国带来了重大机遇，也给我国提出了严峻挑战，必须紧紧地把握机遇，应对挑战，以大数据以及大数据与其他产业的融合，为加快转变经济发展方式、调整产业结构、提高社会生产力开辟新的空间，以大数据发展的新突破实现经济社会发展质的提升。

（一）各国大数据发展处于不同阶段

从全球大数据发展历程看，一般都会经历数据汇聚、数据整合、数据平台、数据创新为重点的四个阶段。四个阶段不能截然分开，前一个阶段是后一个阶段的发展基础，但后一个阶段也需要前一阶段的螺旋式发展。数据汇聚阶段的特点是部门工作流程实现电子化和自动化，业务流产业的数据逐渐累积，部门数据开放为公众服务；整合阶段是随着数据的积累，面向不同领域的数据可能根据需要进行整合、共享、交换，不同来源的数据服务渠道也得以整合；平台阶段指的是充分利用信息技术优势、传播优势、规模优势，通过数据之间的互动创造价值，在开放的平台上，政府、企业、公众积极参与并协同互动；第四阶段是创新阶段，发展大数据，可以推动建立更多的共享平台，通过网络众筹、网络众包、协同设计、大规模个性化定制等方式，促进生产创新、管理创新、产品创新、服务创新和模式创新，推动科技进步和经济发展方式的转变。

由于数据汇聚数量不同、信息化发展水平不一，不同国家、地区大数据发展阶段也处于不同阶段，美国处于创新阶段的前期，欧盟、日本等地区、国家处于平台发展阶段，而我国的大数据汇聚阶段已在发达地区完成，信息化业务系统从单项应用正在迅速向集成应用过渡，数据共享交换、面向领域的大数据整合正在进行，大数据发展整体水平正处于整合阶段向平台阶段的过渡期。

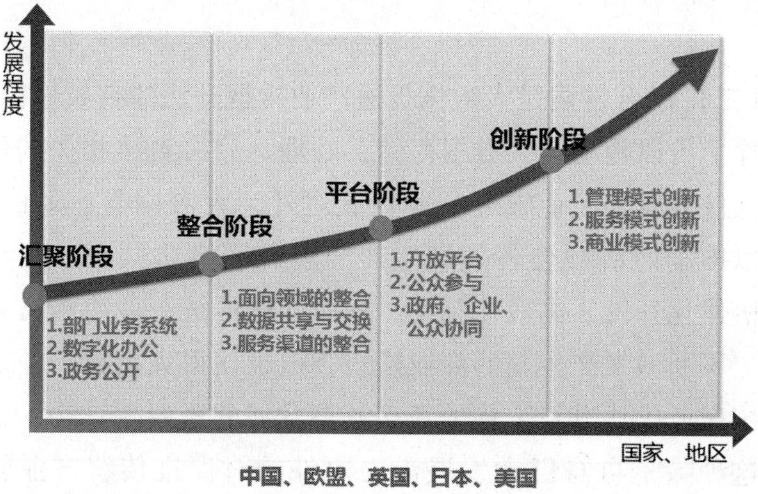

（二）具有广阔的产业发展前景

大数据是继云计算、物联网和移动互联网之后信息技术发展的新热点和产业发展的新方向。根据 IDC（国际数据公司）的监测统计，2011 年全球数据总量已经达到 1.8ZB（相当于 18 亿个 1TB 移动硬盘的存储量），这一数值还在以每两年翻一番的速度增长，预计到 2020 年全球将总共拥有 35ZB 的数据量，增长近 20 倍。面对海量数据爆发式增长的，基于传统架构的信息系统已难以应对，传统商业智能系统和数据分析软件面对以视频、图片、文字等非结构化数据为主的大数据时也缺少有效的分析工具和方法。此外，信息系统普遍面临升级换代的迫切需求，这些新的需求都为信息产业带来新的、更为广阔的增长点。开源分析机构 Wikibon 预计，到 2017 年全球大数据企业营收将达到 500 亿元。根据 Gartner 数据，2013 年大数据对全球 IT 开支的直接或间接推动达 2320 亿美元，预计到 2018 年这一数据将增长 3 倍。广阔的发展前景和较高的增长速度也使大数据产业成为各国信息产业发展的重要内容。

（三）融合发展是大数据促进产业转型升级的有效途径

除了可以带动与大数据存储、处理、分析直接相关的硬件制造、软件开发和专业服务产业发展之外，大数据与产业的融合，还可以推动经济社会各领域生产要素的网络化共享、集约化整合、协作化开发、高效化利用，从而促进传统产业生产方式改进提升、不断激发产生新的商业模式，这也使得大数据产业成为促进传统产业优化升级、催生新兴业态发展的重要驱动力。大数据产业这种除了自身巨大发展潜力之外的对促进传统产业转型升级、提质增效的巨大作用，也使其受到越来越多的关注，各国、各地区纷纷制定政策、发布规划抢占发展先机。以大数据产业发展带动促进传统产业转型升级、提质增效，也是世界各国在后金融危机时代实现经济稳定快速发展目标的战略抉择。如美国致力于推动大数据与制造业的融合，加大对工业物联网和下一代机器人等重点领域支持力度，希望将本国的大数据产业优势转化为牵引产业发展的战略优势。

（四）构建大数据产业生态体系是大数据价值实现的基础保障

大数据产业生态体系包括合理的大数据中心区域布局和市场主体两方面。

注重政府与市场结合，构建大数据产业生态体系。在推动大数据发展中，政府主要扮演宏观战略与政策法规制定者的角色。创新和发展更多是依托市场力量，通过培育一批具有世界级竞争力的龙头企业，构建具有比较优势的产业生态体系。如美国的大数据产业生态体系涵盖了从芯片、终端、到操作系统，数据库、应用软件的全产业链，GTF（谷歌、推特、脸谱）几乎垄断了全球市场。

布局合理的大数据中心，优化大数据产业链。如欧盟的巴塞罗那超算中心，于 2016 年 10 月 5 日发布振兴欧洲大数据计划，重点是以云计算数据中心为核心循序渐进发展云计算外围产业，吸引发展云端设备制造、芯片开发、运维服务、增值服务、咨询服务等云计算相关产业发展，优化欧盟的云计算产业链生态。同样，美国设立了中西部、东北部、南部和西部 4 个大数据中心，开展美国大数据区域创新中心所确定的特定主题研究，梯度发展精准农业、个性化教育等产业。

三、我国大数据发展战略的实施策略考虑

《中共中央关于制定国民经济和社会发展第十三个五年规划的建议》中提出，拓展网络经济空间，推进数据资源开放共享，

实施国家大数据发展战略。借鉴国际经验，“十三五”期间，我国可以从建立一体化大数据中心、建设数据强国、提高融合能力、提升风险抗力四方面策略发展大数据及产业。

（一）建立一体化国家大数据中心，促进数据资源汇聚

习近平总书记提出：“以推行电子政务、建设新型智慧城市等为抓手，以数据集中和共享为途径，建设全国一体化的国家大数据中心”，推进技术融合、业务融合、数据融合，实现跨层级、跨地域、跨系统、跨部门、跨业务的协同管理和服务。国家级大数据中心发挥的是黏合剂作用，加强数据资源的集聚实现聚合，在聚合的基础上促进价值倍增，使数据价值爆发式实现。

加强国家大数据中心的顶层设计，统筹各方力量，构建优势互补、联合一体的国家大数据中心战略布局，实现国有数据中心的共建共享、互联互通和一体化运营。

（二）建设数据强国，构建国家竞争新优势

发挥数据资源的战略作用，实现数据质量和应用水平的同步提升，提高数据掌控权和国家控制力，强化国家的信息能力和信息优势。激活数据要素，催生经济发展新红利。深入发掘数据要素潜力，全面释放数据红利，引领激发技术红利、制度红利和创新红利。实施数据决策，打造政府治理新手段。将大数据引入政府治理，建立“用数据说话、用数据决策、用数据管理、用数据创新”的管理机制，实现基于数据的科学决策，深化“简政放权、放管结合、优化服务”政策，推动政府管理理念和社会治理模式进步。

应当从国家整体数据安全的战略高度出发，制定《中国人民共和国数据法》，明确数据基础设施的公权力属性，并明确数据

采集范围、数据权属、数据公开、数据交易、数据保护及法律责任等，建立起数据强国的良好法制环境。

（三）提高融合能力，发挥大数据价值

加快大数据与经济社会各领域的融合发展，建设完善的现代产业体系，促进分享经济发展壮大。推动协同制造、现代农业、智慧能源等，充分发挥大数据在促进产业升级以及信息化和工业化深度融合中的作用，引导要素资源向实体经济集聚，推动生产方式和发展模式变革。推动普惠金融、益民服务、高效物流、电子商务、便捷交通、绿色生态等，创新以大数据为基础的网络化公共服务模式，最大限度优化资源配置，将大数据作为生产生活要素共享的重要因素，加快形成以开放、共享为特征的经济社会运行新模式。推动创新创业、人工智能等，以大数据融合创新为突破口，加强重点领域前瞻性布局，释放发展潜力和活力，培育壮大新兴产业，引领新一轮科技革命和产业变革，实现跨越式发展。

（四）提升风险抗力，加强国家大数据安全管理能力

一要加强数据资源安全保护。建立大数据安全管理制度，实行数据资源分类分级管理。加强数据资源在采集、存储、应用和开放等环节的安全保护，建立互联网企业数据资源资产化和利用授信机制，严厉打击非法泄露和出卖个人数据行为。二要规范大数据市场秩序。加快大数据的监管立法，细化并组织研究多部门联网共治及问责条例，加快建设企业信用信息公示系统，建立失信举报制度，以切实推动大数据企业健康发展。三要依法加强对大数据的管理。涉及国家利益、国家安全和关键领域（金融、能源、电力、通信、交通等领域）的数据是我国重要的战略性资

源，必须实现国家一体化的管控和运营格局，以确保国家数据的安全可控。

参考文献

1. 习近平："建设全国一体化的国家大数据中心"，中共中央政治局2016年10月9日下午就实施网络强国战略进行第三十六次集体学习。2016年10月9日。

2. 上海科技发展研究中心："大数据引领未来科技创新发展方向"，《科技发展研究》，2016年第10期。

3. 上海科技发展研究中心："东京全球创新网络节点城市建设：国家与地方的'退''进'协同"，《科技发展研究》，2016年第4期。

4. 林念修："深刻学习领会习近平总书记重要讲话精神 全力推动我国信息经济实现跨越式发展"，在"信息化创新发展"专题培训班上的讲稿，2016年6月15日。

5. 王春晖："从战略高度推进建立全国一体化国家大数据中心"，法制网，2016年10月14日。

6. 中国科学院成都文献情报中心："信息化研究与应用快报"，2016年第2—19期。

7. 刘绿茵："中国创新驱动发展战略实施路径"，《全球要事报告2014—2015》，时事出版社，2015年1月版。

Research on the Implementation Strategy of China's Big Data Development

Liu Luying

Abstract: "Recommendations for the 13th Five – Year Plan for Economic and Social Development" put forward that expand the network economic cyberspace, promote data resources open & sharing, implement national Big data strategy. Elaborating the strategic role of data resources and building a new national competitive advantage has become an important topic in China during the "13th Five – Year". This paper discussesthe Big data development emphases in world's major countries and regions. Then, paper studies the characteristics and trends of global big data. Finally, forward some policy suggestions to promote Big data development in China.

Keywords: Big Data strategy　Ways of Implementation　China

以互联网为核心的信息技术成为改变人类文明的最大变量

（中国国际经济交流中心副研究员）徐长春

[**摘　要**] 当前，计算机的发明和网络技术的三大创新已经使得信息基础设施成为人类交流高度依赖的基础工具。通过突破人类沟通的时空限制，信息技术不仅改变着人类社会的经济基础，还在改变着人类社会的社会基础，改变着国际竞争模式，使人类社会发展呈现全新模样。以互联网为核心的信息技术成为影响人类文明的最大变量。

[**关键词**] 互联网　信息技术　人类文明

作为推动人类社会进步的基础力量，技术革命推动人类文明从农耕文明迈入工业文明，再迈入到信息化时代，展现出无与伦比的王者风范。今天，作为除物质、能量之外的第三大领域——以互联网为核心的信息领域的技术已经积聚起足以对人类政治、经济、文化、社会甚至全球交往产生巨大影响的力量，正以改变一切的力量，在全球范围掀起一场影响人类几乎所有层面的大变革。

一、以互联网为核心的信息技术的发展过程

在一定程度上攻克了物质和能量领域对自身的限制之后，人类开始模拟人脑的信息处理功能，开拓信息技术，挣脱信息对人类文明的束缚，人类文明开始进入信息化时代。

（一）以互联网为核心的信息技术发展中的关键技术创新

人类信息化时代的开拓是从模拟人脑的计算功能开始的。作为开拓信息领域的行动，人类很早就在致力于人脑计算功能的工具化实践，如早期“结绳记事”中的绳结、算盘、计算尺、机械计算机等等。这些早期的努力启发了电子计算机的研制思路。1889 年，美国科学家赫尔曼·何乐礼研制出了电力驱动的电动制表机，实现了计算资料的储存功能。1930 年，美国科学家范内瓦·布什造出世界上首台模拟电子计算机。1946 年 2 月，美国宾夕法尼亚大学研制出了世界上第一台电子计算机。至此，人类对人脑功能的工具性模拟达到了新的高峰。计算机又称电脑，是能够高速运算的智能电子设备，由硬件系统和软件系统两部分组成，前者提供运算的结构支撑，后者则提供运算的规则支撑。从功能上讲，计算机不仅能进行数值计算，还能进行逻辑计算，还具有存储记忆功能。人类从此迈入了计算机时代。

计算机的出现，为另一项技术——互联网（计算机之间的互联互通）发展奠定了基础，推动人类加速进入信息化时代。首先，信息理论发展推动了对计算机之间互联互通的研究。早在 20 世纪 20 年代，奈奎斯特（H. Nyquist）和哈特莱（L. V. R. Hartley）就开始研究了通信系统传输信息的能力问题，并试图度量信道

容量。这是现代信息的论开端。1948 年，克劳德·香农（Claude Shannon）通过数学模型研究通讯过程，并发表了论文《通信的数学理论》，奠定了现代信息论的基础。后来，维纳提出了度量信息量的数学公式，拓展了信息论应用的广阔前景。信息论的发展和日趋成熟反过来推动计算机之间的互联互通技术创新。

其次，三大技术创新推动了全球互联网的快速发展。一是包交换技术（packet switching）的出现，是全球互联网发展的第一个里程碑。计算机网络的主要功能是交换信息，但采取什么样的信息交换方式是困扰网络早期研究人员的首要问题。1961 年，麻省理工学院（MIT）的克兰洛克（Klein rock）教授首次提出了包交换技术，并论证了在网络信息交换方面包交换技术相对于电路交换技术的巨大优势。包交换技术使得网络信息传输不仅更加便捷，而且在经济上更为可行。所以，包交换技术很快获得了大多数研究人员的认同，确立了在全球互联网中的地位，而且被当时美国军方在阿帕网的构建中投入实际应用，从而奠定了包交换技术在全球互联网信息交换方式中的地位。二是传输控制协议/因特网互联协议（Transmission Control Protocol/Internet Protocol，TCP/IP）的制定，是全球互联网发展的第二个里程碑。随着互联网技术的传播，世界上产生了多种类型的互联网，诸如卫星传输网络、地面无线电传输网络等等。信息在同样类型的网络内部传输不存在任何障碍，但硬件和软件都不一样的电脑间的信息传输却遇到了技术瓶颈。1972 年，网络科学家卡恩（Bob Kahn）和瑟夫（Vinton G. Cerf）提出了开放式网络架构思想，并根据这一思想设计出 TCP/IP 传输协议标准。TCP 负责发现传输问题，一有错误就发出信号，要求重新传输，直到所有数据安全正确地传输到目的地。IP 负责给因特网的每台联网设备规定一个地址。在

TCP/IP 传输协议标准中，“网络”被定义为任何能传输数据分组的通信系统。因此，只要采用包交换技术，任何类型的数据传输网络都可相互对接。通过兼容性的提高，TCP/IP 传输协议标准解决了不同类型网络的兼容性问题，这对全球互联网的顺利发展具有重要意义。同时，TCP/IP 标准中的开放性理念也使得网络发展成为“网中网”即全球互联网成为可能。第三个里程碑是互联网页（World Wide Web，又叫万维网）技术的出现。在早期，软件操作界面十分单调，网络传输数据信息或者查询资料需要在电脑上进行许多复杂而有专业的指令操作，“上网”只局限在高级技术研究人员的小圈子里。瑞士高能物理研究实验室（CERN）的程序设计员 Tim Berners – Lee 最先开发出了互联网页技术。该网页技术采用超文本格式（hyper text）把分布在网上的文件链接起来，便于用户可在大量排列无序的文件中调用自己所需文件。1993 年，美国伊利诺伊大学国家超级应用软件研究中心（NC-SA）设计出了采用 WWW 技术的应用软件 Mosaic。这是全球互联网史上第一个网页浏览器软件。该软件不仅方便网上资料查询，还支持呈像，使得网页浏览更具直观性和人性化。网页浏览的图像功能及后来发展出的图像传输、声音传输等多媒体功能，使得网络电话、网络电视、网络会议等成为现实；全球互联网成为新型、便捷、费用低廉的通讯传输基础工具；远程视觉、远程听觉甚至远程味觉及其集成成为现实。如果说包交换技术解决了计算机之间信息有效快速传输的问题，那么信息传输协议（TCP/IP）则解决了各种网络的兼容问题，使得网络变成真正的全球互联网；互联网页技术则为人们提供了信息处理的基础工具，推动了互联网技术应用的普及，并通过技术完善使人们突破了传统的时间空间限制。

（二）信息技术的应用推动全球信息技术设施的形成

与互联网技术创新相适应，与全球大国博弈相适应，作为一种客观实体存在，全球互联网的发展不断发展壮大，由美国扩展到全球。全球信息基础设施的形成大致经历了下四个大的发展阶段。

第一阶段，美国军方网络各自为政的初期阶段（1962—1972）。携从全球各地吸纳的科技人才，二战后美国爬上了全球科技中心的权利宝座，开始美苏冷战阶段，也开启了全球互联网的美国军用网络阶段。在美苏争霸过程中，受1957年苏联抢先发射第一个人造地球卫星 Spunik 一号的刺激，确保美国本土和海外防卫力量免遭前苏联第一次核打击之后仍有一定生存和反击能力，美国产生了设计分散性指挥系统的需要。出于这种需要，美国国防部成立了高级研究计划署 DARPA（Advanced Research Projects Agency）并于1962年提出，要设计一种由一个个分散的指挥点组成的分散指挥系统，当部分指挥点被摧毁后，其它指挥点仍能正常工作，并且幸存指挥点之间能继续保持通畅联系，发挥正常指挥功能。为了将这个构思付诸实施，1969年美国国防部国防 DARPA 决定资助建立名为“阿帕网”（ARPANET）的计算机互联网。这个网络采用把加利福尼亚大学、斯坦福大学、犹他州州立大学的计算机主机联接起来，位于各网络结点的计算机采用包交换的信息传输方式，通过专门的接口信号处理机（IMP）和专门的通信线路实现网状互连。“阿帕网”就是全球互联网的最早雏形。截止1972年，经过不断扩展，阿帕网上的网点数已达40个。这40个网点彼此间可相互发送我们现在称之为电子邮件（E－mail）的小文本文件，也能利用文件传输协议发送大文本文件，包括数据文件（FTP）；同时还能把一台电脑当成另一台远程电脑的终端使用远程电脑上的资源，即 Telnet 功能。当时在早期全球互联网上开发的 E - mail、FTP 传输和 Telnet 等应用功能现在还在使用，比如 E - mail。当时，陆军用的电脑是 DEC 系列产品，海军用的电脑是 Honeywell 中标机器，空军用的是 IBM 公司中标的电脑。每个军种的电脑在各自的系里都运行良好，但却不能共享资源。这是全球互联网发展的美国三军各网络各自独立运作的阶段，主要特征是互联网开发在于满足美国军方需求，互联网功能开发尚处于初级阶段。

第二阶段，TCP/IP 协议产生后的北大西洋公约组织各成员军方网络进一步跨网络互联阶段（1972—1974）。在发现不同软硬件计算机信息传输面临的问题之后，1972 年世界电脑界和通讯界专家在华盛顿举行了第一届国际计算机通信会议，决定成立全球互联网工作组，负责建立能保证计算机间通信的标准规范（即"通信协议"）。1973 年，卡恩在研究的基础上吸纳瑟夫一起考虑 TCP/IP 协议的各个细节。1974 年 12 月，卡恩、瑟夫的第一份 TCP 协议详细说明正式发表。由瑟夫领衔的小组帅先制定出了详细定义的 TCP/IP 协议标准。经测试，IP（Internet 协议）和 TCP（传输控制协议）最终问世，合称 TCP/IP 协议。这两个协议定义了在电脑网络间信息传输的先进方法，推动了阿帕网互联互通整合。在美国军方网络互连的同时，北大西洋公约组织的各成员军种的计算机也分军种接入了这个网络，整体处于满足军事用途阶段。

第三阶段，各种网络大发展并互联形成真正意义上全球网络的阶段（1974—1993）。70 年代末到 80 年代初，美国各种各样的网络应运而生，网络的春秋战国时代都到来。80 年代初，DARPANet 取得了巨大成功，但没有获得美国联邦机构合同的学校仍不能使用。为解决这一问题，80 年代中期，美国国家科学基金会（National Science Foundation，NSF）牵头组建了 NSFNET，以改进教育和科研领域的基础设施，抵御欧洲和日本先进教育和科技进步的挑战和竞争。NSF 自己出资，建立名为 NSFNET 的广域网。1986 年 NSF 投资在美国普林斯顿大学、匹兹堡大学、加州大学圣地亚哥分校、伊利诺斯大学和康纳尔大学建立五个超级计算中心，利用 ARPANET 发展出来的 TCP/IP 通讯协议，通过 56Kbps 的通信线路连接形成 NSFNET 的雏形。后经过几次升级，NSFNET 的子网迅速增加，构成全球互联网基础。1982 年，美国北卡罗来纳州立大学的斯蒂文·贝拉文（Steve Bellovin）创立了集电极通信网络——网络新闻组（Usenet）。1983 年，纽约城市大学建成了一个以讨论问题为目的的网络——BITNet。在这个网络中，不同的话题被分为不同的组，用户可以根据自己的需求，通过电脑订阅，这个网络后来被称之为 Mailing List（电子邮件群）；1983 年，美国旧金山还诞生了另一个网络 FidoNet（费多网），即公告牌系统。这个网路就是后来的全球互联网 BBS。进入 90 年代之后，美国互联网实际上已成为一个“网际网”的格局：各个子网分别负责自己的架设和运作费用，而这些子网又通过 NSFNET 互联起来。NSFNET 成为全美互联网的最主要成员。

当然，美国之外也产生了许多类似的民用网络。且不说欧洲日本在互联网领域的发展，中国的互联网事业也在此期间取得了长足的进步。1986 年 6 月—1993 年 3 月之间，中国在研究的基础上开始在一些科研部门和高等院校之间组建小范围的互联网，并为少数高等院校、研究机构提供电子邮件服务。1987 年 9 月，由北京向德国成功发出第一封电子邮件，标志着中国在加入全球互联网道路上迈出了实质性一步。1994 年 4 月，中关村地区教育与科研示范网络工程开始接入互联网，实现和全球互联网的 TCP/IP 连接，并开通了互联网的全功能服务。随后，ChinaNet、CERnet、CSTnet、ChinaGBnet 等多个互联网络项目在全国范围相继启动。随着计算机网络在全球的拓展和扩散，美洲以外的网络也以各种方式直接和间接地接入 NSFNET 主干网或其子网，构建起了覆盖全球的互联网，完成了从洲际网向全球互联网的跨越。

第四阶段，全球互联网功能应用集中大开发阶段（1993 至今）。随着全球互联网硬件基础设施在全球的普及和互连，全球实际进入了一个信息共享的大网之中，为全球共享互联网功能提供了条件。1993 年，超文本互联网网页软件技术的出现以及其后的逐步完善，网页浏览器软件直接升级了人们沟通的工具，不仅能够实现视觉沟通，还能够实现听觉沟通。全球互联网成为新型、便捷、费用低廉的通讯传输基础工具。更为重要的是，互联网网页人性化开发趋势，直接降低了网络应用的技术门槛，使普通人不经培训也可上网冲浪。这使全球互联网成为所有人都可应用的沟通工具，也使互联网深深嵌入人类社会的各个沟通环节，替代传统的沟通方式，实现原来遥不可及的功能。至此，联网进入了各领域应用功能大开发的时代，互联网进入实质性普及应用阶段，并不断改造着人类社会。当前，各个经济体在以最快的速度接入全球互联网，全球互联网正以人们始料不及的惊人速度向前发展。球互联在加速全球化，渗透到全球各个角落，渗透到人类生活的方方面面，并冲破全球国界限制联通世界各国。

总之，经过互联网软硬件技术的开发，以互联网为核心的信息技术基础设施已经成为地球所有人的交流沟通基础工具，推动人类社会经济呈现“平台化”的特点，人类各领域都以这个公共基础信息设施作为生存发展的基础支撑。

二、以互联网为核心的信息技术是改变人类社会的最大变量

作为当代最伟大的发明，以互联网为核心的信息技术本质上是通信技术的集大成者，是对人脑信息沟通与处理功能的模拟，其基本功能是实现人们之间更顺畅、更保真的信息沟通。在把世界各地的人们联通在一起后，以信息加工和传递功能为基础，以互联网为核心的信息技术成为改变人类社会的最大变量。

首先，通过增加信息传播渠道，逐步改变了人类大众信息源格局。随着互联网的发展和信息技术的进步，互联网已成为集图像、声音和数据为一体的“三网合一”多业务媒体综合平台，成为大众获取信息的重要源头，并通过便利性和积极性逐步改变信息源头重要性的位次，使人们对网络信息的依赖越来越大。互联网已经超越传统报刊、广播和电视等媒体的影响力，成为任何人都不敢忽视的“第四媒体”，成为社会舆论整合的重要媒介。今年的美国选战，两大总统候选人都通过互联网影响选情，为自己造势。希拉里的“邮件门”事件更是成为美国总统选举中的“黑天鹅”事件，充分显示了互联网在现代社会舆论整合中的力量。

其次，通过改变人们信息获取渠道，改变人类社会生态。今天，随着移动互联网的发展，人们可随时上网上获取当天最新的天气信息、新闻动态和旅游信息，为人们优化日常生活和出行安排提供了支持；互联网的发展，使人们可以足不出户在家里炒股、网上购物，通过收发电子邮件、短信完成与外界的信息沟通；互联网的发展使远程会诊和教育成为可能，使远程医疗和教

育成为可能，人们在家里就可以享受大城市的优质医疗资源服务，不出国就可以享受发达国家的优质教育资源，如此等等。总之，通过自身便利性和经济性的优势，全球互联网已经逐步取代传统的平面媒体等传统渠道，成为社会大众低成本、高效率获取信息的主渠道，并从各个方面逐渐改变了人们的工作和生活方式，使社会生态呈现全新的模样。

第三，通过改变传统产业中信息沟通方式，改变人类社会的经济业态，影响社会经济格局。全球互联网提供了一种全新的全球性信息基础设施，也在改变传统产业中信息利用方式，改变传统业态。由于信息利用方式的改变，制造业正在由工业革命带来的批量大规模标准化生产向个性化柔性制造转变；基于信息技术的精细控制技术，农业正在由粗放式化学农业向精细化现代农业转变；由于信息技术进步，人类远程感觉得以实现，超越了时空限制，传统信息交流环节正在被网络沟通所取代，服务业特别是商业正在改变业态，新的服务业格局正在形成。经济基础业态的改变正在前所未有地改变着人类社会的基础，推动人类社会整体持续改变。

第四，通过改变人们信息获取渠道，正改变着人类政治活动的基本格局和结果。互联网创造的信息分布格局奇迹，正在改变人类政治活动的基本格局，给现有政治活动提出了极大挑战。由于信息技术获取的时间先后，人类社会正出现信息贫富差距的扩大，青年人成为即时信息的富裕群体，而中老年人则成为信息及时更新的落后群体；由信息化带来的传统业态的变化则快速改变人们获取财富的速度，由信息化带来的财富分配不平等快速出现，带动人们社会价值观格局快速改变；网络带来的信息全球性流通加剧了文化渗透和冲突，改变着国际安全格局，使国际政治呈现新的态势。互联网通过改变人类信息获取的方式正在快速改变着传统政治赖以存在的社会基础、经济基础和运作模式，改变着人们是非评判的标准，从而改变着人类政治活动的基本格局。

第五，互联网通过对传统活动方式的改变，改变着国际格局。基于互联网技术的电子政务、电子商务、电子公务等新的活动方式，正在前所未有地提高着国家经济和政治活动效率，积累形成的大数据也在改变着国家综合国力的累计方式，快速改变着综合国力提升的方式，改变着全球各国综合国力的对比；基于互联网技术的电子医务、电子教学等交叉融合网络的开放性和全球化，促进了人类知识的共享，正在改变着创新成果在全球的分布格局，改变着传统基于技术革命的国际政治经济周期表现形式，使全球各经济体由于技术差距带来的综合国力差距呈现缩小趋势；基于互联网的国家关系整合正在加速，网上“一带一路”正在加速快速改变国际格局；由于互联网成为各国经济社会发展最基本基础设施之一，网络竞争已成为国家间和企业间高技术竞争和人才竞争的新高地；网络安全和信息安全成为国际博弈的新领域，增加了国际政治博弈的新维度。当前，互联网已经发展国际格局演化的最重要因素之一。

总之，作为当前新技术革命的地标，作为除物质和能量之外的第三大领域——信息领域的技术突破，以互联网为核心的信息技术成为影响人类的最大变量，通过超越人类信息传递的时空限制，不仅在改变着人类社会的经济基础，还在改变着人类社会的社会基础，改变着人类社会的国际竞争模式，使人类社会发展呈现全新的模样。

参考文献

1. ［美］内尔·黛尔（NellDale），约翰·路易斯（JohnLewis）著，吕云翔、刘艺博译：《计算机科学概论》，机械工业出版社，2016 年版。

2. ［美］格雷克著，高博译：《信息简史》，人民邮电出版社，2013 年版。

3. ［美］特南鲍姆，［美］韦瑟罗尔著，严伟、潘爱民译：《计算机网络》，清华大学出版社，2012 年版。

The Internet as the Core of Information Technology has Become the Biggest Variable to Change the Human Civilization

Xu Changchun

Abstract: At present, the three major network technology innovations and computer inventions have made information infrastructures become a high dependent fundamental communication tool for mankind. By breaking the time and space constraints of human communication, information technology not only changes the economic foundation of human society, but also changes the social basis of human society, also changes the mode of international competition, makes the development of human society present a new look. The information technology by Internet as the core has become the biggest variable affecting human civilization.

Keywords: Network Information Technology Human Civilization

国防军事篇

宇宙中最璀璨的中国星 ——记中国量子卫星发射成功

（中国国际经济交流中心博士后）张大璐

[摘　要]“墨子号”是世界首颗成功发射的量子通信卫星，是我国自主研发、拥有自主知识产权的重大科技成果，是我国颠覆性技术的完美呈现，是我国挑战世界科技格局的重要开端。量子卫星基本原理虽晦涩难懂，但全世界各国仍然对中国量子卫星的成功大加褒奖。量子卫星的成功发射充分体现了我国体制和综合国力的优势，也是对中国科技界及其研究方向的重要肯定，只有瞄准颠覆性技术集中突破，方能打破西方在科学技术领域的统治，使中国科技发展重回巅峰，最终实现中华民族的伟大复兴。

[关键词] 墨子号　量子通信　颠覆性技术

2016年8月16日1时40分，随着一声巨响，世界首颗量子科学实验卫星（简称“量子卫星”）“墨子号”在酒泉卫星发射中心搭载长征二号运载火箭成功发射升空。到达太空后，“墨子号”正在开展为期3个月的在轨测试，目前状态良好。在轨测试包括卫星平台测试、有效载荷测试、天地链路测试三部分，目前卫星平台测试和有效载荷测试已经完成，天地链路测试部分完成，预计11月中旬完成全部在轨测试工作，随后卫星将交付使用，正式开始科学实验。

早在17世纪，英国科学家牛顿实现了天上力学和地上力学的综合，形成了统一的力学体系——经典力学。经典力学体系的建立，是人类认识自然及历史的第一次大飞跃和理论的大综合，它开辟了一个新的时代，并对科学发展的进程以及人类生产生活和思维方式产生及其深刻的影响。牛顿经典力学的建立是科学形态上的重要变革，标志着近代理论自然科学的诞生，对于现代的自然观念、自然科学、社会科学都产生了深远的影响，由西方科学主导的世界科技格局渐渐形成。然而，20世纪初量子力学的建立，出现了与经典力学不同的新观念。西方国家科学界认为量子力学体系是唯心主义的，并不看好量子理论，科学研究的方向仍是按照牛顿力学体系的“康庄大道”继续前行，而中国科学家敢于突破创新、勇于探索，沿着量子力学体系的“羊肠小道”竟然另辟蹊径，并且成功发射了量子卫星，令西方国家大跌眼镜。中国的经济实力和体制优势是中国科学家的坚强后盾，中国现在有能力实施雄心勃勃的大项目，并能实现预定目标，完全得益于此。

量子卫星是我国《国家创新驱动发展战略纲要》实施以来所取得的重大科技成果，是颠覆性技术的完美呈现，是我国挑战世界科技重新布局的重要开端。

一、量子卫星的原理和应用场景

（一）量子通信原理

“量子实验卫星”，迈出量子通信网络建设的第一步。到目前为止，实际上量子通信指的就是量子密钥分配技术。量子密钥分配技术的原理最初起源于墨子的“小孔成像”原理，这也是我国量子卫星被命名为“墨子号”的原因。

量子密钥分配利用“单量子不可克隆定理”来实现密钥配送的绝对安全。“不可克隆定理”（No - Cloning Theorem）是“海森堡测不准原理”的推论，它是指量子力学中对任意一个未知的量子态进行完全相同的复制的过程是不可实现的，因为复制的前提是测量，而测量一般会改变该量子的状态。

量子密钥分配技术中的密钥的每一位是依靠单个光子传送的，单个光子的量子行为使得窃密者企图截获并复制光子的状态而不被察觉成为不可能。而普通光通信中每个脉冲包含千千万万个光子，其中单个光子的量子行为被群体的统计行为所淹没，窃密者在海量光子流中截取一小部光子根本无法被通信两端用户所察觉，因而传送的密钥是不安全的，用不安全密钥加密后的数据资料一定也是不安全的。量子密钥分配技术的关键是产生、传送和检测具有多种偏振态的单个光子流，特种的偏振滤色片，单光子感应器和超低温环境使得这种技术成为可能。

量子密钥分配光纤网络上传送的是单个光子序列，所以数据传输速度远远低于普通光纤通信网络，它不能用来传送大量的数据文件和图片，它是专门用来传送对称密码体制中的密钥，当通信双方交换并确认共享了绝对安全的密钥后，再用此密钥对大量数据加密后在不安全的高速网络上传送。

量子密钥分配光纤虽然是低速网络，但每秒种传送上千位的密钥没有任何问题，通信双方有确保安全的几百位长的密钥，而且分分秒秒可以随时更换密钥，通信安全就有了非常可靠的保障。量子密钥分配技术的基础是物理而不是数学。面对信息安全危机，量子密钥分配技术充当了救世主的角色，它为信息科学的进一步发展筑起了坚实的基础。

（二）量子通信应用规模化在我国逐步开展，各重要行业企业纷纷表示要搭乘量子安全车，技术适用场景广泛

到2016年年底，“京沪干线”项目将会完工，建成一条连接北京、济南、合肥、上海等城域网络、全长2000多公里的量子保密通信线路，将成为全球首个也是距离最远的广域光纤量子保密通信骨干线路。更为关键的是，这条干线能够完全保障通信安全，即便国外技术手段再先进，也无法破解中国的量子密钥分配技术。

中国信息协会量子信息分会的阵容十分强大。据介绍，科大国盾量子总裁赵勇任首届会长，中国信息协会副秘书长傅伯岩任常务副会长。中国信息协会量子信息分会专家委员会已汇集24位量子信息等领域专家，其中包括5位院士。此外，首批成员单位中包括三力士、科大讯飞、科华恒盛、信威集团、科大国创等多家公司。其中，“京沪干线”大尺度光纤量子通信骨干网工程的建设方之一神州信息是该联盟的副会长级单位。

银监会银行业信息科技监管部副主任单继进详解了“京沪干线”在银行业应用的布局进展。据透露，2016年12月，将完成京沪异地量子骨干线路，以及合肥、济南、上海城域量子线路的建设工作，从而实现京沪量子骨干网络的整体贯通。到时将启动山东、安徽和上海银监局向中国银监会的量子保密通信银行业金融数据采集系统的远程报送应用，并启动工商银行网上银行数据的京沪异地灾备传输应用。目前，量子保密通信系统已进入工商银行、中国银行、交通银行、民生银行、浦发银行以及北京农商行等多家银行的长期规划中。

国家电网信通部主任王继业也提出，在实用化技术方面，国家电网将重点开展电力量子通信安防体系和特高压东北亚互联量子通信技术等研究；前瞻技术方面则将跟踪量子计算、隐形传态以及量子同步等技术。此外，国家电网也将依托“京沪干线”，逐步构建覆盖国网总部与北京、上海、山东、安徽、江苏等地电力公司的两级电力量子保密通信网络。未来在电力光域量子保密通信网络的基础上，中国电网将逐步开展调度自动化、配电自动化和用电信息采集等电网生产业务，以及信息灾备、电力交易、电力保障等管理信息业务的体系化验证，形成“1 + N”的电力量子保密通信应用。

二、我国量子卫星的成功发射震惊西方科学界，突破性技术令世界瞩目

量子这种亚原子粒子很神奇，关于它的理论也特别晦涩高深，非专业人士很难搞懂，但这并不能阻挡世界舆论的赞叹。从各国舆论的反映来看，首先，大家都在努力普及量子知识，搞清“量子技术”是什么？法国《欧洲时报》称，“许多并不了解该技术的人们总是觉得这是一种以光速传播信息的颠覆性黑科技，甚至有人认为实现太空中的星际即时通信已经变为可能了。而实际上这与量子通信这门技术的真正本质相去甚远。量子信息是量子物理与信息技术相结合发展起来的新学科，主要包括量子通信和量子计算两个领域。量子通信主要研究量子密码、量子隐形传态、远距离量子通信技术等；量子计算主要研究量子计算机和适合于量子计算机的量子算法。中美两国恰好是选择了两个不同的方向：中国对量子通信情有独钟，美国对量子计算心仪已久”。《纽约时报》介绍说，“传统的通信卫星使用无线电波发送信号，

而量子通信卫星用的则是一种结晶体，会产生一对相互纠缠的光子。即便将其中一个传输到很远之外，它们的属性依然会纠缠在一起，因此可以通过控制这一属性来发送信息”。

其次，是对中国墨子号卫星技术表示赞叹。澳大利亚新闻网称“在世界各地安全机构密切注视下，中国成功发射了世界第一颗量子卫星。这次成功发射不仅将中国送到一个独一无二科学领域里的前沿地位，更重要的是，它使中国在争夺网络安全圣杯的过程中远远超过全球对手：一个免受黑客攻击的数字通信系统。通过发射一系列量子通信卫星，中国希望通过使用基于量子通信原理的加密技术，创建一个超级安全网络。”“令很多科幻迷失望的是，现在所说的量子通信并不能让信息以超光速从一个银河系传送到另外一个星系，更与时空穿越无关。它目前最受关注的领域是，信息加密”。“德国之声”报道说，“量子科学为信息安全提供了‘终极武器’，此次中国科学家在‘墨子号’量子卫星上搭载了‘四种武器’：量子密钥通信机、量子纠缠发射机、量子纠缠源和量子试验控制与处理机。该项目首席科学家潘建伟表示，量子卫星将从太空向地面传输加密密钥，同时揭示量子纠缠的科学现象。量子通信的安全性基于量子物理的基本原理，即单光子的不可分割性和量子的不可复制性，从而保证了信息的不可窃听和不可破解，可以从根本上永久性解决信息安全问题”。美国《纽约时报》称，“中国周二成功发射量子通信卫星将开发黑客无法攻击的量子通信的努力向前推进了一步。近年来，网络安全一直是中国主要关注的焦点，在斯诺登披露美国通过使用美国生产的硬件进行广泛的监视窃听之后，中国制定规则限制从美国进口技术”。美国《华尔街日报》赞叹说，“中国的最新跃进不仅是步子大，而且是一项巨大的科技突破。在当今这个网络间谍大行其道的时代，凭借此次发射，中国将在获得一项‘令人高度垂涎的资产’方面取得远远领先于其全球竞争对手的优势。这项资产就是：防黑客通讯技术”。

最后是对于中国综合国力的认可，并且认为量子卫星将继续提升中国在全球的地位。美国《华尔街日报》称，“预计此次发射将把中国推进到科学界最具挑战领域之一的最前沿”。澳大利亚新闻网称，“周二凌晨，在位于戈壁沙漠的发射塔上，中国迎来可能被证明是该国获得全球支配地位的决定性时刻”。英国广播公司报道说“美国学者认为，中国争取走在世界量子通信前列，动机之一是要抗衡美国的网络攻击与防御能力。美国正加紧研究如何建设功能强大的量子计算机，这种计算机理论上威胁到目前被广泛采用的密码原理”。日内瓦大学量子物理学教授尼古拉斯—吉辛（Nicolas Gisin）对《华尔街日报》说：“研发量子卫星一直是各国竞争的热点，现在中国极有可能赢得这场竞赛。这再次显示了中国在投身并实现重大项目上的实力与雄心。”俄罗斯“卫星”新闻通讯社提到了中国古代的四大发明。报道说，“过去十年，在经济发展的同时，中国也开始稳步振兴科学与技术创新。目前中国拥有全球最大的科学家和工程师大军之一，为的就是重拾历史上曾获得过的荣耀”。

三、量子卫星的成功给中国科技界所带来的意义和启发

（一）量子卫星的成功发射是对中国科技界的重要肯定

这是近代科学史上，中国科学家第一次在国际科技领域自主研发、率先实现一个国家主导的大项目，具有强烈的示范意义，是对我国科技发展方向的重要肯定，中华民族必将迎来科技上的

伟大复兴。

中国古代长期以来科学都比西方优胜，然而在欧洲文艺复兴之后，伴随着西方经济、社会、哲学的发展，现代西方科技开始后来居上，经过第一次、第二次工业革命之后，更是把当时战乱缠身、经济崩溃的中国远远甩在了后面。近现代中国的科技史就是一部“追赶”和“跟随”的历史。实践证明，我们在量子卫星领域拥有世界上最好的一支科学家团队，在量子通信领域的突破，使中国科技界坚定了信心，和对撞机、托克马克、天眼等项目不同，那些项目外国科学家早已做过类似的，我们虽然在某项技术上领先，但总体来说处于“跟跑”，而在量子卫星领域，我们属于世界首创，名至实归的“领跑”，在工程方面研究了许多前人没研究过的东西。

这次量子卫星的成功发射极大地促进了国内量子通信在工程及理论层面的研究，中国迈出了组建全国乃至全球量子通信网的第一步。此外，这次成功发射很好地向大众普及了量子信息科学，让大众更多地了解什么是量子力学，什么是量子通信，势必也会吸引不少人投身到量子通信的研究中来，这对我国以后量子通信的发展将起到不可估量的示范和带动的作用。

（二）我国的制度优势和综合国力支持的科研队伍有能力办大事、办好大事

任何时候，科技的发展都要依托经济实力的支撑，另一方面，科技的发展也是国家意志和综合国力的体现。欧洲科学家，比如潘建伟教授的导师蔡林格教授，很早就倡议欧洲发射量子通信卫星进行科学实验，可惜经费一直未获支持，结果使得欧洲量子卫星未能成行。中国第一个发射了量子卫星，让我国的量子通信领域得到了广泛的认可，得益于我国制度优势和强大的综合国

力。为了实现国家目标，通过核心技术突破和资源集成，完成的重大战略产品和重大工程，集中精力办大事，是我国具有中国特色的科技发展道路。

（三）我国科技界要借鉴经验，要瞄准颠覆性技术集中突破，不按常理出牌方能出奇制胜

成功发射量子卫星意义巨大，使中国未来在这一领域有统治世界的机会，其经验对于其他科研领域也具有重要的借鉴意义。在总体科技发展属于“跟跑”的情况下，在更多细分领域实现弯道超车是我国目前科技发展的方向。按照西方人设立的跑道、遵照西方人设立的规矩、追着西方人的脚印，最终的结果总是很难突破，只有瞄准颠覆性技术集中突破，方能打破西方在科学技术领域的统治，使中国科技发展重回巅峰，最终实现中华民族的伟大复兴。

The Most Dazzling Star in the Universe
—the Success of China's Quantum Satellite launch

Zhang Dalu

Abstract: “Mo – tse” is the world's first quantum communication satellite launched successfully, which is a major scientific and technological achievement with independent intellectual property rights, independent research and development. It is the perfect disruptive technology in China. That is an important start for china to challenge world science and technology pattern. Although the basic principle of quantum satellite is obscure, but the whole world media still praised on the China quantum satellite successfully. Quantum satellite successfully launched fully proves the superiority of the system of China and the comprehensive national power is strength. That is also an approval of Chinese developing direction of science and research.

Keywords：Mo – tse　Quantum Communication　Disruptive Technology

日本多措并举推动国防工业发展

（中国国际经济交流中心博士后）魏博宇

[摘　要] 作为二战战败国，日本国防工业一度解体。朝鲜战争爆发后，在美国的支持下，日本国防工业迅速恢复，并经过上世纪60年代至今几十年的发展，已成为世界上为数不多的拥有较完整国防科研生产体系的国家。日本是世界上依托国家制造业、通过引进消化吸收再创新快速发展国防工业的典型。近年来，日本安倍政府大幅放开了“和平宪法”对其军事能力的限制，并突破了“武器出口三原则”等禁令，对其国防工业发展是极大刺激，当前重在调整装备管理体制、完善国防工业供应链、强化国防科技创新、推动国际合作、武器出口以及加强军民合作，扩张国防工业基础以支持其军备发展。

[关键词] 日本　国防工业　改革发展

日本重视发展强大的国防工业，大力扶持私有企业参与国防研制与生产，形成了以三菱重工、川崎重工、三菱电机、日本电气等20多家大型私有企业及5000多家中小企业为主要生产力量的国防工业生产体系，和以政府科研机构、大型私有企业研究所、部分大学及民间科研机构为主要力量，“官、产、学”三位一体、多层次的国防科研体系。以私有企业为主体、寓军于民是日本国防工业最主要的特点。大型私有企业代表了日本武器装备研制的最主要力量，能够研制航天器、火箭、导弹、飞机、舰艇、坦克装甲车辆、火炮、弹药等各种武器装备，以及国防电子系统和各种配套设备，部分产品在世界上处于领先水平。

日本国防预算连续4年实现增长，2016年军费预算提升至5.2万亿日元（约合421亿美元），创历史最高记录，且装备采购费用逐渐高于维修费并出现倍增趋势。同时，日本政府将国防工业提升到构筑“综合性安全战略体系”的关键位置，加快调整改革步伐。在安全政策向摆脱宪法约束转变的形势下，日本国防工业也在谋求变革和突破，为其放手发展武器装备和国防技术铺平道路。

一、从体制机制全面统筹装备发展

为强化武器装备顶层集中管理，防卫省于2015年10月1日正式成立统管武器装备采购、研发、出口的机构——“防卫装备厅”。成立初期编制为文职人员1400人、军职人员400人，每年掌管的国防研发与采办经费约占日本国防开支的1/3，是防卫省内职权最大的机构之一。

（一）强化武器装备顶层论证

防卫装备厅统一负责陆、海、空自卫队装备发展的顶层论证，并在各自卫队参谋部下新成立“后方支援部”，与防卫装备厅对接各自卫队对武器装备发展的需求。此前日本武器装备的论证主要由各自卫队参谋部提出需求，并制定性能指标和技术要求，导致日本武器装备发展长期缺乏顶层谋划，影响三军装备协同作战能力和装备整体采办效率。由防卫装备厅统一实施顶层论证，利于大幅提升陆、海、空自卫队装备的一体化联合作战能力，促进日本武器装备发展由“个体最佳化”向“全军最佳化”转变。

（二）实现武器装备的全寿期统一管理

防卫装备厅整合了原防卫省技术研究本部、装备设施本部以及各军种参谋部装备研发、采办相关部门的职能。全权负责装备科研的计划与实施，统筹研发、采办、使用、维护、退役等全寿期管理；承担培养军工管理人才等管理事务；并随着武器出口的解禁新增了推动武器装备出口的政府职能。

实现武器装备的全寿期统一管理，不仅可以提高装备研发、采购、应用效率，降低成本，还能促进实现装备采办及应用的合理化。防卫装备厅引入了武器装备全寿期综合计划管理手段，针对成本、效率、计划进行统一管理，并专门成立项目管理团队，对“鱼鹰”倾转旋翼机、F-35 战斗机、“全球鹰”无人侦察机、新型护卫舰、AAV7 水陆两栖车等 12 类重要装备实行统一的全寿期项目管理，推进日本武器装备管理的标准化与统一化。

二、灵活调整采办方式以提升装备技术供给力

日本防卫省认为武器装备采办合同是否长期稳定，极大影响武器装备生产企业在人力、设备投资和经营管理上的判断。2013 年起，防卫省开始推动“建立最合理的武器装备招标体制”和“引入长期武器装备合同”。通过灵活运用非竞争的指定供应商、

签订多年一揽子采办合同等方式，促进企业长期稳定发展，提高采办效率，降低采办成本；建立企业联合采办的国防订货体制，整合各企业优势，实现企业间技术互补，推动联合研发，提升装备技术水平。

（一）灵活处理采办竞争性，提升军工稳定性

增加指定供应商采购。2006 年以来，日本始终把一般竞争性采购作为武器装备采购的基本方式，但由于日本武器装备采购具有特殊性，大多数招标对象为孤源，使得竞争性采办程序流于形式，并影响采办效率。为此，2013 年 10 月起，防卫省将难以实现竞争性采购的项目纳入指定供应商合同类型，并把遵循防卫省制度积极降低装备研制成本的企业，从竞争性采购对象变为指定来源采购对象，大大减少了不必要的竞争程序，提高了装备采办效率。

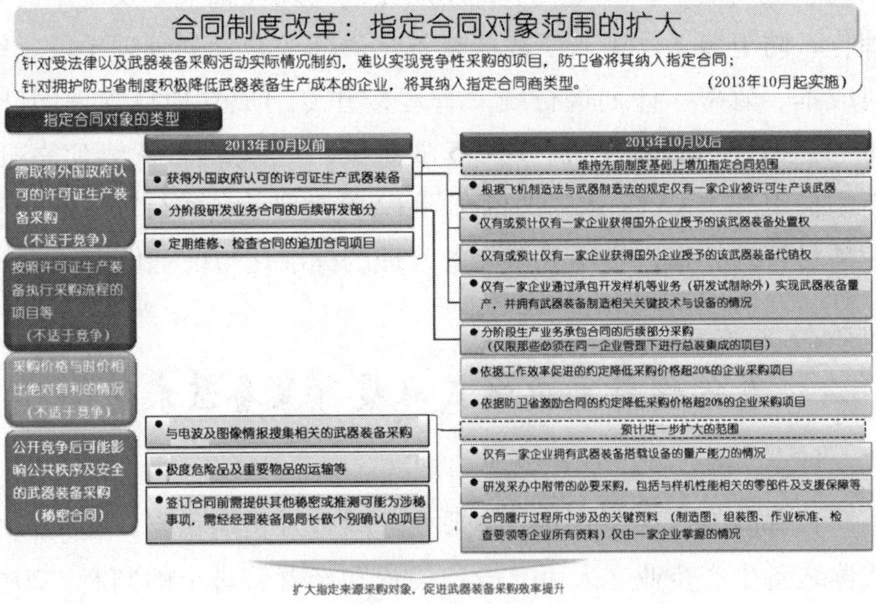

图 1　防卫省扩大指定来源采购对象示意图

签订多年一揽子采办合同。受财务会计法等法律条文制约，日本武器装备采办合同以往最长时限为5年。没有稳定的合同保证，军工企业难以制定长期的研制生产规划，无法有计划的开展设备投资、稳定人才队伍、维持和提高技术水平。2015年4月22日，日本内阁正式通过《特定防卫采购特别措施法案》，允许防卫省与企业签订大于5年期限的长期武器装备采购合同。2015年，防卫省分别对P－1反潜巡逻机、EC－225LP运输直升机、TH－135教练机等项目试行多年一揽子采办，在降低采办成本的同时，减轻企业参与竞争的负担，增强企业研制生产的计划性。

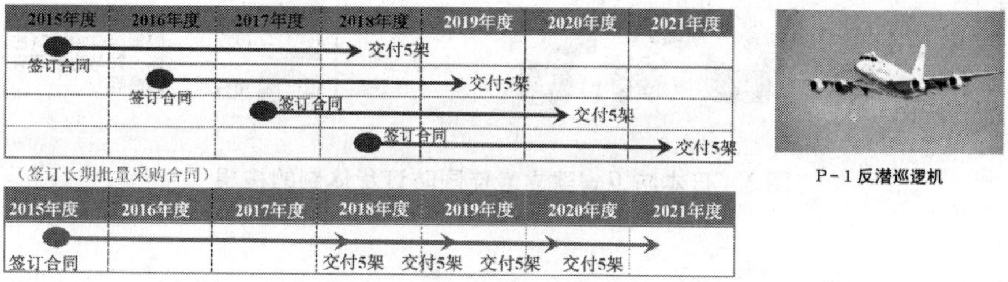

图2　批量采购P－1反潜巡逻机示意图

（二）鼓励联合承研，提升科研整合实力

2013年起，防卫省开始研究建立企业联合采办的国防订货体制，以集中企业最大技术优势，实现最佳装备技术供给能力。具体是指在采办过程中，根据武器装备的不同关键技术，筛选出具备相关技术优势的企业并按技术水平排序，整合不同技术领域中具备最佳技术水平的企业，采取联合订货的方式采购装备，最大限度发挥不同企业的技术优势。为此，防卫装备厅2016年开始收集军工企业的独特技术、经营状况等数据，建立军工企业数据库，以便合理筛选优质企业，并协助进行企业间的合作“匹配”。

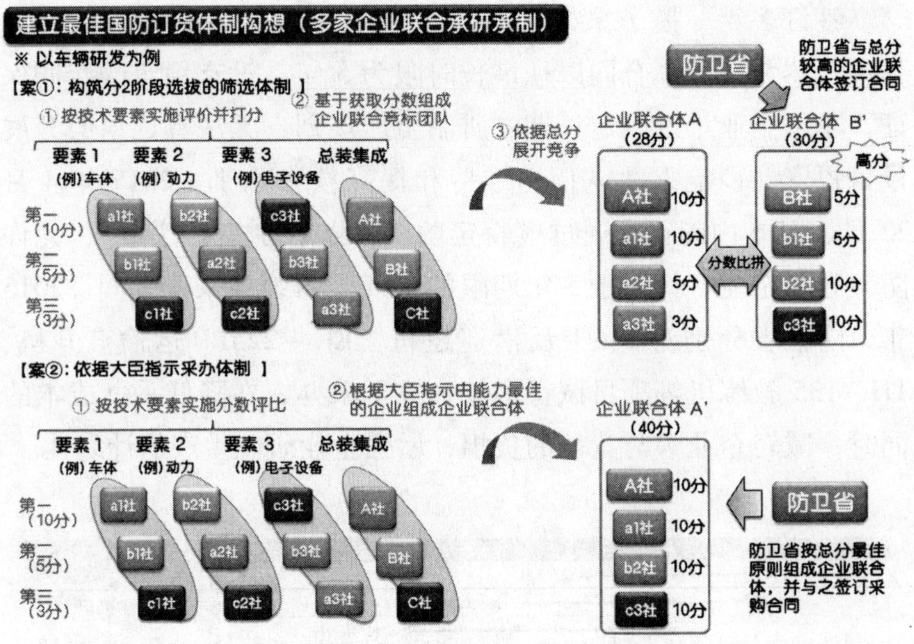

图3　日本防卫省建立最佳国防订货体制的构想

三、巩固和扩大国防工业供应链

日本多数大型军工企业跨行业经营，形成了以总承包企业为核心，以分系统承包商和零部件供应商为外围的社会化、专业化协作生产网络。除三菱重工、川崎重工等大型企业外，还有相当比例的员工低于300人的中小型企业。近年来，日本政府出台多种优惠政策，鼓励中小企业积极参与和拓展军品科研生产业务，巩固和扩大国防工业供应链。

（一）巩固中小企业支撑的国防工业供应链

日本大型军工企业对军品依存度不高、抵御国防预算削减的风险能力较强，而大部分参与军品研制生产的中小型企业业务领域较窄，军品依存度较高，极易在国防预算削减的情况下破产或退出国防领域，引发特殊武器装备技术及相关人才的流失，使国防工业供应链存在断裂的风险。近十年来，由于日本武器装备采购费紧缩，又高价引进不少国外先进装备，国内采购份额急剧萎缩，倒闭或从防务领域退出的企业超过百家，引发日本国防工业的衰退，在这一背景下，日本开始积极采取措施维护国防工业供应链安全。

通过订单分配巩固中小企业在国防供应链中的生存力。为巩固国防工业供应链，防卫省积极采取措施，稳定中小型企业的军品收入。2015 年 9 月，防卫省公布针对中小企业的采办改革政策，提高其在防卫省的投标中签率。具体是指，针对军品产值在企业销售额中占比大、拥有特殊武器装备技术的中小型企业，在国防订货中采取政策性倾斜，提高其军品订单的中标几率，避免中小型企业因国家削减装备采购经费而陷入困境。防卫省还对中小企业尽量做到分散订货，让更多中小企业有机会获得稳定的军品订单，形成一种合理有序的竞争局面。

通过多种优惠政策吸引中小企业进入国防领域。防卫省根据《中小企业开拓新领域协调法》，对中小企业在补助费和税制上实行优惠政策；按照每年度内阁会议决定的《关于中小企业国家合同方针》，在防卫省设置协商窗口，向中小企业提供武器装备订货信息。

（二）加强国防工业供应链的监督和管理

防卫省采取措施加强对国防工业供应链的监督和管理。2015 年 10 月—2016 年 3 月，防卫省首次开展国防工业供应链评估，对国防供应商信息进行审查，并要求供应商向防卫省提供产品研制生产涉及的分包商资料，供应商与分包商的股权关系，分包形式以及参与产品研制生产人员国籍等内容，审查结果可为防卫装备厅加强国防工业供应链的监督和管理提供数据支撑。

四、开辟产官学国防科技创新合作新局面

日本国防科研主要由政府科研机构和大型军工企业承担，体制过于固化，不利于充分吸收技术进步成果。近年来，日本政府重视国防科研创新，开辟产官学国防科技创新合作新局面，大力构建国防科研创新机制。防卫省首次面向社会创建科研基金制度，以挖掘和发展先进军事技术；内阁府着眼于军民两用技术创新机制，并效仿美国国防先期研究计划局（DARPA）构建灵活科研管理机制。

（一）扩大社会力量参与国防科研，首次面向高校开展国防技术招标

受战后体制影响，日本武器装备研制主要由防卫省和军工企业承担，几乎不与大学等其他研究机构合作。同时，日本高校及非政府研究机构也始终对参与军事研究持谨慎态度，部分高校明令禁止参与军事研究。

2013 年出台的《国家安全战略》中，日本政府提出“从国家安全的角度，集产官学力量推进技术实力的增强”，鼓励大学及社会科研院所在国防科技研发与创新上“破戒”。此后日本政府逐渐通过文部省向大学施压，敦促东京大学等高校以及相关科研机构参与军事技术研究，并采取相关措施调动社会科研团体对国防科研的积极性。

2015年4月，防卫省启动“安全保障技术研究推进计划”，面向企业、非政府科研团体、高校以及科研院所募集研究项目，单个项目最大年资助额为3000万日元（约合24万美元），旨在挖掘具有潜在军事价值的民用技术，促进国防技术的创新发展。该项目也是二战后防卫省首次公开面向高校开展国防技术招标，突破了二战后大部分高校“不从事军事研究、不接受军方研究援助”的禁令，有助于日本国防科技基础研究水平的提升。

截至2015年10月，防卫省已就“网络攻击应对”等28个领域面向社会招标。大学、研究机构和企业共109个项目参与征集，其中58个征集项目出自大学，最终日本东京工业大学等4所大学、理化学研究所、宇宙航空研究开发机构（JAXA）等9家国有研究机构和3家大型军工企业中标。2016年3月，防卫省再次在官网上公开20个领域的研究需求，呼吁大学、研究机构和企业积极参与投标，预计未来将有更多日本大学及研究机构参与军事科研。

（二）加强军民两用技术研发，推进民用技术向军用转化

2013—2015年间，日本每年发布一份科技创新战略，促进国家整体创新能力的提升。日本政府也积极在防卫省以外的政府框架下推动军民两用技术创新。2014年，由首相安倍晋三担任委员长的内阁府“综合科学技术与创新会议”启动“颠覆性研究开发推进计划”，效仿美国国防先期研究计划局（DARPA）的管理机制，投资挖掘能够带来巨大社会变革的高风险技术，以“催生出能为社会带来巨大变革的长远创新”。日本近年还建立了“FIRST”（尖端研究开发支援计划）、“NEXT”（尖端·下一代研究开发支援计划）等科研创新机制，力促军民两用技术的创新和转化。

此外，随着军用技术与民用技术差异不断缩小，利用民用先进技术已成为实现武器装备高效采办的一种手段。为此防卫省开始采取措施不断扩大民用先进技术的调查与跟踪范围，提升技术跟踪能力，并力求结合民用技术发展趋势制定中长期武器装备技术战略，更加有效地推进民用技术向军用转化。

五、力推国际军工合作和武器出口

日本2014年出台“防卫装备转移三原则”，解除武器及军事技术出口禁令，作为日本向“正常化国家”迈进的关键一步，不仅能够维持和提升本国国防工业能力，也是获取政治、军事和经济利益的重要手段。初期主要采取政府出面主导、企业推波助澜的政企深度协作方式，总体思路为“合作＋推销”，但针对不同国家，其重点也有所不同。

（一）与欧美重点推进国际联合研发，提高本国技术水平

2015年4月，日美正式签署新版《防卫合作指针》，提出两国将继续深化国防工业领域的合作。日美目前正推进“标准”－3 BlockIIA型反导拦截弹、F－35A战斗机、高速三体船等装备的联合研发事宜，并计划在日本设立F－35A亚太维护中心。此举可完善日本装备和国防工业体系，平时与美联合研制武器装备，战时日本则成为美国重要的装备维修和零部件补给基地。

日本加快推进与英、法等欧洲国家开展国防装备联合研发。2013年7月，日、英签署的“国防装备合作框架”，是日本调整武器贸易相关政策后，与他国签署的第一个此类协议；2015年3月，日、法签署“防卫装备与技术转移协议”，使两国的国防合

作以及军贸正式迈入新阶段。截至 2016 年 3 月，日本与英国的军事技术合作已取得实质性进展，联合开展了化学和生物防护技术研究、空空导弹的可行性研究等合作项目。同时，双方军国企业间的合作也渐入佳境，如 BAE 系统公司拟与大赛璐公司联合研制直升机气囊、与三菱重工探讨联合开发水陆两栖车等。这一系列迹象表明，今后几年，两国国防领域的合作将会在国家、企业乃至高校、科研院所等层面全方位展开。

日本加强与欧美联合研发：一是为避免对研发的重复投资，降低研发成本，只需对特定部件或领域进行研发，技术领域可选、研发规模可控；二是扩大成果需求，间接减低研发成本，增大经济效益；三是带来接触其他国家先进技术的机会，从而缩短技术差距。中长期内，日本将继续采取各种措施推进与欧美的国防工业合作。

（二）与新兴国家以援助、合作等名义推销装备，以获取政治、军事、经济利益

解除武器出口禁令后，日本开拓军贸市场有着鲜明的地缘色彩，基本思路是以亚太地区新兴国家为突破口，重点通过优势产品打开市场，并逐步拓展其他海外地区。

东盟国家是日本军贸的重点“攻破”对象，日本不断以政府开发援助、防卫装备与技术合作等名义，试探出口的可能性。目前，日本已与多个东盟成员国签署或拟签署国防合作协议。日本动作之频繁令人叹为观止：2015 年 3 月，与印尼签署谅解备忘录，扩大两国武器装备与技术合作；6 月，日、泰两国提出加强军事技术方面的防务关系；同月，日本向菲律宾提供巨额政府开发援助资金，助其采购日本的 10 艘多用途快速巡逻艇；11 月，日、菲两国首脑共同表示双方已就拓宽国防装备与技术合作，强

化地区海上安全等问题达成了基本共识，并于 2016 年 2 月签订军备合作协议，以促进日本国防装备与技术的对菲转让。

此外，日本还注重加强与拉美和非洲国家的防务合作，安倍政府意识到该区域是“在推进外交战略方面被遗漏”的地带，竭力以贸易和援助的方式拉近关系，占领市场，并推进国防工业领域的合作。

Japan Taking Measures to Advance the Development of National Defense Industry

Wei Boyu

Abstract: As the vanquished country of World War II, the national defense industry of Japan was once dismantled. After the Korean War burst out, with the support of U. S. A, Japan restored rapidly its national defense industry and has, upon developing in decades since 1960s, become one of the few countries with relatively complete research and production system of national defense. Japan is a typical case in the world for the rapid development of national defense industry by relying on its national manufacture industry and introducing, digesting, absorbing and re – innovating. In recent years, the Japanese Abe's Administration has opened sharply the restriction of “Peaceful Constitution” on its military capacity, and broken through such bans as “three principles for export of weapons”, as a great stimulus to the development of its national defense industry. Currently, it emphasizes on adjusting the equipment management institution, perfecting the supply chain of national defense industry, intensifying the innovation of national defense science and technology, promoting the international cooperation, weapon export and strengthening the military –

civil cooperation and expanding the base of national defense industry to support its armament development.

Keywords: Japan National Defense Industry Reform and Development

开放合作篇

“一带一路”推进中的经济风险

（中国国际经济交流中心战略研究部副部长）任海平

[摘　要]“一带一路”倡议既蕴含了巨大的商业价值和投资空间，又面临着地缘政治安全等多重风险，特别是直接的经济风险。这其中既有投资安全性、投资收益率、资金来源不确定性以及外汇管制等投资风险，又有合同风险、劳动风险、融资风险以及与当地融合等市场风险，还有投资保护和准入、投资安全退出、税收等法律风险。对此需要未雨绸缪，避免欲速不达，以便更加有的放矢与可持续地向前推进。

[关键词] 一带一路　经济　风险

“一带一路”倡议既蕴含了巨大的商业价值和投资空间，又面临着地缘政治、国际安全、非传统安全等多重风险，还有直接的经济风险。对此需要未雨绸缪，避免欲速不达，以便更加有的放矢与可持续地向前推进。

一、投资风险

项目投资是“一带一路”战略落地的主要支撑。“一带一路”沿线60余个国家，经济发展程度、政治体制、法律体系千差万别，支撑“一带一路”战略而进行的对外直接投资是在异常复杂的环境中进行的，保障投资安全是最直接最现实的问题。

“一带一路”规划出台后，将我国政府、企业等各类主体推向了国际合作前沿。各级政府应对复杂国际事务的协调能力与成熟经验匮乏，既无先例可循，又缺专业人才。中国企业的走出去还处于初级阶段，辨别和防范风险能力仍然不足，对国际法律法规的了解、运用也明显不足，缺乏对当地媒体、民众利益的理解与考虑，以致造成不少被动局面。特别是海外重大项目建设周期长、资金投入大、风险因素复杂，安全运营管理能力薄弱，可持续的资金保障机制尚未完善，有能力、有实力的投融资主体为数甚少。一些媒体和学者宣介“一带一路”时过多过重强调地缘战略意图和中方获利，又加重了外方疑虑。

（一）投资安全性问题

“一带一路”建设的投资安全面临着重大挑战。从目前“一带一路”所涉及的国家来看，经济发展程度、政治体制、文化历史、宗教状况千差万别，沿线区域既是地缘政治冲突的热点地带，也是全球主要政治力量角逐的焦点区域。这使得通过“一带一路”战略而进行的对外直接投资在投资安全方面直接面临挑战。例如，东道国发生剧烈的政权更迭，新政府上台后是否可能实现外国投资的国有化？假如国家间发生战争，战争一旦摧毁了相应基础设施或厂房，谁来负责赔偿？在“一带一路”沿线国家中，有个别国家有着长期且经常的主权违约记录。即使该国政府对特定项目进行了政府担保，但如果政府再次宣布违约，中国企业的海外投资安全如何保障？世界经济论坛发布的《2015—2016全球竞争力报告》显示，斯洛文尼亚、缅甸、以色列、埃及、塞尔维亚、乌克兰、巴基斯坦、保加利亚、印度、摩尔多瓦、波黑、孟加拉国、黎巴嫩、泰国、尼泊尔等国家的政党轮换频繁或政局不稳，对投资等商业活动的影响较大，给国内企业参与沿线国家的 PPP 投资带来了很大的不确定性及风险。从国家的政治风险投资评级看，以非洲为例，非洲国家没有 A 级，都是 B 级以下，D 级占有许多，刚果、几内亚、尼日利亚的级别非常低。我们在非洲几个国家投资量非常大，都遭受了损失，特别是在刚果和利比亚，新的政权对于我们的投资权益承认与否还是一个问题，这都是属于 C 级和 D 级以下的国家。所以必须做非常详细的理性评估。

基础设施是“一带一路”建设中非常重要的领域，风险尤其大。项目业主大多具有政府背景，是项目的参与者，也是规则的制定者，经常造成违约情况。例如，希腊新总理就职当天就叫停了中远集团及其他四家竞购者出售比雷埃夫斯港 67% 股份的计划。在斯里兰卡建设科伦坡港口城的项目，中国领导人也做了剪彩，但新上台的斯里兰卡领导说变就变，因为其亲印度，希望用印度的公司。

（二）投资收益率问题

“一带一路”建设面临的潜在风险之一就是相关投资收益率偏低。由于“一带一路”建设所带动的投资有很大一部分集中在国际基础设施投资领域，而大多数基础设施投资都具有投资收益率偏低的特点。从现实情况看，沿线国家经济发展相对落后，基础设施建设比较薄弱，相关法律法规不健全不完善，加上大多数 PPP 项目投资又以道路、港口等基础设施建设为主，投资回报率较低且回本缓慢，有时甚至连能否盈利也存在较大的不确定性。从过去项目的实施看还有许多风险，如大国之间的恶性竞争带来的招标价格过低、条件过于苛刻。现在尤其明显的是中日之间的恶性竞争。例如，如果没有中日之间的恶性竞争，我国在泰国、印尼、印度获得的铁路项目有可能价格比现在高一些。还有财政金融风险，印度、以色列、阿尔巴尼亚、塞尔维亚、乌克兰、斯里兰卡、匈牙利、克罗地亚、斯洛文尼亚、约旦、埃及、新加坡、不丹、黎巴嫩、日本负债率都超过了70%，日本甚至超过了200%；阿富汗、乌兹别克斯坦、爱沙尼亚、巴勒斯坦、马尔代夫、塔吉克斯坦、尼泊尔、叙利亚、伊拉克、缅甸、巴林、马其顿、也门、黑山、阿尔巴尼亚、不丹、黎巴嫩等国的外汇储备很少甚至没有储备，在这些国家投资如果以本币计算存在巨大的投资贬值风险。

（三）资金来源的不确定性问题

顺利为项目建设融资是“一带一路”建设的重要瓶颈。“一带一路”沿线国家主要是发展水平较低的新兴市场国家，这些国家自身原本就缺乏充足的资金用于相关投资，私人部门与境外主体出资有限，从而使得中国政府不得不成为主要出资者。据亚洲开发银行（ADB）估算，“一带一路”亚洲部分的基础设施建设每年至少需8000亿美元。仅依靠国家开发银行、亚投行与丝路基金不可能弥补如此大的资金缺口。显然，资金来源的不确定性已成为“一带一路”战略的掣肘，单一的投融资模式也难以满足项目建设的需要。这就需要将来实现两个突破，一是项目在哪个国家，哪个国家就要有配套资金、配套政策、提供拆迁、土地，另外要在国际金融市场中进行融资。但目前看来，国际金融市场也融资困难，避险情绪不断上升。过去国际融资贷款成本比较低，现在虽然没有上去，但也开始往上浮了。如果美元加息，它自然就会上去，上去以后企业债务的偿还压力就会比较大。目前中国的外汇储备高达3.8万亿美元。有些人认为，当前外汇储备投资收益率偏低，通过“一带一路”战略的实施，能够实现中国外汇储备投资的多元化，进而提高外汇储备投资的收益率。然而，这可能忽视了两点：第一，“一带一路”相关投资的收益率可能并不高、投资安全可能面临更大挑战，因此相关外汇储备投资的收益率可能不升反降，风险可能不降反升；第二，随着人民币单边升值预期的消失以及中国央行加速开放资本账户，中国的外汇储备存量未来可能持续下降，在特定情形下可能下降很快。中国政府究竟能将多少外汇储备投入“一带一路”战略，事实上存在较大问号。

（四）外汇管制问题

通常情况，一是流动性风险，资金汇不出来，资金进行转移在当地受到了很多限制。二是汇率变动的风险，对于有些货币，要看历史上稳定不稳定，如果不稳定，把美元换成当地的货币，会导致一些贬值风险。三是外汇政策变动的风险，有些国家说变就变，这些国家尽量不要去投资。四是各国外汇政策有很大的差异性，特别是实行部分外汇管理的国家，差异性一定要搞清楚。因此，一定要了解投资东道国外汇管理制度，是实行外汇严格管制制度，还是外汇可以自由进出。并不是说所有的发达国家都没有外汇管制，如新加坡经济制度灵活，并且是国际金融中心，但新加坡对新币的管制也是比较强的，尤其对外国人持有新币有很大的限制。中资企业特别要重视对当地外汇政策的调查研究并严格遵守，随时关注他们的外汇政策。有一些国家有外汇的配额和额度，超过了额度就要面临坐牢的风险。还要积极预测汇率走势和投资东道国汇率变化趋势，采用针对性的多种金融手段，比如外汇避险手段，期货期权等来防范风险。

二、市场风险

市场风险既有针对不同的投资项目类型本身具有的一些风险特性。如：交通基础行业主要是靠交通流量，如港口投资主要靠海运，公路方面的投资主要是交通量。如果预判不准确，或者没有预判到整个国家国民经济的发展导致对运输量的变化的时候，会带来盈利方面的风险。也有其它一些方面的风险，如巴基斯坦可能经常有针对中国公司的一些恐怖事件，这方面曾经有过惨痛的教训。另外，在有些国家开拓业务时会受到美国的制裁，如对于外汇的使用，尤其美元的结算美国会进行冻结，这会影响到企业全球业务的发展。同样，气象、水文、地质风险也是很常见的。在国外开展业务所跨区域气象都不一样，如东南亚有干季和湿季，俄罗斯很多项目在冬季无法施工。如果不了解的话，会导致在工期或者资源配备方面的失误，从而导致整个项目的执行受到影响，增加成本，这方面的案例很多。

（一）合同风险

也就是合约风险。企业在国际工程承包市场上是靠合约或者契约来约定，尤其是投资的对象或者是跟当地政府进行合作的，所以在投资的行为过程中，尤其要重视合约方面的安排。这方面的安排主要有三个方面：1. 技术标准风险。中国技术标准“走出去”是推进“一带一路”战略的重要支撑，如肯尼亚的蒙内铁路项目。2. 保函风险。这也是在合同签约的时候要考量的风险，如：利比亚的项目执行过程中，很多中国公司由于保函风险考虑不够，战争发生之后出现索赔事件，导致了索赔函没法取消，银行还持续收费或者是对保函还持续索赔。3. 支付风险。在承揽项目的时候有时候考虑不足，对于当地形成利润的部分如何回流到境外这方面来考虑不到的话，会导致资金留在当地，而当地贬值的速度又很快，又没有投资机会的时候，利润也就是账面利润，现金流没法回流也不是真正有价值的。因此，企业要特别注重降低合同履行中的风险，进行违约风险防范。要筹划好投资结构，我国企业在 BOT 项目中可以通过增加主体，从而分摊风险。

（二）劳动风险

这是企业海外投资面临的非常严峻的风险，如果不注意，轻者被罚款，重者还要坐牢。突出风险通常有，一是违反当地劳动合同签订强制性规定，没有给员工最低劳动工资的报酬以及按照最低的劳动时间去实施。有些地方还会有一些特殊的规定，比如在某些行业必须要雇佣当地国籍的人。二是非法聘用外籍劳工。如阿尔巴尼亚的建筑领域，一般员工跟外国工人的比例是 1∶5—1∶7，雇佣一个中国人要雇佣 5 个当地的工人。而埃及则要求一般员工不得低于 90%，对中层员工比例不得低于 75%。前几年我国一些淘金业主在加纳遭受了非法驱赶赶，主要是两个原因，一个就是加纳的法律规定，外国的投资者必须要通过加纳证券市场去投资金矿，在加纳上市的这些金矿都是大金矿，所以作为欧美一些投资人，基本上通过券商，通过证券交易所来投资，这个受法律的保护。而作为中小金矿，规定必须是由本国人去经营，我们一些企业家就跟当地中小矿主签订租赁协议，而且在租的过程之中，不采取国际上先进的淘金方式，是用最原始的方式，结果导致水土流失，环境污染，导致当地政府反感。还有一些投资者采用非法方式，进入了很多非法打工的人，这些人没有合法的身份，一旦出现了暴乱或动乱，当地政府是不保护的。因此，要全面了解和掌握东道国关于劳动法律法规的一般性规定并予以严格遵守，还要关注东道国与我国劳动法差距较大的特殊性规定。认真遵守东道国的劳动保护、劳动保障法律法规等各方面强制性和指导性规定。还要充分了解东道国的劳动救济制度，企业经营难免产生劳动纠纷，要重视劳动纠纷的解决程序和过程。

（三）融资风险

主要是如何解决资金，如何确保资金的落实。中国企业在国际化的进程中，对接国际资本市场的能力或者说对接国际资本市场的手段还是比较薄弱的。如何进行金融创新，如何进行产融的结合，这是解决融资风险的一个重要方面。其次，汇率风险是一个永恒的话题，面对汇率的波动，在整个投资行为结算过程之中，或者回收的过程之中，实际上一直要面对这个问题。尤其在人民币国际化之后，选择的途径可能更多，但是这本身也存在风险的，这需要根据项目的特点、资金回收或者现金流的情况制定一些有针对性的应对方案，这些资本市场上或者金融市场上都有相对的应对方案。如：调期保值等等。还有涉税风险，每个国家税务体系都是不完全一致的，征管的办法也不一致。有些税收在国内可能不是问题，但是在人民币尚未国际化国外可能就是大问题，可以决定这个项目的整体盈亏。如果没有考虑周全的话，可能导致项目遭受惨重的损失。

（四）与当地融合的风险

中国企业走出去习惯上把中国传统的做法带到国外去，如果不能够因地而变的话，会导致很多风险，如劳工风险。同时，属地化管理的时候也存在一些风险。项目的实施除了“人”的问题，还有“材料”和“设备”方面的问题。中国现在整个市场经济比较发达，材料问题不是主要的问题。但是国外一些市场物流和物资比较贫乏的时候，则可能出现大问题。如：有些国家土地是私有化的，解决起来非常麻烦。还有设备选型的问题，在国内不是问题，在国外可能是问题。如中东地区有些铁路项目所选用的设备不符合当地条件，设备在当地没法使用，导致巨额损失，这方面的案例不少。

三、法律风险

法律风险是指海外投资不符合东道国相关法律要求或者违反其相关法律规定而无法顺利进行的风险。较为常见的法律风险，首先是准入风险，即海外投资因为不符合东道国相关法律要求、无法通过东道国相关审查机制而不能进入东道国市场的风险。这方面比较突出的例子，一是外商投资涉及国家安全审查机制，二是外商投资涉及反垄断审查机制。而由于社会制度和意识形态等方面的原因，投资频繁受制于国家安全审查机制对中国企业的适用，影响突出。2012 年，三一集团收购美国俄勒冈州风电场项目被美国外国投资委员会以涉嫌威胁美国国家安全为由叫停，就是一典型例子。其次是合规风险，即中国企业进入东道国市场开始经营后，因违反东道国相关法律法规，特别是中国企业不甚熟悉的环境、劳工、人权等方面的法律法规，从而受到处罚或制裁的风险。

目前看来，“一带一路”建设中面临的法律、法规风险非常显著。首先是法律、法规的一致性问题。沿途国家如哈萨克斯坦、土库曼斯坦等国家都不是世界贸易组织成员，其有关法律、政策不受世界贸易组织法律制度的约束，许多法律规范、政策与世界贸易组织要求不一致，在通关程序、技术输出/引进、反倾销政策方面都存在壁垒。其次，是法律、法规的完善性问题。有些国家缺乏立法基础与条件，人治多于法治，执法机制不健全，依法合规难度大，存在利益寻租空间。在法律不健全的背景下，外国投资可能被强制国有化，基础设施或厂房如受到战争破坏将无人承担相应责任，部分国家可能出现主权信用违约。第三，是法律、法规的连续性问题。沿线国家极有可能为了维护本国产业安全不断调整相关法律政策，政策的反复变动对市场化投资势必造成影响。例如蒙古国2000—2010年数次对其《矿产法》进行反复修订和调整，导致中国对蒙矿业投资多次出现波动。

（一）投资保护和准入的法律风险

"一带一路"沿线65个国家都是主权国家，出于主权保护的需要，对于外商投资的范围和行业，都是有一些限制的，甚至会出现许多重大意外。如征收和国有化及其补偿，一般不能对外资进行征收，如果征收也要进行相应的补偿。但津巴布韦在前几年突然宣布了一个政策，外资在津巴布韦不能绝对控股，必须要由津巴布韦公民占51%以上的股权。在津巴布韦投资的外国企业，实际上70%是中国企业，所以在这些国家投资一定要非常注意。还有，在禁止投资领域，泰国《外资经营法》明确禁止外国人投资水稻、渔业等。总的来看，具体在投资者保护和准入方面存在的法律风险，一是政治风险，特别是中亚和西亚一些国家，政治体制多样，政局变化莫测。二是无法享受优惠措施的风险，有的国家对投资者享受优惠措施，提出了很多的附加条件，这些附加条件一定要研究透彻。

（二）投资退出和投资安全的风险

投资前期就要把退出方式想好，究竟采取什么样的方式。在国外投资也好，并购也好，是采取上市退出的方式，还是采取清算退出的方式，一定要筹划好。具体看，一是在股权转让的风险之中，由于股权转让合同定的不好，存在着股权转让合同的违约，和当地关联方造成违约，最后会产生相对的法律风险。二是在上市退出方式中，投资沿线一些国家证券市场非常小，我们都习惯了国内的证券市场，流动性非常强，因为国内证券市场在全球是排前几位的。可是许多国家的证券市场量都非常小，流动性不够，要通过公开证券市场退出来，提前要进行筹划。三是在清算退出方式中，也要熟悉当地清算法和破产法。因此，企业应当尽量利用自己股东身份在公司章程的制定和修改中加入对自己有利的条款，便于股权安全退出。比如，因为当地国家公司法跟中国的规定是不一样的，投资中对赌的协议和条款用了一些判例的方式，在当地起了纠纷，怎么确定含义。再如，如果约定的是仲裁，适用的哪些国家的法律，最后是不是能够执行，这些都是问题。在上市退出过程中，一定要找比较成熟的交易所，不见得非得到当地上市。像矿业类，可以在世界著名矿业交易所上市，比如说多伦多和澳大利亚的矿业交易所，在非洲可以去南非矿业交易所。比较大的交易所，制度相对好，要在这些交易所去退出，而不在小的交易所退出。对于清算条款，一些优先权的条款，要加入到里面去，以此来保证投资者的权益。这里面也是有一些对赌条款，清算如果到期，作为投资必须先拿到一定的比例，后面才是股东享有的权益。当然这些条款要是当地法律所许可才可以。

（三）税收法律风险

一个国家税收优惠政策的影响是非常大的。到2015年为止，我国已经和海外100多个国家签署了避免双重征税的协议，其中97个协议已经生效了。避免双重征税就是在其他的国家已经纳了税，到母国就不需要纳税了。其他的国家给了一定的税收优惠，在母国就不能对优惠再补交了，在这方面一定要研究清楚。具体的税收风险：一是居民身份认定上的风险，如果两国之间没有双边税收协定，企业面临着全球两次征税。二是双边税收协定条款和当地税收优惠的冲突风险，当地属于减免税，不能再交这个税，如果我国和将要投资的国家在税收协议上有这一条，这样在当地所在国减免了税，回到中国就不需要再交税。三是税收处理的合法性判断不足的风险，这通常要请专业的税务机构进行税务筹划。因此，正式投资之前，应进行详尽的税务尽职调查，对出现一些税务风险进行防范。尽可能避免我国和东道国双重居民身份认证。还应注意东道国是否跟我国签订了国际重复征税的税收协定。特别是税收筹划必须是确保在法律允许范围之内，如果超出了当地法律的允许进行的税收筹划，可能就是逃税。

（四）注册风险

选择什么样的商事主体在投资国家进行注册不仅涉及到是否得到当地许可的问题，还与税负紧密相关。因此要充分了解当地相关法律法规的规定，根据投资目的和需要，来设定投资的一些方式，有限合伙在国际上是通行的，都是交一次税，由LP和GP分别去交税，而不是公司交一次税，公司的投资者再去交一次税，通过这种方式有一定的税收优惠。总之，应当深入了解东道国企业注册的具体制度，并严格遵守，避免无照经营和非法经营。

从整个国际形势的变化看，目前我国的国际影响力还难以确保企业境外发展的安全性。"一带一路"沿线地区地缘政治矛盾日趋复杂、大国竞争激烈、小国投机取巧，地区形势越来越波谲云诡。这些都需要在今后的工作中予以高度重视和有效应对。

参考文献

1. 温灏、梁舰："'一带一路'：投资价值与风险"，第一金融网，2016 年 3 月 2 日。

2. 徐群贵："'一带一路'战略中企业项目投资风险和对策"，昆仑策研究院，2016 年 3 月 22 日。

3. 韩良："'一带一路'与中国企业海外投资面临的法律风险及其防范"，北京京都律师事务所，2016 年 9 月 29 日。

4. 魏琪嘉："'一带一路'战略风险评估及应对建议"，国家信息中心经济预测部，2016 年 6 月 3 日。

5. 房小兵："'一带一路'投资基础建设风险"，和讯保险，2015 年 3 月 19 日。

Economic Risk of "The Belt and Road"

Ren Haiping

Abstract: "Belt and RoadInitiative" implies huge commercial values and investment spaces, also faces multiple risks on geopolitical security, especially the direct economic risks. Including investment risks on investment safety and investment returns, uncertainty of sources of investment and the control of foreign exchange, market risks on labor contract risk, financing risk and integration with local, and legal risks on investment protection and investment security access and exit, tax risk and so on. It is necessary to avoid these risks, so as to push forward the Initiative.

Keywords: "Belt and Road" Initiative Risks Economic

让“大运河”的梦想融入“一带一路”

——基于价值链视角的浙豫合作深度融入“一带一路”研究

（河南省工业和信息化委员会）陈维忠

［摘　要］在新常态下如何推进浙豫合作对接融入“一带一路”，笔者站在“大运河”这一历史纬度，运用价值链视角，立足于我国经济梯度，提出沿海地区在融入全球价值链（GVC）的同时，加快构建东中西部合理分工、协调发展的国内价值链（NVC），以此探索浙豫合作的新模式，通过构建国内价值链强化浙豫两省“一带一路”战略支点地位。在创新、协调、绿色、开放、共享发展理念的指引下，在浙豫两省之间重点建设“四条运河”，着力推动产业有序转移，建设“产业运河”；着力推动信息共享，建设“信息运河”；着力推动返乡创业，建设“人才运河”；着力弘扬商业文明，建设“文化运河”，浙豫携手共襄“一带一路”战略，共谱中华民族伟大复兴的华彩乐章。

[关键词] 大运河　国内价值链　浙豫合作　一带一路

“汴水流，泗水流，流到瓜州古渡头，吴山点点愁……”唐代诗人白居易在《长相思》中，描绘了一幅当时从中原大地到烟波江南的水上交通图。1200多年后，我们只能从这些美丽的文字中，去想象那顺流而下充满诗意的旅途了。我们今天所说的大运河开掘于春秋时期、完成于隋朝，繁荣于唐宋，取直于元代，疏通于明清。繁荣时期的唐宋大运河是以中原为中心的“大运河”，宋代王朝也是沿着运河而上从当时的汴京到临安的，从而缔造了两宋在中国历史长河中承上启下、继往开来的重要地位。生生不息的大运河与丝绸之路一样，极大地促进了大国区域之间、国与国之间的经济、文化发展与交流。当前，中国经济已进入新常态，正在向形态更高级、分工更复杂、结构更合理的阶段演化，如何发挥中国经济的巨大潜力、韧性和回旋余地，推动浙豫两省梯度互动、协调联动，打造合作交流的“经济运河”，对接并深度融合“一带一路”战略，强化战略支点地位，实现经济健康可持续增长，先人的智慧至今依然闪耀着熠熠光辉。

一、适应新常态，构建国内价值链开凿“经济运河”

（一）理论缘起

二战以来，国际上已发生三轮大的产业转移，总体表现出从简单的产品贸易到价值链分工的全球化。中国是第三轮国际产业转移的最大承接地，全球价值链（Global Value Chain，GVC）成为推动分工深化和协调产业转移的主导力量。[①] 第三次国际产业转移使以跨国公司为主导的全球价值得到空前的扩张，获得了千载难逢的发展机遇，迅速发展成为制造业第一大国，但也由此造成了许多发展中国家的“低端锁定”，很难通过全球价值链实现产业的高端化升级（表1）。

表1　全球价值链各升级模式的实践形式

升级模式	实践形式
工艺流程升级	通过重新生产系统或引进先进技术，提高价值链中加工流程的效率。
产品升级	通过引进新产品或改进已有产品比竞争对手更有效率，移向更先进的生产线（增加单位价值）。
功能升级	重新组合价值链中的环节，以提高经济活动的附加值。获得新的功能或放弃已有的功能，增加经济活动的技术含量。例如从生产环节向设计环节和营销等利润丰厚的环节跨越，改变企业自身在价值链中所处的位置。
链条升级	从一条价值链跨越到一条新的、价值量高的相关产业的价值链，企业把在一产业获得的能力应用到另一个新的产业，或转向一个新的全球价值链中。

资料来源：Humphrey and Schmitz. Governance and Upgrading：Linking Industrial Cluster and Global Value Chain［R］. IDS Working Paper 120，Brighton：2000

金融危机之后，出现了中国国内由沿海地区向中西部地区大规模的产业转移，即第四次产业转移，这是中国国内版“雁阵模型”。其典型特征是，中国是一个大国，与小国经济资源禀赋相

① Humphrey and Schmitz. Governance and Upgrading：Linking Industrial Cluster and Global Value Chain［R］. IDS Working Paper 120，Brighton：2000.

同、产业结构类似的特征不同，大国经济特征是地区之间异质性，资源禀赋不同，产业结构不同，最终发展水平不同。空间提供机会，梯度促使转移。我国庞大的国内市场、突出的区域差异和巨大的地区发展差距，完全可以独立完成若干周期的雁阵式产业转移，产业转移可以助推中国再高速发展30年。[①] 这里面最重要的是运用东部地区率先切入全球价值链（GVC）的“在位优势”，通过学习和追赶，加快中西部地区产业链整合，构建国内价值链（NVC），培育本土企业，注重内需市场，完成功能升级和链条升级，缩小地区差距，促进区域协调发展。

（二）构建模式

国内价值链（NVC）由本土企业主导和治理的，立足于国内市场和采用代工方式，推动产业创新与整合，构建国民经济体系的循环累计因果联系所形成的链条，学习和赶超GVC的网络经营模式。[②] 与全球价值链（GVC）相比，国内价值链（NVC）包括以下三个特征，一是通过中东西部产业互动向全球价值链高端攀升。中西部地区通过承接产业转移增强制造能力、嵌入全球价值链，而东部沿海依靠强大腹地、整合全国全球资源向全球价值链高端攀升。二是本土企业主导和治理。东部具有优势的本土企业或产业集群，通过深耕中西部、制造基地转移中西部不断做大做强，加速成长为可以与西方跨国公司抗衡和竞争的大企业集团。三是立足于国内市场。通过适应国内需求，满足消费者偏好，提升产品层次，构建具有活力的区域生产网络；满足中间产

---

① 蔡昉、王德文、曲玥：“中国产业升级的大国雁阵模型分析”，《经济研究》2009年第9期，第4—14页。

② 刘志彪等：《冲突与和谐：长三角经济发展经验》，中国人民大学出版社，2010年版，第3—30页。

品需求，增强区域发展的内生动力，增强向全球价值链高端攀升的能力（表2）。

表2　GVC和NVC条件下的发展内涵比较

	GVC	NVC
可实现的升级类型	工艺升级、产品升级	工艺、产品、功能和链的升级
品牌构建能力	无	有
销售渠道终端控制能力	无	有
自主创新能力	弱	强
面对的市场需求特征	不接触市场需求、需求稳定	直接接触市场需求、需求不稳定
是否为价值链主导企业	不是	是
产业转移机制	国外产业转移循环机制	国内转移循环机制

资料来源：刘志彪、张杰："全球化背景下国家价值链的构建与中国企业升级"，《经济管理》2009年第2期。

中国各省之间千差万别，互利的贸易和分工非常有潜力。如果能把省间的贸易做好，中国本身就能创造出一个世界级市场。[①] 通过融入全球价值链（GVC）、构建国内价值链（NVC），推动东中西部互动发展，可以在三大方面促进这一战略转型。一是需求转型。由于出口驱动的经济增长已不可持续，内需增长已成为中国经济增长的重要拉动力。通过产业转移，广大企业转移中西部、根植市场腹地，更有利于开拓国内市场。国内市场的开发，也为广大中小企业提供了持续生存和做大做强的动力。二是产业转型。产业转型升级已经成为中国经济面临的紧迫课题。通过产业、技术、人才向中西部地区的转移，可以将中西部地区要素禀赋上的比较优势同转移过来的资金、技术、企业家精神等有机结

① 张维迎：《市场的逻辑》，上海人民出版社，2010年版，第321—342页。

合起来，推动中西部地区的产业结构调整和产业升级。而东部沿海致力于研发、品牌和渠道建设，也有助于推动东部沿海向产业价值链高端攀升，发展具有全球竞争优势的关键价值链环节或生产体系。三是区域协调。通过产业转移，促使生产要素和产业向中西部地区集聚，可以加快中西部地区的经济增长速度，缩小中西部与东部沿海的发展差距，还可以通过产业价值链的融合，形成合理的区域间产业分工格局，促进区域经济协调发展。

（三）基本框架

新常态下，利用广阔的内陆腹地和多样的市场环境来促进国内产业转移，并构建与全球价值链（GVC）并行的国内价值链（NVC），是中国产业转型升级的一个重要战略方向（图1）。第四次产业转移是国内产业分工体系重构的重要时期，它为国内价值链（NVC）的构建提供了重要的战略机遇期。通过融入全球价值链（GVC）、构建国内价值链（NVC），推动东中西部互动发展，能促进区域产业分工更加合理，加快建设全面协调发展的新格局。[①] 一是加快东部地区向全球价值链高端攀升。通过承接产业转移，中西部地区通过承接加工贸易和劳动密集型产业，嵌入全球价值链；而东部沿海通过转移实现产能的调整和产业组织形态的改造，进入全球研发、销售、创新等环节，实现向全球价值链高端攀升，构建由我主导的新型全球价值链。二是推动中西部地区制造能力提升。中部省份和有条件的西部省份以资源、劳动力等比较优势和资源禀赋为基础，积极吸引东部具有生产或市场优势的本土企业或产业集群，建设区域功能专业化的垂直分工体

① 赵西三：“国内价值链重构下区域产业升级的路径选择”，《工业技术经济》2010年第11期，第135—141页。

系，全面提升制造能力。三是促进西部地区资源能源的绿色开发。推动西部生态脆弱的省份，以保护为主，合理开发有限的资源，推动能源绿色供应，发展绿色生态产业。

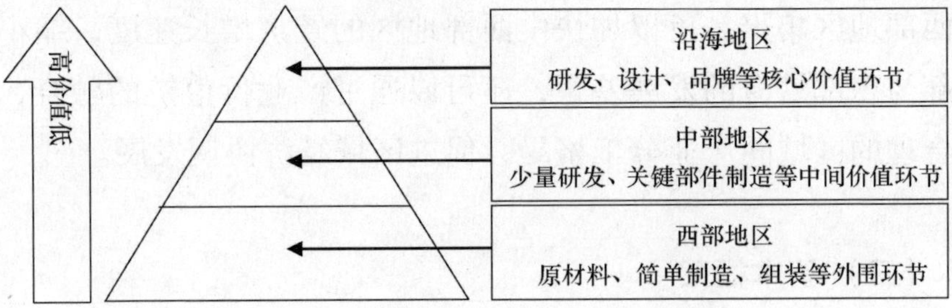

图1　国内价值链重构的基本框架

二、深度融入“一带一路”，站位全局强化分工疏通“经济运河”

新常态下，随着新一轮科技革命和产业变革孕育兴起，国际国内产业分工格局正面临深度调整，随着“一带一路”战略的深入实施，东部沿海加速向全球价值链高端攀升，国内产业转移“大国雁阵”深度推进，像奔流不息的“运河水”一样生生不息、孕育成长。作为东部省份的浙江和中部省份的河南，在这场深刻的变革与转型之中，都承担着探索区域发展经验、加快产业迈向中高端的历史使命，但由于两者发展的阶段不同，发展分工和重点也有所区别，呈现出很强的差异性和互补性，利用这种差异和互补构建国内价值链、打造“一带一路”战略支点正当其时。

（一）浙江河南两省处于不同的发展阶段

浙江省2015年实现GDP42886亿元、高于河南，居全国第4位。“十二五”期间，浙江着力推动产业转型，以信息经济为主导的服务业快速发展，三次产业的比重为4.3%：45.9%：49.8%，已基本形成亿服务业为主导的经济形态，根据工信部对各省份工业化所处阶段的测算，2012年浙江工业化指数已经达到80，进入工业化后期。

河南省2015年实现GDP37010亿元，居全国第5位。“十二五”期间，河南着力推动先进制造业大省、高成长服务业大省、现代农业大省、网络经济大省建设，三次产业的比重为11.4%：49.1%：39.5%，制造业仍然占大头，根据工业和信息化部对各省份工业化所处阶段的测算，2012年河南工业化指数已经达到54，仍处于工业化中期的前半阶段，提升制造能力、扩大产业规模的任务仍然十分繁重（表3）。

表3　2000年和2012年我国各省市工业化所处阶段

工业化阶段		2012年
后工业化		北京（100）、上海（100）
工业化后期		广东（96）、天津（94）、江苏（87）、浙江（80）
工业化中期	后半段	福建（74）、辽宁（73）、山东（70）、重庆（68）、湖南（66）、湖北（64）、内蒙古（64）、安徽（62）、陕西（61）、黑龙江（60）
	前半段	吉林（58）、江西（57）、四川（57）、山西（55）、河北（54）、河南（54）、宁夏（54）、海南（53）、广西（52）

资料来源：根据工业和信息化部有关资料整理。

（二）浙江、河南两省的发展差异性和互补性很强

作为后工业时期的浙江省，正在领风气之先，以提升创新能

力为核心，整合全球创新资源，全力向全球价值链高端攀升。一是以特色小镇创新发展，提出打造宜居、宜业、宜游的“特色小镇”。“特色小镇”既非行政区划概念，也非园区概念，而是一个具有非常明确产业定位、文化特色和旅游功能的项目组合，主要体现一二三产业融合发展、产业间的协作配套以及产业内的融合，是“产、城、人”三位一体的新型空间，着力吸引全球研发机构及高端人才，截至2015年11月，首批37个重点培育的特色小镇新集聚3300多家企业、引进1.3万多人才，带来了含金量较高的新增投资、新建项目和新增税收。二是以信息经济引领发展，杭州市拥有全球最大的电子交易服务平台、世界规模最大的交易支撑服务平台以及国家级软件产业基地，在全球率先形成了电子商务衍生服务生态体系与创新群落，2015年杭州市“一号工程”就是“发展信息经济、推广智慧应用”，信息经济增加值达2313.85亿元、占GDP的23%。三是以“四换三名”转型发展，大力实施腾笼换鸟、机器换人、空间换地、电商换市和“名企名家名品”为主要内容的“四换三名”工程，通过厂门口的供应和市场、高度聚集的上下游企业、较低的物流成本、细化的分工服务、抱团形成的区域品牌，吸引全球高端制造业集聚。

作为处于工业化中期的河南省，以提高制造能力为核心，大力推动开放合作和产业转移，建设产业集聚、土地集约、人口集中的产业集群。一是以国家郑州航空港经济综合实验区为龙头打造内陆开放高地，保税区、口岸、跨境贸易电子商务等一批与国际接轨的平台建成投用，航空货运枢纽建设取得显著进展，“买全球、卖全球”的态势基本形成。二是以产业集聚区为载体大力承接产业转移，2008年起在全省规划建设了180个产业集聚区，着力培育“百千万”亿级优势产业集群，分行业绘制产业链条图谱、实施集群引进行动，富士康、格力电器、正威手机、台湾友嘉精密制造等一批基地型项目成功落地，2015年产业集聚区规上工业增加值占全省比重达60.4%。三是以建设人力资源强省提升劳动力供给水平，依托千万级的劳动力市场，大力实施全民技能振兴工程和职教攻坚计划，培育工匠精神、弘扬制造文化（表4）。

表4　浙江、河南省发展重点比较

	浙江	河南
发展阶段	工业化后期	工业化中期前半阶段
产业能力	提升创新能力	提升制造能力
产业发展	技术和资本密集型产业	劳动密集或劳动技术兼具型产业
产业结构	互联网为特征的新经济升级	传统高加工度和适用消费品升级
产业集群	“产城人”三位一体特色小镇	产业集聚区
产业生态	配套和服务	基础设施

资料来源：作者总结。

（三）以浙豫为依托构建国内价值链的时机已经成熟

浙江省一直保持着全国跨区域直接投资最大省份地位，目前省外投资总额高达4.5万亿元，输出资本1.5万亿元，在省外创造的经济总量高达6万亿元，在新常态下很多企业甚至转移到东南亚，浙江向东南亚等新兴市场转移比例约在30%左右。长三角一直是中西部的主要产业转出地，从2010年至今河南承接长三角产业转移占全部产业转移的比例达25%（表5），电子信息、纺织服装、制鞋、箱包、家具等行业正在向我省加速转移，而中部的河南最缺的仍然是制造能力。浙江转移到河南的企业反映，在浙江生产一个产品，往往有上千家企业与之配套，提供不同的配套及零部件供选择和比对，在河南配套企业很少甚至没有，增加了成本，提高了产品创新的难度。浙江作为转出地、河南作为转入地，我们应携手把制造业留在国内、向中西部转移，构建国内价值链，以中西部的制造能力提升推动东部创新能力提升，以东部创新能力提升推动中西部技术、产品提升，形成全国“一盘棋”、差异化一体化发展格局。

表5　部省合作4届中国（郑州）承接产业转移系列对接活动签约情况

年份	第一届（2010）		第二届（2011）		第三届（2012）		第四届（2014）	
区域	项目数（个）	投资额（亿）	项目数（个）	投资额（亿）	项目数（个）	投资额（亿）	项目数（个）	投资额（亿）
全国	287	1253.4	560	2390.2	840	4886.5	643	3548
长三角	84	295.8	174	845.8	221	1174.4	159	724.96

三、树立新理念，建设“四条运河”携手共谱新华章

在创新、协调、绿色、开放、共享发展理念的指引下，通过深度融入“一带一路”战略，浙江正在整合全球资源提升创新能力，河南正在打造内陆开放高地提升制造能力，两省具有很强的差异性、互补性和广阔的合作空间。浙江应强化腹地意识、河南应强化学习意识，依托各自区位、人才、物流等比较优势，大力建设“四条运河”：着力推进产业转移，加快建设“产业运河”，推动产业新合作；着力推进信息共享，建设“信息运河”，推动信息经济新发展；着力推进返乡创业，建设“人才运河”，打造创新创业新空间；着力弘扬商业文明，建设“文化运河”，建设人文精神新家园，在交流中发展、在融通中繁荣，强化和提升

“一带一路”战略支点地位。

（一）着力推进产业转移，建设“产业运河”

在产业转移过程中，浙江把劳动密集型产业以及部分劳动技术兼具型产业有序转移到河南，浙江仍然作为转移企业总部、技术中心和出口基地，集聚创新资源参与全球竞争，加快向全球价值链高端攀升。作为河南，应解放思想、加强政策创新，以提高制造能力、加快产业集聚为目标，大胆探索市场化、企业化的园区开发模式，走特色主导、集群引进、合作共赢之路。一是特色主导，坚持全省“一盘棋”，推动区域错位发展，以郑州、洛阳特别是郑州航空港区为重点，突出垂直整合、全省配套，加快承接电子信息、智能装备等高附加值产业；以中原城市群9个中心城市为重点，突出产业对接、延链补链，加快承接加工制造业和资源精深加工产业；以平原农区为重点，变“边缘”为“前沿”，积极对接长三角，承接劳动密集型的现代家居、箱包鞋帽、纺织服装等产业，加快工业化城镇化进程。二是集群引进，围绕主导产业寻找合作伙伴，瞄准重点企业集群引进，着力在弥补薄弱和关键环节上下功夫。如智能终端引进模具、五金等配套环节，纺织服装尽快弥补印染、面料缺失环节等。三是合作共赢，发展“飞地经济”，合作共建园区，推动有组织、成规模的承接产业转移，调动合作双方的积极性。

（二）着力推进信息共享，建设“信息运河”

浙江是信息经济的先行者，以阿里巴巴为代表的互联网龙头企业正在深刻改变着生产生活方式，河南很多地方都建设有“阿里巴巴产业带”，很多企业都在“淘宝”、“天猫”上做生意，很多人也在这两个平台上购物，浙江杭州也以信息经济正在跻身

“一线城市”行列，创造的很多做法值得河南学习和借鉴。河南地处中原、人口多，是一个庞大的市场，发展互联网经济、信息经济，市场规模效应明显。作为河南，要全面学习浙江发展信息经济的经验，全面推进互联网与经济社会深度融合，促进产业变革和商业、服务、管理等模式创新，打造产业生态圈。一是发展商务链。面向销售端，积极引进浙江的龙头电商，建设阿里巴巴产业带、网上商城等营销平台，培育本土特色电商，完善电子商务服务生态链。二是完善供应链。面向生产端，研究如何通过供应链的有效组织，与长三角建立低成本、快速流动的供应链体系。学习浙江川山甲公司理念和做法，利用物联网手段，把区域和企业的上下游不同主体集中到一个云平台上无缝对接，在全国范围内构建供应链网络，既有效破解了企业配套难题，又可为企业节约库存成本 70% 以上。三是搞活金融链。借鉴蚂蚁金服的做法，建设“平台 + 服务体系”的金融服务模式，全面构建企业征信系统和企业信用评价体系，大力发展供应链金融和产业银行，组建不同类型的产业发展基金或引导基金，激活民间资本服务实体经济发展，推动产业与科技、金融、人才等要素有机融合。

（三）着力推动返乡创业，建设“人才运河”

30 年前，以千万计的河南籍农民工来长三角打工。经过 30 年的摸爬滚打、试水破冰，很多人在商海的涤荡中已经怀揣一技之长，也有相当一部分成长为“小老板”，相当一批人已成长为具有现代管理意识的企业家。随着浙江等沿海省份“机器换人”以及制造业的转移，推动返乡创业，不仅可以开辟创新创业新空间，而且可以有效解决农村留守、赡养、稳定等一系列问题，起到“一招求多效”的多重效应。如河南的豫东农区县—民权县，已发展成为知名的“中原冷谷”，就是承接慈溪家电产业转移，慈溪家电企业的很多中高管都是90年代民权冰熊冷柜倒闭后过去打工成长起来的。河南是全国重要的劳动力输出地，要把返乡创业作为一项重大举措认真抓好，大力发展“归雁经济”，积极吸引一批豫籍外出务工人员、豫商、人才等“凤还巢、鸟回笼”。一是实施外出务工人员回归工程，吸引积累一定资金、技术和管理经验的外出务工人员返乡办企业；二是实施豫商回归工程，吸引豫商总部、资本、技术回归；三是实施人才回归工程，吸引优秀人才返乡创新创业。省级层面研究制定支持豫商返乡创业回家发展的指导意见，成立组织协调机构，设立返乡创业风险分担基金，引导金融机构加大对返乡创业的信贷投入，构建返乡创业“全生命周期”支持体系。

（四）着力弘扬商业文明，建设“文化运河”

浙江在多年的发展中，孕育了生生不息的商业文明，为广大民营企业家提供的繁荣发展的肥沃土壤，2015年浙江在册市场主体471万户，市场主体总量居全国第4、人均市场主体拥有量居全国第一；政府也营造了一个宽容包容的环境，这么多年来不管阿里巴巴的战略转型引起了多么大的反应，浙江的政府始终非常支持。新常态下的发展，就是市场、创新意识和营商环境的比拼，河南尤为需要。作为河南，要学习浙江的制造文化和商业文明，把打造营商环境作为重要内容来考量。从拼要素资源向改善产业生态转变，政府要改变建基础设施、给地给车的考量，着力打造金融平台、科技支持平台、创新服务平台等，培育产业发展的生态体系。从拼优惠政策向政策稳定性转变，一些企业家表示，没有良好而稳定的产业生态环境，企业很难引进来，即使引来了也很难成气候。主导产业发展的持续性、政策的稳定性和连续性以及良好的政治生态，已成为新常态下产业转移重要的考量因素，政府要在政策的针对性、有效性和执行力上下功夫。从拼短期效益向实现可持续发展转变，守住生态环保底线，加快营造更加宜业宜居的生态环境，从根本上增强对产业的吸引力。

千年的“大运河”川流不息，丝绸之路的文明震古烁今。杭州、汴州一衣带水，江南、中原魂牵梦绕，先人的智慧和今人的创造激励着我们奋勇争先、屹立潮头，浙豫携手建设“产业运河”、“信息运河”、“人才运河”、“文化运河”，共襄“一带一路”战略，共谱中华民族伟大复兴的华彩乐章。

Integrating the Ideal of the “Grand Canal” Into “the Belt and Road Initiatives”: on Zhejiang – Henan Cooperation Involved Deeper Into “The Belt and Road Initiatives” From the Perspective of Value Chain

Chen Weizhong

Abstract: In order to promote Zhejiang – Henan cooperation involving into “The Belt and Road Initiatives”, I put forward the idea to speed up the construction of east Midwest reasonable division of labor and coordinated development of the domestic value chain (NVC) in order to explore the new mode of Zhejiang – Henan co – operation, to strengthen the status of strategic fulcrum of Zhejiang and Henan in “The Belt and Road Initiatives” by building the domestic value chain, while at the same time to integrate the coastal areas into the global value chain (GVC), using the perspective of value chain, and based on the gradient economy in our country. I suggest to mainly build the following “four canals” between Henan and Zhejiang under the guidance of the concept of innovation, harmonious, green, open and shared development, such as to construct the “industrial canal” to promote orderly transfer of industry, information canal to promote the construction of information sharing, “talent canal” to focus on promoting entrepreneurship home, and “cultural canal” to promote the business civilization, so that Zhejiang and Henan may devote to “The Belt and Road Initiatives” hand in hand to realize the great rejuvenation of the Chinese nation.

Keywords: The Grand Canal national value chain Zhejiang - Henan cooperation the Belt and Road Initiatives

推动我国与中亚地区在工业领域合作政策建议

（中国国际经济交流中心博士后）任宇

［摘　要］中亚地区处于欧亚大陆东西端与南北方的十字交叉口，是亚洲经济圈、欧洲经济圈的必经之路，是我国“丝绸之路经济带”西进的必经之路。深化我国和中亚五国在工业领域合作，是我国“向西开放”战略的重要支撑，对建设好“丝绸之路经济带”有着极为重要的政治意义和经济意义。本文在梳理总结中亚五国整体工业发展特点、我国与中亚五国现有产业合作的基础之上，研究分析了我国与中亚五国在工业领域合作面临的机遇和挑战，并就进一步加强我国与中亚地区工业领域合作提出相关对策建议。

［关键词］中亚地区　工业发展　产能合作

一、中亚地区工业发展总体概况

1991年底先后独立的中亚五国，依托丰富的能源资源优势，通过加快经济结构调整、扩大内需、增加出口等政策措施，经济整体上保持较快增长态势。特别是国际金融危机后，在全球经济增速放缓、外部需求低迷、地缘冲突不断及全球金融市场剧烈动荡等不利因素影响下，2009—2015年，中亚五国整体平均增长率超过6.5%，远高于发达国家和全球经济的平均增速。在经济快速增长下，各国工业增长迅猛。2015年，塔吉克斯坦工业增长高达11.2%，土库曼斯坦工业制成品增长38%。未来，随着全球大宗商品价格的回升，及中亚五国工业化进程的不断加快，中亚五国工业将有望保持持续增长态势。

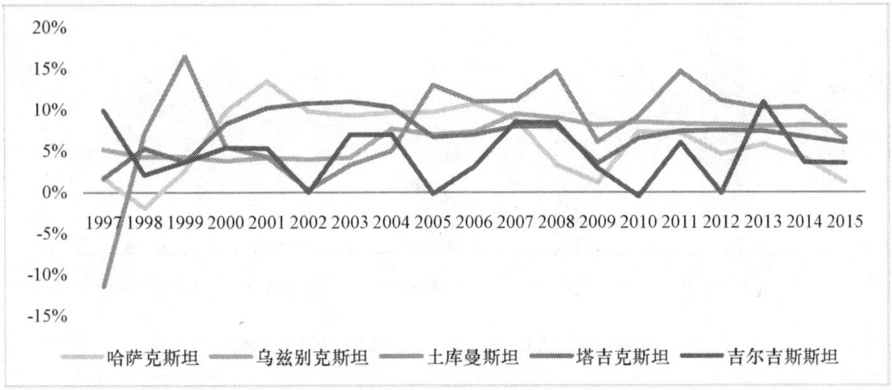

图1　1997—2015年中亚五国GDP同比增速

资料来源：各国统计局。

目前，中亚五国工业发展主要呈现以下特点：

（一）各国间工业发展不均衡

受各国资源禀赋及经济发展模式的影响，现阶段中亚五国经济发展呈现不均衡态势。哈萨克斯坦、乌兹别克斯坦、土库曼斯坦工业实力相对较强。而塔吉克斯坦、吉尔吉斯斯坦两国由于资源禀赋差、工业实力较弱，大部分工业品严重依赖进口。2015年，经济总量最大的哈萨克斯坦国内生产总值为1834.02亿美元，吉尔吉斯斯坦国内生产总值为65.72亿美元，一高一低间相差较大。在工业领域也呈现出较大悬殊。2014年，哈萨克斯坦工业增加值为89亿美元，塔吉克斯坦工业增加值21.3亿美元，吉尔吉斯斯坦工业增加值为11.5亿美元，哈工业增加值是吉的7.7倍。

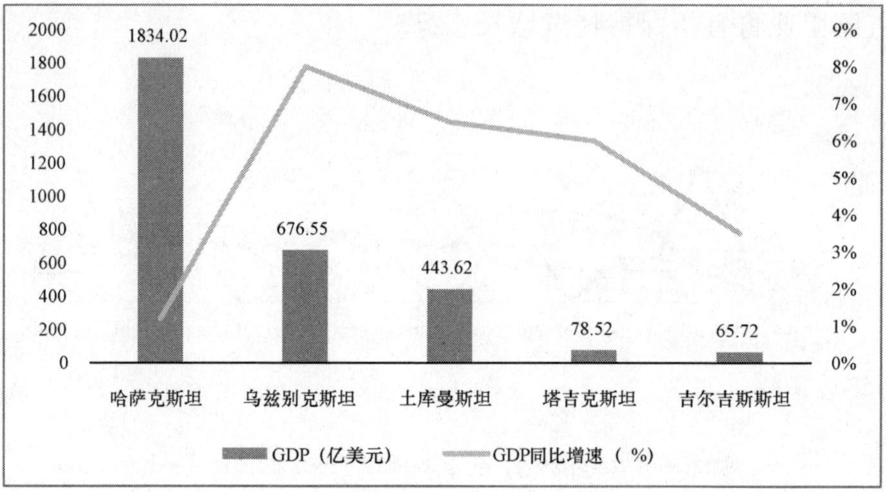

图2　2015年中亚五国GDP及增速

资料来源：各国统计局。

（二）能源产业是其支柱产业

中亚地区油气资源丰富，石油、天然气存量分别占全球的8%和5%。经济主要以能源出口为主，制造业和加工业发展相对缓慢。根据BP能源统计数据显示，2014年，中亚五国石油产量和出口量分别为9816万吨和7466万吨；天然气产量和出口量分别为1360亿立方米和571亿立方米。从油气资源分布看，石油主要分布在哈萨克斯坦，天然气主要集中在土库曼斯坦、哈萨克斯坦和乌兹别克斯坦。而吉尔吉斯斯坦和塔吉克斯坦的石油和天然气资源相对较少。

（三）传统产业转型升级步伐加快

中亚五国的产业结构以油气化工、纺织服装业、食品加工、电力工业、采矿业、汽车工业等传统产业为主。如，哈萨克斯坦的主导产业为采矿业、油气化工、纺织服装、食品加工业；乌兹别克斯坦主导产业为汽车工业、飞机制造业、采矿业；土库曼斯坦主导产业为油气化工、纺织服装、电力工业；塔吉克斯坦主要为铝加工业、煤炭工业。根据乌兹别克斯坦《2015—2019 发展纲要》，将在机械制造、石化、纺织服装、食品加工等领域进行技术和设备的更新改造；哈萨克斯坦在《2016—2020 产业规划》和《创新发展国家纲要》中提出，到 2020 年前，开发 20 种以上化工新产品，可再生能源比例提升至 3% 以上，并强调要进一步促进高技术产业发展。随着中亚五国政府的大力推动及清洁能源、低碳环保和信息技术的不断引进吸收，中亚五国传统产业升级有望取得实质性进展。

（四）吸引外资能力不断增强

在“一带一路”倡议、上合组织、欧亚经济共同体、中亚区域经济合作组织、独联体八国自由贸易协定等大力支持下，中亚五国凭借其丰富的能源矿产资源和投资政策正成为全球投资一大热点区。2015 年，世界银行公布的《全球营商环境报告》显示，哈萨克斯坦在中亚五国中排名领先，其在全球营商环境的排名从 53 位提升至 41 位。据国际研究机构统计，1995—2015 年期间，土库曼斯坦累计吸引外资高达 1172 亿美元，位居全球吸引外国直接投资指数的前10位。

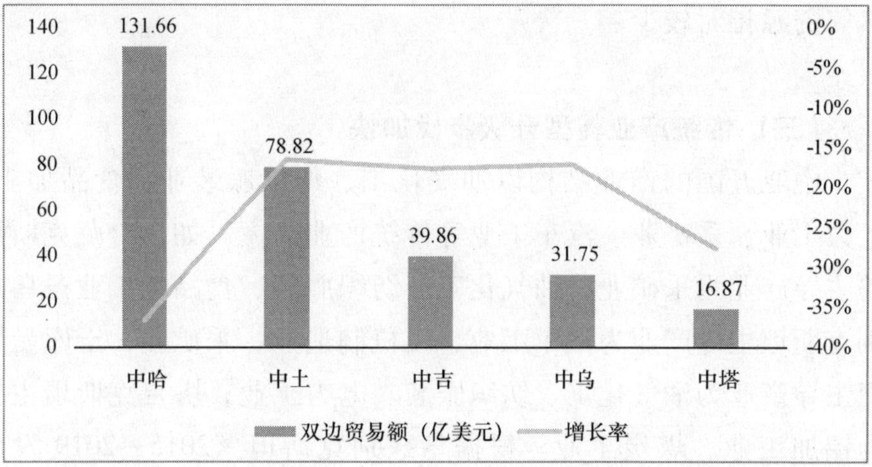

图3　2015年1—11月我国与中亚五国双边贸易额及增速

资料来源：中国海关总署。

二、我国与中亚地区现有产业合作基础

（一）双边贸易额总体不断扩大

中亚五国独立初期，我国与中亚五国的贸易额仅为4亿多美元，2014年，我国与中亚国家贸易额达到450亿美元，较建交初期增长100余倍。2015年，受全球经济低迷、国际大宗商品价格暴跌及中亚五国货币贬值等因素影响，我国与中亚五国贸易规模大幅下滑。2015年1—11月，我国与中亚五国贸易额为298.96亿美元，下滑趋势严重。虽然贸易额和增速放缓，但我国现已是土库曼斯坦最大贸易伙伴，哈萨克斯坦、吉尔吉斯斯坦第二大贸易伙伴和塔吉克斯坦的第三大贸易伙伴，哈萨克斯坦是我国在独

联体国家中第二大贸易伙伴和在欧亚地区的第一大投资目的地国，彼此贸易依存度非常高。随着“丝绸之路经济带”的建设，未来我国与中亚五国合作潜力巨大。

（二）商品贸易结构不断优化

随着我国技术进步和对外开放步伐加快及中亚各国工业现代化建设的推进，双边贸易结构得到优化。我国向中亚五国出口的商品，从过去的纺织服装、日用轻工产品逐步扩大到机电、新能源、信息通讯设备等高新技术产品，高附加值产品出口比重上升。中亚五国向我国出口的商品主要以能源、原材料产品为主，主要包括石油、天然气、天然铀、棉花、铁矿石、铜等有色金属，且这种贸易结构在短期内难以改善。如，天然气占土库曼斯坦对我出口总额的98%；有色金属占塔吉克斯坦对我出口总额的78%；矿产品出口占哈萨克斯坦对我出口总额的64.9%。随着我国不断参与中亚五国基础设施建设和非能源领域合作，必将带动我先进装备向中亚五国出口。

（三）产业配套服务能力不断提升

近年来，我国与中亚国家间的基础设施建设发展迅速。我国陇海、兰新铁路深入中亚地区的铁路干线已成为新亚欧大陆桥的重要组成部分；我国已开通直达中亚五国的航线；“双西公路”、中吉公路、塔乌公路、塔境内输变电线等合作项目不断完工，中国—哈萨克斯坦（连云港）物流合作基地也于2014年5月在连云港启动，这些多方位立体式的基础设施布局大大降低了产品运输成本，增强了产品的市场竞争力，对于推动双方产业深入融合发展具有积极推动作用。

（四）多层次的产业合作机制不断推进

随着“一带一路”建设的不断推进，我国与中亚五国产业合作内容不断丰富，逐步形成了多层次、宽领域的合作架构。在区域层面上，上合组织和中国—中亚合作论坛是我国与中亚国家间机制化交流的国家级高端合作平台，已成为区域间成员国对话交流的重要平台。在国家层面上，我国与中亚部分国家建有双边合作机制，如中哈两国总理定期会晤机制、中哈合作委员会、中国—乌克兰经贸合作论坛等。另外，中国—亚欧博览会也已成为促进我国与中亚、西亚、南亚和欧洲国家的长期经济交流与合作平台。多方位的合作机制架起了我国与中亚地区多层次多领域对话交流的桥梁，为彼此间的工业合作发展也创造了良好条件。

三、我国与中亚地区工业领域合作面临的机遇与挑战

（一）机遇

1. 深厚的历史文化渊源为双方产业合作打下雄厚基础

中亚与我国西部地区，特别是新疆自治区有很多同源的民族，生活习性、文化习惯、民族风俗都很相近，历史上我国与中亚五国有着密切的交流往来，深厚的历史文化渊源及经贸人文交往为双方开展产业合作奠定了雄厚基础。新疆自治区依托多个对外开放口岸，将我国的纺织服装、食品、医药、家电、医疗设备、机电等产品运往中亚地区市场，目前这些轻工产品在中亚市场已具有一定的竞争力。

2. 双方产业发展战略契合度高

当前，我国正在大力实施“中国制造2025”、“互联网+”、“十三五规划”等重大战略，中亚各国也制定了本国经济发展战略，虽然战略的名称有所不同，但都强调要加强在能源、基础设施建设、制造业和信息通信领域的国际合作愿望。如，《哈萨克斯坦—2050》战略及“光明大道”新经济计划、“2015—2019年乌兹别克生产本地化纲要”、吉尔吉斯斯坦《2013—2017年稳定发展战略》、塔吉克斯坦《2030年国家战略》，这些政策都与丝绸之路经济带建设的诸多理念和政策目标高度契合。

3. 产业结构互补性强

我国与中亚五国在资源禀赋、产业结构和工业制品等方面互补性强。我国是全球第二大经济体，外汇储备居全球第一，在钢铁、水泥、机械制造、纺织服装、化工、食品加工、高铁、核电等领域制造能力强，而这些资源和能力在中亚五国非常短缺。尤其是中亚五国的农机制造工业基础比较薄弱，哈萨克斯坦每年的机电产品进口中，农机产品进口占80%以上。而中亚拥有极其丰富的石油、天然气、矿产、木材、石墨、钾肥、铀、棉花、皮革等能源资源类产品，是我国经济发展急需的资源。目前我国在哈石油产量已接近哈国石油总产量的1/3。随着中国—中亚天然气管线和中哈石油管道项目的建成，我在中亚哈、乌、土等国能源合作步伐将进一步加快。

4. 中亚五国吸引外资政策不断完善

近年来，随着中亚五国工业化进程的加快，各国逐步实施产业结构调整，并加快了引进外资的步伐。如，哈萨克斯坦陆续建立各种经济特区、技术园区和工业园区以吸引外资；吉尔吉斯斯坦出台了新的《自由经济区法》，乌兹别克斯坦总统签发了《关于吸引外国直接投资补充措施》总统令。各国还相继降低了进口税率，目前吉尔吉斯斯坦的平均进口税率已降至5.2%，实行零关税的税号已有2000多种。随着投资环境的改善和经济结构的逐步优化，中亚五国吸引外资的能力将不断增强。

（二）挑战

1. 中亚五国的贸易投资环境趋紧

中亚五国当前仍处于社会转型期，在基础设施、投资环境、金融服务、政府管理等方面的体制和法制不完善。各国普遍存在着外商投资政策随意变动性大，政府监管不到位，执法部门执法不严、企业注册、办理签证、劳务许可申请手续繁杂等问题。特别是国际金融危机后中亚国家就业形势严峻，提升了对外籍劳务人员的引入条件，而当地的劳动力水平总体偏低，难以适应我企业的生产需求，增加了项目成本及工程施工难度。投资环境的趋紧使得我国企业在赴中亚五国投资时面临的风险成本加剧。

2. 大国博弈使得投资不确定性增加

中亚五国因其重要的战略位置及能源资源优势，成为大国间博弈的焦点。俄罗斯、美国、欧盟、日本、韩国、土耳其等国积极向中亚五国投资，大国之间的博弈，增加了我国企业投资的不确定性。俄白哈组成的关税同盟及美欧日韩等国在中亚建立的对话机制，客观上形成了与上合组织的竞争。以俄罗斯为例，独立后的中亚五国与俄罗斯在历史、文化、经济和政策等方面有着密切的联系和广泛的共同利益，中亚五国均把发展对俄关系作为外交政策的主要着力点，俄罗斯对中亚五国的经济社会发展具有举足轻重的作用。近年来，随着俄罗斯经济的恢复和发展，俄开始强化对中亚五国的投资，将我国与中亚五国的能源和基础设施合作不仅仅看做是经济问题，更看成是地缘政治和安全问题。因此，我企业在中亚五国投资时不仅要注意其内部投资环境，还要严防外部大国政治经济力量的介入。

3. 基础战略性行业进入壁垒高

在当前国际能源日益短缺的背景下，中亚五国意识到石油、天然气、贵金属等战略资源和基础行业对国家经济发展的重要性，重视对能源及重点行业的国家控制和整合。如，哈萨克斯坦法律规定，注册地不在哈但资产在哈国境内的石油天然气公司转让股权时，必须获得哈政府批准。同时规定，如果地下资源利用权的转让不符合国家安全要求，有关部门有权拒绝颁发许可证。土库曼斯坦政府干预国际项目招标现象严重；乌兹比别克斯坦计划经济色彩浓，在经济生活中仍保持行政干预手段。中亚国家对其能源资源行业的控制不利于我国企业进入和退出其市场，尤其是进行能源和基础性行业合作构成了实质性障碍。

4. 产业合作领域狭窄

尽管中亚五国对我国日常消费品及机电产品等进口需求旺盛，但由于我国与中亚五国产业合作的总体水平不高、规模不大，目前我国企业在中亚五国的投资还主要集中在产品贸易、能源矿产资源勘测和开发、水电站建设、化工、通信等领域，这些大多是投入资金大、项目建设周期长的重资产行业，而家电、纺织服装、钢铁、汽车、农机装备、光伏等产业涉及较少，不利于我国中小企业走出去及国内产业转型升级。另外，虽然我国一些轻纺和家电产品在中亚市场的占有率高，但产品技术含量亟待提高，与欧美日韩等国产品质量差距明显，产品的国际竞争力不强。双方合作还需要往加工制造、售后服务、研发等产业链环节延伸，加快提升产业合作水平。

5. 金融服务支撑能力较弱

中亚五国金融服务业不够发达，还没有形成统一的网络结算体系，货币结算时效低、覆盖面窄、手续费高，一定程度上影响了双方产业合作。如，吉尔吉斯斯坦银行规模小，且贷款利率高，尚不具备对我国企业融资条件；塔吉克斯坦银行系统薄弱，银行贷款利率在24—36%；土库曼斯坦贷款审核极其严格且时间漫长，贷款平均年利率为10%；中哈双方本币结算占比很小，人民币结算占比不到贸易总结算的2%。我国虽已与哈萨克斯坦、塔吉克斯坦和乌兹别克斯坦签署有货币互换协议，但金融服务业的滞后使得双边产业合作风险上升。

四、推动我国与中亚地区工业领域合作的措施建议

（一）建立常态化的工业合作交流机制

中亚五国的工业发展水平、政治体制、宗教文化等因素决定了与其开展产业合作的风险性和复杂性。我企业在中亚地区投资普遍面临着企业注册难、办理签证时间长、劳务许可申请程序复杂等问题，不是单个企业出面就能有效解决的。因此，应重点从以下几个方面着手：一是在上合组织区域经济合作机制下，积极搭建双方工业主管部门之间的对话与交流平台，通过定期互访和开展部长级工业对话，消除妨碍我企业交流合作的规则，解决我企业在法制、产业政策、办事流程等方面存在的问题，充分保障我企业在中亚五国的切身利益。二是举办政府层面的产业合作论坛，加强与中亚五国在产业政策、区域布局、人才与技术培训、学习交流等方面的交流沟通，增进对双方企业合作的引导和支持。三是积极搭建智库、行业协会等民间机构的沟通交流平台，研究探讨双方共同关注的合作领域及实施路径，挖掘双方工业合作潜力，为双方技术交流和产业合作提供支撑。

（二）以基础设施建设为依托带动我国装备产业走出去

基础设施代表着一国工业发展的基本承载力，因此深化基础设施领域的投资与合作，是中亚各国推进工业化进程的需要，也是促进中亚各国经济社会深度融合的重要路径。中亚各国政府非常希望把铁路、公路等基础设施建设项目纳入丝绸之路经济带设想。为顺应各方关切，一方面我们需发挥上合组织信贷、亚洲投资银行与丝绸之路经济带基金的作用，支持我企业与中亚各国在交通运输、通讯设施、电力等领域的项目合作，并给予中亚五国资金、技术方面的支持，加快完善中国—中亚五国的交通物流和通信网络；另一方面，以基础设施建设合作为突破口，通过工程勘测、设计、实施等环节锁定中亚国家在工程装备、通信设备等领域的采购目标国，带动我钢铁、水泥、工程机械、通信设备等装备产业向中亚各国转移。

（三）加强与中亚国家在制造业领域的合作

目前，我国在纺织轻工、食品加工、钢铁、化工、能源开采等领域拥有一定技术优势，而中亚地区石油、天然气等能源资源较为丰富，轻工业基础薄弱，通过与中亚各国合作可以实现资源的高效配置。因此，我们应不断挖掘与中亚地区在制造业领域的合作增长点，具体可有以下三点：一是利用中亚地区石油、天然气、铁、铜、铬等能源矿产资源优势，加强我勘探开发、油气化工、矿产资源深加工等企业在中亚国家投资能源矿产，并鼓励我企业在中亚各国建设油气化工和资源深加工工业园；二是依托中国—哈萨克斯坦工业园、乌兹别克斯坦扎克工业园以及国内的境外园区，支持我装备制造、食品加工、纺织服装、家电等优势企业加快到中亚各国投资办厂；三是紧跟各国产业发展导向及需求，以独资、合资或建立产业示范园区等形式，在能源资源相对丰富的中亚国家抢先布局新能源产业，并由点到面推动我企业与中亚各国在太阳能光伏、风电、核电、节能环保、新能源汽车、生物医药、信息技术等新兴产业领域合作，加快国内产业转型升级。

（四）完善企业海外投资的支撑与服务体系

由于中亚地区地缘冲突不断、基础设施落后、法制建设滞后、市场规范性差等原因，我企业在赴中亚地区投资时需对投资国政治、经济和文化等进行深入了解，熟悉各国经商政策及流程，减少不必要的损失。为帮助我企业在中亚地区投资贸易的便利化，可从以下几方面推进：一是积极搭建工业企业走出去公共服务平台，推动我企业在海关、质检、物流等方面的投资便利化，并建立完善的信息支持、行业发展监测机制，帮助分析国际市场前景、投资机会和可能存在的风险，为我企业开展合作提供便捷服务；二是大力培育发展专业中介服务机构，为工业企业走出去提供法律、财会、评估、知识产权等专业化服务；三是突出新疆在我与中亚地区合作中的重要地位，把新疆建成我企业在中亚地区投资的出口加工基地、产品中转集散地、能源资源进口国际大通道和区域性国际商贸中心，逐步将中哈霍尔果斯国际边境合作中心打造成区域示范基地。

（五）加强我企业在中亚五国投资的金融支持力度

中亚五国普遍存在银行规模小，贷款利率高、我企业不能使用人民币在当地开展跨境贸易投资等问题，我企业与中亚国家的大额交易主要以借贷和现金方式结算，增加了交易成本和风险。为改善我企业在中亚地区的融资状况，可从以下几个方面来着手：一是增加国家开发银行、中国农业发展银行等政策性银行的融资支持力度，同时应积极采取商业性融资、民间资本、离岸金融服务、股权融资服务、海外资产抵押贷款等方式来扩大企业融资来源；二是进一步完善我国与中亚五国的货币互换机制。中国人民银行、外汇管理局应积极引导边境商业银行加挂人民币与中亚五国货币比价，给予商业银行自行确定汇价及浮动范围，促进商业银行开展边贸本币结算的积极性；三是以中哈霍尔果斯边境合作中心为依托，充分利用上合组织信贷资金、丝路基金、亚投行等机构，促进产业融资，保持双方合作项目的可持续性。

Policy Proposals for Promoting Industrial Cooperation between China and Central Asia

Ren Yu

Abstract: Central Asia is at the crossroads of the east and west ends of Eurasia and the north and south of the Eurasian continent. It is the only way for the Asian economic circle and the European economic circle. It is the only way to go west of the Silk Road Economic Belt. Deepening the cooperation between China and the five Central Asian countries in the field of industry is an important support for the strategy of opening to the west in China. It is of great political and economic significance to construct the Silk Road Economic Belt. On the basis of summarizing the characteristics of the whole industrial development of the five Central Asian countries and the existing industrial cooperation between China and the five Central Asian countries, this paper analyzes the opportunities and challenges faced by China and the five Central Asian countries in industrial cooperation, and gives suggestions on strengthening the cooperation of Industry between China and Central Asia.

Keywords: Central Asia　Industrial development　Capacity cooperation

全面推进“一带一路”贸易投资便利化战略

（中国国际经济交流中心副研究员）张茉楠

[摘　要] 扭转世界经济持续性放缓甚至衰退的根本在于提高全球经济体生产力，改进资本和技术的错配配置，扩大全球软硬件基础设施投资，提升全球价值链合作与分工。“一带一路”战略倡议提出三年来已经进入实质性合作阶段。未来应从规则、制度设计入手，着眼于“一带一路”贸易投资便利化战略，构筑“一带一路”投资框架和自贸区网络，推动新一轮全球贸易的繁荣型增长。

[关键词]“一带一路”　第三大贸易中心　贸易投资便利化

一、全球第三大贸易中心的潜力与发展机遇

当前，全球经济增长面临重大调整和深刻转型。全球复苏步伐明显低于预期，国际贸易增长则更为缓慢。全球产出能力过

剩，劳动生产率增长缓慢导致全球经济潜在增速下降，投资率下降及实际利率下降。

一直以来作为世界经济增长引擎的国际贸易年均增速为世界经济增速的1.5倍，甚至2倍。而现在这一“引擎”却开始严重放缓、停滞甚至面临“熄火”风险。根据全球贸易增长报告，1990—2007年全球国际贸易增长6.9%，2008—2015年平均增长约3.1%，过去一年，全球贸易增长降为1.2%，不到金融危机前10年平均贸易年增长率6.7%水平的一半，2016年WTO也将贸易增长预期由2.8%下调至1.7%。贸易对GDP的创造效应大大下降。

进一步分析来看，如此低迷的全球贸易增速在过去50年里仅遇到5次，分别是1975年、1982年、1983年、2001年和2009年（正好对应着经济危机期间），然而这一次却是连续4年低于3%的水平（如图所示）。

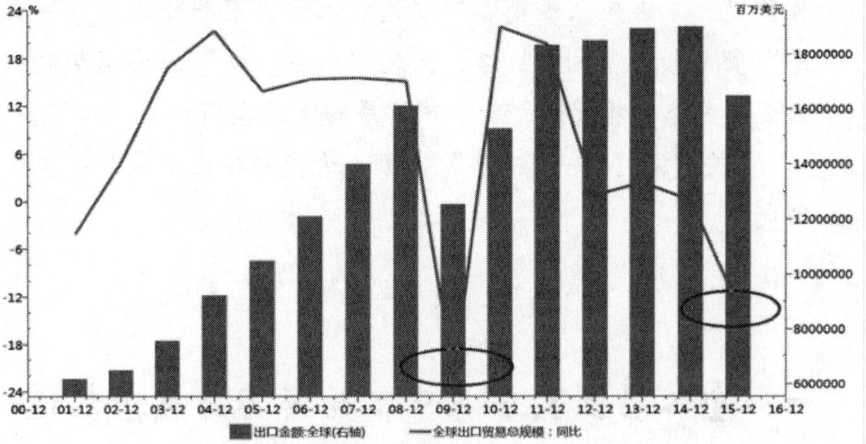

图1　国际贸易低增长成为全球最大的挑战

数据来源：WTO。

历史上，丝绸、瓷器、茶马和香料是流通在丝绸之路上的四种大规模贸易产品。价值链最长的是丝绸，位于价值链顶端的也是丝绸，这也是德国地理学家李希霍芬（Richthofen）将其命名为“丝绸之路”的根本原因。所以“丝路”很大程度上代表这一个贸易的符号，代表着长期以来的亚欧贸易的繁荣。

事实上，2008年以来，全球贸易体系正经历自1994年乌拉圭回合谈判以来最大的一轮重构。从全球经济贸易格局看，全球市场存在两个有着强烈区域特征的贸易中心：其一是大西洋贸易轴心；其二是太平洋贸易轴心。而本世纪以来，世界经济发展的最突出特点是包含亚洲、拉美、非洲的大多数发展中国家和新兴经济体的整体性发展壮大。“一带一路”沿线国家以发展中国家为主，近年来，这一区域的经济增长尤为显著。“一带一路”地区覆盖总人口约46亿（超过世界人口60%），GDP总量达20万亿美元（约占全球1/3）。1990—2013年间，“一带一路”区域整体GDP年均增长速度达到5.1%，相当于同期世界经济增速的两倍。即便是2010—2013年全球经济缓慢增长期间，“一带一路”区域的年均增速也达到4.7%，高于世界平均的2.4%，对世界经济增长的贡献率达到41.2%。

本质而言，“一带一路”合作框架可以看作是一种新型的“贸易协同战略”。本世纪初，经济全球化加速发展以来，特别是全球金融危机以来，世界经济格局从“中心—外围”单循环体系向“双环流”体系转换，其经贸基础即“新南南合作”机制。新南南合作是针对以往单循环格局下发展中国家在世界经济边缘开展的传统南南经济合作而言的，这一合作，无论从背景、内容、形式、意义都大大超越了传统南南合作。在这种贸易协同战略下，中国与“一带一路”区域的贸易模式必将进行新的调整。这种调整包括：贸易与直接投资和产业转移的融合与互动；从产业间贸易向产业内贸易的转变；贸易结构与贸易条件的重新调整；通过制度性安排，保障推进贸易与投资关系的协同发展。

近年来，特别是金融危机之后，中国经济增长战略的中心开始出现重大调整，正在践行一种“以联通为导向”（connectivity - oriented）的总体发展战略——全面推进“一带一路”战略。中国贸易结构也逐渐从“大进大出”转向“优进优出”。世界银行数据进一步显示，国际金融危机后的2010—2013年期间，“一带一路”对外贸易、外资净流入年均增长速度分别达到13.9%和6.2%，比全球平均水平高出4.6个百分点和3.4个百分点。截止到2015年，中国同“一带一路”沿线国家进出口贸易总额近1万亿美元（9955亿美元），同比增长25%，其中出口增长27%，进口增长22.7%。其远超过2015年中国进出口贸易下降8%的水平。在可以预见的未来，“一带一路”区域很可能形成除大西洋贸易中心和太平洋贸易轴心之外，新的以亚欧为核心的全球第三大贸易轴心。

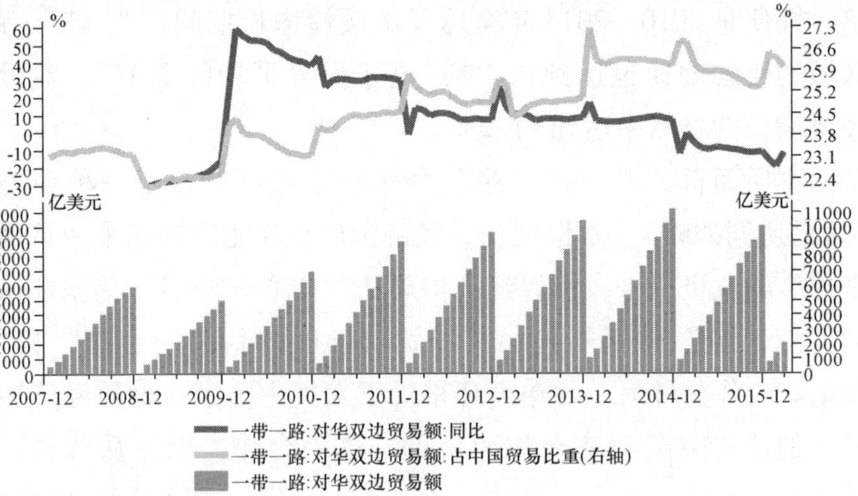

图2　中国与“一带一路”国家双边贸易总额

数据来源：商务部，海关总署。

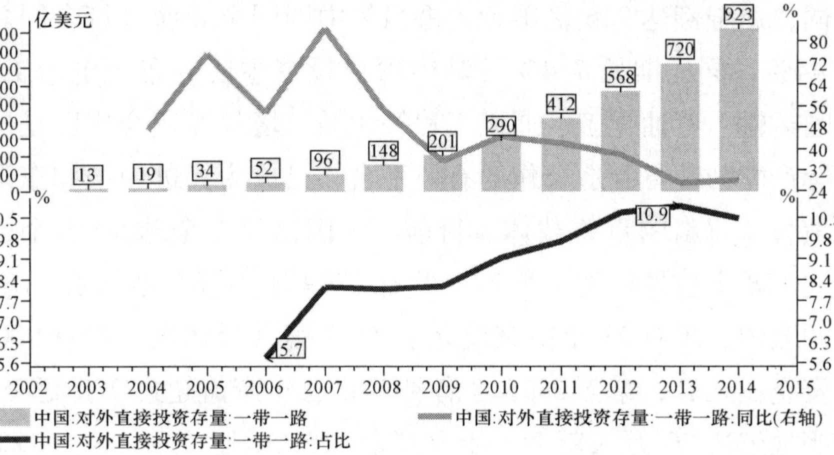

图3 中国对“一带一路”国家投资存量状况

数据来源：商务部。

中国与“一带一路”沿线国家的贸易关系日益紧密，虽然贸易规模相对还较小，但贸易增速较快，区域内贸易互补性强于贸易竞争性。从增速看，近年来中国与中亚5国的贸易总额增速最快，2001—2014年，年均增速高达29.8%，高于同期中国与“一带一路”沿线国家贸易总额的平均增速22%，中国与中亚区域的贸易往来主要集中于资源产品、能源产品和劳动密集型工业制成品，进出口贸易呈现互补性特征，未来贸易潜力巨大。

中国具备了深化“一带一路”价值链与国际产能合作的基础。一方面，“一带一路”倡议下的经贸合作取得了较大进展。2015年，中国同“一带一路”沿线国家进出口贸易总额近1万亿美元（9955亿美元），同比增长25%，其中出口增长27%，进口增长22.7%。这远超过2015年中国进出口贸易下降8%的水平。2015年底，中国在沿线65个国家中投资49个国家，共计150亿美元，同比增长18%。项目投资增长较快，截止2015年底，中国同沿线65个国家中60个国家共签订约4000个基础设施合同，总金额达926亿美元，占当年中国同全球所签订合同总额的44%，同比增长7.4%。其中项目投资主要分布于电力工程、交通运输、石油化工、通讯工程等领域。境外经贸合作区是推进国际产能与装备制造合作的有效平台，已成为促进中国和东道国经贸合作双赢的重要载体。目前，中国已经在全球50多个国家设立118个境外经贸合作区，共有2799家中资企业入驻。在65个国家中，现有23个国家设立了77个境外合作区，共有900家中资企业入驻，拿下3975个各类项目，年产值超过200亿美元，为当地解决20万人就业，上交税收共计10亿美元。还有25个国家希望同中国建立36个境外经贸合作区。

二、“一带一路”面临的贸易投资壁垒与挑战

2015年的OECD贸易便利化指标（TFI）显示，全面实施贸易便利化协定（TFA）的国家贸易成本将会比仅实施最低要求的国家下降1.4—3.9个百分点，边境通关程序成本占总交易成本的2%到15%。简化和协调贸易投资领域的各种程序，实现贸易投资便利化，才能以贸易投资为核心促进“一带一路”的经济繁荣。

首先，“一带一路”区域内的贸易成本普遍较高。贸易成本的高低直接影响一国商品在国际市场上的比较优势，运输成本、贸易规模、贸易壁垒等是决定贸易成本的重要因素。根据世界银行统计，2013年“一带一路”沿线国中只有19个国家的基础设施得分在3以上，集中在东南亚、西亚产油国和中东欧国家，部分东南亚国家、南亚和中亚国家的基础设施则相对较弱。从贸易

规模看，除了东盟10国，中国与沿线国家的贸易额大多规模较小，且存在较多的贸易壁垒，如中亚地区进出口手续繁琐，完成出口手续耗费时间长达数月。此外，沿线较多发展中国家存在脆弱的金融体系以及波动较大的汇率，这些都是导致中国与沿线国家贸易成本较高的重要因素。

其次，自由贸易区协定自由化、便利化程度整体较低。“一带一路”沿线国家已缔结的FTA涵盖内容不够全面，过分强调货物贸易的自由化，忽视了其他相关的贸易问题，投资、服务市场开放度低，基本未涉及到诸如知识产权、政府采购和竞争政策等领域，自由贸易协定新议题覆盖面窄，而且大都集中于传统领域。

第三，沿线国家经济合作存在着较多壁垒。主要障碍在自由贸易区网络构建的重要区域中亚、西亚，各国的关税水平仍总体偏高。在中亚，俄、哈、乌、吉、塔5国的平均进口关税税率分别是10%、8.6%、14.8%、10%和9.8%。在上合组织中，只有中国、俄罗斯和吉尔吉斯斯坦是WTO成员，因此在哈萨克斯坦、乌兹别克斯坦和塔吉克斯坦尚未入世的情况下，构建自贸区将使之在产业发展和资金、技术等方面承受压力，因此这些国家对贸易投资的自由化、便利化态度会十分谨慎。在流通领域与软基础设施方面，新欧亚大铁路途经多个欧亚国家，各国的轨距不同，换轨将耗费大量的金钱与时间；一些国家的港口设施较落后，各国口岸之间尚未形成合作机制，贸易便利化程度较低，物流成本偏高，这些都构成了各国货物贸易和服务贸易合作的障碍。

三、推进"一带一路"贸易投资便利化的政策建议

我国正从经济大国向经济强国转变，"一带一路"战略倡议意味着我国正努力将自身的经济增长动力转化为区域增长动力。因此，要着眼于贸易投资便利化的政策和战略框架设计。

一是在"一带一路"主要节点和港口共建经贸合作园区。中国与周边国家之间有非常长的陆地和海上边境线，在沿边地区建设跨境经济合作区、边境经济合作区，具有巨大的可能性和现实可操作性。吸引各国企业入园投资，形成产业示范区和特色产业园，通过产业园区建设来促进现代制造业、服务业、现代农业等相关产业融合发展，把建设境外经济合作区和边境合作区结合起来，建设跨国产业链，形成沿边境线的跨国产业带，进一步建立健全区域合作的供应链、产业链和价值链。优先采取以能源、贸易基建为主，以"资源换项目"、港口特许经营权等多种形式，推动大型能源和基建企业海外投资与运营，推动跨境园区建设，进行多种形式投资合作。

二是积极推进"一带一路"投资框架的形成。当今国际投资规则主要体现于双边投资保护协定（BIT）、RTA 中的投资规定、WTO 的《与贸易有关的投资措施协定》（TRIMS）和 GATS 有关商业存在的投资规定等。据联合国贸发会《2015 年世界投资报告》的统计，截止到 2014 年底，全球共有 3271 项各类国际投资协定。该报告建议改革国际投资治理制度，包括保障东道国管理权利、改进投资争端解决机制、促进与便利投资、保证负责任的投资、加强国际投资协定的体制协调性等内容。在投资规则方面，TPP 的投资规则不仅超出了 TRIMS 的范围，而且比目前数以

千计的双边投资协定更进一步，尤其是设立了非歧视性待遇与“负面清单”的投资新规则。具体包括：（1）以国民待遇和最惠国待遇的非歧视投资政策与“公平公正”和“充分保护与安全”为法律保护的基本规则，同时保障各缔约方政府实现合法公共政策目标的能力，减少或消除与贸易相关的投资规则。（2）各方采用“负面清单”模式，此即意味着“法无禁止皆可为”，除不符措施外，市场将对外资全面开放。不符措施包括两个附件：一是确保现有措施不再加严，且未来自由化措施应具有约束力；二是保留在未来完全自由裁量权的政策措施。（3）为投资争端提供了中立、透明的国际仲裁机制，并通过有力的措施防止该机制被滥用，确保政府出于健康、安全和环境保护之目的进行立法的权利。

三是加强政策与机制“互联互通”，构建与完善贸易投资争端解决机制。从宏观经济政策领域消除“一带一路”沿线国家因不同贸易政策造成的“政策壁垒”。关于贸易争端解决机制的安排，可以借鉴欧盟、北美自由贸易区、东盟的现有做法。笔者认为，考虑到目前“一带一路”沿线国家较为松散的合作现状，应该在对接现有贸易争端解决机制的同时，强调用磋商的方式解决争端，并建立区域共同专家组，以仲裁的方式解决未能协商一致的贸易争端，未来随着“一带一路”沿线国家贸易合作的日益密切，可以考虑建立区域化的司法体系，将贸易争端、投资争端、金融争端以及建立相配套的执行体系。

四是推动标准、规则、法规对接，构建并加快建立监管一体化机制。除海关之外，跨境贸易和投资合作还涉及商品检疫检验、知识产权、产品质量和技术标准、环保标准等众多领域的标准、规则的对接与统一。同时，由于“一带一路”沿线国家之间的经济合作还处于起步阶段，各方面的横向衔接和沟通还不够通畅，通关和监管都仍在不断探索之中，实现区域监管一体化将是一个十分重要的目标和领域。为促进“一带一路”区域贸易畅通，必须加强区域各领域、各方面、各层次的密切合作，如国际间的双边和多边合作、国内各部门的横向合作等。在货物贸易、投资保护、原产地规则、海关手续、贸易救济、检疫措施、技术壁垒、知识产权、政府采购、劳工与环境、临时入境等不同领域，做出合理合情的制度安排，推动贸易便利化。同时，亚欧应更好地对接基础设施建设规划和技术标准，畅通基础设施骨干通道。完善的基础设施网络有助于降低交易成本，促进要素的跨境流动，拓宽贸易投资的范围，深化市场分工，促进区域经济一体化。

五是加快形成跨境电子商务和数字贸易的全产业链，推进全球贸易治理新框架的形成。据统计，数字贸易推动美国实际 GDP 总额提高了 1937 亿美元，将美国综合就业率提高了 1.8 个百分点。数字贸易也推动了欧洲生产率快速增长，2002—2010 年，欧洲数字贸易公司份额每增加 1%，欧洲劳动生产率就在两年内增长 0.12%。从规模看，据商务部统计，2015 年我国网络零售额达到 4 万亿元，位居世界第一。从速度看，我国数字贸易的增速是 GDP 增速的将近 4 倍。

商务部在 2015 年 5 月发布了“互联网 +”流通行动计划，商务部在行动计划中提出促进跨境电子商务发展，完善物流基础设施，推动建设 100 个电子商务海外仓，打造电商企业境外物流体系等工作目标和任务。预计到 2017 年跨境电商的交易规模将达到 8 万亿元，占进出口总值将达到 20% 左右。目前，我国正通过“一带一路”战略加大对全球辐射，进行全球范围的资源整合，加快产能输出与国际产能合作，实现资源有效配置，加快全球经济一体化建设。同时，推动“一带一路”战略的实施将促进跨境电商的快速发展，从而拉动跨境物流的发展。加快软件基础设施和硬件基础设施建设的同步推进，构建跨境电子商务运输法律制度，核心是完善电子运输记录制度立法。应借鉴《鹿特丹规则》电子运输记录的有关规定，构建我国的跨境电子商务运输法律制度。加快推进“单一窗口”和APEC全球供应链电子口岸试点在“一带一路”框架下的实施。

六是积极构建“一带一路”高标准自贸区网络。“一带一路”以推动实现区域内政策沟通、道路联通、贸易畅通、货币流通、民心相通为重点，促进开放型经济新体制建立，包括基础设施互联互通、能源资源合作、园区和产业投资合作、贸易及成套设备出口等领域，将依托沿线基础设施的互通互联，对沿线贸易和生产要素进行优化配置，形成以“周边为基础加快实施自由贸易区战略”和“面向全球的高标准自贸区网络”。目前，我国在建自贸区20个，涉及32个国家和地区。其中，已签署自贸协定12个，涉及20个国家和地区，分别是我国与东盟、新加坡、巴基斯坦、新西兰、智利、秘鲁、哥斯达黎加、冰岛和瑞士的自贸协定，内地与香港、澳门的更紧密经贸关系安排（CEPA），以及大陆与台湾的海峡两岸经济合作框架协议（ECFA），目前均已实施；正在谈判的自贸协定8个，涉及23个国家，分别是我国与韩国、海湾合作委员会（GCC）、澳大利亚、斯里兰卡和挪威的自贸协定，中日韩自贸协定、《区域全面经济合作伙伴关系》（RCEP）协定，以及打造中国—东盟自贸协定（“10+1”）升级版。未来逐步形成立足周边、辐射“一带一路”区域、面向全球的高标准自贸区网络，并最终建成“一带一路”自由贸易区（FTA）。

七是深化“一带一路”区域金融合作，打造货币金融合作网络。利用亚投行、丝路基金的平台优势，以及国开行、进出口银行的资金优势，积极推进中国与“一带一路”沿线国家的多边金融合作，如深化中国—东盟银行联合体、上合组织银行联合体务实合作等，推进亚洲货币稳定体系、投融资体系和信用体系建设。搭建链接亚欧货币互换网络，加快推进人民币国际化，拓展海外贷款、贸易融资、国际结算、债券市场，发展多种形式的境外股权投资基金等，全力打造沿线区域经贸发展的金融供应链。同时，加强与沿线国家金融监管合作，逐步建立区域内高效监管协调机制，构建区域性金融风险预警系统和区域金融治理平台。

To Promote Trade and Investment Facilitation Strategy of “The Belt and Road”

Zhang Monan

Abstract: To reverse the persistent slowdown in world economic recession even lies in increasing the productivity of the global economy, which can improve the capital and technology mismatch configuration, expand global infrastructure investment, and enhance cooperation or division of global value chain. “ The Belt and Road ” strategic initiative has entered a substantive stage of cooperation in the last three years. In the future we should focus on “The Belt and Road” trade and investment facilitation strategy based on the rules, to build “The Belt and Road” investment framework and FTA network, and to promote a new round of Global trade growth and prosperity.

Keywords: The Belt and Road　Third World Trade Centers　Trade and Investment Facilitation

国际产业分工新格局与中国的机遇
——全球价值链的视角

（中国国际交流中心博士后）郑慧

［摘　要］随着经济社会的进步和发展，国际分工经历了产业间分工、产业内分工，再到产品内分工的历史演变进程。在影响国际分工的因素中，一国经济社会发展总体水平决定了该国在国际分工中的地位，一国跨国公司的核心竞争力决定该国在国际分工中的影响力，国际经济秩序规则决定了一国参与国际分工的话语权。金融危机后，国际分工出现新特点，价值链竞争日益激烈。我国在国际分工中总体处于中低端，亟待从国家层面、企业层面以及国际战略上做出规划，提升国际分工地位，向价值链中高端攀升。

［关键词］国际分工　价值链

一、国际分工的历史演变

生产力的进步推动了分工的深化和发展。马克思认为，一个民族的生产力发展水平，最明显的表现在该民族分工的发展程度上。[①] 人类社会的最初分工形态是自然分工，随着人类对自然的认知加深，以及生产、生活方式的多样化和丰富化，自然分工逐步过渡到社会分工。社会分工产生后，每一个新的分工又会导致更多的分工出现，我们称之为内生边际分工递增，如在农业和手工业内部又分散出更多的社会分工种类，因为一个工种的存在是以另一个工种为其提供原料、市场、生活用品为前提的。于是，在三次社会大分工的带动下，分工逐步细化，产生了许多新的工作种类。

国际分工形式不断演变，从最初的产业间分工（Inter - industry Specialization）到后来的产业内分工（Intra - industry Specialization），再到产品内分工（Intra - product Specialization），世界各国通过产品内各流程的专业化生产，在国际分工体系中"对位入座"，获取来自价值链各个环节的差异化利益。

（一）传统国际分工理论——产业间分工

产业间分工，是产业与产业之间的国际分工，是资本主义早期阶段国际分工的主要方式，表现为宗主国与殖民地之间，工业发达国家与初级产品生产国之间的分工。有代表性的理论是亚当斯密的绝对优势理论、李嘉图的比较优势理论与赫克歇尔—俄林的要素禀赋理论。

早期的产业间分工，因为技术与资源的分布有较大的差异，分工多是基于自然及人为因素的垄断。企业生产完整的产品，即生产能直接进入最终消费的产品。基于这种分工特点的国际贸易主要是差异产品间的贸易。14—15 世纪，社会分工使得地中海沿

① 马克思、恩格斯：《马克思恩格斯全集》第 3 卷，人民出版社，1960 年版。

岸的部分城市在贸易中崭露头脚，如意大利北部的威尼斯、热那亚和佛罗伦萨。16世纪地理大发现助推了海外殖民，一些国家在国外建立殖民地，国际分工初步形成。但当时全球发展程度差异大，分工程度不高。正如奥洛克和威廉姆森所说，18世纪以前的远距离贸易绝大部分是由非竞争产品组成，即那些进口地区不生产的产品（例如香料、丝绸、羊毛）。各国根据自身的要素禀赋条件参与国际分工，专业化生产具有比较优势的工业品或初级产品并对外出口，同时进口处于比较劣势的商品。

（二）国际分工的深化——产业内分工

产业内分工是指同一产品在根本特性一致条件下的异质性分工，是跨越国界的国际分工，以同类产品的不同型号、档次、规格、款式为划分标准，是一个行业内部不同种类的最终产品，而非中间品或零部件。产业内分工又分为水平型和垂直型两种。理论研究认为，规模经济和不完全竞争是解释水平型产业内贸易的基础，而比较优势与完全竞争则可以解释垂直型产业内贸易。

水平型产业内贸易，是指质量相同但特性或属性不同的产品，具体而言，是指消费者所能感知的质量相同的产品在颜色、款色、规格等方面的差别，这类产品在价格上是接近的。因此，水平型产业内贸易一般发生在技术水平、要素禀赋和收入水平都相似的发达国家之间。比较典型的理论模型有：新张伯伦模型、兰卡斯特模型、布兰德—克鲁格曼模型，这些模型的研究认为规模经济、产品多样性、消费者偏好等构成了产业内贸易发展的基础，其中规模经济使一国专门生产一定的差异产品，促使同一产业内产品的贸易。

垂直型产业内贸易即垂直差异产品产业内贸易，其研究的对象是物理特征与质量有差异的产品，这种差异主要表现为产品的价格差异，即高价格代表产品的质量高，低价格代表产品的质量低。基于供给角度的垂直型产业内贸易通过细化产业内分工提高各国的生产效率，对发达国家而言，有助于提高其技术核心竞争力。对发展中国家而言，有利于增加贸易机会和就业机会以及促进技术的溢出。主要的理论模型包括：法尔威和凯克斯基建立的新 H－O 模型、萨克特和萨顿建立的自然寡头模型（S－S 模型）。

综上所述，产业内贸易传统理论中的水平型产业内贸易理论较好地解释了发达国家之间的产业内贸易发展，它建立在不同产品品种具有相同或相似要素密集度的假定基础上，分析不完全竞争条件下的规模经济、产品多样性、消费者偏好等对产业内贸易的影响与决定。垂直型产业内贸易理论则更多地解释发达国家与发展中国家之间的产业内贸易，它建立在不同产品品种要素密集度因质量差异而变化的假定基础上，分析在完全竞争市场条件下要素禀赋比较优势对产业内贸易的决定性作用。

（三）产品内分工——价值链分工

随着分工的细化，以及信息、服务、生物工程等新型产业的出现，各国科技和工艺水平的差异，一国对某一种零配件或部件的生产具有优势，另一国对另一种零配件或部件的生产具有优势，从而产生了零配件或部件的专业化生产。汽车产业就是比较典型的例子。工艺过程的可分离性也是不同国家对生产过程的不同阶段进行专业化生产。

从 20 世纪 80 年代后期开始，由于国际竞争日趋激烈，产品周期缩短，发达国家的企业逐渐将一些不具备竞争力的生产环节转移出去，特别是将劳动投入较多而附加值较低的组装环节外包给劳动要素充裕的发展中国家，仅在国内保留一些关键性的零部件生产、研发和销售环节，专注于核心竞争力的提升。由此，国际贸易迅速增长，以零部件产品为主的中间品贸易在国际贸易中所占的比重上升更快。与之相对应，产品内分工成为当代国际分工的主要形式，发达国家和发展中国家在同一产品的不同生产阶段进行分工合作，根据各自所处的价值链环节分享国际分工的利益。Gaulier 等人考察了东亚生产网络中的价值链分布，发现日本和新兴经济体出口附加值较高的精密零部件和资本品，由东盟和中国等发展中经济体进行再加工，并将低附加值的最终消费品出口至国际市场。分工生产的大部分利益归于前者，而后者投入大量劳动只换来很少的分工利益。

（四）全球价值链重构——国际分工边界模糊化

2008 年国际金融危机爆发后，世界经济进入大调整、大重组、大变革时期。未来几年，在全球化网络化和科技革命推动下全球价值链将进入重要重塑期。全球价值链将日益碎片化和分化，链条越来越长，跨国公司为主导的发达国家和发展中国家围绕价值链核心环节和领域的竞争将更加激烈。

二、影响国际产业分工的因素分析

（一）经济社会发展总体状况决定一国在国际分工中的地位

一个国家的经济社会总体状况，决定其在国际分工体系中的地位和作用。在国际分工中，比较重要的因素是技术、制度等关键因素。发展中国家大多科技能力较落后，市场体系不太完善，在国际分工中处于从属地位。发达资本主义国家凭借其先进的科技水平和雄厚的经济实力，占据着国际分工体系的支配地位。这种差异导致国际分工日益多样化和细分化，如出现了“三来一补”、“合作经营”、车间内部工种、工序、工艺等细化的国际分工。随着社会经济不断发展，世界贸易总额中的比重，从最初的以初级产品为主，发展到战后以工业制成品为主，再演进到当今技术贸易有了迅速发展和无形贸易已占相当份额。因此，一国要提高自身在国际分工中的地位，首先要立足于本国经济实力的不断进步。

（二）以跨国公司为代表的核心竞争力决定一国在国际分工中的影响力

企业可以通过两种方式参与国际分工格局。一是通过国际直接投资的方式，利用所有权关系下的科层体系构建其全球生产网络；二是通过市场采购关系参与全球价值链分工。跨国公司不仅改变了国际分工实现途径的单一化，而且还从知识分工、产业价值链和市场等维度促进了国际分工的扩展。国际生产折衷理论（OLI）认为，一国企业拥有的相对于国外企业的技术、资金、成本等方面的所有权优势是国际投资发生的必要条件。联合国贸易和发展组织（2013）指出，全球价值链通常由跨国公司协调（约占全球贸易的80%），投入和产出的跨境贸易都在其子公司、合同伙伴以及正常供应商的网络中进行，全球价值链中的增加值贸易模式在很大程度上是由跨国公司的投资决定塑造的。

（三）国际政治经济秩序规则决定了一国在国际分工中的话语权

国际政治、经济秩序也起着延缓或推进国际分工的作用。当年英国等欧洲殖民帝国为了形成有利于自己的国际分工，就运用国家的力量，强迫其殖民地按照宗主国的需要去发展单一农作物。第二次世界大战以前，各资本主义国家为了转嫁经济危机，实行以邻为壑的高关税政策，各国进行竞争性货币贬值，国与国之间的关系十分紧张，极大地阻碍了国际分工的发展。战后各国达成了《关税与贸易总协定》，建立了国际货币基金组织和世界银行。这些组织协调了各国的贸易政策，通过了关税和非关税减让，大幅度地降低了各国的关税水平，减少了非关税壁垒，保持了汇率的稳定，推进了贸易自由化。战后世界国际贸易的增长速度高于世界经济的增长速度。金融危机后，国际贸易有自我保护的倾向，国际经济复苏缓慢使得国际贸易进入了规模增速放缓的新常态。以美国为主导的发达国家开始着手制定重构全球贸易新规则，在 WTO 之外，力图绕开中国等新兴经济体，发起了 TPP、TTIP、TISA 等谈判以延续对国际贸易的主控地位。近年来的贸易摩擦和国际贸易争端频发，国际贸易关系和国际治理亟待调整。

三、国际产业分工新特点

（一）全球资源深度整合，价值链可分解程度提高

全球生产经营活动被日益纳入基于全球价值链的全球生产服务网络，全球价值链在世界经济中的主导地位日益突出。随着全球价值链的不断延伸，商品从原材料转变为最终消费品的过程愈加漫长和复杂。

经济全球化和科技革命特别是信息网络革命将推动全球生产服务体系的形成，使得跨国公司价值链不断向全球拓展延伸，价值链各环节的可分解性、中间产品的可贸易性、要素配置的分散化程度越来越高，越来越多的企业、机构、个人成为全球价值链的参与者，分别进行着从设计、产品开发、生产制造、营销、销

售、售后服务等各种增值活动，全球价值链变粗变长，趋于分散化、碎片化，其增值环节也将日益增多。可以说，日益激烈的国际竞争及市场环境推动了全球价值链的分散化。服务外包特别是高端研发设计外包为价值链重构提供了具体渠道。日益成熟的供应链管理平台为跨国公司实现价值链全球拓展提供了具体实施手段。如史蒂芬．罗奇所言："在越来越多被最终分裂的科技所控制的时代里，可贸易与不可贸易之间的界定线越来越模糊了。"一个最终产品的形成不仅不再是单一国家或者某几个国家生产，而是将其价值链的各个环节分布在全球众多国家和地区。

（二）发达国家主导的分工格局向多极化方向发展

新兴经济体在国际产业分工中的地位呈现不断增强的趋势。全球化红利推动了以中国为代表的新兴经济体的高速增长。随着世界经济地位的提高，新兴市场和发展中经济在国际贸易和国际投资中更加积极主动和发挥更大的作用，世界生产、贸易和对外直接投资的地图正在发生全球性转变。按照工业发展组织的数据，在世界制造业增加值中，工业化国家的比重从 2000 年的 78.2% 下降到 2013 年的 64.5%，新兴工业化国家的比重从 12.2% 提高到 14.5%，发展中经济体的比重从 9.3% 提高到 20.4% 。新兴经济体的跨国公司不但越来越多的进入世界性的生产、服务领域，而且在传统上由发展中国家企业主导的研发领域也发展迅速。一方面，跨国公司在发展中国家扩大生产需要研发活动跟进，因此跨国公司加大在发达国家之外的投资（明显超出适应当地市场的范围），发展中国家由此成为跨国公司全球创新网络的重要组成部分（UNCTAD，2005）。美国经济分析局的数据显示，1999—2010 年美国跨国公司海外子公司在印度、中国、巴西等新兴经济体年均增长率分别为 49.3%、14.8%、15.2%，远高于欧洲的6.5%和日本的2.0%。新兴市场和发展中国家不但成为跨国公司的重要R&D投资，而且日益成为研发全球化的主动参与者。总体上看，未来国际分工与世界经济将呈现多极化新态势。

（三）各国不断创新和调整产业发展战略，价值链竞争日趋激烈

发达国家凭借其跨国公司等优势资源，在价值链的高端处于主导地位。但发展中国家从未放弃向价值链高端攀升的努力。未来一定时期，全球价值链的这种分工格局和利益格局竞争会更加激烈。发达国家将采取各种政策和市场手段实现其对全球价值链的控制权。发展中国家以自身的要素和生产制造能力加入全球价值链后，也将凭借这种机遇，发挥干中学的后发优势，通过制定产业政策和新技术革命的机遇，突破发达国家对技术、营销网络等的控制，实现价值链上的升级。因此，围绕价值链主导权的竞争和合作将成为未来发达国家和发展中国家之间的重要关系。

四、中国在国际分工中的地位

尽管中国产业的规模很大，参与国际分工格局的程度很高，但由于整体产业发展水平较低，仍然处于国际分工体系的低端。

第一，产业受制于人。企业研发投入低、创新能力不强，核心技术受制于人，具有自主知识产权的国际性技术标准、平台型或行业旗舰企业少，使中国企业缺乏对产业链的控制力，在产业发展和国际产业竞争中缺少话语权。一批涉及高技术产业发展、国防安全的重要原材料、核心零部件、关键设备仍然依赖进口或者实现国产化的产品一致性、稳定性差，同时跨国公司对中国制

定高额垄断价格。发达国家对中国进行出口限制，不但使中国经济发展付出巨大代价，而且难以满足国家重大工程建设需求，给国家安全造成巨大挑战。民族品牌的市场影响力有限，特别是缺乏有国际影响力的高端品牌，国内消费品产业竞争激烈、利润率低，大量需求转向国外品牌。中国制造业融入的是被“俘获”型的治理结构，抑制了中国国际营销渠道、营商网络和品牌的建立和关键核心技术的发展，限制了企业对产业升级空间的选择和技术赶超的机会，东部地区被锁定于全球价值链的低端环节，从而压制了中西部地区的发展空间，极易形成以价格竞争为主的低端生产能力过剩格局。

第二，产业附加价值低。商务部研究报告表明，我国单位出口的增加值相对较低，通常不足出口总值的70%。比如，2010—2013年，我国每1000美元出口（包括货物和服务）拉动的国内增加值分别为628、637、667和678美元。单位出口增加值相对较低和很多因素有关，比如出口产品结构、产品的直接增加值等。另外，我国特殊的贸易结构也是影响单位出口增加值高低的重要因素。由于产品的附加价值低，中国没能充分分享到全球化的利益。Kraemer等对苹果公司价值分布情况的研究表明，在一部iPad中，原材料成本占31%，苹果公司的利润占30%，分销和零售占15%，中国大陆的劳动力投入只占2%，而在一部iPhone中，苹果公司独占iPhone58.5%的利润，而中国大陆的劳动力成本只占到其中的1.8%。

第三，参与国际分工的代价较大。通过参与国际产业分工，中国一方面充分利用了劳动力资源丰富的比较优势、实现了经济的高速增长，但另一方面也付出了巨大的资源、能源和环境代价。据波士顿报告，中国制造业对美国的成本优势由2004年的14%下降到2014年的4%。产业发展的资源环境代价过大。我国煤炭、铁矿石和铝土矿等资源消费量已分别占全球的48%、55%和40%，原油、铝土矿对外依存度超过50%，铁矿石、铜精矿超过60%。

五、对策建议

新科技革命和网络革命为我国提升国际分工地位，向价值链高端攀升提供了良好的契机。应该注重培育动态比较优势，在更深更高的层次上参与全球生产网络分工，通过产业转型升级实现经济增长的内生动力，充分利用国内和国际两个市场，摆脱对发达经济体的技术资本和市场过分依赖，促进经济可持续发展。

（一）国家层面：战略支撑，对不同的行业实施差异化的产业政策

战略上，强化信息化和科技创新对产业发展的支撑作用，制定“中国制造2025”等产业发展的战略实施规划和实施细则、路径。把增强产业创新能力作为核心任务，把推进两化深度融合作为战略制高点，把强化基础能力作为提升产业整体水平的关键。加快建立以创新中心为核心载体、以公共服务平台和工程数据中心为重要支撑的创新网络。加强原创性技术和关键共性技术领域的投入。尽快形成产学研合作创新的有效机制，发挥政府在引导基础创新中的作用，形成一批产业创新中心，重点开展行业基础和共性关键技术研发、成果产业化、人才培训等工作。

战术上，要针对不同类型的价值链实施有区别的产业政策。不同企业嵌入的全球价值链有所不同，由不同驱动力主导的全球价值链有着不同的市场竞争规则。以产业资本为原动力的生产者

驱动价值链（P－GVC）更加强调技术的研究、生产工艺的不断改进、产品的不断更新，通过产业的垂直一体化来强化规模经济效应和加强基础设施建设等，而以商业资本为原动力的购买者驱动价值链（B－GVC）则强调市场营销、拓展销售渠道获得范围经济、将制造业从产业链条中分离出去和加强信息等软环境的建设等方面内容。因此，从政府角度来讲，应针对不同类型的价值链和分工状况，结合实际按照不同的市场竞争规则采取相应的政策措施。例如，针对P－GVC，政策重点应是提升融资环境、强化技术扶持力度，着力营造产业支撑体系；针对B－GVC，政策重点应是营造一个良好的商业环境，培育本地市场，适当推进品牌策略，强化贸易扶持措施，着重培育企业的设计和市场营销能力。例如，20世纪90年代台湾计算机企业大多采取了强化品牌来控制流通环节的发展策略，结果基本上都失败了，而在重新将发展重点放在加工制造环节后才从失败的阴影中走了出来。

（二）企业层面：自主创新，培育企业的全球竞争力

创新，不仅包括传统的技术进步，还包括组织和管理能力的变革信息和知识资本的创新等。多维度的创新会改变产业内企业竞争优势的分布。企业通过研发新产品来降低单位成本，虽然研发初始成本高昂，但边际成本微乎其微，且有较大的后期回报。全球产品内分工的不断深化，一方面增加了我国企业“嵌入”全球创新网络的机会，另一方面，作为无网络权利的“嵌入”企业，长期将面临技术领先的发达国家企业更为直接的技术封锁和抑制。应重点发挥企业尤其是中小企业在创新中的作用，同时辅之以政府的积极支持措施。为促进创新，企业之间可合作研发，以分享创新收益。政府给予适当补贴，以激励企业创新。根据我国特有的资源要素禀赋，将技术进步的生产效率提高与优化劳动

力素质结合起来，培育以技术、品牌、质量、服务为核心的综合竞争优势。要在关键领域和技术制约环节实现进口替代，逐步向核心部件制造、研发、品牌服务的阶梯攀升，提高产品的国内增加值率。积极整合和充分利用全球资源，通过资源的全球化配置，提高企业的国际化经营水平和竞争力，推动国内产业链在全球范围内的扩展和延伸，逐步具备全球生产网络的治理能力。

（三）国际战略：强化产业标准意识，争取国际贸易话语权

20 世纪 90 年代初曾把标准与人的关系比喻为人与空气（氧气）的关系。一个被广泛接受的产业标准是市场公平竞争的前提。掌握了产业标准，就掌握了市场竞争的制高点，这也是众多先进企业争相制定国家、行业、地方标准的根本原因。英特网就是一个因标准的建立而创造庞大全球性市场、并为整个社会带来庞大利益的最佳案例。在世界万维网联盟（World Wide Web Consortium）、英特网工程任务组织（Internet Engineering Task Force），以及 IEEE 旗下 802 网络连结工作小组的共同合作下，定义了各种英特网相关的全球共通性标准，带来了庞大的商机以及创新机会。要不断强化标准意识，在我国产业具有竞争力的领域建立中国标准，扩大国际影响力。

以更加积极主动的心态认识和推进改革开放，必须以自身开放及自身力量赢得发展空间。在全球经济治理上，增强在国际组织上的发言权。利用 WTO、世界银行、IMF 等机构的作用，积极参加国际治理结构重建。积极推进自贸区战略，尤其是“一带一路”的战略构想，构建与新兴经济体的分工协作机制，加快自由贸易区谈判步伐，扩大相互间的贸易和投资，协同推进贸易结构转型升级和全球价值链的地位提升。

从全球价值链角度看，我国在全球生产网络中处于制造业加

工环节。中国的制造业具有较高的附加值出口，高新技术密集型产业具有较高的附加值进口，服务业开放程度低且国际竞争力不足。一方面，中国的产业整体上处于全球产业链的低端，必须提高要素质量，优化产业结构，重建国际市场的全新竞争优势。另一方面，世界经济的新常态也给我国重构国际产业链提供了机遇，要多方推进产业的转型升级，从国际的宏观层面、国家的中观层面和企业的微观层面三位一体入手，逐步由“要素投入型”转换成“创新效率型”贸易结构，向全球价值链高端攀升。

参考文献

1. Poter，M. Competitive Advantage：Creating and Sustaining Superior Performance [M]. New York：The Free Press，1985.

2. Porter M. The Competitive Advantage of Nations London and Basingstoke Macmillan，1990.

3. Gereffi，G. and Korzeniewcz，M. Commodity chains and global capitalism [M]. WestPort：Praeger，1994.

4. Olsen，Karsten Bjerring. 2006. Productivity Impacts from Offshoring and Outsourcing：A Review [EB/OL]. http：//www. oecd. org/sti/ind/36231337. pdf [5] UNCTAD. 2005. World Investment Report 2005：Transnational Corporations and the Internationalization of R&D [M]. New York and Geneva：United Nations.

5. UNIDO. 2014. International Yearbook of Industrial Statistics 2014 [M]. Cheltenham：Edward Elgar Publishing Limited.

6. 卢锋：“产业内分工”，《经济学季刊》，2004 年第 4 期。

7. 刘志彪：“重构国家价值链：转变中国制造业发展方式的思考”，《世界经济与政治论坛》2011 年第 4 期。

8. 涂颖清：《全球价值链实业下我国制造业升级研究》，江西人民出版社，2015 年版。

9. 魏国江：《价值链分工视角下现代产业发展研究》，经济科学出版社，2013 年版。

10. 李晓华：“国际产业分工格局与中国分工地位发展趋势”，《国际经贸探索》

2015年第6期。

The New Pattern of International Industrial Division and the Opportunity of China – from the perspective of global value chain

Zheng Hui

Abstract: With the improvement and development of the economy and society, InternationalSpecialization endures the process of Inter – industry Specialization, Intra – industry Specialization and Intra – product Specialization. Within the elements of affecting International Specialization, the nation's overall development standard of economy and society decides its position in International Specialization. The nation's core competitive of transnational corporations decides its influence in International Specialization. International economic rules and regulations decides a nationg's discourse power in International Specialization. After financial crisis, there are some new characters of International Specialization. The competitive on value chains becomes more and more fiercely. Our nation is in lower end of the value chain, so it is vital important to do something on the level of country, companies and nation strategy to promoting our position in International Specialization and move higher up the value chain.

Keywords: International Specialization   Globle Value chain

后记：感谢感恩

第五部《全球要事报告（2016/2017）》在新的起点上按照全面从严治党的战略部署和制度安排，充分体现了以习近平同志为核心的党中央全面从严治党的坚强决心和历史担当，把进一步推进党的建设新的伟大工程，不断开创党和国家事业新局面的重大现实意义和深远历史意义贯穿其中。

与前四部《全球要事报告》一样，这次研究编写出版，继续得到了全国博士后管委会和中国国际经济交流中心的指导和支持，由中国国际经济交流中心博士后站牵头研究、组织和编写，国家信息中心博士后站等单位参加，时事出版社编辑出版公开发行。旨在发出中国声音，全球大平衡要以科学、公正、平等为基础，走出“经济量子纠缠”就是要走出牛顿科学技术体系支撑的各种经济业态，着力号召动员全球科学家来创新发展完善量子科学技术体系这个自变量，以中国成功发射世界首颗量子卫星为导向，崇尚量子科学技术体系支撑的各种因变量的新业态，到达“经济量子态”，彻底实现全球经济的新一轮长周期的低碳绿色新增长。

“总论：大平衡”是在各个季度专家研讨基础上，汲取十八届六中全会的精神实质，综合了各位作者的观点，由主编撰写而成，敬请学养深厚的读者批评指正！

第五部《全球要事报告》问世，衷心感谢国家发改委领导、国家人社部领导、全国博管会领导、与各位博士后导师的指导、支持和帮助！衷心感谢中国国际经济交流中心领导和国家信息中心领导的指导和关怀！衷心感谢中国科学院、中国社会科学院和中国工程院的领导、专家和学者，为《全球要事报告》的设计、研究、组织和编写等的建议及贡献！衷心感谢各位作者把自己最新成果奉献给《全球要事报告》！衷心感谢时事出版社为《全球要事报告》出版付出的辛勤劳动和高水平的编辑工作！

《全球要事报告》主要文献，来源于中国博士后基金项目，全国博士后管委会数据库，全国博士后管委会组成单位及有关部门，外交部、发改委、财政部、人社部、教育部、科技部、社科院、中科院及中国国际经济交流中心等数据库、信息中心及门户网站数据和文献。IMF 官方网站、世行官方网站、WTO 官方网站、美国经济分析局官方网站、欧盟各国官方网站、德国统计局官方网站、美国国家图书文库、欧盟经济文库、百度文库、维基文库、日本通产省官方网站，路透社官方网站等。中国网、中经网；中国国家图书馆文库、中国社会科学院文库、马克思主义文库、中国教育论文库、中国科学院文库、经济学文库、西方经济学文库等；与牛津大学论文库、哈佛大学论文库、哥伦比亚大学论文库、大百科全书文库、世界史文库、世界经济史文库、清华大学论文库、北京大学论文库、人民大学资料中心等数百家文库及官方网站的文献和数据。

全书通稿由王宪磊主编、张焕波、吕欣、张大璐副主编完成。由于水平有限，错误不足之处敬请各位领导、专家和学者批评指正！我们将不断改进研究工作，提高研究质量，努力做出好的研究成果。

主编

2016 年 11 月

图书在版编目（CIP）数据

全球要事报告.2016/2017/王宪磊主编.—北京：时事出版社，2017.2

ISBN 978-7-5195-0081-8

Ⅰ.①全… Ⅱ.①王… Ⅲ.①时事评论—世界—2016－2017 Ⅳ.①D5

中国版本图书馆CIP数据核字（2017）第001582号

出版发行：时事出版社
地　　址：北京市海淀区万寿寺甲2号
邮　　编：100081
发行热线：（010）88547590　88547591
读者服务部：（010）88547595
传　　真：（010）88547592
电子邮箱：shishichubanshe@sina.com
网　　址：www.shishishe.com
印　　刷：北京市昌平百善印刷厂

开本：787×1092　1/16　印张：29　字数：340千字
2017年2月第1版　2017年2月第1次印刷
定价：110.00元
（如有印装质量问题，请与本社发行部联系调换）